Uwe Wesel

Rechtsgeschichte der Bundesrepublik Deutschland

Uwe Wesel

Rechtsgeschichte der Bundesrepublik Deutschland

Von der Besatzungszeit bis zur Gegenwart

C.H.BECK

www.beck.de

ISBN 978 3 406 73439 7

Wilhelmstraße 9, 80801 München
Satz: Fotosatz Buck
Zweikirchener Straße 7, 84036 Kumhausen
Druck und Bindung:
Beltz Bad Langensalza
Am Fliegerhorst 8, 99947 Bad Langensalza

Gedruckt auf säurefreiem, alterungsbeständigem Papier
(hergestellt aus chlorfrei gebleichtem Zellstoff)

Vorwort

Es ist ja schon manches geschrieben worden zur Rechtsgeschichte der Bundesrepublik. Aber da sind auch Gebiete, für die das noch nicht geschehen ist. Mit anderen Worten, es gibt noch keine Rechtsgeschichte der Bundesrepublik. Hier ist sie nun. So etwas nennt man Zeitgeschichte. Die hat ihre Probleme. Zum Beispiel ihre Autoren selbst. Dazu nur ein kleiner Hinweis. Als die Bundesrepublik gegründet wurde, stand ich vier Jahre vor dem Abitur. Und im übrigen gilt auch für die Zeitgeschichte ein Satz des großen englischen Philosophen und Historikers Isaiah Berlin: „History is what historians do".

Da ich als alter Mann meine Bücher immer noch mit der Hand schreibe und die Verlage heute eine Übersetzung in die Form des digitalen Zeitalters verlangen, war ich in einem Dilemma. Aus ihm hat mich Christoph Lachner befreit, stud.iur. in Bielefeld, beschäftigt als studentische Hilfskraft im Arbeitsbereich meiner Kollegin, der Professorin Susanne Hähnchen. Er hat die Übersetzung übernommen, ausdauernd und sehr genau. Dafür danke ich beiden sehr, ihm und ihr, aber wirklich sehr.

Berlin, Juli 2019 Uwe Wesel

Inhalt

3. Teil. Von der ersten Großen Koalition bis zur Wiedervereinigung 1966–1990

Randnummer *Seite*

4. Teil. Von der Wiedervereinigung 1990 bis heute

1. Teil

DIE BESATZUNGSZEIT
1945–1949

1. Geschichte und Wirtschaft

> „Unser Flugzeug landete auf dem Rhein-Main-Flughafen in der Nähe Frankfurts, und man sagte uns, dass der Berliner Flughafen wegen schlechten Wetters geschlossen sei. Es war ein Sonntagnachmittag im November (1946, U.W.), feuchter Nebel bedeckte die Ruinen mit einem blassen, gespenstischen Licht. Frankfurt war die erste Großstadt, die ich als Kind gesehen hatte. Jetzt war es die erste Stadt, die ich in Trümmern liegen sah. Eine Frau beobachtete mich, wie ich bewegungslos in der Mitte dessen stand, was vom Römerberg, dem berühmten historischen Platz in der Altstadt noch übrig war, und auf die Ruinen starrte. „Ja", sagte sie in dem Dialekt, den ich in meiner ganzen Kindheit gehört hatte, „so haben wir's ja gewollt – und so ist es gekommen." Ihr war klar, dass ich ein Fremder war, der dieses Bild zum ersten Mal vor Augen hatte. Ich fühlte mich sehr wie ein Fremder."

So beginnt der „Deutschlandbericht" des Schriftstellers Carl Zuckmayer, den er 1946/47 für das Pentagon in Washington geschrieben hat, das damals noch Kriegsministerium hieß. Zum ersten Mal war er aus dem Exil in den USA wieder in seine Heimat gekommen. Die deutschen Städte, besonders die großen, waren immer noch ein Trümmerhaufen. Auf dem Land sah es sehr viel besser aus. Die Bauern konnten nach 1945 mehr oder weniger ruhig weiterleben. Aber es kamen Millionen Vertriebene und Flüchtlinge aus dem Osten. Schlimmer war es in Polen und Russland. In der Sowjetunion waren 70.000 Dörfer zerstört und 1.700 Städte, in Polen Warschau vollständig, die meisten Städte und fast jeder sechste Bauernhof.

Der Erste Weltkrieg, die Urkatastrophe des 20. Jahrhunderts, endete mit achteinhalb Millionen Toten. Der zweite war das größte Desaster der uns bekannten Geschichte. Millionen Verwundete, Vertriebene und Flüchtlinge und 66 Millionen Menschen mussten sterben. 20 Millionen Russen, viereinhalb Millionen Polen, fünf Millionen Deutsche und so weiter. Schließlich sind sechs Millionen europäische Juden ermordet worden in Adolf Hitlers „Endlösung der Judenfrage", einer Nacht- und

Nebel-Aktion unter dem Deckmantel des Kriegs, den er bald nach seiner Ernennung zum Reichskanzler 1933 von langer Hand geplant hatte.

Am 30. April 1945 hat er sich umgebracht, nachmittags mit einer Pistole während der sinnlos mörderischen Schlacht um Berlin. Seine Lebensgefährtin Eva Braun nahm Gift. Einen Tag vorher hatten sie nachts geheiratet, tief unten im „Führerbunker" der Reichskanzlei, in deren unmittelbarer Nähe heute Plattenbauten der DDR stehen und das Steinfeld des Denkmals für den Holocaust.

Der Kampf gegen die Übermacht der sowjetischen Armee in der Hauptstadt dauerte noch einige Tage. Dann kapitulierte im Westen Generaloberst Jodl für die deutsche Wehrmacht am 7. Mai nachts zwischen zwei und drei im französischen Reims. Dort war das Hauptquartier des amerikanischen Generals Eisenhower. Am 9. Mai, kurz nach Mitternacht, wiederholte das im Osten zornbebend und stocksteif Generalfeldmarschall Keitel vor dem sowjetischen Marschall Schukow in dessen Hauptquartier Berlin-Karlshorst. Das war das Ende des von den Nationalsozialisten so genannten Dritten Reichs.

Deutschland war von amerikanischen, englischen, russischen und auch einigen französischen Truppen vollständig erobert. Eine Dolchstoßlegende wie nach dem Ersten Weltkrieg konnte nicht mehr entstehen. Damals behaupteten Nationalisten und Konservative gegen historische Wahrheit, den im Feld siegreichen deutschen Soldaten sei in der Heimat eine sozialistische Revolution in den Rücken gefallen. Diesmal jedoch war eindeutig, wer den Krieg allein vom Zaun gebrochen und verloren hatte. Dafür brauchen Historiker nur zwei Worte. Adolf Hitler. Allerdings, er stand nicht allein, wie es die Frau in Frankfurt Carl Zuckmayer erklärt hatte. Die meisten Deutschen hatten ihm noch kurz vor Toresschluss zugejubelt. Nun hatten sie die Quittung.

Ein großer Teil ihrer Städte war zerstört, weitgehend durch Luftangriffe. Fast eine halbe Millionen Tonnen Bomben waren von amerikanischen und englischen Flugzeugen abgeworfen worden und hatten ungefähr die Hälfte des gesamten Wohnraums zerstört, völkerrechtswidrig unter Verstoß gegen die Haager Landkriegsordnung von 1907, nach der die Zivilbevölkerung nicht angegriffen werden darf. Allerdings, ähnlich, aber nicht so wirksam, hatte die deutsche Luftwaffe vorher in England gewütet. Dagegen waren die Angriffe auf die deutsche Rüstungsindustrie nur „kostspielige Fehlschläge" (John Galbraith). Auch die Substanz des gesamten industriellen Anlagevermögens war nicht entscheidend getroffen. Allerdings sind die Rahmenbedingungen für deren Produktion von den Alliierten zunächst nicht geschaffen worden. Nur die westdeutschen Bauern konnten ziemlich ruhig weiterleben.

Der schon nach dem Ersten Weltkrieg stark beschnittene deutsche Osten ging nun jenseits der Oder-Neiße-Linie ganz verloren. Das restliche Deutschland wurde eingeteilt in vier Besatzungszonen und Berlin, das mitten in der sowjetischen lag, in vier Sektoren der Amerikaner, Engländer, Franzosen und Russen. Das einzige, was genauer vorbereitet war, in London 1944. In Teheran 1943 und Jalta Anfang 1945 hatte man sich nur auf grobe Umrisse des Allerwichtigsten geeinigt. Letztlich blieb alles ungenau, gab es bis zum Ende des Kriegs kein gemeinsames konkretes Programm. Das sollte nachgeholt werden Juli/August 1945 auf der Konferenz in Potsdam (Rnr. 2).

Dort in Potsdam gab es unter den Alliierten als Folge des gemeinsam gewonnen Kriegs noch eine gewisse Einigkeit. Das änderte sich im nächsten Jahr. 1946 schickte George Kennan, Gesandter der Moskauer US-Botschaft, einen berühmt gewordenen Bericht nach Washington, in dem er vor der Expansion der Sowjets warnte. Kurz danach wiederholte Winston Churchill mit seiner Rede über den „Eisernen Vorhang", den Stalin heruntergelassen hatte, die Warnung in Fulton (Missouri). US-Präsident Truman war anwesend. 1947 verkündete sein Außenminister George

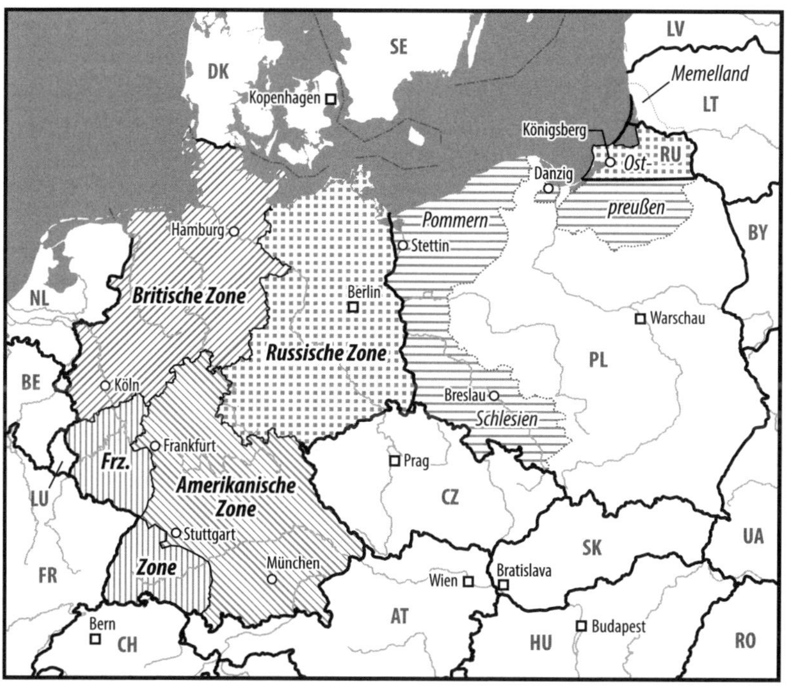

Abbildung 1: Die vier Besatzungszonen (nach A.M. Birke, Nation ohne Haus, 1989, S. 59)

Marshall den nach ihm benannten Plan eines Wiederaufbauprogramms für Europa, mit dem die USA die eigene Wirtschaft förderte durch große finanzielle Hilfen für die – kapitalistische – Wirtschaft Europas, um sowjetische Expansionstendenzen einzudämmen. Auch die drei deutschen Westzonen und die drei Berliner Westsektoren gehörten dazu, in denen 1948 auch noch mit einer Währungsreform die D-Mark eingeführt wurde. Das hatte eine erhebliche wirtschaftliche Verbesserung zur Folge und Stalin antwortete mit der Berliner Blockade auf den Landwegen. Sofort organisierte Lucius Clay, Militärgouverneur der US-Zone, eine gigantische Luftbrücke, die die Westsektoren der Stadt mit Lebensmitteln und Energie versorgte. Eine Woche später befahlen die Militärgouverneure der drei Westzonen den Ministerpräsidenten der dort inzwischen gebildeten Länder die Einsetzung einer verfassungsgebenden Versammlung für die Bildung eines westdeutschen Teilstaats. Die beschloss die Verfassung der Bundesrepublik mit dem Sitz ihrer Regierung in Bonn. Nach der Zustimmung der Alliierten und der Länderparlamente war am 23. Mai 1949 die Bundesrepublik Deutschland als Bollwerk gegen den Osten gegründet. Elf Tage vorher hatte Stalin die Berliner Blockade aufgegeben. Ein riesiger PR-Erfolg für die westliche Demokratie in aller Welt. Im Oktober wurde in ähnlicher, aber nicht ganz so freier Weise aus der sowjetischen Besatzungszone die Deutsche Demokratische Republik.

Auch in der Wirtschaft hatte es keine Stunde null gegeben. Wie sich schnell herausstellte, waren die Bombenangriffe der Westalliierten auf die deutsche Industrie zu einem guten Teil tatsächlich „kostspielige Fehlschläge“. Das Bruttoanlagevermögen der Industrie ist am Ende des Kriegs sogar noch 20 Prozent höher als 1936 gewesen. Auch qualifizierte Arbeitskräfte waren noch vorhanden. Die industrielle Produktion in den drei Westzonen kam im Sommer 1945 langsam wieder in Gang, brach aber nach dem eisigen Winter 1946/47 – wie europaweit – wieder zusammen und erholte sich nur langsam. Am 1. Januar 1947 wurde das Vereinigte Wirtschaftsgebiet der US- und britischen Zone gegründet mit einer Doppelverwaltung von Alliierten und Deutschen. Direktor der deutschen Wirtschaftsverwaltung wurde Ludwig Erhard, der dann bald seine soziale Marktwirtschaft verkündete. Die Produktionszahlen stiegen, die große Zahl der Konsumgüter füllte aber erstmal nur die Lager, denn die im Krieg einsetzende Geldmengenvermehrung stand in keinem vertretbaren Verhältnis zum verfügbaren Warenangebot. Deshalb – und auch weil im beginnenden Kalten Krieg die deutsche Wirtschaft gestärkt werden sollte – bereiteten die USA die Währungsreform in den Westzonen vor. Seit Oktober 1947 wurden dort die Banknoten gedruckt und bis April 1948 heimlich nach Frankfurt am Main gebracht. Am 1. März war die Bank deutscher Länder als Bank der Landeszentralbanken gegründet, die organisatorische Voraussetzung für die Währungsreform in den drei Westzonen am 20. Juni 1948. Der Umtausch von 1:1 der Reichsmark in DM galt nur für das „Kopfgeld" von 60 DM, Löhne und Gehälter, Miet- und Pachtzinsen, Pensionen und Renten. Im Übrigen galt ein Umtausch im Verhältnis 10:1. Sofort danach verkündete Erhard die Aufhebung der Preisvorschriften für die Konsumgüter als Vollzug seiner sozialen Marktwirtschaft, was zu einem ersten Kaufrausch führte, nachdem die vorher entstandenen Warenlager geräumt und die Schaufenster wieder gefüllt waren. Als General Clay ihn deswegen zur Rede stellte und fragte, wie er dazu käme, die alliierten Vorschriften eigenmächtig zu ändern, antwortete Erhard, er habe sie nicht geändert. Er habe sie aufgehoben. Die Alliierten nahmen es hin. Der Kurs der deutschen Wirtschaft schwankte erst einmal zwischen inflationärem Boom und relativer Stagnation. Der Erfolg dieser Operation zeigte sich erst in der Bundesrepublik nach dem Ausbruch des Koreakriegs im Juni 1950.

2. Das Besatzungsregime

> „An das Deutsche Volk: Ich General Dwight D. Eisenhower, Oberster Befehlshaber der alliierten Streitkräfte, gebe hiermit bekannt: Die alliierten Streitkräfte, die unter meinem Oberbefehl stehen, haben jetzt deutschen Boden betreten ... Die höchste gesetzgebende, rechtsprechende und vollziehende Machtbefugnis und Gewalt in dem besetzten Gebiet ist in meiner Person als Oberster Befehlshaber der alliierten Streitkräfte und als Militärgouverneur vereinigt ..."

Es war in der ersten Märzwoche 1945. Seine Truppen hatten die Gebiete links des Rheins von Xanten bis Koblenz erobert. Der spätere US-Präsident verkündete den Deutschen dort den Beginn des Besatzungsregimes. Nach der Kapitulation bekräftigten die Alliierten sie mit ihrer Berliner Erklärung vom 5. Juni 1945. Der erste Satz:

> „Die Regierungen der USA, der UdSSR, des Vereinigten Königreichs und die provisorische Regierung der Französischen Republik übernehmen hiermit die oberste Gewalt in Deutschland einschließlich der Gewalt der Deutschen Regierung ..."

Es gab allerdings ein Problem. Nach bisherigem Völkerrecht, Art. 43 der Haager Landkriegsordnung von 1907, hatte die Besatzungsmacht in einem fremden Staat nur eine eigene neue Hoheitsgewalt mit dem Recht und der Pflicht, die öffentliche Ordnung und das tägliche Leben mit der Versorgung der Bevölkerung wieder herzustellen, „eine Art Miniverfassung der Besatzungsverwaltung" (Eyal Benvenisti). Sie durfte aber nicht die Staatsgewalt des besetzten Landes übernehmen. Die blieb bestehen mit ihrer verfassungsmäßigen Ordnung und den Gesetzen, die die Besatzungsmacht beachten musste. Jedoch der Staat Adolf Hitlers? Er war kein normaler, sondern ein für den Völkerfrieden gefährlicher Unrechtsstaat, ein Monstrum. So etwas kannte man 1907 noch nicht. Deshalb haben die Alliierten schon vor dem Einmarsch erklärt, sie würden keine normale Besatzungsmacht sein. Sie müssten Grundlegendes ändern.

Auf der Potsdamer Konferenz haben sie das konkretisiert. Nun wurden es die vier D's, nämlich nicht nur die Demilitarisierung und Denazifizierung von Jalta, sondern auch noch Demokratisierung und Dezentralisierung, auch als Aufgabe des schon in Jalta geplanten Alliierten Kontrollrats für gemeinsame Vorschriften in ganz Deutschland. Der wurde nun in Potsdam eingesetzt mit den vier Militärgouverneuren und Sitz in Berlin, außerdem eine Alliierte Kommandantur für Gesamtberlin mit den Stadtkommandanten der vier Sektoren. Alle vier mussten einstimmig entscheiden, so dass jeder in seinem Gebiet souverän war.

Die Potsdamer Konferenz beschloss außerdem die Reorganisation der Justiz in Übereinstimmung mit den Prinzipien von Demokratie und Rechtstaatlichkeit sowie die Zulassung von demokratischen Parteien und Gewerkschaften in ganz Deutschland. Schließlich die Dezentralisierung

Abbildung 2: Das auf der Potsdamer Konferenz strittige Gebiet zwischen westlicher und östlicher Neiße

Deutschlands, also die Beseitigung des von Hitler eingeführten Einheitsstaats durch Gründung von Ländern und lokaler Selbstverwaltung in Städten und Gemeinden.

Und was hieß „ganz Deutschland"? Es hieß Änderung der Grenzen im Osten. Das nördliche Ostpreußen mit Königsberg behielt Stalin. Das südliche Ostpreußen und Pommern, jenseits der Oder, und Schlesien wurden Polen zugesprochen als Entschädigung für jene Teile, die am Beginn des Kriegs von den Sowjets besetzt worden waren nach dem 1945 noch unbekannten Hitler-Stalin-Pakt von 1939. Wie weit aber die Westverschiebung Polens gehen sollte, das blieb in Potsdam unklar. Die USA und England hatten Bedenken, fast ganz Schlesien ab der westlichen Neiße von Deutschland abzutrennen. Das wollte Stalin im Vorgriff auf den von ihm schon geplanten Ostblock. Deshalb wurde dieses wirtschaftlich wichtige und große Gebiet Polen überlassen. Formal standen die Ostgebiete nur unter sowjetischer und polnischer Verwaltung. Mit der Vertreibung der deutschen Bevölkerung wurden aber vollendete Tatsachen geschaffen. Bis kurz vor Antritt der Regierung Brandt war es daher Konsens der staatstragenden Parteien, diese Gebiete zurück zu fordern.

Auch das zweite Problem wurde mit einem ähnlichen und letztlich endgültigen Formelkompromiss gelöst. Die Reparationen. Stalin war der Meinung, die gesamte deutsche Infrastruktur und Produktion müssten dafür verwendet werden. Für Amerikaner und Engländer hätte das bedeutet, dass sie das ohnehin schon unterschrittene Minimum der Ernährung der Deutschen durch noch höhere Zuschüsse ergänzen sollten. Deshalb setzten sie die Ergänzung durch, die Begleichung von Reparationen solle den Deutschen genügend Mittel lassen, um ohne Hilfe von außen zu existieren. Das hieß im Ergebnis, dass sich Stalin nur aus seiner eigenen Zone bedienen durfte.

3. Völkerrechtliche Situation Deutschlands

Wegen des völkerrechtlichen Problems für umfassende Veränderungen in Deutschland hatten die Alliierten eine beratende Kommission eingesetzt. Von ihr war der Entwurf für eine bedingungslose Kapitulation ausgearbeitet, die von der deutschen Regierung unterschrieben werden und den Alliierten die höchste Regierungsgewalt übertragen sollte mit der Vollmacht für solche Veränderungen. Dazu kam es aber nicht. Der von Hitler testamentarisch zu seinem Nachfolger ernannte Großadmiral Karl Dönitz war mit seiner Regierung in Flensburg zwei Wochen nach der Kapitulation verhaftet worden.

Die Kapitulation vom 7. und 9. Mai 1945 war nur von der deutschen Wehrmacht erklärt und hatte allein militärischen Charakter. Der geplante politische Übertragungspakt durch eine deutsche Regierung wurde deshalb am 5. Juni 1945 ersetzt durch eine „Berliner Erklärung", mit der die vier Alliierten gleichzeitig versicherten, diese Übernahme bedeute nicht die Annexion des Landes, nicht seine dauernde Aneignung oder Besitzergreifung. Also was nun? Existierte das Deutsche Reich weiter? Ja oder nein? Eine solche Situation hatte es im Völkerrecht noch nicht gegeben. Wie immer in solchen Fällen konnte man juristisch die eine oder die andere Meinung vertreten. So geschah es auch.

Schon vor dem Ende des Kriegs hatte der österreichische Jurist Hans Kelsen dazu Stellung genommen. Bis 1933 war er Professor in Wien und Köln, danach in Genf und ging 1940 als Emigrant in die USA, wo er Professor in Berkeley wurde und amerikanischer Staatsbürger. 1944 hat er als wissenschaftlicher Berater der Regierung einen Aufsatz geschrieben über die völkerrechtliche Lage Deutschlands nach dem Krieg und kam im Hinblick auf den Entwurf der beratenden Kommission zu dem Ergebnis, die weitgehenden Eingriffsrechte der Alliierten würden das Ende des Deutschen Reichs bedeuten, aber nach den notwendigen Änderungen könne Deutschland als Völkerrechtssubjekt wieder neu entstehen. Nach der Berliner Erklärung vom Juni 1945 hat er das in einem zweiten Aufsatz noch einmal wiederholt. Die vernünftigste Lösung des Problems. Andere Juristen waren derselben Meinung, darunter Hans Nawiasky, bis 1933 Professor in München. Dann ist er wie Kelsen in die Schweiz gegangen, wurde nach dem Krieg wieder Professor in München, einer der Väter der bayerischen Verfassung von 1946 und 1948 Berater zur Vorbereitung des Grundgesetzes im Konvent von Herrenchiemsee (Rnr. 15).

Die große Mehrheit der deutschen Juristen war anderer Meinung. Die man juristisch ebenfalls vertreten konnte. Im Wesentlichen haben sie sich dabei berufen auf die Berliner Erklärung und ihre Zusicherung, dass eine Annexion Deutschlands nicht stattfinden würde.

Einer der Ersten, die sich dazu äußerten, war 1946 Rudolf von Laun, Professor in Hamburg. Eine große Zahl anderer Aufsätze wurde veröffentlicht und dann organisierte Laun 1947 in Hamburg eine Tagung von Völkerrechtlern, die ohne Ausnahme den Fortbestand des Deutschen Reichs feststellten. Die Stimme der deutschen Wissenschaft. Andere deutsche Kollegen mit anderer Meinung – die Minderheit – waren allerdings nicht eingeladen. Auf vielen Ebenen äußerten sich deutsche Stellen wie die Hamburger Tagung, zum Beispiel auch in den Staatskanzleien der von den Alliierten in den westlichen Zonen neu gegründeten Länder oder – nach einigen Bedenken – auch in den wieder entstandenen politischen Parteien wie SPD und CDU, und es überwog 1947 die „Kontinuitätstheorie" vom Weiterbestehen des Deutschen Reichs. Die Alliierten störte das nicht. Sie setzten durch, was sie für richtig hielten, ob im Deutschen Reich oder einem Gebilde ohne diesen Namen.

Die bedingungslose Kapitulation wurde wirksam um Mitternacht vom 8. zum 9. Mai 1945. Das wird oft Stunde Null genannt. Ist aber nur militärisch zutreffend. Offiziell endeten nun alle Kampfhandlungen. Zwar hatten die Alliierten jetzt die oberste Gewalt im Land. Aber im Leben der Deutschen gab es keine Stunde Null. Denn sie mussten weiterleben. Und das konnte die neue oberste Gewalt nicht leisten. Amerikaner, Engländer und Sowjets hatten sich schon vorbereitet auf das, was zu tun war. Aber erstens ist es oft nur eine sehr allgemeine Planung gewesen und zweitens würden sie es allein nie geschafft haben. Deutschland war ein großes und hoch kompliziert organisiertes Gemeinwesen. Die Sieger blieben abhängig vom Funktionieren der hier seit langem entstandenen Ordnungsstrukturen, nicht auf der obersten Ebene wie Regierung oder Statthalter, die Hitler in den entmachteten Ländern des Deutschen Reichs eingesetzt hatte, aber auf der untersten. Da war die Verwaltung von Städten, Gemeinden und Landkreisen. So hat es General Eisenhower schon beim Einmarsch in deutsches Gebiet im März am Ende seiner ersten Proklamation angeordnet. Alle Beamten, Arbeiter und Angestellten des öffentlichen Diensts sowie andere, die notwendige Tätigkeiten verrichten, seien verpflichtet, bis auf Weiteres auf ihrem Posten zu bleiben.

4. Die Stunde der Verwaltung und Gründung von Ländern

Die Verwaltung ist es gewesen, die nun unter Aufsicht und Kontrolle der Militärregierungen das Weiterleben der Deutschen möglich machte, nachdem vom NS-Regime eingesetzte Bürgermeister und Landräte durch alliiertes Militär schnell ersetzt waren durch unbelastete andere Deutsche. Diese untersten deutschen Ämter lebten weiter. Da war keine Stunde Null. Da war eine Stunde der Verwaltung. Die hat jetzt jede für sich an ihrem Ort die Menschen über die Not der ersten Nachkriegszeit gebracht. Und das sind viele Nöte gewesen. An erster Stelle Hunger, Wohnungsnot und im Winter die Kälte, besonderes in den Städten. Hunger durch Stocken der Produktion und des Verkehrs. Wohnungsnot durch Zerstörung der Städte im Bombenkrieg und Zuwanderung von Millionen Flüchtlingen und Vertriebenen. Kälte, weil die Bergwerke nicht mehr genug Kohle lieferten und der Transport Schwierigkeiten machte.

Bürgermeister und Landräte waren zunächst einfach von den Alliierten eingesetzt. Das widersprach der gemeinsam geplanten Demokratisierung. Deshalb fanden 1946 Wahlen statt in den Städten, Gemeinden und Landkreisen. Die Sowjetische Militäradministration unterstützte dabei sehr energisch die Sozialistische Einheitspartei Deutschlands, SED, die im April unter starkem Druck dieser SMAD als Vereinigung von KPD und SPD entstanden war. Sie erhielt mal gerade 50 % der Stimmen. Das war „kein strahlender Sieg“ (Klaus Stern).

Von Anfang an war deutlich, dass die seit Mai 1945 jeweils nur im eigenen kleinen Gebiet weiter arbeitende deutsche Verwaltung nicht in der Lage war, die Bevölkerung ausreichend mit Lebensmitteln, Energie und

Kohle zu versorgen. Dafür brauchte man eine größere Ebene. Das sahen auch die Militärregierungen. Deshalb gründeten sie schon 1945 größere deutsche Verwaltungseinheiten auf der mittleren Ebene von ehemaligen Regierungsbezirken der alten Länder oder der Provinzen Preußens. An ihrer Spitze standen Regierungs- oder Oberpräsidenten, die von ihnen eingesetzt und kontrolliert wurden und zuständig waren für Verkehrsplanung, Wirtschaftslenkung und Lebensmittelversorgung.

Nächster Schritt war die Gründung von Ländern mit Ministerpräsidenten und Regierungen, die sie ebenfalls erst einmal selbst ernannten. Diese Länder wurden später in der Bundesrepublik die Grundlage der föderalen Ordnung, mit einer Ausnahme, dem Ende 1951 entstandenen Baden-Württemberg. Meistens waren es Neuschöpfungen, bedingt durch die eher willkürliche Zerteilung Deutschland in vier Besatzungszonen.

Im Westen sind es zuerst die Amerikaner gewesen. Anders als die zentralstaatlichen Engländer und Franzosen waren sie durch ihre eigene Ordnung in den USA stärker föderalistisch orientiert. Schon im September 1945 gründeten sie die drei Länder Bayern, Württemberg-Baden und Hessen. Bayern entstand auf seinem alten Gebiet, nur ohne die Pfalz, die von den USA den Franzosen überlassen war. Hauptstadt blieb München. Württemberg-Baden mit der Hauptstadt Stuttgart ist eine unglückliche Kombination der nördlichen Gebiete des alten Baden und Württembergs gewesen. Es war dadurch entstanden, dass die Amerikaner den Franzosen ihre jeweils südliche Gebiete überlassen hatten; alle Stadt- und Landkreise, durch die die Autobahn von Karlsruhe nach Ulm (die heutige A8) führte, gehörten zur amerikanischen, alle südlichen davon zur französischen Besatzungszone. Die Franzosen erhielten von den Amerikanern noch Südbaden als zweite Besatzungszone „Baden" mit der Hauptstadt Freiburg. In der Bundesrepublik sind 1951 die drei Länder Baden, Württemberg-Baden und Württemberg-Hohenzollern nach Art. 29 GG zum Bundesland Baden-Württemberg vereinigt worden. Hessen entstand im Wesentlichen aus preußischen und alten hessischen Gebieten. Hauptstadt wurde Wiesbaden. Auch die in Potsdam von den drei Alliierten beschlossene Demokratisierung folgte schnell. Bis Ende 1946 hatten Landtagswahlen stattgefunden und die Ministerpräsidenten waren nun demokratisch gewählt und nicht mehr von oben eingesetzt.

Völlig anders geschah die Bildung der Länder und ihre Demokratisierung in der englischen Zone. Hier wurde von unten demokratisiert, beginnend mit den kommunalen und Landkreiswahlen im Frühjahr 1946. Die Länder wurden erst im Sommer gegründet, nämlich fünf: die beiden alten Stadtstaaten Hamburg und Bremen, Schleswig-Holstein mit der Hauptstadt Kiel, Niedersachsen, ein neues Gebilde mit Hannover als Hauptstadt, und Nordrhein-Westfalen mit der Hauptstadt Düsseldorf aus

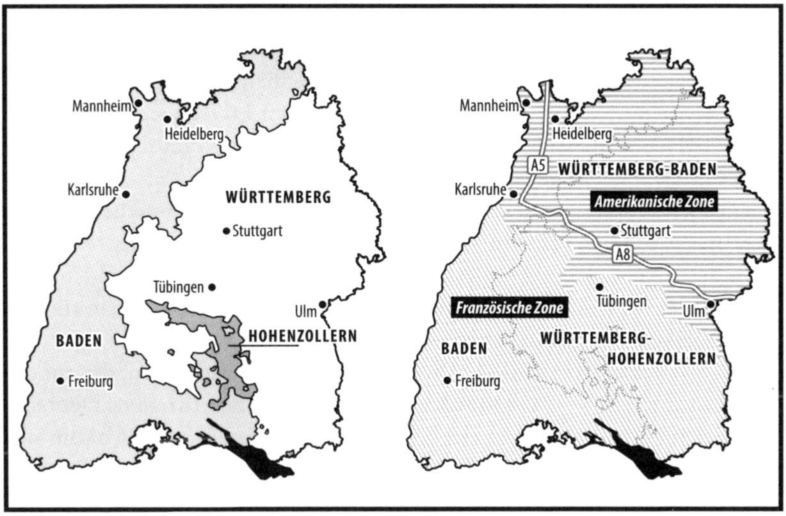

Abbildung 3: Die Entstehung von Württemberg-Baden, Baden und Württemberg-Hohenzollern, die dann 1951 vereinigt worden sind in Baden-Württemberg.

mehreren ehemaligen preußischen Provinzen. Bremen mit Bremerhaven überließen die Engländer bald den Amerikanern, die damit einen eigenen Hafen und den Seeweg in die USA erhielten.

Eher widerwillig und etwas später als die Engländer reagierten die Franzosen, und zwar auf Druck der USA, die ihnen einen Teil ihrer Gebiete überlassen hatten. Sie gründeten drei ziemlich kleine Länder, alles neue Gebilde, nämlich das linksrheinische Rheinland-Pfalz im Norden mit der Hauptstadt Mainz, im Süden rechtsrheinisch Baden mit Freiburg, ohne eine gemeinsame Grenze mit Rheinland-Pfalz am Rhein, sozusagen über Eck, und östlich daneben Württemberg-Hohenzollern mit Tübingen als Hauptstadt. Rheinland-Pfalz bestand aus der vorher bayerischen Pfalz und nördlichen Gebieten, die ihnen von den Engländern aus ihrer Besatzungszone überlassen worden waren. Baden war der südliche Teil des alten Landes Baden, der einige Kilometer vor Karlsruhe endete. Württemberg-Hohenzollern entstand aus einem südlichen Teil Württembergs und der preußischen Provinz Hohenzollern. Alles in Allem eine unglückliche Konstruktion, die 1951 berichtigt worden ist, wie beschrieben.

Am schnellsten hatten die Sowjets in ihrer Zone gehandelt. Schon vor dem Ende der Potsdamer Konferenz haben sie im Juli 1945 die fünf Länder Brandenburg, Mecklenburg-Vorpommern, Sachsen, Sachsen-Anhalt und Thüringen gegründet, Brandenburg und Sachsen-Anhalt als „Provinzen", weil sie Neukonstruktionen gewesen sind. 1952 sind sie von der DDR aufgelöst und ersetzt worden durch mehrere Bezirke. Damit war die DDR ein Zentralstaat geworden wie das Deutsche Reich 1934 unter Adolf Hitler. Erst nach dem Zusammenbruch des Ostblocks sind sie 1990 von der frei gewählten Volkskammer der DDR wiederhergestellt und am 3. Oktober dieses Jahres mit der staatlichen Vereinigung Länder der Bundesrepublik geworden.

Das Saarland gehörte seit Dezember 1946 zum französischen Zollgebiet. Im November 1947 wurde die französische Währung eingeführt und im Januar 1948 wurde es vertraglich ein „Protektorat Frankreichs". Mehr war nicht drin. Denn Amerikaner und Engländer widersprachen ständig der Annexion durch die Franzosen.

Als Sowjets und Franzosen sich im Kontrollrat weigerten, die auf der Potsdamer Konferenz vereinbarte Wirtschaftseinheit für ganz Deutschland herzustellen, haben Amerikaner und Engländer ein „Abkommen über die Zusammenlegung der britischen und der amerikanischen Besatzungszone" unterzeichnet, das am 1. Januar 1947 in Kraft getreten ist. Die so genannte Bizone. Für sie wurde im August 1947 ein deutscher Wirtschaftsrat geschaffen, dessen 52, später 104 Mitglieder von den Landtagen gewählt worden sind, und der seinen Sitz in Frankfurt am Main hatte. Die Währungsreform im Juni 1948 fand in allen drei Zonen statt. So entstand eine Art Trizone mit der französischen, aber ohne das Saarland.

5. Besatzungsrecht, Aufhebung von NS-Recht und weiter geltendes Recht

Es begann mit Eisenhowers Proklamation Nr. 1 (Rnr. 2) und bald danach mit einem „Amtsblatt der Militärregierung Deutschland. Kontrollgebiet der 21. Armeegruppe" für die US- und englische Zone, denn für beide Truppen hatte er den Oberbefehl, in englischer und deutscher Sprache. Darin die Proklamation Nr. 1, drei Verordnungen und elf Gesetze. Die VO Nr. 1 war ein Strafgesetz zum Schutz der Streitkräfte. Die VO Nr. 2 regelte die Einsetzung von Militärgerichten, ihre Kompetenz (auch für Zivilprozesse unter Deutschen) und die Amtssprache: Englisch mit deutscher Übersetzung. Das Gesetz Nr. 1 hob die wichtigsten NS-Gesetze von 1933 und 1934 auf. Weitere Aufhebungen wurden angekündigt. Das Gesetz Nr. 5 regelte die Auflösung der NSDAP und von 60 genau genannten Unterorganisationen. Ein anderes ordnete an, dass Post und Telefon vorläufig eingestellt werden. Sogar Brieftauben musste man abliefern. Und für den Rundfunk sollte es besondere Bestimmungen geben.

Im November 1945 und Mai 1946 wurde durch Gesetz angeordnet, dass Zeitungen, Zeitschriften usw., der Betrieb von Theatern und Kinos, Zirkusveranstaltungen, Opern und Konzerte erscheinen oder stattfinden durften, aber nur mit Genehmigung der Militärregierung. Post und Telefon wurden wieder zugelassen, unter strenger Kontrolle. Die deutsche Polizei erhielt genaue Weisung für die Aufrechterhaltung von Sicherheit und Ordnung unter Kontrolle der Militärregierung. Zuletzt wurde das

Gesetz Nr. 1 ergänzt durch die Aufhebung anderer NS-Vorschriften. Im Juli 1945 ist dieses Amtsblatt durch solche für die amerikanische, englische und französische Zone ersetzt worden und nach der Einsetzung des Kontrollrats erschien das „Amtsblatt des Kontrollrats in Deutschland" seit dem 29. Oktober, viersprachig parallel, englisch, französisch, russisch, deutsch, in wechselnder Reihenfolge, nur der deutsche Text immer als letzter rechts außen.

Im Kontrollrat wurden in der Zeit seiner produktiven Zusammenarbeit bis April/Mai 1947 die wichtigsten allgemeinen Vorschriften des Besatzungsrechts beschlossen, das erste am 20. September 1945 über die Aufhebung von NS-Gesetzen, ein wichtiges am 20. Dezember 1945, das Gesetz Nr. 10. Mit ihm ist die Regelung des Londoner Abkommens vom August über die Bestrafung der „Hauptkriegsverbrecher" im großen Nürnberger Prozess (Rnr. 9) allgemein für Gesamtdeutschland geltendes Recht geworden, also die drei neuen „klassischen" Tatbestände Verbrechen gegen den Frieden (Angriffskrieg), Kriegsverbrechen und Verbrechen gegen die Menschlichkeit. Nach diesem KRG Nr. 10 wurden dann auch von anderen alliierten und deutschen Gerichte Strafprozesse geführt. Im April 1946 hat der Kontrollrat ein neues Betriebsrätegesetz erlassen und im Juni die Zulassung von Gewerkschaften wieder erlaubt.

Mit dem KRG Nr. 16 vom Februar 1946 wurde ein neues Ehegesetz erlassen. In leicht entnazifizierter Form ist es das Ehegesetz von 1938 gewesen. Das war erlassen worden nach der Vereinigung mit Österreich, um in diesem sehr katholischen Land die bisher nicht mögliche Ehescheidung einzuführen und damit im gesamten Deutschland gleichzeitig das die Scheidung sehr erleichternde Zerrüttungsprinzip, gegen das bisherige Schuldprinzip (Rnr. 33). Der „Führer" wollte damit neue Ehen ermöglichen mit mehr Kindern, die er brauchte für den geplanten Aufbau seines großdeutschen Reichs. Der Kontrollrat sah dieses neue Prinzip zu Recht nicht als typisches NS-Recht an. Aber später in der Bundesrepublik unter der katholisch geprägten Politik der Adenauer-Zeit gab es damit manche Schwierigkeiten (Rnr. 30,31).

Im Oktober 1946 ist das KRG Nr. 36 erlassen worden über die Errichtung von Verwaltungsgerichten. Gleichzeitig hat der Kontrollrat NS-Vorschriften von 1939 aufgehoben, die den Zugang zu diesen Gerichten mehr oder weniger unmöglich gemacht hatten, indem man gegen eine Behörde nur klagen konnte, wenn sie der Klage zustimmte. In den einzelnen Zonen sollten neue Prozessgesetze erlassen werden. Das geschah in der amerikanischen durch drei gleich lautende Gesetze der Länder Hessen, Bayern und Württemberg-Baden vom Herbst 1946. Das von ihnen gleichlautend erlassene Verwaltungsgerichtsgesetz, VGG, war ein gutes Gesetz. Es ging im Wesentlichen zurück auf einen Entwurf des Heidelberger Professors Walter Jellinek und zeichnete sich in erster Linie durch seine Generalklausel für Anfechtungsklagen aus. Seitdem kann gegen Verwaltungsakte von Behörden ohne Einschränkung geklagt werden, nicht wie früher nur dann, wenn das Gesetz, auf Grund dessen ein Verwaltungsakt erlassen wurde, eine solche Klage ausdrücklich zuließ (Enumerationsprinzip).

Die britische Zone folgte im September 1948 mit einer für die Länder in ihrem Gebiet von der Militärregierung erlassenen Verordnung Nr. 165, die ebenfalls die Generalklausel einführte und außerdem zum ersten Mal in der deutschen Rechtsgeschichte eine gesetzliche Definition des Verwaltungsakts enthielt, die – mit einer kleinen Ergänzung – 1977 in das Verwaltungsverfahrensgesetz der Bundesrepublik aufgenommen worden ist (§ 25 MRVO Nr. 165, § 35 VwVfG). Beide Gesetze blieben in Kraft bis zum Erlass der Verwaltungsgerichtsordnung von 1961. Die französische Zone hatte schon drei Monate vor dem KRG Nr. 36 mit einer Verfügung Nr. 76 vom 23. Juli 1946 die Verwaltungsgerichte wieder eröffnet, und zwar mit den Verfahrensgesetzen der Länder, die in der Weimarer Zeit auf ihrem Gebiet existierten. Das bedeutete, hier galt nur das Enumerationsprinzip, das dann erst am Beginn der Bundesrepublik durch die Generalklausel ersetzt worden ist. Soviel zum wichtigsten aus dem Besatzungsrecht des Kontrollrats, der seine Tätigkeit beendete mit dem spektakulären Auszug des sowjetischen Marschalls Sokolowski am 20. März 1948.

Das Besatzungsrecht der einzelnen Zonen behandelte stärker die Einzelheiten, und zwar in großer Zahl. Oft regelte es wirtschaftliche Probleme, Strafvorschriften gegen Schwarzmarktgeschäfte, Zulassung und Geschwindigkeitsbegrenzung für Kraftfahrzeuge und ähnliches.

Trotzdem war am größten der Umfang des bisherigen deutschen Rechts, das weiter bestehen blieb. Allerdings gab es nicht wenige Unklarheiten. Denn in den alliierten Gesetzen wurden nicht nur bestimmte Einzelvorschriften des NS-Rechts aufgehoben, sondern es wurde auch ausdrücklich erklärt, dass allgemein nationalsozialistisches Recht nicht mehr angewendet werden dürfte. Da gab es dann unterschiedliche Meinungen in der Rechtsprechung und in der Wissenschaft. Aber im Großen und Ganzen war das meiste unstreitig. Also was blieb? Das BGB zum Beispiel, das die Nationalsozialisten abschaffen wollten, was der Krieg verhinderte, außerdem der größte Teil des Strafgesetzbuchs mit Wiederaufnahme des 1935 aufgehobenen Grundsatzes nulla poena sine lege, die Zivilprozessordnung, die Strafprozessordnung, die Grundbuchordnung, die Gesetze zum Handels- und Gesellschaftsrecht, die Konkursordnung und vieles andere mehr. Auch für die große Menge des bisherigen Rechts gab es keine Stunde Null. Wohl aber für manche Größen des Unrechts.

Mitte Februar 1945 war in Jalta die Entnazifizierung der Deutschen beschlossen worden und schon vor ihrer ersten Präzisierung in Potsdam begannen die in Deutschland eindringenden Truppen der Alliierten mit Verhaftungswellen. Im Westen fanden sie statt auf der Grundlage von schematischen Listen der Amerikaner über diejenigen, die sofort zu verhaften seien wie Mitglieder der Gestapo oder SS, Ministerialbeamte, Bürgermeister usw. Fast 180.000 kamen auf diese Weise in Internierungslager. Bis Ende 1946 waren schon 86.000 wieder entlassen. Ähnlich gingen die Sowjets vor. Bei ihnen waren es 120.000. Von denen sind 43.000 gestorben. Entlassungen gab es dort wohl kaum.

Dann begannen hier wie dort Entnazifizierungsverfahren gegen Einzelne mit dem Ziel der Entlassung aus öffentlichen und halböffentlichen Ämtern und wichtigen Wirtschaftsunternehmen. Dabei galt zunächst die in Potsdam Juli/August 1945 vereinbarte Regel, dass nur die aktiven und nicht die nur nominellen „kleinen“ Mitglieder der NSDAP entlassen werden sollten. Im Westen waren dafür besondere Offiziersabteilungen zuständig. Am härtesten war die Praxis der Amerikaner, vorsichtiger die der Engländer und sehr zögerlich die der Franzosen, wohl auch wegen ihrer „Vichy“-Vergangenheit, der Kollaboration mit Hitler-Deutschland in der Südhälfte Frankreichs während des Kriegs. Aber in allen drei Zonen wurde schnell deutlich, dass die entscheidende Frage, wer trotz Mitgliedschaft in der NSDAP nur ein kleiner Mitläufer gewesen ist oder ein NS-Aktivist, differenziert nur von Deutschen beantwortet werden konnte.

Deshalb beschlossen die Amerikaner, das Verfahren in deutsche Hände zu geben. Die drei Landtage ihrer Länder beschlossen im März 1946 ein „Gesetz zur Befreiung von Nationalsozialismus und Militarismus“, auch Befreiungsgesetz genannt. Nun entschieden Spruchkammern, deren Mitglieder von der Landesregierung aus den Reihen der politischen Parteien ernannt wurden. Sie mussten beurteilen, wer mit welchen gesetzlichen Sanktionen als Hauptschuldiger, Belasteter (Aktivist), Minderbelasteter bestraft werden sollte oder als kleiner Mitläufer oder Entlasteter anzusehen sei, und zwar im Gegensatz zum bisherigen Verfahren mit der neuen Regel des Artikel 2: „Die Beurteilung des Einzelnen erfolgt in gerechter Abwägung der individuellen Verantwortlichkeit und tatsächlichen Grundhaltung.“ Eine Billigkeitsklausel. Auch von Engländern und Franzosen wurde das Gesetz für ihre Zonen übernommen. Nun mussten im Westen alle Deutschen über 18 Jahren den berühmten US-„Fragebogen“ mit seinen 131 Fragen ausfüllen. Die wurden dann von den deutschen Anklägern vorgeprüft. Das Ergebnis waren bis zur Gründung der Bundesrepublik 1949 insgesamt 3.660.000 Entscheidungen, davon 175.000, die mit der schweren Sanktion der Entlassung endeten. Aber gleichzeitig war es über eine Million kleiner Mitläufer, die in der Regel mit Zahlungen an einen Wiedergutmachungsfond davonkamen. Der Rest waren 1,2 Millionen Entlastete oder eingestellte Verfahren. So kam man letztlich zum bitteren Ende einer „Mitläuferfabrik" (Lutz Niethammer), meistens durch so genannte Persilscheine, wohlwollende Entlastungszeugnisse von unbelasteten Zeitgenossen, aber auch vor dem Hintergrund einer geänderten Haltung der USA, die das Interesse an der Entnazifizierung verloren und im Verlauf des Kalten Kriegs 1947/48 stärker auf die Entstehung einer gemeinsamen Front gegen Stalins Expansionsgelüste setzten.

Ganz anders lief die Entnazifizierung in der sowjetischen Zone. Hier konnte die Militärregierung das Verfahren von Anfang an deutschen Stellen überlassen, auf die Verlass war, nämlich die kommunistische Gruppe um Walter Ulbricht, die den Krieg in Moskau überstanden hatte. Die ergriff die Initiative und konnte sich auf eine größere Zahl von „Antifaschisten" stützen, die in Deutschland geblieben waren. Letztlich blieben die Verfahren in der Hand der aus Kommunisten und Sozialdemokraten dort schon 1946 zwangsvereinigten Sozialistischen Einheitspartei Deutschlands, SED. Auch hier gab es Unterschiede in der Entwicklung, nicht nur zeitlich, sondern auch in den einzelnen Ländern. Aber insgesamt war die Zahl der Entlassungen sehr viel höher als im Westen. DDR-Historiker nennen die Zahl von über einer halben Million. Das ist sicher zu hoch. Westliche Schätzungen rechnen mit ungefähr 200.000 Entlassungen in einem Gebiet, das halb so groß war wie im Westen. Sie dienten ja auch nicht nur der Entfernung von NS-Personal, sondern hatten auch das Ziel des Aufbaus einer sozialistischen Ordnung. Jede freigewordene Stelle wurde nämlich regelmäßig mit einem Anhänger der Blockparteien besetzt, überwiegend der SED. Nach dem Abschluss der Entnazifizierung stellte die SED in allen Ländern und auf allen Verwaltungsebenen 43,6 Prozent der Mitarbeiter im öffentlichen Dienst. Fast überall hatte sie die Schaltstellen der Macht besetzt. Während in der frühen Bundesrepublik die Rückflut ehemaliger NSDAP-Mitglieder nach dem Gesetz zu Art. 131 GG die personelle Kontinuität im öffentlichen Dienst weitgehend wiederhergestellt hat (Rnr. 19).

7. Wiederaufbau der Justiz

In Potsdam war auch vereinbart worden, dass die Justiz nach dem Prinzip der Demokratie reorganisiert werden sollte. Zuerst wurden alle deutschen Gerichte geschlossen. Als sie drei Jahre später wieder aufgebaut waren, konnte man sich schon fragen, ob das etwas zu tun hatte mit demokratischer Organisation, im Westen wie im Osten.

Die ersten Amts- und Landgerichte nahmen Ende Mai, Anfang Juni 1945 ihre Arbeit wieder auf, mit Zustimmung der Militärregierungen. Aber sie hatten viel zu wenig Richter und Staatsanwälte. Träger dieses Neuanfangs wurden in der US-Zone die neuen Landesregierungen, ebenso in der französischen Zone. Unter Aufsicht der Militärregierung wurden Richter und Staatsanwälte von den Justizministern ernannt. Bei den weniger föderalistischen Engländern waren es die von ihnen ernannten Oberlandesgerichtspräsidenten. Man hielt sich an die Vorgaben des vom Kontrollrat im Oktober 1945 wiederhergestellten Gerichtsverfassungsgesetzes mit der auch in der NS-Zeit für die Ernennung notwendigen „Befähigung zum Richteramt“. Die wird auch heute noch erworben mit dem ersten und zweiten Staatsexamen. Aber woher sollten politisch-demokratisch tragbare Juristen mit einer solchen Ausbildung so schnell herkommen? Man brauchte sie dringend. Jedoch 90 Prozent der Anfang 1945 aktiven Justizjuristen waren Mitglieder der NSDAP, viele nicht nur „nominell“. Woher nehmen ohne zu mogeln?

Politisch am strengsten waren – wie bei der Entnazifizierung – die Amerikaner. Aber die mit ihrer Zustimmung ernannten Oberlandesgerichtspräsidenten, zu deren Dienstbereich die Ernennungen bei den unteren Gerichten ebenfalls gehörten, waren zwar Männer, die meistens 1933 von den Nationalsozialisten entlassen worden waren, Konservative, aber eben auch nur Juristen, unter denen der Korpsgeist immer noch stark gewesen ist. Sie waren zwar kritisch gegenüber Nationalsozialisten gewesen, jedoch nicht feindlich. Denn die hatten sie 1933, wie sie meinten, vor den Kommunisten gerettet. So waren es auch in der amerikanischen Zone Männer wie Wilhelm Kiesselbach in der britischen, dem nicht nur deutsche Kritiker vorgeworfen haben, man brauche nur Nationalsozialist gewesen zu sein, um wieder eingestellt zu werden. Schon Ende 1945 hatte er von den Engländern das als „Huckepack-Regel“ bekannt gewordene Zugeständnis erhalten, dass mit jedem unbelasteten Richter ein „tragbares“ ehemaliges Mitglied der NSDAP eingestellt wurde, das nun auf dem Rücken des Unbelasteten ins Amt kam. Außerdem produzierten diese Wiedereinstellungen bald Ähnliches wie die Entnazifizierung als „Mitläuferfabrik“. Ergebnis? An den Landgerichten der britischen Zone, eine der wenigen sicheren Zahlen, waren Anfang 1948 80 bis 90 Prozent der Richter und Staatsanwälte Mitglieder der NSDAP gewesen, und viele nicht nur „nominell“. In einigen Gerichten gab es 1948/49 schon mehr alte Parteigenossen der NSDAP als in der Nazizeit. Jedenfalls war die personelle Kontinuität der Justiz schon vor der Gründung der Bundesrepublik auf lange Zeit wieder hergestellt worden. Von wegen demokratische Reorganisierung.

Im Osten war man sehr viel strenger. Die Sowjets hatten schon im Juli 1945 eine deutsche Zentralverwaltung für Justiz in Ostberlin gegründet mit einem liberalen Politiker der Weimarer Zeit an der Spitze, Eugen Schiffer. Viel mehr als ein Feigenblatt ist er aber nicht gewesen. Die Entnazifizierung der Richter und Staatsanwälte wurde hier am radikalsten durchgesetzt. Jeder, der Mitglied der NSDAP gewesen war, auch wenn nur „nominell“, ist entlassen worden. Der Neuaufbau der Justiz fand deshalb in der ersten Zeit statt mit Richtern und Staatsanwälten „im Soforteinsatz“. Sie waren linientreue Nichtjuristen. Nach einiger Zeit kamen „Volksrichter“ und „Volksstaatsanwälte“. Sie waren von älteren Juristen mit „Befähigung zum Richteramt“ ausgebildet in Internaten – ohne Semesterferien – mit Schnellkursen, kamen im Wesentlichen aus der Arbeiterschaft und sind ebenfalls politisch zielstrebig ausgerichtet worden. Die Kurse dauerten am Anfang sechs Monate, seit 1951 zwei Jahre, schließlich vier Jahre. Die Ausbildung war gut, der Spott und die Empörung im Westen nicht berechtigt. Aber auch sie lernten nicht nur das Juristische, sondern wie die neuen Juristen, die nach ihnen kamen und an den Universitäten „sozialistisch“ studiert hatten, den Marxismus – Leninismus, ML. Besonders „demokratisch“ im Sinn von „Potsdam“ konnte man das auch nicht nennen.

8. Der große Nürnberger Prozess

Nach dem Ersten Weltkrieg hatte man ähnliches schon einmal versucht. Im Versailler Friedensvertrag (Art. 227 bis 230) hatte sich das Deutsche Reich verpflichten müssen, eine große Zahl von Militärs und den Kaiser auszuliefern. Aber das scheiterte. Schließlich einigte man sich darauf, dass entsprechende Prozesse nach einer Liste der Alliierten vor dem Reichsgericht in Leipzig stattfinden sollten. Das jedoch entwickelte sich zu einer Farce. Es wurde nur gegen zehn Angeklagte verhandelt mit sechs Freisprüchen und vier viel zu milden Urteilen. Jetzt war die Situation eine andere. Die Sieger des Zweiten Weltkriegs hatten das ganze Land besetzt und besonders die Amerikaner eine große Zahl von prominenten Gefangenen gemacht.

Am 8. August 1945 einigten sich die vier Alliierten – Engländer, Franzosen, die Sowjetunion und die USA – in einem Abkommen von London auf die Errichtung des Internationalen Militärtribunals gegen die Hauptkriegsverbrecher in Nürnberg, der Stadt der Reichsparteitage und der NS-Judengesetze von 1935. Den Vorschlag des Ortes hatte der US-General Clay auch deshalb gemacht, weil dort in der amerikanischen Zone das einzige große fast unbeschädigte deutsche Gerichtsgebäude stand. Der Prozess gegen die Hauptkriegsverbrecher begann am 20. November 1945.

Die drei größten hatten sich schon am Ende des Kriegs umgebracht. Adolf Hitler nahm eine Pistole und Joseph Goebbels Gift aus einer Zyankali-Ampulle während des mörderischen Kampfs in Berlin Ende April, Anfang Mai 1945 unten im „Führerbunker“ neben der Reichskanzlei, kurz bevor auch die von der Roten Armee erobert wurde. Heinrich Himmler tötete sich ebenfalls mit diesem Gift aus jenen kleinen Ampullen, die sich die Größen vorher besorgt hatten, etwas später, nämlich

Mitte März 1945 nach seiner Festnahme durch die Engländer in Lüneburg. Der letzte der ganz Großen, Hermann Göring, neben Hitler der zweite Mann im NS-Staat und Hauptangeklagter im Prozess, starb erst Mitte Oktober 1946 durch solch eine versteckte Ampulle, nach dem Todesurteil in diesem Prozess und vor der Hinrichtung am Galgen, um als deutscher „Reichsmarschall" diesem unwürdigen Tod zu entgegnen. Die 21 Angeklagten in alphabetischer Reihenfolge:

Karl Dönitz, seit 1943 Oberbefehlshaber der Kriegsmarine, Nachfolger Hitlers als Staatsoberhaupt für wenige Tage,

Hans Frank, „Reichsrechtsführer" und seit 1939 Generalgouverneur im besetzten Polen,

Wilhelm Frick, 1943 bis 1945 Reichsprotektor von Böhmen und Mähren,

Hans Fritzsche, 1942 bis 1945 Leiter der Rundfunkabteilung im Reichspropagandaministerium, „Es spricht Hans Fritzsche",

Walther Funk, seit 1937 Reichswirtschaftsminister,

Hermann Göring, seit 1933 Reichsminister ohne Geschäftsbereich und seit 1935 Oberbefehlshaber der Luftwaffe, Reichsmarschall und neben Hitler der mächtigste Mann, der Hauptangeklagte,

Rudolf Heß, 1933–1941, Hitlers Stellvertreter, 1941 abenteuerlicher Flug nach England, dort verhaftet,

Alfred Jodl, seit 1940 Chef des Wehrmachtsführungsstabs im Oberkommando der Wehrmacht,

Ernst Kaltenbrunner, seit 1935 Chef des Sicherheitsdiensts der SS und seit 1942 Leiter des Reichssicherheitshauptamts,

Wilhelm Keitel, seit 1943 Chef des Oberkommandos der Wehrmacht,

Konstantin von Neurath, 1932 bis 1938 Reichsaußenminister und 1939 bis 1941 Reichsprotektor von Böhmen und Mähren,

Franz von Papen, 1933–1934 Vizekanzler,

Erich Raeder, 1935–1943 Oberbefehlshaber der Kriegsmarine,

Joachim von Ribbentropp, seit 1938 Reichsaußenminister,

Alfred Rosenberg, Chefideologe der NSDAP und 1941 bis 1945 Reichsminister für die besetzten Ostgebiete,

Fritz Sauckel, seit 1942 Generalbevollmächtigter für den Arbeitseinsatz von Millionen Zwangsverschleppter,

Hjalmar Schacht, 1933 bis 1939 Reichsbankpräsident und 1934 bis 1936 Reichswirtschaftsminister, danach Minister ohne Geschäftsbereich und seit 1944 in Konzentrationslagern wegen seiner Nähe zum Attentat auf Hitler am 20. Juli 1944.

Baldur von Schirach, seit 1933 „Reichsjugendführer" und seit 1940 Reichsstatthalter von Wien,

Arthur Seyß-Inquart, 1939–1940 Stellvertreter Hans Franks in Polen und seit 1940 Reichskommissar für die besetzten Niederlande,
Albert Speer, Hitlers Architekt, seit 1942 Reichsminister für Rüstung, Bewaffnung und Munition,
Julius Streicher, seit 1933 Herausgeber von „Der Stürmer", einem fürchterlichen antisemitischen Hetzblatt der NSDAP.

Sie hatten sich zu verantworten nach den vier Anklagetatbeständen des Londoner Statuts:

1. Verschwörung: Die Angeklagten haben einen gemeinsamen Plan zur Eroberung unumschränkter Macht in Europa verfolgt und wollten ihn gemeinsam durchsetzen mit den folgenden drei Verbrechen,
2. Verbrechen gegen den Frieden: Sie haben in 64 Fällen 36 internationale Verträge gebrochen, Angriffskriege begonnen und einen Weltkrieg entfesselt,
3. Kriegsverbrechen: Sie haben ein ungeheuerliches Blutbad zu verantworten mit Massenmord, Folterungen, Sklavenarbeit und wirtschaftlicher Ausplünderung der eroberten Länder,
4. Verbrechen gegen die Menschlichkeit; nämlich solche ohne unmittelbaren Zusammenhang mit Kriegshandlungen, also Verfolgung politischer Gegner und Ausrottung von rassischen Minderheiten und ganzen Bevölkerungsgruppen.

Richter waren der Engländer Geoffrey Lawrence als Vorsitzender, für die USA der bisherige Justizminister Norman Biddle, der französische Professor Henri Donnedieu de Vabres von der Sorbonne in Paris und der sowjetische General Jola Nikitschenko, Vizepräsident des Obersten Gerichts in Moskau. Jeder hatte einen Stellvertreter. Prominentester Ankläger war für die USA Robert Jackson, Richter am Supreme Court in Washington und General Rudenko für die Sowjetunion. Die Angeklagten wurden verteidigt von deutschen Anwälten, die sie selbst gewählt oder die ihnen vom Gericht zugeteilt waren und bezahlt wurden von den vier Alliierten.

Die USA hatten einen Riesenberg von Akten für die Anklage gesammelt. So das „Hoßbach-Protokoll" über eine Geheimkonferenz bei Hitler 1937 mit Göring, von Neurath und Raeder. Seitdem wussten Wehrmacht und Auswärtiges Amt, dass Hitler einen großen Angriffskrieg in Europa führen würde. Neurath protestierte, wurde ersetzt durch Ribbentrop. Dann war während des Prozesses der geheime Hitler-Stalin-Pakt über die Aufteilung des östlichen Europa (Finnland, baltische Staaten, Polen, Bessarabien) in „Interessensphären" vom August 1939 zur Sprache gekommen durch Alfred Seidl, Verteidiger von Frank und Heß. Das hatte er wohl von einem Amerikaner erhalten und wollte damit den Prozess platzen lassen, denn nun war die Sowjetunion zum Entsetzen ihrer Vertreter als Mittäter von Hitlers Angriffskrieg bloßgestellt. Geoffrey Lawrence ließ nach ihren Protesten trotzdem das Dokument verlesen. Aber Seidl hat sein Ziel nicht erreicht, weil er den Unbekannten nicht nennen wollte, der es ihm gegeben hatte. So wurde es vom Gericht nicht anerkannt. Heute weiß man, dass es echt war. Frick wurde schwer belastet durch Dokumente über seine Tätigkeit in der Tschechoslowakei, Frank wegen seiner Gräueltaten in Polen durch sein eigenes Tagebuch. Keitel wurden Massentötungen von sowjetischen Kriegsgefangenen nachgewiesen und sein fürchterlicher „Nacht-und-Nebel-Erlass" vorgelesen über die heimliche Verschleppung von Zivilisten und Görings Schuld, heißt es im Urteil, „ist einmalig in ihrer Ungeheuerlichkeit", nicht nur bei der „Endlösung der Judenfrage in Europa".

Zeugen traten auf. SS-General von dem Bach-Zelewski berichtete über die Vernichtung der osteuropäischen Zivilbevölkerung durch Einsatzgruppen aus SS und Sicherheitspolizei mit dem Ziel der Ausrottung von 30 Millionen Juden und Slawen, dass auch die Wehrmacht davon wusste und das letztlich möglich gemacht hat. Worauf Göring ihn wütend als „Verräter" beschimpfte. Lähmendes Entsetzen entstand bei Anklägern und Richtern, Angeklagten und Verteidigern, als Rudolf Höß im kalten Bürokratenton vorrechnete und beschrieb, wie in seiner Zeit als erster Kommandant von Auschwitz von 1940 bis 1943 – wohl übertrieben – zweieinhalb Millionen Opfer vergast, verbrannt, hingerichtet oder durch Arbeit, Hunger und Krankheit ermordet worden sind.

Nach zehn Monaten und zehn Tagen endete der Prozess mit dem Urteil, das am 30. September und 1. Oktober 1946 verkündet wurde. Elf Todesurteile, sieben Verurteilungen zu Freiheitsstrafen und drei Freisprüche. Zum Tod am Galgen wurden verurteilt: Frank, Frick, Göring, Jodl, Kaltenbrunner, Keitel, Ribbentrop, Rosenberg, Sauckel, Seyß-Inquart und Streicher. Lebenslange Freiheitsstrafen für Funk, Heß und Raeder, 20 Jahre für von Schirach und Speer, 15 Jahre für Neurath und 10 Jahre für Dönitz. Freigesprochen wurden Fritzsche, von Papen und Schacht.

Am 16. Oktober 1946 schütteten morgens amerikanische Soldaten an der Heilmannstraße in München-Solln Leichenasche in den etwa drei Meter breiten Conwentzbach. Das passierte dort öfter. Sie nahmen an, es sei die von gestorbenen US-Kameraden. Nur ganz wenige wussten, es war die Asche der elf in Nürnberg zum Tode Verurteilten. Zehn von ihnen waren nachts in der Turnhalle des Gefängnisses gehängt worden. Hermann Göring hatte sich, wie beschrieben, kurz vorher das Leben genommen. Ihre Leichen wurden in großer Eile sofort nach München gebracht und in einem Krematorium verbrannt, damit keine Spuren blieben, die später zu NS-Wallfahrten führen könnten.

Viel ist diskutiert worden über juristische Probleme dieses großen Unternehmens. Die Urteile sind ergangen aufgrund von Straftatbeständen der Londoner Vereinbarung, erst nach den Taten der Angeklagten. War das ein Verstoß gegen den Grundsatz *nulla poena sine lege?* Da kann man sicher zweifeln. Aber angesichts der Ungeheuerlichkeiten von bisher ungeahntem Ausmaß, die auch nach bisher geltendem Recht in den meisten Fällen zu Strafen geführt hätten? Man muss wohl sagen, dieser Vorwurf führt ähnlich in die Irre wie der von Siegerjustiz. Sicher, auch die Alliierten haben Kriegsverbrechen begangen, zum Beispiel mit der Bombardierung der Zivilbevölkerung, zumal mit Atombomben in Japan kurz vor oder nach dem Beschluss über das Londoner Abkommen. Aber Gleichheit im Unrecht gibt es nicht. Die Urteile sind vielmehr deshalb in einem höheren Sinn gerecht gewesen, weil nun ein Präzedenzfall für die Zukunft geschaffen war. Der Nürnberger Prozess war der Anfang einer Entwicklung, die am Ende des Jahrhunderts auf der von den Vereinten Nationen einberufenen Staatenkonferenz 1998 in Rom zur Gründung eines Internationalen Strafgerichtshofs in Den Haag geführt hat, der 2003 seine Arbeit aufnahm und zunächst urteilen kann aufgrund der Tatbestände Völkermord, Kriegsverbrechen, Verbrechen gegen die Menschlichkeit. Die Entstehung des Völkerstrafrechts. Mit noch vielen Problemen. Das größte ist die bisher feindselige Haltung der USA, die das Statut von Rom nicht unterschrieben haben. Auch die Großmächte China und Indien, haben sich nicht beteiligt, wohl aber die Hälfte aller Staaten der Welt, darunter alle europäischen, nur nicht Russland. Trotzdem, es war ein Anfang, ein Meilenstein des Völkerrechts, der hoffen lässt und seinen Anfang in Nürnberg hat.

9. Nürnberger Folgeprozesse, Juristenprozess

Dieser große Nürnberger Prozess konnte gegen andere in dieser Besetzung mit sowjetischen Richtern nicht mehr fortgesetzt werden. Deren Teilnahme war für die Sowjetunion ziemlich blamabel, besonders durch das Bekanntwerden des Hitler-Stalin-Pakts. Auch gab es schon 1946 erste Anzeichen des bald beginnenden Kalten Kriegs. Deshalb beschlossen die USA, im selben Nürnberger Saal eine Reihe von Prozessen gegen „zweitrangige" Hauptkriegsverbrecher allein durchzuführen, nämlich gegen deutsche Politiker, Beamte, Militärs, Industrielle, Ärzte und Juristen. Bald nach dem großen Prozess, der im Oktober endete, wurde vom Dezember 1946 bis April 1949, kurz vor der Gründung der Bundesrepublik, in zwölf Folgeprozessen gegen 184 Angeklagte verhandelt:

1. Ärzteprozess, Dezember 1946 bis August 1947,
2. Prozess gegen Feldmarschall Milch, Januar bis April 1947,

3. Juristenprozess, Februar bis Dezember 1947,
4. Prozess gegen das Wirtschafts- und Verwaltungshauptamt der SS (Leitung der Konzentrations- und Vernichtungslager), März bis November 1947,
5. Prozess gegen den Industriellen Friedrich Flick und fünf seiner Mitarbeiter, April bis Dezember 1947,
6. IG-Farben-Prozess, August 1947 bis Juli 1948,
7. Prozess gegen die „Südost-Generäle", Juli 1947 bis Februar 1948,
8. Prozess gegen das Rasse- und Siedlungshauptamt der SS, August 1947 bis März 1948,
9. Einsatzgruppenprozess, September 1947 bis April 1948,
10. Prozess gegen den Industriellen Alfried Krupp von Bohlen und Halbach und elf Mitarbeiter, November 1947 bis Juli 1948,
11. Wilhelmstraßenprozess, Januar bis November 1948 und
12. OKW-Prozess, Februar 1948 bis April 1949.

Hier wird nur der Juristenprozess beschrieben, weil er rechtshistorisch von besonderem Interesse ist. Er sollte den Deutschen und der Welt die unheilvolle Rolle der Justiz im Terrorsystem des Hitler-Regimes deutlich machen. Allerdings waren auch ihre wichtigsten Akteure nicht mehr am Leben. Justizminister Otto Thierack hatte sich im November 1945 das Leben genommen, als er von den Engländern in der Nähe von Paderborn festgenommen wurde, ebenso der Präsident des Reichsgerichts Erwin Bumke schon im April beim Einmarsch der Amerikaner in Leipzig, und der fanatischste von ihnen, Roland Freisler, Präsident des Volksgerichtshofs, war im Februar bei einem Bombenangriff im Gericht getötet worden. Es war wie in der großen Politik. Die wichtigsten waren bis auf einen nicht mehr am Leben. Dort war es Hermann Göring, hier Franz Schlegelberger, allerdings nicht so imposant und korpulent wie Göring, sondern klein und schmächtig, auch weniger mächtig, aber doch eine wichtige und typische Figur der Nazi-Justiz. Seit 1931 Staatssekretär im damals noch kleinen vornehmen Justizministerium war er immerhin 1941/42 nach dem Tod Franz Gürtners bis zur Ernennung von Otto Thierack eineinhalb Jahre geschäftsführender Justizminister in einer juristisch besonders grausamen Zeit. Er ist der Hauptangeklagte gewesen. An hoher und höchster Stelle hat er von 1933 bis 1943 alles mitgemacht. Angeklagt waren:

wegen ihrer Tätigkeit im Reichsjustizministerium:

1. Franz Schlegelberger,
2. Curt Rothenberger, Staatssekretär 1942–1943,
3. Herbert Klemm, Staatssekretär 1944–1945,
4. Josef Altstötter, Ministerialdirektor seit 1943,

5. Wolfgang Mettgenberg, Ministerialdirigent seit 1939,
6. Wilhelm von Ammon, seit 1940 im Ministerium, zuletzt als Ministerialrat,
7. Günther Joël, seit 1933 im Ministerium, von 1941 bis 1943 als Ministerialrat, danach Generalstaatsanwalt in Hamm,

wegen ihrer Tätigkeit beim Volksgerichtshof:

8. Ernst Lautz, Oberreichsanwalt seit 1939,
9. Paul Barnickel, Reichsanwalt 1938 bis 1944,
10. Günther Nebeling, Senatspräsident seit 1944,
11. Hans Petersen, SA-Offizier, ehrenamtlicher Richter seit 1941,

und die Vorsitzenden von Sondergerichten, die Landgerichtsdirektoren:

12. Hermann Cuhorst in Stuttgart 1937 bis 1944,
13. Oswald Rothaug 1937 bis 1943 in Nürnberg und
14. Rudolf Oeschey 1943 bis 1945 in Nürnberg.

Sie waren angeklagt nach dem Kontrollratsgesetz Nr. 10 vom 20.12.1945 aus den dort genannten drei Gründen, nämlich Kriegsverbrechen, Verbrechen gegen die Menschlichkeit und Mitgliedschaft in einer verbrecherischen Organisation; und zwar alle Angeklagten nach den ersten beiden Anklagepunkten, sieben Angeklagte auch nach dritten, wegen Mitgliedschaft in der SS oder dem Sicherheitsdienst. Im Wesentlichen ging es um ihre Tätigkeit beim Erlass oder bei der Anwendung

1. der Nürnberger Judengesetze von 1935
2. der Kriegssonderstrafrechtsverordnung von 1935 mit ihrem § 5 über Wehrkraftzersetzung,
3. der Gewalt- und Gewohnheitsverbrecherverordnungen von 1939,
4. der Volksschädlingsverordnung von 1939 (Plünderung),
5. der Polen- und Judenstrafrechtsverordnung für die besetzten Ostgebiete von 1941 und
6. des Nacht- und Nebel-Erlasses durch das Oberkommando der Wehrmacht unter ihrem Oberbefehlshaber Generalfeldmarschall Wilhelm Keitel von 1949 über die geheime Verschleppung von Widerstandsverdächtigen aus den besetzten Gebieten Westeuropas.

Diese Gesetze, Verordnungen und der Erlass sind in der Tat der Kern der Justizkatastrophe gewesen, in der innerhalb von zwölf Jahren in Deutschland mit mehr als 50.000 Todesurteilen von ordentlichen, außerordentlichen und Militärgerichten mehr Menschen, meistens Zivilisten und meistens wegen Lappalien, ums Leben gekommen sind als in Zeiten vorher, nämlich durch täglich mindestens zehn Todesurteile. In den 25 Jahren vor 1933 waren es 1.600, im Grunde auch schon sehr viel, nämlich jede Woche ein Todesurteil. Aber die Steigerung von 7.000 Prozent war unglaublich, eine Katastrophe.

Die wesentlichen Einwände der Verteidigung: Erstens, die Angeklagten hätten damals nach geltendem Recht gehandelt und was damals Recht war, könne heute nicht als Unrecht bestraft werden. Zweitens der Verstoß gegen den Grundsatz *nulla poena sine lege.* Das Gericht antwortete darauf souverän und ausführlich mit Hinweis auf das Völkerrecht. Das wurde damals von der Mehrheit deutscher Juristen entweder nicht anerkannt oder gar nicht erst zur Kenntnis genommen. Das Nürnberger Juristenurteil hatte keine große Resonanz. Für den Leser von heute, meine ich, ist die Argumentation überzeugend, zumal sich heute das Völkerstrafrecht mit der Einsetzung des Internationalen Strafgerichtshofs in Den Haag – fast – allgemein durchgesetzt hat. Nun nur noch einige Erklärungen zu Einzelheiten des Urteils.

Mit den Nürnberger Gesetzen begann 1935 die juristische Einleitung des Holocaust, indem man Juden zu Bürgern zweiter Klasse machte, außerdem Heiraten und Liebesverhältnisse zwischen ihnen und „Ariern" zu einer Straftat machte, die mit Gefängnis oder Zuchthaus bedroht war. Eine der grauenvollsten Entscheidungen dazu hat Oswald Rothaug getroffen mit dem – weit über den Wortlaut des Gesetzes hinausgehenden Todesurteil von 1942 gegen den 68-jährigen jüdischen Kaufmann Leo Katzenberger, Vorsitzenden der jüdischen Gemeinde in Nürnberg, wegen dessen offensichtlich völlig harmlosen herzlichen Einvernehmens mit der Tochter eines Freundes. Es war ein Urteil von antisemitischer Wut, „den mach' ich fertig". Das Nürnberger Sondergericht, dessen Akten man zufällig während des großen Prozesses auf dem Dachboden des Gerichtsgebäudes fand, war auch unter Rothaugs Nachfolger Rudolf Oeschey eines der brutalsten der vielen brutalen Sondergerichte in Deutschland.

Die Kriegssonderstrafrechtsverordnung von 1939 war besonders katastrophal in ihrer Wirkung mit der Wehrkraftzersetzung in § 5, die in Tausenden Fällen zur Todesstrafe führte. Dafür konnte schon ein politischer Witz genügen. Ebenso ausufernd wurden die Bestimmungen über Gewalt- und Gewohnheitsverbrecher mit dem Gesetz zur Änderung des Reichsstrafgesetzbuchs vom 4. September 1941, dessen § 1 die Todesstrafe androhte, „wenn der Schutz der Volksgemeinschaft oder das Bedürfnis nach gerechter Sühne es erfordern." Auf derselben Linie dieser Gesetzgebung am Beginn des Zweiten Weltkriegs bewegte sich die Volksschädlingsverordnung vom 5. September 1939. Auch für geringfügige Vergehen zum Schutz der Verdunkelung gegen Luftangriffe drohten Zuchthaus- und Todesstrafen, wenn, wie es wörtlich hieß, „dies das gesunde Volksempfinden wegen der besonderen Verwerflichkeit der Straftat erfordert."

Das öffnete die Tore für die von Bernd Rüthers beschriebene „unbegrenzte Auslegung". Für die westeuropäischen Gebiete galt der von Hitler befohlene, vom Justizministerium und dem Oberkommando ausgearbeitete „Nacht- und Nebel-Erlass" von 1941 zur Bekämpfung und Verhinderung von Widerstandsbewegungen in besetzten Gebieten mit brutalem Terror gegen die Zivilbevölkerung. Verdächtige wurden heimlich nach Deutschland verschleppt, wo sie in Geheimverfahren wegen Widerstands verurteilt worden sind, ohne Verteidigung, ohne Kenntnis der deutschen Sprache, und ohne Möglichkeit von Entlastungszeugen oder andern Beweismitteln für ihre Unschuld, alles dirigiert durch das Justizministerium.

Das Urteil wurde am 3. Dezember 1947 verkündet. Vier Angeklagte sind aus Mangel an Beweisen freigesprochen worden. Es fehlten wichtige Akten. Die anderen erhielten Zuchthausstrafen:

Franz Schlegelberger,	lebenslang,
Herbert Klemm,	lebenslang,
Oswald Rothaug,	lebenslang,
Rudolf Oeschey,	lebenslang,
Wolfgang Mettgenberg,	10 Jahre,
Wilhelm v. Ammon,	10 Jahre,
Günther Joël,	10 Jahre,
Ernst Lautz,	10 Jahre,
Curt Rothenberger,	7 Jahre,
Josef Altstötter,	5 Jahre.

Es war ein sehr mildes Urteil – von Juristen für Juristen? Durch Begnadigung waren fast alle Verurteilten 1951 wieder in Freiheit. Nur Oswald Rothaug wurde erst 1956 entlassen; der Fall Katzenberger war zu brutal. In der Presse fand das Juristenurteil damals ohnehin nur geringes Interesse. Seine Begründung wurde in der Fachpresse nicht abgedruckt. Und Gustav Radbruch schrieb damals als einziger einen Kommentar in der Süddeutschen Juristenzeitung, „Des Reichsjustizministeriums Ruhm und Ende" (1948, S. 57 ff.). Die deutschen Juristen, auch die furchtbaren, machten unbehindert weiter. Nach fast 40 Jahren erschien 1985 die erste Dokumentation des Prozesses.

10. Militärgerichtsprozesse in den Besatzungszonen

Unabhängig vom großen Nürnberger Prozess und seinen Folgeprozessen wurden zur Verfolgung von NS-Verbrechen in den vier Besatzungszonen Prozesse vor Militärgerichten geführt. Den Anfang machten die Engländer. Zwei Monate vor dem großen Nürnberger Prozess begann in der britischen Zone der erste Kriegsverbrecherprozess in Deutschland nach dem Zweiten Weltkrieg und zwar in Celle auf der Grundlage eines Royal Warrant, einer königlichen Ermächtigung, die sich auf das Völkerrecht stützte, nicht auf der Grundlage des Kontrollratsgesetzes Nr. 10 wie in der amerikanischen und französischen Zone. Verhandelt wurde gegen das Personal des Konzentrationslagers Bergen-Belsen. Elf der 46 Angeklagten wurden zum Tode verurteilt, darunter der Kommandant und drei Aufseherinnen. Die meisten Verfahren der britischen Zone fanden später im Hamburger Curio-Haus statt, das erste gegen den Inhaber und Mitarbeiter der Hamburger Firma Tesch & Stabenow, die das Gas Zyklon B hergestellt hatte, mit dem in Auschwitz und anderen Vernichtungslagern gemordet wurde. Dr. Tesch und sein Prokurist wurden zum Tode verurteilt.

In der US-Zone war das Konzentrationslager Dachau Ort der Prozesse. Im November 1945 begann hier der Dachauer Hauptprozess gegen 40 Angehörige der Wachmannschaft mit ihrem letzten Kommandanten. Dort sind insgesamt 489 Prozesse gegen 1.672 Angeklagte geführt und mit 1.517 Verurteilungen und 400 Todesurteilen durchgeführt worden. Allerdings hatten die Amerikaner mehrere Geständnisse mit „physischem und psychischem Druck" erzwungen. Die Kritik führte in zahlreichen Fällen zu Abänderungen. Die meisten Verurteilungen im Westen gab es in der kleinsten Besatzungszone der Franzosen, nämlich 2.107, darunter 104 Todesurteile. Die Militärgerichtsprozesse hier fanden statt im Rastatter Schloss, zum Beispiel mehrere gegen das Personal der Außenstellen des elsässischen Konzentrationslagers Natzweiler. Und im Osten die sowjetische Zone? Es gibt nur wenige und unzuverlässige Angaben. Jedenfalls sind hier sehr viel mehr Urteile als im Westen insgesamt ergangen. Die russische Generalstaatsanwaltschaft nannte 1994 die Zahl von 60.000 Deutschen, die von sowjetischen Militärtribunalen verurteilt worden seien. Mag sein. Die Zahl der Todeurteile dürfte bei 3.000 liegen.

11. Verfolgung von NS-Unrecht durch deutsche Gerichte

Den Anfang deutscher Verfolgung von NS-Unrecht machte die sowjetische Besatzungszone. Die SMAD, Sowjetische Militäradministration Deutschlands, machte 1946 den Weg frei für die Bestrafung von Denunziationen. Deren Zahl wird in der NS-Zeit besonders während des Kriegs sehr hoch gewesen sein. Das erste Urteil erging am 7. Mai 1946 durch das thüringische Schwurgericht Erfurt. Der Justizangestellte Puttfarken wurde zu lebenslanger Freiheitsstrafe verurteilt, weil er 1942 mit der Anzeige einer feindseligen Äußerung zu Hitler ein Todesurteil des Landgerichts Kassel wegen Hochverrats herbeigeführt hatte. Dieses erste Urteil eines deutschen Gerichts hat gleichzeitig Rechtsgeschichte gemacht. Seine juristische Begründung – Beihilfe zum Mord – war nämlich nicht ganz einwandfrei. Das war der Anlass für die Entstehung der Radbruch'schen Formel, die besonders für die Verfolgung von DDR-Unrecht nach der staatlichen Vereinigung eine Rolle gespielt hat. Gustav Radbruch, Professor für Strafrecht und Rechtsphilosophie, seit 1918

Mitglied der SPD und in der Weimarer Republik Reichsjustizminister, wurde 1933 als Professor entlassen, erhielt 1945 seine Professur in Heidelberg zurück und wurde damals das moralische Gewissen der deutschen Rechtswissenschaft. In einem berühmten Aufsatz von 1946 ging er davon aus, dass das von Puttfarken herbeigeführte Todesurteil des Landgerichts Kassel 1942 dem Gesetz über die Bestrafung von Hochverrat entsprochen habe. Aber dieses Gesetz mit dieser Rechtsfolge für solche Fälle könne nicht als gesetzliches Recht anerkannt werden, weil der Widerspruch dieses staatlichen Gesetzes zur – über dem staatlichen Recht stehenden – Gerechtigkeit ein so unerträgliches Maß erreicht hatte, dass es als „unrichtiges Recht" der Gerechtigkeit zu weichen hatte, mit anderen Worten, kein geltendes Recht war. Damit ist der Weg frei gewesen für die nun zutreffende juristische Begründung des Urteils gegen Puttfarken, der Beihilfe zum Mord. Im Übrigen gab es noch einen anderen juristisch einwandfreien Weg zur Bestrafung von Denunzianten. Ende Dezember 1945 hatte der Kontrollrat sein Gesetz Nr. 10 beschlossen mit den drei Nürnberger Tatbeständen Verbrechen gegen den Frieden, Kriegsverbrechen und Verbrechen gegen die Menschlichkeit. Nach Art. III.1.d waren die Besatzungsbehörden berechtigt, für die Verbrechen von Deutschen gegen Deutsche die deutschen Gerichte für zuständig zu erklären. Die SMAD hat das getan und so sind in ihrer Zone ungefähr 500 Urteile gegen Denunzianten ergangen.

1947 gingen die Sowjets einen Schritt weiter. Sie wollten die Praxis der Entnazifizierung im Westen übertrumpfen, indem sie die Methode änderten. Das Instrument dafür war die Kontrollratsdirektive Nr. 38 vom Oktober 1946. Die sollte die Entnazifizierung in den vier Besatzungszonen vereinheitlichen und war letztlich nichts anderes als die Übernahme des Befreiungsgesetzes der US-Zone, das in allen drei Westzonen angewendet wurde. Im Westen entschieden damals jedoch, wie beschrieben, Spruchkammern, die sehr milde gewesen sind. Die Kontrollratsdirektive hatte das ergänzt durch die Bestimmung: „Die Zonenbefehlshaber können sich nach ihrem Ermessen für die Einreihung, Verhandlung und Nachprüfung deutscher Gerichte bedienen" (Art. I.5.e). So geschah es mit dem SMAD-Befehl Nr. 201 vom August 1947. Dafür wurden bei Land- und Oberlandesgerichten besondere Kammern gebildet und besetzt mit sorgfältig ausgesuchten Richtern, die eine strenge Handhabung garantieren sollten, möglichst mit den Paradejuristen aus den Reihen der Volksrichter. Das lief letztlich auf eine Strafjustiz hinaus. Aber die Enttäuschung der Sowjets war groß. Gerade diese waren – nach „antifaschistischem Maßstab" – besonders milde und man konnte es sich nicht leisten, diese sozialistischen Juwelen abzulösen. So ergab sich immerhin noch eine Bilanz von fast 8.000 Verurteilungen nach den hohen

Kategorien von Hauptschuldigen und Großbelasteten, aber auch 1.500 Freisprüche. Das war nach westlichen Maßstäben ungefähr das, was sich die Verfasser des Befreiungsgesetzes – vergeblich – vorgestellt hatten. Die SMAD veranstaltete für dieses „Scheitern" ein „Scherbengericht" (Christian Meyer-Seitz) über die deutschen Verantwortlichen von SED und juristischer Zentralverwaltung.

Gegenüber dieser Zahl von Verurteilungen im Osten, fällt die Zahl von etwas mehr als 5.200 im Westen immer noch sehr hoch aus, wenn man berücksichtigt, dass die östlichen Urteile im Wesentlichen solche der Entnazifizierung waren. Die entsprechenden Entscheidungen von Spruchkammern für die beiden höchsten Kategorien von Hauptschuldigen und Belasteten erreichten immerhin die Zahl von fast 25.000 in einem Gebiet, das nur doppelt so groß war wie die Ostzone. Aber auch die Zahl der Strafurteile im Westen darf nicht darüber hinwegtäuschen, dass bei der unglaublichen Zahl von mehr als 50.000 Todesurteilen zwischen 1933 und 1945 im Westen kein einziger Richter verurteilt worden ist, weder in der Nachkriegszeit noch in der Bundesrepublik, obwohl es unter ihnen viele andere Rothaugs und Oescheys gegeben hat. Nur kurz nach dem Krieg gab es gegen zwei von ihnen Verurteilungen, aber nicht wegen ihrer Tätigkeit in der Justiz, sondern weil sie in den letzten Kriegstagen als Vorsitzende von Staatsgerichten Todesurteile erlassen hatten. Ein Beispiel wird beschrieben (Rnr. 13), vorher ein Beispiel für eine Denunziation, über die im Westen entschieden worden ist:

12. Eine Denunziation 1943

Der kleine Ort Satrup liegt 15 Kilometer südlich von Flensburg. Dort lebte 1943 seit langem der Kirchendiener und Landwirt Hermann J. in seinem zweistöckigen Haus, er mit seiner Frau im Erdgeschoss, und im ersten Stock – zwei Zimmer, Küche, Nebengelass – seine Mieter, das Ehepaar Schulz. Herr Schulz war damals Soldat im Krieg, seine Frau Gertrud Schneiderin und beide unpolitisch, weder Mitglied der NSDAP noch in einer Unterorganisation, aber im Gegensatz zu Hermann J. Wähler Adolf Hitlers. Sie hatten ein gutes Verhältnis zueinander, Mieter und Vermieter, eine Duzfreundschaft, bis es 1943 „wegen der Hühner" zu einem Streit kam zwischen Hermann J. und Frau Schulz. Der Streit verschärfte sich. Deshalb ging Gertrud Schulz im November 1943 zum Amtsvorsteher in Satrup und erstattet Strafanzeige gegen ihren Vermieter, um ihn „unschädlich zu machen". Ihre Worte. Er habe „in gehässiger Weise den Führer des Deutschen Reichs sowie auch die Regierung beschimpft." Nachdem Mussolini in Italien verhaftet worden war und der neue Ministerpräsident Marschall Badoglio im September 1943 einen Waffenstillstand mit den Alliierten vereinbart hatte, sie nannte das im Protokoll des Amtsvorstehers „bei der Badogio-Sache", habe er zu ihr auf dem Hof gesagt: „Jetzt gährt's, jetzt wird das Volk wach. Du kannst erleben, dass Dein Mann in 24 Stunden wieder hier ist, aber auf Strumpfsocken und in Unterbüxen, und dann haben sie ihm seine SS-Uniform vom Leib gerissen." Die Regierung würde das Volk verdummen, habe Hermann J. gesagt und Hitler einen Anstreicher genannt, den er nicht gewählt habe, denn „dann hätte er auch den ersten besten Mauersmann oder Schlosser wählen können." Das letztere unter Zeugen.

Im Februar 1944 ist Hermann J. von der Polizei verhört worden, wurde dann von den Gestapo verhaftet und nach Berlin gebracht. Dort fand im Juni vor dem Volksgerichtshof die Verhandlung gegen ihn statt. Gertrud Schulz wiederholte als Zeugin ihre Anschuldigungen energisch und andere bestätigten das zu dem Teil, den sie gehört hatten. So ist Herman J. zum Tode verurteilt und im Juli 1944 hingerichtet worden. Gertrud Schulz lebte noch bis Dezember 1945 im Haus seiner Witwe mit vielen Streitigkeiten.

Am 30. März 1948 ist sie vom Landgericht Flensburg wegen dieser Denunziationen nach dem KRG Nr. 10 zu drei Jahren Zuchthaus verurteilt worden. Ihre Strafanzeige sei ein Verbrechen gegen die Menschlichkeit gewesen. Auch wer ohne Überzeugung aus rachsüchtigen Motiven wegen einer geringfügigen privaten Streitigkeit jemanden einer Justiz ausliefert, die ihre politischen Gegner unbarmherzig behandelt, begeht eine „Verfolgung aus politischen Gründen", wie es im KRG Nr. 10 heißt. Sie habe auch bewusst unmenschlich gehandelt, denn im Volk ist hinreichend bekannt gewesen, dass diese Justiz gnadenlos war. Dass sie vielleicht nicht gewusst habe, ihre Anzeige würde zu einer Hinrichtung führen, sei nur bei der Höhe der Strafe zu berücksichtigen. Ihre Unfähigkeit zu menschlichen Gefühlen, ergäbe sich auch daraus, dass sie trotz der Empörung im Dorf noch bis November 1945 mit der Witwe von Hermann J. unter einem Dach wohnen blieb und sich ständig mit ihr gestritten hat.

Gertrud Schulz legte Revision ein zum Oberlandesgericht Kiel. Das hatte Zweifel wegen der Anwendung des KRG Nr. 10 und ihren Antrag dem Obersten Gerichtshof in Köln zur Entscheidung vorgelegt. Der bestätigte am 26. Oktober 1948 das Urteil des Landgerichts Flensburg und die Zuchthausstrafe von drei Jahren in vollem Umfang, denn sie habe Hermann J. bewusst dem Zugriff einer Willkürjustiz ausgeliefert.

13. Ein Standgerichtsurteil von 1945

Eines der letzten Gesetze des NS-Staats wurde am 15. Februar 1945 erlassen, die Verordnung des Reichsministers Thierack über Standgerichte. Westalliierte Truppen hatten schon im September 1944 die linksrheinische Reichsgrenze überschritten. Im Januar 1945 war die Rote Armee an der Oder. Und je näher die Truppen der Alliierten kamen, umso geringer wurden vor Ort Informationen über die allgemeine Lage. Die Standgerichtsverordnung sollte verhindern, dass an einzelnen Orten der Kampf aufgegeben, die weiße Fahne der Kapitulation gezeigt wird und der ohnehin schon gesunkene Kampfgeist erlischt. Hitler wollte den Kampf bis zum letzten Mann auf der verbrannten Erde. Die Meinung im Volk war geteilt. Die Mehrheit war wohl schon bereit zum Griff nach der weißen Fahne. Es wagten zunächst nur wenige und es war gefährlich.

Denn Standgerichte sind gebildet worden, um die Widerstandskraft bis zum letzten aufrecht zu erhalten. Sie waren „für alle Straftaten zuständig, durch die die deutsche Kampfkraft oder Kampfentschlossenheit gefährdet wird." Als Hauptfall die kampflose Übergabe, Kapitulation einzelner Städte oder Gegenden. Das war ein Verstoß gegen die Kriegssonderstrafverordnung von 1938 über Wehrkraftzersetzung oder gegen den neuen § 91 b StGB, über „Feindbegünstigung". Nach den neuen Vorschriften konnten nun Standgerichte in erster und letzter Instanz entscheiden, und zwar entweder, so die Verordnung, durch Todesstrafe, Freispruch oder Verweisung an ein ordentliches Gericht. Ihr Urteil musste von einem „Reichsverteidigungskommissar" bestätigt werden. Das war der Gauleiter der NSDAP, der auch den Ankläger und die Richter ernannte. Ankläger musste ein Staatsanwalt sein, Vorsitzender ein Strafrichter und seine Beisitzer ein „Politischer Leiter der NSDAP" und ein Offizier der Wehrmacht. Hunderte sind auf diese Weise in den letzten Wochen und Tagen des Kriegs zum Tode verurteilt und hingerichtet worden, im allgemeinen Durcheinander oft ohne Einhaltung der Vorschriften. So war es auch in der kleinen Stadt Lohr am Main zwischen Aschaffenburg und Würzburg Ostern 1945. Ein Chaos am Ostersonntag und Ostermontag, 1. und 2. April 1945, bei der Bildung und Entscheidung eines Standgerichts, das völlig sinnlos einen Arzt zum Tode verurteilte, der am Ostermontagmorgen hingerichtet wurde, kurz bevor US-Truppen die Stadt eingenommen haben. Und es führte zu einer ähnlichen Konfusion mit insgesamt sechs Gerichtsentscheidungen von 1948 bis 1950 über die Verurteilung des Vorsitzenden dieses Standgerichts, Amtsgerichtsrat Dr. Josef Koop.

Er war 46 Jahre alt, Strafrichter am Amtsgericht Lohr und, wie es in einer dienstlichen Beurteilung hieß, als Richter „unterdurchschnittlich qualifiziert". Trotzdem wurde ihm am Dienstag vor Ostern vom Kreisleiter der NSDAP in Lohr mitgeteilt, der Gauleiter habe ihn zum Vorsitzenden des Standgerichts in Lohr ernannt. Immerhin war er seit 1932 Mitglied der Partei.

Sein Opfer, Dr. Karl Brand, 52 Jahre alt, war Arzt am Krankenhaus der Stadt. Am Gründonnerstag, 29. März 1945, sagte er zu einer Krankenschwester, er würde den Amerikanern mit einer weißen Fahne entgegengehen. Danach ging er schlafen. Die Kunde von seinem Plan verbreitete sich schnell in der Stadt. Auch Dr. Koop hörte das, ließ ihn wecken und stellte ihn zur Rede. Der erklärte ihm ruhig, er werde am nächsten oder übernächsten Tag im Auftrag des Kreisleiters die Stadt den Amerikanern übergeben, weißer Kittel, weiße Fahne, und gab ihm das schriftlich mit seiner Unterschrift. Damit ging Dr. Koop zum Kreisleiter, der ihm sagte, die Behauptung Dr. Brands sei frei erfunden. Auf dem Rückweg – es war Sonntagabend – begegnete er einem Trupp Soldaten, der Dr. Brand festgenommen hatte. Am Ostermontag wurde er morgens um sechs zum Kreisleiter ins Landratsamt gebeten. Der hatte in aller Herrgottsfrühe eigenmächtig die übrige Besetzung des Standgerichts zusammengestellt, ohne Rücksprache mit dem Gauleiter, weil mit dem eine Verbindung wegen der Kampfhandlungen nicht mehr möglich war und, wie er meinte, schnell gehandelt werden musste. Er hatte einen Offizier zum Beisitzer ernannt, soweit wurde die Standgerichtsordnung noch eingehalten, nur eben eigenmächtig, und außerdem einen Angestellten der Kreisleitung, der aber kein „Politischer Leiter" war, wie die Verordnung es vorschrieb, und einen Zugführer des „Volkssturms" zum Ankläger, der kein Staatsanwalt gewesen ist. Der Offizier hatte wenigstens eine Uniform. Als Dr. Koop erschien, wurden sie ihm vorgestellt. Er prüfte das nicht weiter nach, meinte, sie seien wie er vom Gauleiter bestellt.

Dann folgte ein kurzer Prozess, im Schloss am frühen Morgen. Der angebliche Staatsanwalt fragte Dr. Koop, was er beantragen solle. Der sagte, die Todesstrafe. Dann berichtete der Vorsitzende noch, dass Dr. Brand ohne Zustimmung der Kreisleitung und des Militärs die Stadt den Amerikanern kampflos übergeben wollte. Dr. Brand wurde vorgeführt, ohne Verteidiger, wie es zwingend vorgeschrieben war. Auch das störte Dr. Koop nicht, denn er hatte den von ihm unterschriebenen Zettel. Auf entsprechende Fragen antwortete der Arzt blass aber ruhig und kurz mit „Ja". So wurde er zum Tode verurteilt und an der Schlossmauer zwischen neun und zehn von einem Hinrichtungskommando erschossen. Die Stadt lag schon unter Artilleriefeuer und Beschuss mit Maschinengewehren und ist am Abend nach heftigen Kämpfen mit vielen Toten und viel Zerstörung von den US-Truppen eingenommen worden, die Dr. Koop am nächsten Tag verhafteten.

Dieser grauenvollen Groteske folgte in den nächsten Jahren eine ähnlich groteske Reihe von Strafverfahren gegen die Mitglieder des Standgerichts. Hier nur kurz zu denen, die gegen Dr. Koop geführt wurden. Am 6. Dezember 1948 ist er mit einem Urteil des Landgerichts Aschaffenburg als Richter wegen „unrichtiger Anwendung des Strafgesetzes und auch der Verfahrensvorschriften" zu zwei Jahren und sieben Monaten Gefängnis verurteilt worden. Es sei eine fahrlässige Tötung nach § 222 StGB gewesen. Das Oberlandesgericht Bamberg hat dieses Urteil am 1. April 1949 aufgehoben. Ein Beschluss, der auf dem Gebiet der Kriegskriminalität ebenfalls Rechtsgeschichte gemacht hat und am Anfang einer langen Reihe steht, die Jörg Friedrich im Titel seines Buches von 1983 als „Freispruch für die Nazi-Justiz" bezeichnet.

Es ist die Erfindung des „Richterprivilegs". Die Richter in Bamberg, mit Mehrheit ehemaliger Mitglieder der NSDAP, bezweifelten, dass Dr. Koop trotz jahrelanger Tätigkeit als Anwalt und Amtsrichter so viele Fehler gemacht haben könne. Es gäbe nämlich nur zwei Möglichkeiten. Entweder habe er tatsächlich diese Fehler gemacht, also fahrlässig gehandelt, dann müsse er vom Vorwurf der Rechtsbeugung nach § 336 StGB – heute § 339 – freigesprochen werden. Denn die Verurteilung nach dieser Vorschrift setze voraus, dass ein Richter vorsätzlich gehandelt habe. Das Oberlandesgericht beruft sich dafür auf jenen Aufsatz Gustav Radbruchs von 1947, der schon einmal genannt worden ist (Rnr. 11). Er hat das dort jedoch nur als Frage formuliert, fragend als mögliche Voraussetzung für die Verurteilung von Richtern, als Gegner des NS-Systems, aber mit einer gewissen großzügigen Milde gegenüber den Richtern damals, die vielleicht „verbildet" gewesen seien. Also die eine Möglichkeit. Oder die andere, so das Oberlandesgericht, er habe in Kenntnis des völligen Mangels von juristischem Wissen der anderen Mitglieder des Standgerichts diese als willenlose Werkzeuge zur Tötung Dr. Brands benutzt. Dann habe er nicht als Richter gehandelt, sondern wie ein normaler Krimineller, der einen anderen vorsätzlich töten wollte, und sei nach § 212 StGB wegen Totschlags härter zu bestrafen als wegen fahrlässigen Tötung.

Deshalb wurde der Prozess zurückverwiesen an das Gericht der nun ersten Instanz in Würzburg. Das Schwurgericht des Würzburger Landgerichts fand am 30. November 1949 Dr. Koop wegen vorsätzlicher Rechtsbeugung nach § 336 StGB zu einem Jahr Zuchthaus verurteilt. Wieder Revision von Dr. Koop und der Staatsanwaltschaft. Inzwischen war dafür zuständig das Bayerische Oberste Landesgericht in München, das dieses Urteil wegen eines Formfehlers am 19. April 1950 aufhob und zurückverwies nach Würzburg, wo die Richter das wohl als Wink mit dem Zaunpfahl verstanden. Wie in Aschaffenburg am Anfang wurde Dr. Koop nun wegen fahrlässiger Tötung verurteilt, nun mit einem Rabatt auf nur noch ein Jahr und 4 Monate Gefängnis statt wie 1948 zwei Jahren und 4 Monaten Gefängnis aus Gründen mildernder Umstände. Nach dem Gutachten eines psychiatrischen Sachverständigen sei er „nur mittelmäßig begabt" und auch das allgemeine Durcheinander Ostern 1945 müsse berücksichtigt werden. Mit Anrechnung auf die längere Untersuchungshaft war Dr. Koop nun ein freier Mann und wurde in Lohr nicht mehr gesehen. Dieses Urteil ist vom Bayerischen Obersten am 10. August 1950 bestätigt worden, gegen das „Richterprivileg" Gustav Radbruchs, das dann aber bald in der Rechtsprechung des Bundesgerichtshofs bestätigt worden ist, bis der BGH 1995 endlich seine Meinung änderte und sich entschuldigt hat für fast ein halbes Jahrhundert Schonung von NS-Richtern, nach der Wiedervereinigung 1990.

Literatur

Rnr. 1.: *Carl Zuckmayer*, Deutschlandbericht für das Kriegsministerium der Vereinigten Staaten von Amerika, 2004, S. 69. *Manfred Görtemaker*, Geschichte der Bundesrepublik Deutschland, 1999, S. 15 ff. *Werner Abelshauser*, Deutsche Wirtschaftsgeschichte. Von 1945 bis zur Gegenwart, 2. Aufl. 2011, Kapitel I – III. Die Antwort Ludwig Erhards an General Clay: *Adolf M. Birke*, Nation ohne Haus. Deutschland 1945–1961, 1989, S. 143.
Rnr. 2.: Eisenhowers Proklamation Nr. 1, z.B. in: Geschichtsmuseum Lohr, *Karl-Heinz Schroll* (Hg.) Als die Amerikaner kamen, 2. Aufl. 2000, S. 44. *Herbert Michaelis u. a.* (Hg.), Ursachen und Folgen. Deutschland unter dem Besatzungsregime, 1977 (Dokumente). *Ingo von Münch* (Hg), Dokumente des geteilten Deutschland, 1968. Eyal Benvenisti, The International Law of Occupation, 1993, das Zitat, S. 9.
Rnr. 3.: *Bernhard Diestelkamp*, Rechtsgeschichte als Zeitgeschichte, in: Zeitschrift für Neuere Rechtsgeschichte, 1985, S. 181 ff. *Dieter Waibel*, Von der wohlwollenden Despotie zur Herrschaft des Rechts. Entwicklungsstufen der amerikanischen Besatzung Deutschlands 1944–1949, 1996, S. 68 ff. *Klaus Stern*, Das Staatsrecht der Bundesrepublik Deutschland, 5. Bd., Die geschichtlichen Grundlagen des deutschen Staatsrechts, 2000, S. 1093 ff. Die beiden Aufsätze *Hans Kelsens* in: American Journal of International Law 1944, S. 689 ff. und 1945, S. 518 ff.
Rnr. 4.: *Ute Gerhardt*, Soziologie der Stunde Null, 2005. *Wolfgang Benz* (Hg.), Deutschland unter alliierter Besatzung 1945–1949, S. 377 ff. *Klaus Stern* a.a.O. (Rnr. 3), S. 970 ff.
Rnr. 5.: Es gibt noch keine historische Beschreibung des Besatzungsrechts, nur zwei für die Praxis geschriebene Gesamtdarstellungen, die eine chronologisch, die andere systematisch: *Gustav von Schmoller* u.a., Handbuch des Besatzungsrechts, 2 Bde., 1957. *Dieter Schröder*, Das geltende Besatzungsrecht, 1990. Eine kurze Zusammenfassung: *Dieter Gosewinkel*, Alliiertes Recht, in: Handwörterbuch zur Deutschen Rechtsgeschichte, 2. Aufl. Bd., 2008, Sp. 165 ff. mit weiterer Literatur.
Rnr. 6.: Die Erklärungen von Jalta und im Potsdamer Abkommen: *Ingo von Münch* a.a.O. (Rnr. 2), S. 5 ff. (S. 35 ff.). *Justus Fürstenau*, Entnazifizierung, 1969; *Clemens Vollnhals*, Entnazifizierung, 1991. *Lutz Niethammer*, Die Mitläuferfabrik, 1962. Das (US-)Befreiungsgesetz: *Erich Schullze* (sic), Gesetz zur Befreiung von Nationalsozialismus und Militarismus, 3. Aufl. 1948.
Rnr. 7.: *Joachim Reinhold Wenzlau*, Der Wiederaufbau der Justiz in Nordwestdeutschland 1945 bis 1949, 1979. *Michael Stolleis*, Rechtsordnung und Justizpolitik 1945–1949, in: Festschrift Coing, 1982, S. 383 ff. *Hans Wrobel*, Verurteilt zur Demokratie. Justiz und Justizpolitik in Deutschland 1945–1949, 1989, dort S. 134 zur Entwicklung in der sowjetischen Zone, zu ihr vgl. noch *Hilde Benjamin*, Zur Geschichte der Rechtspflege der DDR 1945–1949, 1976; *Dieter Waibel*, Von der wohlwollenden Despotie zur Herrschaft des Rechts. Entwicklungsstufen der amerikanischen Besatzung Deutschlands 1944–1949, 1996, S. 241 ff. Zu der Zahl von ehemaligen NSDAP-Mitgliedern in Gerichten 1948/49: *Lutz Niethammer*, Zum Verhältnis von Reform und Rekonstruktion, in: Wolf-Dieter Narr (Hg.), Die Bundesrepublik Deutschland, 1979, S. 33.
Rnr. 8.: Joe J. Heydecker/Johannes Leeb, Der Nürnberger Prozeß, 1958, Neuauflage 2003; der Wortlaut des Urteils: Das Urteil von Nürnberg, dtv, 1961, 6. Aufl. 2005. *Gerd Hankel*, Die Leipziger Prozesse, 2003. **Völkerstrafrecht:** *Gerd Hankel* (Hg.) Strafgerichte gegen Menschheitsverbrechen, 1995; *Heiko Ahlbrecht*,

Geschichte der völkerrechtlichen Strafgerichtsbarkeit im 20. Jahrhundert, 1999; Gerhard Werle, Völkerstrafrecht, 4. Aufl. 2016.
Rnr. 9.: *Annette Weinke*, Die Nürnberger Prozesse, 2. Aufl. 2006 (Beck Wissen). *Heribert Ostendorf, Heino ter Veen*, Das Nürnberger Juristenurteil, 1985; *Lore Maria Peschel-Gutzeit*, Das Nürnberger Juristenurteil von 1947, 1996 (mit vollem Wortlaut).
Rnr. 10.: *Alexandra-Eileen Wenck*, Verbrechen als Pflichtverletzung? Die Strafverfolgung nationalsozialistischer Gewaltverbrechen am Beispiel des Konzentrationslagers Bergen-Belsen, in: Kurt Buck u.a. (Hg.) KZ-Gedenkstätte Neuengamme. Die frühen Nachkriegsprozesse, 1997, S. 38 ff. Der **Prozess gegen Tesch & Stabenow:** *Jürgen Walthoff/Martin Werner*, Die Händler des Zyklon B ..., 1998, S. 146 ff. **Dachauer Prozesse:** *Robert Sigel*, Im Interesse der Gerechtigkeit. Die Dachauer Kriegsverbrecherprozesse 1945–1948, 1992. **Rastatt:** *Yveline Pendaries*, Les procès de Rastatt (1946–1954), 1995. **Sowjetische Zone:** *Adalbert Rückerl*, NS-Verbrechen vor Gericht, 2. Aufl. 1984, S 99 ff. *Andreas Hilger/Mike Schmeitzner/Ute Schmidt* (Hg.), Sowjetische Militärtribunale. Band 2. Die Verurteilung deutscher Zivilisten 1945–1955. 2003. Die Dokumentationsstelle Dresden der Stiftung Sächsische Gedenkstätten unterhält eine Datenbank „Verurteilte sowjetischer Militärtribunale (SMT) gegen Deutsche Zivilisten". *Andreas Weigelt u.a.* (Hg.), Todesurteile sowjetischer Militärtribunale gegen Deutsche (1944–1947), 2015.
Rnr. 11.: *Christian Meyer-Seitz*, Die Verfolgung von NS-Straftaten in der Sowjetischen Besatzungszone, 1998. **Radbruch'sche Formel:** *Gustav Radbruch*, Gesetzliches Unrecht und Übergesetzliches Recht, in: Süddeutsche Juristen-Zeitung, August 1946, S. 105 ff., wieder abgedruckt in: Gustav Radbruch, Rechtsphilosophie, 5. Aufl. 1956, S. 347 ff. **Westliche Zonen:** *Martin Broszat*, Siegerjustiz oder strafrechtliche Selbstbereinigung. Aspekte der Vergangenheitsbewältigung der deutschen Justiz während der Besatzungszeit 1945–1949, in: Vierteljahreshefte für Zeitgeschichte 1981, S. 478 ff.
Rnr. 12.: Urteil des LG Flensburg: *Christian F. Rüter u.a.*, Justiz und NS-Verbrechen, Bd. 2, 1969, S. 397 ff., Vorlagebeschluss des OLG Kiel dort S. 406 f., Entscheidung des OGH in: Entscheidung des Obersten Gerichtshofs für die britische Zone in Strafsachen, Bd. 1, 1949, S. 222 ff.
Rnr. 13.: **Zum Geschehen in Lohr Ostern 1945:** *Karl Heinz Schroll/Günter Schmelze* in: Karl Heinz Schroll, Geschichtsverein Lohr (Hg.), Als die Amerikaner kamen, 2. Aufl., 2000, S. 15 ff. und S. 35 ff. **Zu den Standgerichten:** *Elisabeth Kohlhaas*, Durchhalteterror und Gewalt gegen Zivilisten am Kriegsende 1945, in: Cord Arendes (Hg.), Terror nach innen, 2006, S. 51 ff. Die StandgerichtsVO: *Jörg Friedrich*, Freispruch für die Nazi-Justiz, 2. Aufl. 1998, S. 47, dort S. 78 ff. zum **Fall Dr. Koop;** die Urteile gegen Dr. Koop: LG Aschaffenburg: Rüter (Rnr. 12) Bd. 13, 1969, S. 625 ff.; OLG Bamberg: Rüter Bd. 7, 1971, S. 176 ff. LG Würzburg 30.11.49: Rüter Bd. 7, S. 184 f. BayOLG 19.04.50: Rüter S. 184 ff. LG Würzburg 10.08.50: Rüter Bd. 7, S. 173 ff. BayOLG 27.12.50: Rüter Bd. 7, S. 175 A.1. **Radbruchs Richterprivileg:** im Wiederabdruck seines Aufsatzes von 1943 in: G. Radbruch, Rechtsphilosophie, 5. Aufl. 1956, S. 356. Die erste allgemeine Entscheidung zum Richterprivileg des BGH: BGHSt 10,294 unter Berufung auf Radbruch und OLG Bamberg 1.4.1949. Die Änderung dieser Rechtsprechung mit Bedauern über die bisherige: BGH NJW 1996,859 f.

2. Teil

DIE ZEIT VON ADENAUER UND ERHARD 1949–1966

Die Geschichte der Bundesrepublik beginnt mit der Teppichszene. Das Grundgesetz war am 23. Mai 1949 verkündet, die Bundestagswahl hatte am 14. August stattgefunden, Konrad Adenauer war vom Bundestag am 15. September zum Kanzler gewählt, hatte am 20. September seine Regierungserklärung abgegeben und war aufgefordert, mit dem Kabinett am nächsten Tag hoch oben auf dem Petersberg am anderen Ufer des Rheins vor der Alliierten Hohen Kommission zu erscheinen, die offiziell das Inkrafttreten des Besatzungsstatuts verkünden und ihm den Text übergeben wolle. Das Statut war die Regelung darüber, wie die drei Westalliierten ihre immer noch bestehende oberste Staatsgewalt gegenüber der nun entstandenen Bundesrepublik ausüben würden (Rnr. 16), und zwar durch drei zivile Hohe Kommissare als Nachfolger der Militärgouverneure. Die ersten waren der Amerikaner John McCloy, der Engländer Brian Robertson und der Franzose André François-Poncet. Ihr Dienstsitz wurde das große Gebäude eines ehemaligen Grandhotels, 330 Meter hoch im Siebengebirge. Von dort oben konnten sie herabblicken auf das kleine Bonn auf der anderen Seite des Rheins. Ein Dienstsitz nicht ohne symbolische Bedeutung. Nach dem von ihnen vorgeschriebenen Protokoll sollten die Drei, um ihre übergeordnete Stellung zu verdeutlichen, auf einem großen roten Teppich stehen, die Deutschen davor, ohne ihn zu betreten. Eine gute Bühne für den selbstbewussten dreiundsiebzigjährigen Bundeskanzler. Als der Vorsitzende der Drei, François-Poncet, auf Adenauer zuging, um ihn zu begrüßen, kam der ihm entgegen, trat zum Entsetzen seiner Minister auf den Teppich, blieb dort stehen, was die Hohen Herren stillschweigend duldeten, hörte die Ansprache und antwortete. Dann gab es noch ein Glas Sekt. Ein erster kleiner souveräner Schritt auf dem Weg zur Souveränität. Der kam Adenauer sechs Jahre später näher, 1955, mit dem Deutschland-Vertrag. Die Hohen Kommissare oben auf dem Petersberg wurden abgelöst durch Botschafter unten in Bonn. 14. Geschichte und Wirtschaft

Konrad Adenauer, CDU, war ein Glücksfall für die neue Republik. Gemeinsam mit Bundespräsident Theodor Heuss, bald „Papa Heuss" genannt, und dem populären Wirtschaftsminister Ludwig Erhard, dessen soziale Marktwirtschaft „Wohlstand für alle" versprach und das sogar noch einhalten konnte, ist das eine ideale Besetzung gewesen. Zum ersten Mal in der deutschen Geschichte entstand eine Republik, deren Bürger bald mit großer Mehrheit davon überzeugt gewesen sind, dass Demokratie für ihr Leben richtig und wichtig sei.

Zwei Monate nach der Teppichszene landete Adenauer seinen zweiten Coup, wieder oben auf dem Petersberg. Das Petersberger Abkommen. Ein Vertrag des Bundeskanzlers mit der hohen Kommission ohne den Bundestag. Er erreichte einen fast vollständigen Stopp der Demontagen im Westen durch die Anerkennung des Ruhrstatuts, einer Gründung auf Drängen Frankreichs, vereinbart zwischen den Westmächten und den Benelux-Staaten zur Kontrolle der Kohle- und Stahlindustrie im Ruhrgebiet. Die wurde kontrolliert durch einen Rat in Düsseldorf aus Vertretern der USA, Englands und Frankreichs mit je drei Stimmen und den Benelux-Ländern mit je einer. Die Bundesrepublik erhielt nun die für sie freigehaltenen drei Stimmen. Das gab ungeheure Aufregung im Bundestag mit dem Höhepunkt der Beschimpfung Adenauers durch Kurt Schumacher, Vorsitzender der SPD, nachts um drei: „Bundeskanzler der Alliierten!" Das allmählich besser gewordene Verhältnis zu Frankreich war wieder in Gefahr.

Die Lösung des Problems fand Jean Monnet 1950 auf einer Tour durch die Schweizer Alpen, ein international erfahrener Geschäftsmann, Diplomat, parteilos und Leiter des französischen Planungsamts. Seine Idee: ein supranationales Bündnis ehemaliger Feindstaaten des Deutschen Reichs mit der Bundesrepublik zur Sicherung des Friedens in Europa als wirtschaftliche Gemeinschaft für Kohle und Stahl, die eine Kontrolle der künftigen deutschen Rüstungsindustrie möglich machte und gleichzeitig den Zugang für die eigene zur Ruhrkohle, die die Franzosen dringend brauchten. Ein Meisterstück. Außenminister Robert Schuman übernahm den Plan, der seinen Namen erhielt. Bundeskanzler Adenauer stimmte zu, „aus ganzem Herzen", gegen den Widerstand der Ruhrbarone und Ludwig Erhards, der bald verstummte, denn es wurde ein gutes Geschäft für die Deutschen. Adenauer sah darin nicht nur die Aussöhnung mit Frankreich, sondern auch den Eintritt der Bundesrepublik in die westliche Staatengemeinschaft.

1951 wurde in Paris die Europäische Gemeinschaft für Kohle und Stahl vereinbart, auch Montanunion genannt. Die Geburtsstunde der europäischen Integration, das Ende des Ruhrstatuts und die Entstehung der ersten souveränen übernationalen Organisation als Subjekt des Völkerrechts auf dem Globus, gebildet von sechs Staaten, Frankreich, Deutschland, Belgien, Niederlande, Luxemburg und Italien, mit einer hohen Behörde, Vorläuferin der Europäischen Kommission heute, einem Ministerrat und einem Gerichtshof. Sitz der Behörde und des Gerichts wurde Luxemburg.

Adenauer hatte den Streit um das Petersberger Abkommen mit einer großartigen neuen Lösung überwunden.

Aber schon kam das nächste Problem, noch schwieriger. Es begann im Juni 1950. Der Koreakrieg. Truppen des kommunistischen Nordkorea griffen das mit den USA verbundene Südkorea an. Im Westen sah man darin den Beginn der Eroberungspolitik Stalins, die sich in Europa mit einem Angriff auf Westdeutschland fortsetzen könnte. Die Domino-Theorie. Die USA erklärten, in einem solchen Fall sei die Rheinlinie nicht zu halten, auch Frankreich könne nicht gerettet werden, wenn nicht – jetzt kam's – wenn die Bundesrepublik sich nicht mit eigenem Militär an der Verteidigung beteiligen würde. Damit begann die heftige Diskussion um die Wiederaufrüstung Westdeutschlands. Hier die SPD, die evangelische Kirche und große Teile der Bevölkerung und dort in Frankreich große Ängste, das unter amerikanischem Druck einen Ausweg suchte. Nach langen Verhandlungen und abenteuerlichen französischen Vorschlägen – der Koreakrieg dauerte bis 1953 – wurde 1952 ein Vertrag über die Europäische Verteidigungsgemeinschaft geschlossen. Adenauer konnte 1953 den inneren Widerstand überwinden. Die Niederschlagung des Aufstands vom 17. Juni in der DDR durch russische Panzer wurde seine beste Hilfe für die Bundestagswahl im Herbst. Er gewann sie haushoch und konnte mit einer Zweidrittelmehrheit im Bundestag das Grundgesetz ändern. Der Weg zur Wiederaufrüstung war frei (Rnr. 20, 22). Jedoch die Nationalversammlung in Paris hat im nächsten Jahr, 1954, die EVG im Namen der französischen Souveränität abgelehnt. Ein Rückschlag für die europäische Integration.

Aber Adenauer machte schnell sein eigenes Geschäft für die Souveränität. Auf Konferenzen in London und Paris fand man den Ausweg in drei miteinander verbundenen Verträgen. Der eine regelte die Wiederaufrüstung der Bundesrepublik und ihren Beitritt zur NATO. Der andere war Adenauers Bedingung: der Deutschlandvertrag. 1955 wurde die Bundesrepublik weitgehend souverän, das Besatzungsstatut mit wenigen Ausnahmen aufgehoben. Der dritte war eine Vereinbarung zwischen Frankreich und der Bundesrepublik über das Saarland. Als deutsches Gebiet sollte es in einer Währungs- und Zollunion mit Frankreich verbunden bleiben und seine Bevölkerung über dieses „Saarstatut" abstimmen. Aber zur Überraschung aller lehnten die Saarländer es ab und stimmten für den vollen Beitritt zur Bundesrepublik, nach Art. 23 GG. So wurde es 1957 das zehnte Bundesland. Adenauer hatte dreimal gewonnen.

In diesem Jahr wurde Westdeutschland zur Beruhigung der Franzosen mit den römischen Verträgen in eine umfassende ökonomische Organisation der sechs Länder der Montanunion eingebunden. Die Europäische Wirtschaftsgemeinschaft entstand, EWG, und für die friedliche Nutzung der Kernenergie die Europäische Atomgemeinschaft, Euratom. Die Hohe Behörde ging als Europäische Kommission mit dem Ministerrat nach Brüssel. Der Gerichtshof blieb in Luxemburg und ein sehr schwaches Europäisches Parlament erhielt seinen Sitz in Straßburg. Dieser Fortschritt der Integration wurde allerdings für zehn Jahre gebremst, als Charles de Gaulle 1958 zum französischen Staatspräsidenten gewählt wurde. Er strebte ein Europa der Vaterländer an und verhinderte die Mitgliedschaft Großbritanniens in der EWG. In kritischer Distanz auch zu den Amerikanern machte er Frankreich zur Atommacht. Mit Adenauer (geb. 1876) verstand sich de Gaulle (geb. 1890) ausgezeichnet. Nach einer einwöchigen Tour Adenauers durch Frankreich mit dem Höhepunkt einer Rede in der Kathedrale von Reim reiste de Gaulle sechs Tage durch Deutschland. „Ich beglückwünsche Sie zunächst, jung zu sein. Ich beglückwünsche Sie ferner, junge Deutsche zu sein, das heißt Kinder eines großen Volkes." So de Gulle am 9. September 1962 auf dem Höhepunkt der Reise in deutscher Sprache im Innenhof des Ludwigsburger Schlosses vor 20.000 begeisterten Jugendlichen. Der Elysée-Vertrag vom 22. Januar 1963 besiegelte dann die weitreichende Zusammenarbeit beider Länder in politischen, wirtschaftlichen und kulturellen Fragen und beendigte die Erbfeindschaft. Das war der letzte Höhepunkt der „Kanzlerdemokratie" Adenauers.

Denn langsam ging's bergab. Schon 1959 hatte der 83-jährige den ersten Fehler gemacht, der sein Ansehen beschädigte. Als die Amtszeit von Theodor Heuss verfassungsrechtlich nicht mehr verlängert werden konnte, hatte Adenauer beschlossen, vom Amt des Bundeskanzlers zurückzutreten und für das des Bundespräsidenten zu kandidieren. Kurz nach der Nominierung durch die CDU zog der Dreiundachtzijährige seine Kandidatur aber zurück mit der verblüffenden Begründung, er habe im Grundgesetz festgestellt, das Amt hätte zu wenig politische Kompetenzen. Rudolf Augstein kommentierte das im SPIEGEL mit den Worten: „Zu Adenauer fällt mir nun nichts mehr ein."

1960 folgte der zweite Fehlgriff des greisen Kanzlers. Weil die ARD ihm zu kritisch war, gründete er ein eigenes Regierungsfernsehen, die „Deutschland-Fernsehen-GmbH" und musste sich vom Bundesverfassungsgericht anhören, das sei verfassungswidrig. Rundfunk und Fernsehen seien Ländersache. Seine erste große Niederlage in Karlsruhe, aus der das von den Bundesländern getragene ZDF entstanden ist.

Völlig verheerend war dann 1962 die SPIEGEL-Affäre. Sie erschütterte sein Ansehen endgültig. Die regierungskritische Zeitschrift hatte einen Artikel mit vertraulichen Informationen über den schlechten Zustand der Bundeswehr veröffentlicht: „Bedingt abwehrbereit". Die Bundesanwaltschaft meinte zu Unrecht, das sei Landesverrat, ließ mit großem

Polizeiaufgebot die Redaktion in Hamburg durchsuchen und den Chef Rudolf Augstein verhaften. Verteidigungsminister Franz Josef Strauß, oft vom SPIEGEL wegen mehrerer Affären angegriffen, veranlasste über den Militärattaché in Madrid ohne Rechtsgrundlage und Rücksprache mit dem Justizminister die Festnahme von Conrad Ahlers, dem Autor des Artikels, belog darüber den Bundestag, vor dem Adenauer zu seiner Unterstützung der Zeitschrift einen „Abgrund von Landesverrat" vorwarf. Die Empörung in der Bundesrepublik über diesen Angriff auf die Pressefreiheit war riesig. Die Affäre wurde ein Wendepunkt ihrer jungen Demokratie. Die ruhte bisher auf einem eher konservativen Staatsverständnis, auch unter dem Einfluss der drei Vaterfiguren Adenauer, Heuss und Erhard. Sie veränderte sich nun in die Richtung zu mündigen Bürgern. Das hat unter anderem den Machtwechsel 1969 zur sozialliberalen Koalition mit Willy Brandt möglich gemacht.

Ein Jahr danach ist der große alte Mann 1963 zurückgetreten, mit inzwischen 87 Jahren. Er konnte auch nicht mehr verhindern, dass der populäre Ludwig Erhard sein Nachfolger wurde. Den hielt er als Kanzler für unfähig. Damit hat er Recht behalten. Politik als das langsame Bohren dicker Bretter, das war nicht Ludwig Erhards Sache. „Er präpariert sich nicht, so weiß er eben nichts", schrieb Heinrich Krone, einer seiner Minister, schon 1964 resigniert in sein Tagebuch. Auch vernünftige Initiativen verliefen im Sand. 1965 gewann der populäre Mann noch einmal mit einem sehr guten Ergebnis die Bundestagswahl, aber sein Rücktritt 1966 war nicht freiwillig. Er ist von seinen eigenen Leuten gestürzt worden. Anlass war seine Unfähigkeit im Umgang mit den USA, die noch beschrieben wird.

Mit der Wirtschaft hatte er mehr Glück. Nachdem er sich in der Besatzungszeit schon als Volksheld einer sozialen Marktwirtschaft bewährt hatte, war es nur folgerichtig, dass Adenauer ihn im September 1949 zu seinem Wirtschaftsminister ernannte. Er blieb es fast 14 Jahre bis zu Adenauers Rücktritt. Am Anfang sah es nicht so gut aus. Die Industrieproduktion stockte. Die Arbeitslosigkeit war mit zwei Millionen hoch. Die hohe Kommission forderte Abhilfe. Aber Erhard trickste mit einem eher vordergründigen Bekämpfungsprogramm. Dann entfalteten sich die Wirkungen der Währungsreform und der freien Märkte, der Koreakrieg verlangte auf den Rohstoffmärkten nach Eisen und Stahl, im Ausland stieg die Nachfrage nach deutschen Produkten in die Höhe und im Inland die nach Konsumgütern. Westdeutschland hatte als einziger bedeutender Industriestaat freie Kapazitätsreserven und am Ende des Kriegs im Juli 1953 seine soziale Marktwirtschaft einen internationalen Ruf erworben. Ihr Markenzeichen war Ludwig Erhard. Ein beleibter Mann mit einem freundlichen glatten runden Gesicht und Zigarre.

Die Wirtschaft hatte durch die beispiellose Expansion des Außenhandels den Durchbruch zu einem sich selbst tragenden Wachstum geschafft. Das Wirtschaftswunder. Seit 1961 lag die Arbeitslosenquote unter einem Prozent. Bis 1973 gab es „Vollbeschäftigung". Man fragt sich nur, wie sozial diese soziale Marktwirtschaft gewesen ist. Wenn das Wort sozial bedeutet, dass wirtschaftlich Schwächere besonders gefördert werden, dann zeigt ein Blick auf die Lücke zwischen Löhnen und Unternehmensgewinnen das Gegenteil.

Allerdings stellten sich bis in die 1960er-Jahre andere soziale Prioritäten: Wohnraumbeschaffung für die Ausgebombten und die über 12 Mio. Vertriebenen und Flüchtlinge. Hunderttausende lebten damals in Baracken, in Dachau etwa in denen des ehemaligen KZ bis 1965. Eine Eingliederungshilfe erhielten Vertriebene und Flüchtlinge (Lastenausgleichsgesetz, 1952), Entschädigungen gingen an Einzelpersonen (Bundesenschädigungsgesetz, 1956) und ausländische Staaten, insbesondere an Israel. Intakt geblieben war das deutsche System der Sozialversicherung. Aber das hatte Bismarck geschaffen, war in der Weimarer Republik ausgebaut und von Adolf Hitler mit dem Mutterschutz verbessert worden. Erhard hatte da nichts geändert, nur Adenauer bei den Renten (Rnr. 28). „Wohlstand für alle"? Der Begriff war ein politisches Schlagwort, das falsche Erwartungen weckte.

Erhard meinte damit in erster Linie die Erhaltung des Wettbewerbs auf dem Markt der Unternehmen, den freien Markt. Und das hieß: ein Kartellverbot gegen die deutsche Tradition seit der späten Kaiserzeit. Deshalb verhandelte er jahrelang mit widerspenstigen Unternehmen. Das Ergebnis war 1957 das Gesetz gegen Wettbewerbsbeschränkungen, GWB. Ein zahnloses Gesetz mit einem zahnlosen Bundeskartellamt (Rnr. 37).

Wachsende Unternehmensgewinne und eine günstige Steuergesetzgebung führten dazu, dass die Eigenfinanzierung von Investitionen außerordentlich zunahm, besonders bei Unternehmen der Konsumgüterwirtschaft. Die wurden deshalb 1952 durch das Gesetz zur „Investitionshilfe der gewerblichen Wirtschaft" verpflichtet, einen Teil ihrer Gewinne, etwa einer Milliarde DM, zu übertragen für Investitionen im Kohlebergbau, in der Eisenindustrie, der Energie- und Wasserwirtschaft sowie der Bundesbahn. Später übernahm es der Bundesverband der Deutschen Industrie mit den Gewerkschaften, diese „Lenkungslücke" in der Schwerindustrie zu schließen. Eine Wiederbelebung der „korporativen Marktwirtschaft" der späten Kaiserzeit und Weimarer Republik.

Seit dem Koreakrieg drängten die USA zur Finanzierung des Aufbaus der Bundeswehr. Das „schleppende Aufrüstungstempo" der fünfziger Jahre blieb bestehen. Aber der Mauerbau in Berlin am 13. August 1961 weckte im Westen ein erhöhtes Sicherheitsbedürfnis, das nur die USA befriedigen konnten. Sie erhöhten ihre Truppenstärke in Deutschland um 45.000 Mann. Dafür schloss die Bundesrepublik mit ihnen im Oktober 1961 ein erstes Devisenausgleichsabkommen, auch „Offset-Abkommen" genannt – über 1,4 Milliarden Dollar. Bis 1973 wurden es sieben. Die beiden ersten waren Absichtserklärungen unter deutschem Haushaltsvorbehalt. Dann kam Ludwig Erhard. 1963 machte er einen Besuch als Kanzler bei „seinem Freund" Präsident Johnson. Der erreichte, dass Erhard die bisher unverbindlichen Zusagen der Bundesrepublik als verbindliche Forderungen anerkannte. Seit Oktober 1965 wurde das schwierig. Ohnehin gab es schon ein Haushaltsdefizit von einer Milliarde. Dazu kamen nun 900 Millionen DM „Offset"-Verpflichtungen gegenüber den USA. Ludwig Erhard suchte sein Heil in der Rettung mit einem weiteren Treffen bei seinem Freund, scheiterte und kam mit leeren Händen zurück. Nicht nur wegen seines leichtsinnigen Versprechens von 1963, auch wegen anderer Fehler ist er am 10. November 1966 gestürzt worden.

15. Die Entstehung des Grundgesetzes

Die Bundesrepublik war ein Produkt des Kalten Kriegs. Engländer, Amerikaner und auf deren Druck auch die Franzosen beschlossen 1948 die Gründung eines westdeutschen Teilstaats, der ein starker Verbündeter sein sollte an der Grenze zu Stalins Herrschaftsbereich. Deshalb übergaben die drei Militärgouverneure am 1. Juli 1948 den Ministerpräsidenten der elf Länder in den drei Westzonen in Frankfurt drei Dokumente. Das erste war die – als Befehl zu verstehende – Aufforderung, bis spätestens Anfang September eine verfassungsgebende Versammlung für die Ausarbeitung einer Verfassung einzuberufen. Das zweite, über die Neugliederung der Länder Vorschläge einzureichen, die bisher zum Teil willkürlich entstanden waren. Im dritten kündigten sie ein Besatzungsstatut an, das regeln werde, wie sie ihre weiterbestehende oberste Staatsgewalt über den neuen Staat ausüben würden.

Zur Beratung darüber trafen sich die Empfänger zweimal in Koblenz. Die Stimmung war besorgt. Viele meinten, die Gründung eines neuen Staats mit einer – wie befohlen – freiheitlichen Verfassung sei mit einem solchen Besatzungsstatut unvereinbar. Konrad Adenauer schrieb dazu in einem privaten Brief, der Versailler Vertrag sei dagegen ein „Rosenstrauß" gewesen. Zweitens fürchteten die Ministerpräsidenten, die Gründung eines Weststaats würde die deutsche Teilung zementieren. Trotzdem wollten sie schließlich dessen Gründung einleiten, weil der Kalte Krieg eine stärkere Organisation Westdeutschlands notwendig machte, auch zum Schutz von Westberlin, wie von dessen Oberbürgermeister Ernst Reuter gefordert. Also antworteten sie positiv auf die drei Dokumente, aber mit Einschränkungen. Der neue Staat dürfe nur ein Provisorium sein, weil sie die deutsche Teilung nicht verewigen wollten. Deshalb dürfe nicht eine normale Verfassung beschlossen werden, sondern nur eine vorläufige, für die sie den Begriff „Grundgesetz" verwendeten, das auch nicht von einer vom Volk gewählten Versammlung beschlossen werden dürfe, sondern nur von einem „Parlamentarischen Rat" aus Vertretern der Länderparlamente. Und schließlich könne es nach Genehmigung durch die Alliierten nicht vom Volk direkt bestätigt werden, sondern nur durch die von ihm gewählten Länderparlamente. Nach zwei Treffen mit den Militärgouverneuren haben die schließlich zugestimmt.

Um sich wenigstens einen gewissen Einfluss auf die Beratungen im Parlamentarischen Rat zu sichern, haben die Ministerpräsidenten schnell noch beschlossen, eine Kommission aus ihren Reihen solle an einem ruhigen Ort in Bayern einen Vorentwurf des Grundgesetzes beraten. Dieser „Verfassungskonvent von Herrenchiemsee" hat im August einen vollständigen Entwurf von 149 Artikeln beschlossen, aus dem der Parlamentarische Rat trotz anfänglicher Skepsis doch viele Vorschläge übernommen hat.

Er begann seine Arbeit wie befohlen am 1. September 1948, und zwar in Bonn, zur Freude Adenauers. Der wohnte nämlich gegenüber auf der anderen Seite des Rheins in Rhöndorf und wurde auch noch zum Präsidenten des Gremiums gewählt. Damit waren die wichtigsten Weichen für die Zukunft der Bundesrepublik gestellt. Er hatte seine Chance und nutzte sie.

Es waren 65 Delegierte aus elf Länderparlamenten. Sie alle hatten die Weimarer Republik erlebt und Adolf Hitler. CDU/CSU und SPD hatten je 25 Mitglieder, die FDP fünf und je zwei die KPD, die nationalkonservative Deutsche Partei, DP, und die Zentrumspartei. Dazu fünf Berliner Delegierte mit beratender Stimme. Carlo Schmid (SPD) und Theodor Heuss (FDP) waren die führenden Köpfe bei der Beratung des Grundgesetzes. Adenauer als Präsident und Vorsitzender der CDU in den Westzonen profilierte sich geschickt nach außen, nicht nur in Verhandlungen mit den Alliierten. Er bereitete schon mal seine Wahl zum Bundeskanzler vor.

Sie tagten in der ehemaligen Pädagogischen Akademie am Rhein, provisorisch umgebaut für die Sitzungen, später endgültig ausgebaut für den Bundestag. Die Beratungen dauerten länger als erwartet. Ursache waren auch Versuche der Alliierten, Einfluss zu nehmen, besonders zu Gunsten eines stärkeren Föderalismus. Das ergab die Entscheidung für einen Bundesrat als gleichberechtigten Partner bei der Gesetzgebung. Dafür wurde der Bundestag gestärkt im Hinblick auf seine Kompetenzen gegenüber der Gesetzgebung der Länder.

Heikelstes Problem im Verhältnis zwischen Bund und den Ländern war die Frage der Finanzen. Wer nimmt die Steuern ein und wie werden sie verteilt? Hier konnte sich der Parlamentarische Rat nach langen internen Auseinandersetzungen und schwierigen Verhandlungen mit den Militärgouverneuren letztlich auf ein Übergewicht zu Gunsten des Bundes durchsetzen.

Leichter war es mit den Grundrechten. Weitgehend war man sich einig. Im Gegensatz zur Weimarer Verfassung wurden sie im Grundgesetz an den Anfang gestellt vor die Regelung über Aufbau und Organisation des Staats. So war es schon im Entwurf von Herrenchiemsee vorgesehen als Antwort auf die Grundrechtsverwüstung unter Hitler mit seinem „Du bist nichts, Dein Staat ist alles". Auch die Menschenwürde war schon im Herrenchiemsee an den Anfang gesetzt. Aber die großartige Formulierung des Artikels 1 ist eine eigene Leistung des Parlamentarischen Rats gewesen. Nicht nur der erste Satz, „Die Würde des Menschen ist unantastbar", auch der dritte Absatz:

> „Die nachfolgenden Grundrechte binden Gesetzgebung, vollziehende Gewalt und Rechtsprechung als unmittelbar geltendes Recht."

Das war wie vieles andere im Grundgesetz eine Reaktion auf Mängel der Verfassung von Weimar. Dort sind die Grundrechte mehr oder weniger nur unverbindliche Programmsätze gewesen. Nur bei der Gleichheit gab es lange Auseinandersetzungen, nämlich bei der von Männern und Frauen. Die SPD bestand von vornherein auf einer Gleichberechtigung ohne Wenn und Aber: „Männer und Frauen sind gleichberechtigt." CDU/CSU, Zentrum und andere, die Mehrheit, lehnten das ab und wollten, nur leicht abgeändert, die Vorschrift der Weimarer Verfassung:

> „Männer und Frauen haben dieselben staatsbürgerlichen Rechte und Pflichten."

Letztlich ging es um das Familienrecht des BGB von 1900 mit dem Mann – wie in der Bibel – als Haupt der Familie. Die Auseinandersetzungen dauerten vier Monate von September 1948 bis Januar 1949 und fanden in der Berichterstattung von Presse und Radio über den Parlamentarischen Rat die größte Beachtung. Das Fernsehen gab es noch nicht. Die Mehrheit argumentierte mit dem Chaos, das entstehen würde, wenn der Antrag der SPD ins Grundgesetz käme. Dann würde das Familienrecht des BGB ruckzuck verfassungswidrig und unwirksam sein. Erst nachdem Elisabeth Selbert von der SPD, Mitglied im Hauptausschuss, im ganzen deutschen Westen einen Sturm von Eingaben organisiert hatte, außerhalb des Parlamentarischen Rats, aber in ihn hinein, von Frauenverbänden, Gewerkschaften und sämtlichen weiblichen Mitgliedern der Länderparlamente, und zwar auch denen der CDU, mit Ausnahme der CSU in Bayern, erst dann gaben CDU/CSU im Hauptausschuss den Widerstand auf und der Antrag der SPD, heute Artikel 3 Absatz 2 des Grundgesetzes, wurde einstimmig angenommen:

> „Männer und Frauen sind gleichberechtigt."

Eine Gleichberechtigung ohne Wenn und Aber. Elisabeth Selberts große Tat. Das drohende Chaos wurde vermieden durch eine von der SPD vorgeschlagene Übergangslösung. Danach sollten die Vorschriften des BGB noch vier Jahre weiter gelten und in dieser Zeit vom Bundestag geändert werden (Art. 117 Abs. 1 GG).

Die Bezeichnung als „Bundesrepublik Deutschland" ist im Oktober 1948 von Theodor Heuss vorgeschlagen worden und die vorbildliche Zusammenfassung des Wichtigsten am Anfang des zweiten Teils, der nach den Grundrechten die Organisation des Staats regelt, findet sich zum ersten Mal im Entwurf des Grundgesetzes durch den Hauptausschuss vom Januar 1949. Es ist ein Satz von neun Worten über die vier Säulen des Fundaments der Verfassung, nämlich der Name des neuen Staats, Demokratiegebot, Sozialstaatsgebot und Föderalismusprinzip. Art. 20 Abs. 1:

> „Die Bundesrepublik Deutschland ist ein demokratischer und sozialer Bundesstaat".

Völlig neu war die Aufnahme der Parteien in das Grundgesetz im nächsten Artikel 21. Bisher kannten Verfassungen nur Abgeordnete im Parlament und übersahen, wer sie dort neben den Bürgern auch noch hineinbrachte. Nun waren die Parteien von der Verfassung anerkannte Organe in der Mitte zwischen Staat und Bürgern. Das geht zurück auf einen Vorschlag, den Carlo Schmid Mitte September 1948 gemacht hat und erscheint zum ersten Mal im Grundgesetzentwurf des Hauptausschusses vom Dezember 1948 mit dem entscheidenden ersten Satz:

> „Die Parteien wirken bei der politischen Meinungsbildung des Volkes mit."

Weitgehend einig – mit geringen Unterschieden – war man sich über die Rolle des Bundespräsidenten. Im Gegensatz zur Machtfülle des vom Volke gewählten Reichspräsidenten, der nach der Weimarer Verfassung eine Art „Ersatzkaiser" gewesen ist und bei der Ernennung Adolf Hitlers eine unrühmliche Rolle gespielt hat, war schon der Herrenchiemseer Verfassungskonvent der Meinung, er solle nur eine repräsentative Stellung haben ohne Machtbefugnisse und Notverordnungsrecht. So beschloss es der Parlamentarische Rat.

Ebenfalls als Reaktion auf eine Fehlkonstruktion der Weimarer Verfassung kam aus Herrenchiemsee der Vorschlag des konstruktiven Misstrauensvotums, den die Bonner mit Art. 67 des Grundgesetzes übernommen haben. Der Kanzler wurde zwar in der Weimarer Republik vom Reichspräsidenten ernannt, konnte aber jederzeit vom Reichstag mit einem Misstrauensvotum gestürzt werden. Das geschah viel zu oft und war einer der Gründe für die Instabilität dieser Republik. So kann seit 1949 ein Bundeskanzler nur abgewählt werden, wenn der Bundestag gleichzeitig – „konstruktiv" – einen Nachfolger wählt. Das ist in der Bundesrepublik in ihrer jahrzehntelangen Geschichte bisher nur einmal gelungen, nämlich 1982 mit der Abwahl Helmut Schmidts durch die Wahl von Helmut Kohl, und zeigt, dass es dem Parlamentarischen Rat gelungen ist, mit dem Grundgesetz einen sehr viel stabileren Staat zu gründen. Dessen bisherige Stabilität hatte allerdings auch noch viele andere Gründe.

Schließlich war als Ergebnis der Inflation von Todesurteilen im „Dritten Reich" eine der wichtigsten Entscheidungen des Parlamentarischen Rats die Abschaffung der Todesstrafe in Art. 102 GG, beschlossen auf der vorletzten Sitzung des Hauptausschusses im Februar 1949 auf Antrag der SPD.

Die wichtigsten Daten der Entstehung des Grundgesetzes 1948/1949

	1948
20. März	Sowjetunion verläßt Kontrollrat
20. Juni	Währungsreform in den Westzonen
23. Juni	Währungsreform in der sowj. Zone
24. Juni	Beginn der Berliner Blockade
1. Juli	Frankfurter Dokumente
26. Juli	Frankfurter Schlußkonferenz
10.–23. August	Verfassungskonvent in Herrenchiemsee
1. September	Eröffnung des Parlamentarischen Rats in Bonn
	1949
8. Mai	Schlußabstimmung im Parlamentarischen Rat
12. Mai	Zustimmung der Alliierten
18.–21. Mai	Zustimmung der Länderparlamente, nicht in Bayern
23. Mai	Ratifizierung und Verkündung durch den Parlamentarischen Rat
24. Mai	Inkrafttreten des Grundgesetzes
14. August	Bundestagswahlen
7. September	Zusammentritt des Bundestages
20. September	Amtsantritt der Bundesregierung

Am 8. Mai 1949 fand die Endabstimmung des Plenums statt, dem vierten Jahrestag der Kapitulation des „Dritten Reichs". Das Grundgesetz war

nun die beste und freiheitlichste deutsche Verfassung aller Zeiten. Die Alliierten haben es genehmigt und die Landesparlamente bestätigt, nur nicht das bayerische, dem es zu wenig föderalistisch war. Zugleich beschloss es aber knarzig, wenn die anderen alle dafür sind, soll es auch im schönen Bayernland gelten. Am 23. Mai ist es in Kraft getreten.

Blieben für den Parlamentarischen Rat noch zwei wichtige andere Entscheidungen. Die über ein Wahlgesetz und die Hauptstadt. Beides zwei Tage später am 10. Mai. Als Hauptstadt standen Bonn und Frankfurt am Main zur Wahl. Das Plenum entschied sich mit 33 gegen 29 Stimmen für Bonn. Danach beschloss es das Gesetz über die Wahl zum ersten Bundestag. Lange hatte man sich nicht einigen können und auch die Zuständigkeit des Parlamentarischen Rats war von den Alliierten bestritten, von den Ministerpräsidenten aber bestätigt als nun innerdeutsche Angelegenheit. Ebenfalls mit knapper Mehrheit entschied sich das Plenum für ein Verhältniswahlrecht, ergänzt durch eine Persönlichkeitswahl im einzelnen Wahlkreis, wie es heute noch gilt. Im Juni 1949 ist es von den Ministerpräsidenten endgültig beschlossen worden, die gegen den Parlamentarischen Rat die Fünf-Prozent-Sperrklausel hinzufügten, um Weimarer Zustände mit vielen Splitterparteien zu vermeiden. Für die Abgeordneten gab es am 24. Mai, dem Tag nach dem Inkrafttreten ihres Grundgesetzes ein feierliches Abendessen in der Godesberger Redoute, einem alten Ballhaus der Kölner Kurfürsten auf Einladung der Alliierten. Die Bundesrepublik Deutschland war eingeläutet.

16. Das Besatzungsstatut

Ein erheblicher Druck der Ungewissheit über das Besatzungsstatut belastete bis kurz vor Schluss die Beratungen des Parlamentarischen Rats. Mit dessen Ankündigung im dritten Frankfurter Dokument sahen sich viele in einer Situation des Widerspruchs. Einerseits sollten sie nach dem ersten Dokument eine demokratische Verfassung für einen einheitlichen Staat ausarbeiten. Andererseits widersprach dem die im dritten schon ziemlich ausführlich skizzierte Fassung eines Besatzungsstatuts mit außerordentlichen Rechten für die Alliierten im Rang über dem Grundgesetz. Nach langen und streitigen Verhandlungen der drei Außenminister wurde dem Parlamentarischen Rat erst am 10. April 1949 der Entwurf des Statuts übergeben. Er bestätigte die schlimmsten Befürchtungen. Eindeutig erklärten die Alliierten, sie würden im vollen Umfang Inhaber der obersten Staatsgewalt bleiben, der *supreme authority*, die sie am 5. Juni 1945 in der Berliner Erklärung übernommen hatten (Rnr. 2). Wie eine Käseglocke stand sie nun über dem Staat des Grundgesetzes. Zwar fanden noch Gespräche darüber statt mit den Militärgouverneuren. Die Atmosphäre besonders mit dem scheidenden General Clay war freundlich. Aber Konzessionen der *supreme authority* gab es nicht. So blieb nur die Hoffnung auf Besserung im Lauf der Zeit. Den ersten Schritt dazu machte Konrad Adenauer am 21.9.1949 auf dem Teppich oben auf dem Petersberg, als das offizielle Dokument übergeben und in Kraft gesetzt wurde (Rnr. 14). Hier die wichtigsten Einzelheiten:

Es blieb die Kontrolle über die Ruhr. Die Alliierten entscheiden allein über die Auswärtigen Angelegenheiten. Sie überwachen allein den Außenhandel, die Devisenwirtschaft und die „inneren Maßnahmen", um „die Verwendung von Geldmitteln, Lebensmitteln und sonstigen Bedarfsgütern sicherzustellen", damit „Deutschlands Bedarf an ausländischer Unterstützung auf ein Mindestmaß herabgesetzt wird." Jede Änderung des Grundgesetzes brauchte die Genehmigung der Besatzungsbehörden. Am Schluss ein Hoffnungslicht: Nach zwölf, mindestens aber nach 18 Monaten würde man vielleicht die „Zuständigkeiten deutscher Behörden ... erweitern" (aber nicht die der *supreme authority* mindern). Auf diese Minderung konzentrierte sich Konrad Adenauer von Anfang an mit dem Ziel ihrer völligen Abschaffung. Er wusste, im Kalten Krieg waren die Alliierten auf die Bundesregierung angewiesen, besonders auf ihre künftige militärische Stärke.

Sein nächster Coup war das Petersberger Abkommen. Ohne den Bundestag vereinbarte er es drei Monate nach der Teppichszene oben auf dem Petersberg mit den Hohen Kommissaren. Preis war der Beitritt zum Ruhrstatut, das im April 1949 von den USA, England, Frankreich und den Benelux-Staaten gegründet worden war zur Kontrolle der Schwerindustrie. In Westdeutschland galt es als Stein des Anstoßes. Deswegen wurde er, wie schon beschrieben, im Bundestag vom SPD-Chef Kurt Schumacher als „Kanzler der Alliierten" beschimpft. Aber er erhielt dafür wichtige Gegenleistungen, nämlich eine wesentliche Begrenzung der Demontage großer Unternehmen, die Aufnahme in den Europarat und das Recht, in anderen Ländern Konsulate zu gründen. Das war ein Einbruch in das Monopol der Außenpolitik der Hohen Kommissare. 1951 erhielt die Bundesrepublik die Erlaubnis, ein Auswärtiges Amt zu errichten und die Montanunion wurde gegründet mit Frankreich, den Benelux-Ländern und Italien, der Beginn der europäischen Integration (Rnr. 41). Das war gleichzeitig die Aufhebung des Ruhrstatuts. Dann dauerte es noch einmal vier Jahre und nach dem gescheiterten Umweg über die EVG wurde 1955 mit den drei Alliierten der Deutschlandvertrag geschlossen, das Besatzungsstatut beendet, die Bundesrepublik weitgehend souverän, Mitglied der NATO und die Bundeswehr aufgebaut, nachdem Adenauer die inneren verfassungsrechtlichen Hindernisse beseitigt hatte (Rnr. 20).

Die Gerichtsbarkeit des Bundes war im Grundgesetz in den Artikeln 92 bis 96 geregelt, und zwar dreigeteilt. An erster Stelle stand das Bundesverfassungsgericht mit den Artikeln 92 bis 94. Dann kam an zweiter in Artikel 95 ein Oberstes Bundesgericht und danach waren in 17. Der Aufbau der Bundesgerichtbarkeit

Artikel 96 als obere Bundesgerichte die fünf für die ordentliche, Verwaltungs-, Finanz-, Arbeits-, und Sozialgerichtsbarkeit genannt. Das Oberste Bundesgericht war vorgesehen zur Wahrung der Einheit des Bundesrechts in der Rechtsprechung dieser oberen Bundesgerichte. Nachdem die Zweckmäßigkeit einer solchen Oberinstanz in der Literatur wiederholt bezweifelt wurde und sich im Lauf der Zeit herausstellte, dass kaum Meinungsverschiedenheiten der fünf aufgetretenen waren, entschloss man sich 1968, diesen Verfassungsauftrag nicht zu verwirklichen. Das Grundgesetz wurde geändert, Artikel 95 Grundlage für die Errichtung der fünf nun Obersten Bundesgerichte und in ihm für die Wahrung der Einheitlichkeit der Rechtsprechung ein gemeinsamer Senat der fünf vorgesehen.

Als erstes war 1950 der Bundesgerichtshof mit Sitz in Karlsruhe gegründet worden. Wie das alte Reichsgericht in Leipzig sollte er vom Sitz der Regierung getrennt werden als Zeichen der Unabhängigkeit der Richter. Ebenso regelte man das für die vier anderen. Zwei Wochen später ist der Bundesfinanzhof in München eingesetzt worden, wo schon in der Weimarer Republik der Reichsfinanzhof residierte. Das Bundesverwaltungsgericht wurde erst 1953 in Berlin gegründet, um dort die Bundespräsenz zu dokumentieren. Das war damals verfassungsrechtlich und politisch umstritten. Es wurde im Gebäude des alten Preußischen Oberverwaltungsgericht neben dem Bahnhof Zoo untergebracht, gemeinsam mit einem Strafsenat des Bundesgerichtshofs. Im selben Jahr sind als letzte das Bundesarbeits- und Bundessozialgericht entstanden, beide zusammen in einem sehr großen alten Kasernengebäude in Kassel. Dahinter standen Überlegungen des Parlamentarischen Rats, sie zu einem einzigen zu vereinigen, die dann nicht weiter verfolgt wurden. Nach der staatlichen Vereinigung zog das Bundesarbeitsgericht nach Erfurt, das Sozialgericht blieb in Kassel. Das Bundesverwaltungsgericht zog in Leipzig in das Gebäude des ehemaligen Reichsgerichts.

18. Das Bundesverfassungsgericht im Parlamentarischen Rat und nach dem BVerfGG

Im Konvent von Herrenchiemsee war man sich schnell einig, dass im Gegensatz zur Weimarer Republik mit ihrer schwachen Verfassungsgerichtsbarkeit ein starkes Gericht eingesetzt werden musste, um Rechtsverwüstungen wie die des „Dritten Reichs“ zu verhindern. Und man ließ offen, von welcher Art es sein sollte. Es gab zwei Möglichkeiten. Entweder ein Oberstes Gericht wie in den USA, das beides zugleich ist, oberste Instanz der ordentlichen Gerichtsbarkeit und Verfassungsgerichtshof. So wollte es Carlo Schmid als Vertreter von Württemberg-Hohenzollern. Oder eines nach dem Vorbild Österreichs, das seit 1920 einen eigenständigen Gerichtshof für Verfassungsfragen hatte, VfGH, neben dem Obersten Gerichtshof, OGH, für Privat- und Strafrecht. Sie sind 1946 wieder eingeführt worden. So wollten es die Bayern, die mit ihrer neuen

Landesverfassung schon einen eigenständigen Verfassungsgerichtshof gegründet hatten.

Im Parlamentarischen Rat hat man lange diskutiert. Die beiden großen Blöcke, CDU und SPD, einigten sich auf das amerikanische Modell. Aber dann kamen Bedenken von hohen Richtern. Besonders der damals höchste, Ernst Wolff, Präsident des Obersten Gerichtshofs für die britische Zone. Er wollte als Richter der ordentlichen Gerichtsbarkeit nicht hineingezogen werden in politische Streitigkeiten, die mit Verfassungsgerichtsbarkeit oft verbunden sind. Mit seiner großen Autorität als renommierter Jurist der Weimarer Zeit und Emigrant in London, hat er die Mitglieder des Justizausschusses überzeugt. Sie beschlossen die Trennung von Oberstem Gericht und Verfassungsgerichtsbarkeit. Die österreichische Lösung. So regelten Art. 93 und 94 GG zuerst das Bundesverfassungsgericht und Art. 95 die obersten Gerichtshöfe. Mit den Kompetenzen des Art. 93 wurde das Verfassungsgericht das mächtigste aller international bekannten anderen. Artikel 94 erklärte nur noch, es sollte bestehen aus Bundesrichtern und anderen Juristen, die je zur Hälfte vom Bundestag und Bundesrat gewählt werden. Alles Übrige solle ein Bundesgesetz regeln.

Dessen Beratung brauchte viel Zeit. Sie begannen Ende 1949. Alle Beteiligten kannten die Bedeutung des Gerichts mit seiner Machtfülle für die Zukunft und suchten möglichst viel Einfluss für ihre Interessen. Aber trotz der Unterschiede wussten SPD und CDU/CSU auch, dass eine gute Lösung nur gemeinsam gefunden werden könne. Schließlich einigten sie sich und 1951 wurde das Bundesverfassungsgerichtsgesetz verkündet. Die wichtigsten Einzelheiten:

> Es wurde ein Zwillingsgericht mit zwei Senaten zu je zwölf Richtern, von denen ein Drittel aus den oberen Bundesgerichten kommen und alle „Volljuristen" mit zwei Staatsexamen sein müssen. Seit 1959 sind es jeweils nur acht Richter in jedem Senat mit je drei aus den obersten Bundesgerichten.
>
> Sie wurden für acht oder vier Jahre gewählt mit der Möglichkeit einer Wiederwahl bei vier Jahren. Heute sind es zwölf Jahre ohne Wiederwahl.
>
> Im Bundestag geschah das durch einen Wahlmännerausschuss mit Dreiviertelmehrheit, im Bundesrat durch das Plenum mit Zweidrittelmehrheit, mit ihr seit 1956 auch im Ausschuss des Bundestages, der seit 1993 Wahlausschuss genannt wird.
>
> Zusätzlich zu Art. 93 wurde die Verfassungsbeschwerde eingeführt und Sitz des Gerichts Karlsruhe, wo schon der Bundesgerichtshof existierte.

Im September 1951 sind 23 Männer und eine Frau als Richter gewählt worden. Präsident wurde Hermann Höpker-Aschoff (FDP), 1. Senat, Vizepräsident Rudolf Katz (SPD), 2. Senat. Im 1. Senat waren acht Richter von der SPD vorgeschlagen, vier von der Regierungskoalition CDU/CSU, FDP, Deutsche Partei (DP). Im Zweiten war es umgekehrt. Zu Unrecht sprach man damals vom „roten" und „schwarzen" Senat, besonders in der ersten großen Krise des Gerichts. Die kam schon 1952 (Rnr. 20).

Die 24 Richter haben sie mit großem Geschick überstanden. Sie hatten nämlich eine gemeinsame politische Erfahrung, konnten bis auf einen – Willi Geiger, NS-Staatsanwalt an einem Sondergericht – nach 1933 ihren Beruf nicht mehr ausüben oder mussten sogar emigrieren. Für sie war die neue Demokratie ein Geschenk, ihre gemeinsame Erfahrung stärkte ihren Zusammenhalt und ließ sie in der Krise juristisch und politisch vorsichtig handeln. Sie waren der demokratische „neue Richtertyp", den der Parlamentarische Rat geplant hatte, im Gegensatz zu vielen Richtern der ersten Generation am Bundesgerichtshof, der 1952/53 gegen das G 131 und das Bundesverfassungsgericht gekämpft hat (Rnr. 19) und 1953 ein Gutachten gegen die Gleichberechtigung von Männern und Frauen des Art. 3 Abs. 2 GG beschloss (Rnr. 34). Grund des Unterschieds war das Auswahlverfahren.

Das für die Verfassungsrichter zwang Regierungskoalitionen und SPD zu Kompromissen und genauer Prüfung der von der jeweils anderen Seite vorgeschlagenen Kandidaten. So hatten regelmäßig nur gemäßigte Bewerber eine Chance.

Ganz anders die Auswahl von Richtern des Bundesgerichtshofs. Nach dem Richterwahlgesetz von 1950 entschied eine Kommission unter dem Vorsitz des Bundesjustizministers. Sie war zusammengesetzt aus den Justizministern der Länder und einer gleichen Zahl von Mitgliedern, die vom Bundestag mit einfacher Mehrheit gewählt wurden, also nur von der Regierungskoalition. Auch hier gab es den Willen für die Auswahl des „neuen Richtertyps". Aber es fehlte die obligate Kontrolle durch die Opposition der SPD. So wurden nicht nur Erzkonservative durchgewinkt wie der Präsident des Bundesgerichtshofs Hermann Weinkauff, sondern auch Antisemiten oder ehemalige NS-Richter mit problematischer Vergangenheit, die zum Teil durch „Persilscheine" im Entnazifizierungsverfahren rein gewaschen worden waren (Rnr. 6).

19. Das Gesetz zu Artikel 131 Grundgesetz

Eines der wichtigsten Probleme der jungen Bundesrepublik war die Behandlung der Beamten, Angestellten und Arbeiter, die am 8. Mai 1945 im deutschen öffentlichen Dienst beschäftigt und nicht wieder eingestellt waren. Der Parlamentarische Rat hatte sich nicht einigen können und die Lösung der schwierigen Frage mit Artikel 131 des Grundgesetzes dem Bundesgesetzgeber zugeschoben. Der erließ am 11. Mai 1951 das

„Gesetz zur Regelung der Rechtsverhältnisse der unter Artikel 131 des Grundgesetzes fallenden Personen", auch G 131 genannt. Alle erhielten ein Recht auf „Unterbringung", Einstellung in Dienststellen von Bund, Ländern und größeren Gemeinden, nur nicht Mitglieder der Gestapo und solche, die von Entnazifizierungs-Spruchkammern als Hauptschuldige oder Belastete verurteilt waren. Bis zur Unterbringung erhielten ehemalige Beamte ein Übergangsgeld von etwas mehr oder weniger der Hälfte ihres letzten Gehalts. Das war eine riesige Aufgabe, die der Gesetzgeber stellte. Es waren nämlich nicht nur Berechtigte aus dem eigenen Gebiet der Bundesrepublik, die wieder eingestellt werden mussten, dazu kamen Unzählige, die aus der DDR geflüchtet waren und Vertriebene aus den ehemaligen Ostgebieten des Deutschen Reichs, dem westlichen Polen und der Tschechoslowakei. Aber Adenauer wusste auch, dass seit fast einem Jahr ein Aufschwung eingesetzt hatte, der Anfang des Wirtschaftswunders. Und es dauerte nicht lange, dann waren alle Betroffenen in Amt und Würden.

Das ganze war nicht nur ein wirtschaftliches Problem. Es ist auch ein politisches gewesen. Denn unter den wieder Einzustellenden war ein außerordentlich großer Teil von NSDAP-Mitgliedern, nicht nur „nominelle", auch sehr viele, die in der „Mitläuferfabrik" der gescheiterten Entnazifizierung zu Unrecht entlastet worden waren. Mit anderen Worten, das G 131 war eine große Geste Adenauers gegenüber den alten Nazis. Er wollte nicht eine neue Demokratie mit Millionen Ausgegrenzten aufbauen. Sein Programm hieß Integration statt Ausgrenzung. Und er war erfolgreich. Denn durch Integration und Wirtschaftswunder hatten NS-Folgeparteien bald keine Chance mehr. Die Nazis waren integriert.

Das hatte auch negative Folgen. So entstand nämlich in Ministerien, Behörden und Justiz eine Art Schweigekolonne, die Schwerbelastete schützte und die Verfolgung von NS-Verbrechen erheblich behinderte (Rnr. 40) Außerdem sind sie es wohl auch zu einem guten Teil gewesen, deren innere Unbeweglichkeit das autoritäre Klima der Adenauerzeit und der folgenden Jahre aufrechterhielt, das die antiautoritäre Studentenrevolte von „1968" zur Folge hatte (Rnr. 42).

Gab es also damals Proteste gegen das G 131? Ja. Aber nicht gegen die Integration der alten Nazis, sondern dagegen, dass nicht auch noch die erwiesenen Hauptverantwortlichen wieder eingestellt werden sollten. Ehemalige Gestapobeamte erhoben Verfassungsbeschwerden, wurden unterstützt von einer Gruppe von Professoren des öffentlichen Rechts und an der Spitze des Protests stand der Bundesgerichtshof mit seinem Präsidenten Hermann Weinkauff. Der hatte mit dem unter seinem Vorsitz tagenden Großen Zivilsenat, der Autorität sämtlicher Vorsitzenden aller Zivilsenate, schon am 6. Oktober 1952 beschlossen, das G 131 sei verfassungswidrig. Das war ein nach dem Grundgesetz unzulässiger Angriff auf das Bundesverfassungsgericht, denn nach Art 100 GG hätten sie die Frage der Verfassungswidrigkeit dem höchsten Gericht vorlegen müssen, das durch die Verfassungsbeschwerden ohnehin schon mit ihr befasst war. Aber sie wollten es überrunden. Ihre Begründung:

Nach bestehendem Recht habe ein Systemwechsel keinen Einfluss auf den Bestand von Beamtenverhältnissen. Auch Art. 129 der Weimarer Verfassung hätte ihn garantiert und sei nie aufgehoben worden. Entlassungen tatsächlicher Art durch Krieg und Entnazifizierung wären nur vorübergehender Natur gewesen. Also sei das G 131 ein Eingriff in erworbene Rechte, verstoße gegen Art. 33 Abs. 5 und 14 GG sowie gegen Art. 3 GG, weil Beamte ohne Stelle anders behandelt wurden als die im Amt gebliebenen.

Am 17. Dezember 1953 erging das Beamtenurteil des Bundesverfassungsgerichts. Zwei juristische Welten trafen aufeinander. Die eine des Bundesgerichtshofs auf den Höhen juristischer Abstraktion. Und nun die andere mit einer grundlegenden anderen Analyse des Beamtenrechts im NS-Staat. Das Ergebnis im Leitsatz: „Alle Beamtenverhältnisse sind am 8. Mai 1945 erloschen." Eine lange Entscheidung von über 100 Seiten. Es sei ja richtig, dass ein Wechsel der Staatsform die Beamtenverhältnisse unberührt lasse. Diese Regel setze aber voraus, dass es sich um solche in der traditionell-rechtsstaatlichen Gestalt handelt, wie sie sich im 19. Jahrhundert entwickelt habe. Die sei aber im NS-Staat völlig zerstört worden durch Gesetzgebung, juristische Literatur von Professoren damals, die jetzt das Gegenteil behaupten, und Adolf Hitler selbst. Diese Zerstörung verlief über die neue Einheit von nationalsozialistischer Partei und Staat, Vereidigung aller Beamten auf die Person Hitlers und nicht mehr auf die Verfassung bis zu Hitlers Rede vor dem Reichstag 1942, auf dem er drohte, jeden Beamten, auch Richter, aus dem Amt zu entlassen, der „seine Pflicht nicht erfüllt", „wer es auch immer sei oder welche erworbenen Rechte er besitze", und ihm das von den Abgeordneten bestätigt wurde, auch „ohne Einhaltung vorgeschriebener Verfahren." Das Beamtentum war so in das NS-System völlig eingegliedert, ist mit dem Untergang dieser Ordnung am 8. Mai 1945 erloschen und deshalb konnte der Gesetzgeber der Bundesrepublik das G 131 ohne beamtenrechtliche Hindernisse völlig frei erlassen.

Trotzdem. Der Bundesgerichtshof gab nicht auf. Der Streit ging weiter. Anlass war ein Verfahren über Nachzahlungen seit 1945 für einen ehemaligen Beamten, die nach § 77 G 131 ausgeschlossen waren. Das führte zu einer Richtervorlage beim Bundesverfassungsgericht nach Art. 100 GG. Die zweite Kampfansage. Das Verfassungsgericht ließ sich Zeit und lehnte die Vorlage 1957 aus formalen Gründen ab. Der Streit war entschieden.

20. Auseinandersetzung um die Wiederbewaffnung und erste Krise des BVerfG

Parallel zum Streit mit dem Bundesgerichtshof musste das Gericht ein anderes Problem lösen. Adenauer hatte 1951 mit der Montanunion den Anfang der Aussöhnung mit Frankreich und den Anschluss an Europa gefunden. Im Jahr vorher begann der Koreakrieg und die Amerikaner drängten auf die Wiederbewaffnung der Bundesrepublik an der Ostgrenze zu Stalins Herrschaft, der in Korea einen weiteren Expansionsversuch machte, wie viele im Westen meinten. Die Wiederbewaffnung sollte, wie beschrieben, im Rahmen einer europäischen Armee geschehen. Von Adenauer kam kein Widerstand, auch nicht von den anderen der Montanunion, aber von Frankreich. Nach mühsamen Verhandlungen und viel Druck aus Washington wurde endlich eine Einigung über die „Europäische Verteidigungsgemeinschaft" gefunden. Adenauer ließ den Vertrag im Bundestag einbringen und hier hieß der Widerstand SPD, die sich im Bündnis mit einer großen Empörung in der Bundesrepublik wusste. Adolf Arndt, „Kronjurist" der SPD-Bundestagsfraktion ging vor das Bundesverfassungsgericht. So kam es zu einer Auseinandersetzung mit der Regierung Adenauer, die nicht nur die eigene erste große Krise des Gerichts wurde, sondern auch die erste Staatskrise der Bundesrepublik. Anlass waren Verfahren über die Verfassungsmäßigkeit der mit der Europäischen Verteidigungsgemeinschaft verbundenen Wiederaufrüstung.

Die hatte Adenauer schon seit 1950 im Kanzleramt unter großer Geheimhaltung planen lassen, noch vor dem Ausbruch des Koreakriegs, auch mit dem Ziel, so das Besatzungsstatut zu beseitigen, um die deutsche Souveränität zu erreichen. Spätestens seit dem Ausbruch des Koreakriegs Ende Juni 1950 hatte er dafür auch das Einverständnis der USA. Nur musste er vorsichtig sein, denn in der Öffentlichkeit war das eine verpönte Angelegenheit. Man wollte sich lieber allein auf den Schutz der Amerikaner verlassen als wieder deutsche Soldaten.

Deshalb hat Adenauer den Plan des französischen Ministerpräsidenten René Pleven begrüßt, der nach dem Vorbild der Montanunion im Oktober 1950 eine Europäische Verteidigungsgemeinschaft mit einer europäischen Armee vorschlug, EVG, und mit ähnlichen Organen. Die Verhandlungen der sechs Staaten der Montanunion führten 1952 zur Unterzeichnung, verbunden mit einem auch von den USA und England unterschriebenen „Generalvertrag" über die Ablösung des Besatzungsstatuts durch die Souveränität der Bundesrepublik.

Aber es gab ein verfassungsrechtliches Problem. Wie war es bei uns möglich, militärische Verbände aufzubauen? Brauchte man dafür nicht ein Gesetz? Das war nach dem Grundgesetz damals nicht möglich, denn Art. 73 GG enthielt dafür insofern keine Gesetzgebungsbefugnis. Eine Ergänzung konnte Adenauer nicht erreichen, denn dafür brauchte er eine Zweidrittelmehrheit im Bundestag. Die war nur gemeinsam mit der SPD möglich, die strikt gegen die Wiederaufrüstung argumentierte. So konnte er sich allenfalls auf Art. 24 Abs. 2 Grundgesetz berufen, nachdem sich der Bund "zur Wahrung des Friedens einem System gegenseitiger kollektiver Sicherheit einordnen" kann. Aber das galt doch nur für den EVG-Vertrag. Und damit auch für seine Erfüllung im Einzelnen? Für die Einzelheiten der Aufstellung militärischer Verbände? Für Regelung der Einstellung, der Pflichten und Besoldung der Soldaten? Alles nur nach Art. 24 Abs. 2. Auch europarechtlich war das ein äußerst unsicherer Weg.

Und auch ein gefährlicher. Denn die SPD-Fraktion des Bundestags hatte schon am 31. Januar 1952 vor der Unterzeichnung des Vertrags in Paris am 27. Mai, einen vorbeugenden Antrag gestellt mit der Bitte um Feststellung, dass dessen Ratifizierung gegen das Grundgesetz verstößt, weil es für die Wiederaufrüstung keine verfassungsrechtliche Grundlage gäbe. Adolf Arndt hatte ihn in deren Auftrag gestellt, gemeinsam mit neun anderen Abgeordneten (der Zentrums- und Bayernpartei). Insgesamt waren es 144, ein Drittel des Bundestags. Arndt hatte offen gelassen, welcher Art der Antrag sei. So konnte es ein Organstreit der Fraktion nach Art. 93 Abs. 1 Satz 1 GG sein. Dann wäre zuständig der zweite Senat des Bundesverfassungsgerichts gewesen, der „schwarze" mit einer Mehrheit von Anhängern der CDU, wie man meinte und sagte. Oder ein Antrag auf Normenkontrolle von einem Drittel des Bundestags nach Art. 93 Abs. 1 Satz 2 beim 1. Senat, dem „roten" mit angeblicher Mehrheit von SPD-Anhängern. Für solche Fälle der Unsicherheit gab damals § 16 Abs. 3 Bundesverfassungsgerichtsgesetz dem Plenum die Entscheidung, der gemeinsamen Versammlung der Richter beider Senate. Das angeblich „schwarze" Plenum entschied am 13. Februar, es sei ein Antrag auf Normenkontrolle, zuständig der „rote" 1. Senat.

Anfang Juni 1952 gab es in Bonn wohl Hinweise aus Karlsruhe, dieser Senat würde die Zulässigkeit des Antrags bejahen. Das konnte gleichzeitig ein Urteil gegen die Regierung bedeuten. Und am 10. Juni beantragte Bundespräsident Heuss nach (dem später aufgehobenen) § 97 BVerfGG beim mehrheitlich angeblich „schwarzen" Plenum ein Gutachten. Er möchte wissen, ob der EVG-Vertrag im Widerspruch zum Grundgesetz steht, soweit durch ihn nach Art. 24 GG die EVG berechtigt wird, europäische Wehrhoheit „unter Zugrundelegung der Wehrpflicht der Staatsbürger der Mitgliedsstaaten auszuüben." Komplizierter ging's nicht. Und das bei Theodor Heuss, bekannt durch seine Skepsis gegenüber Verfassungsgerichtsbarkeit. Deshalb tippten viele damals auf ein Manöver Adenauers zur Ausschaltung des 1. Senats. Das ist sehr wahrscheinlich, aber nicht sicher. Kurz danach entscheidet der 1. Senat, der Antrag sei zur Zeit unzulässig, werde aber zulässig, wenn Bundestag und Bundesrat das Ratifizierungsgesetz in 3. Lesung beschlossen haben und der

Bundespräsident es noch nicht gegengezeichnet und veröffentlicht hat, BVerfGE 1,396.

Wieder gibt es Gerüchte in Bonn: Auch das Plenum könnte gegen die Regierung entscheiden. Sie stimmten sehr wahrscheinlich nicht. Aber die Regierung glaubte es. Am 5. Dezember 1952 berät und beschließt der Bundestag die 2. Lesung. Die SPD erhebt ständig den Vorwurf der Verfassungswidrigkeit. Es gibt fürchterliche Tumulte. Adenauer lässt die 3. Lesung verschieben. Die war ihm wegen des 1. Senats zu gefährlich. Und dann lässt er auch noch am 6. Dezember die Regierungsfraktionen in Karlsruhe im Wege des Organstreits nach Art. 93 Abs. 1 Ziffer 1 GG einen Antrag einreichen beim „schwarzen" zweiten Senat, der feststellen soll, dass die SPD-Fraktion gegen das Grundgesetz verstoße, indem sie „den Regierungsfraktionen und der Mehrheit des Bundestags das Recht bestreitet, die Gesetze über den Deutschland- und den EVG-Vertrag zu verabschieden." Dieses Urteilsverfahren sollte das Gutachtenverfahren des Plenums aushebeln, vor dem er Angst bekommen hatte.

Aber das „schwarze" Plenum beginnt trotzdem wie geplant am 9. Dezember 1952 vormittags vor großem Andrang der Presse, auch der internationalen, die seit langem angesetzte mündliche Verhandlung über den Gutachtenantrag von Bundespräsident Theodor Heuss und Präsident Höpker-Aschoff und verkündet einen einstimmigen Beschluss aller Richter vom Vortag. Ein einziger Satz: Das Gutachtenverfahren geht vor und bindet beide Senate im Urteilsverfahren (BVerfGE 2,79). Der löst die Staatskrise aus. Staatssekretär Walter Strauß vom Bundesjustizministerium beantragt sofort Unterbrechung der Sitzung und dann nach einem Telefonat mit Bonn Vertagung der Verhandlung. Das Gericht folgt erstaunt. Neuer Termin ist der nächste Tag, Mittwoch 10. Dezember, 15 Uhr „pünktlich". Am Abend ist Adenauer bei Heuss, beide mit ihren Beratern. Adenauer beginnt mit einer Rede über die Notwendigkeit, den Antrag zurückzuziehen. Nach 10 Minuten schiebt ihm Heuss einen Zettel zu: „Ich werde das Ersuchen um ein Gutachten zurückziehen." Ein Bote überbringt Höpker-Aschoff am nächsten Mittwoch-Morgen ein Schreiben des Präsidialamts in die Wohnung. Und nun beginnen die Angriffe der Staatsführung auf das Gericht. Die SPD schweigt.

Schon am Mittwoch berichtet die Kölnische Rundschau, der Bindungsbeschluss sei „nach Auffassung von Regierungskreisen ein eklatanter Rechtsbruch", in dem sich ein „bewusster Sabotagewille zeige". Am Donnerstag drückt das Adenauer im Bundestag so aus: Der Beschluss „findet weder im Grundgesetz noch in sonstigen Gesetzen eine Stütze." Damit hat er aber auch nur vordergründig Recht. Höpker-Aschoff hatte sich in der kurzen Sitzung am Dienstag auf § 16 BVerfGG berufen. Der regelt wörtlich zwar nur den Fall, dass das Plenum entscheidet, wenn ein Senat von der Meinung des anderen abweichen will. Das heißt aber sinngemäß, die Rechtsprechung des Gerichts muss einheitlich sein. Das muss also auch gelten, wenn alle Richter gemeinsam im Plenum zu einer Rechtsmeinung kommen. Dann können sie nicht in ihren beiden Senaten wieder eine andere beschließen. Und das erst recht dann, wenn versucht wird, durch Manipulationen der Regierung das Gericht auseinander zu dividieren. Insofern war der Vorwurf eines Rechtsbruchs völlig unberechtigt.

Schon am Mittwoch, 10. Dezember, erhält Bundesjustizminister Thomas Dehler ein Telegramm von sechs prominenten süddeutschen Juristen: „tief bestürzt bitten dringend verhindert weitere für Ansehen von Justiz und Staat unerträgliche Schritte gegenüber höchstem deutschen Gericht." Dehler telegrafiert zurück: „Sie verkennen die Lage vollständig. Das Bundesverfassungsgericht ist in einer erschütternden Weise vom Wege des Rechts gewichen und hat dadurch eine ernste Krise geschaffen." Die Telegramme werden bekannt und nun erkennt Adenauer, dass die Regierung, besonders sein Justizminister, zu weit gegangen ist. Er rudert zurück. Eine Woche später ist er bei Heuss mit Höpker-Aschoff. Er beruhigt den Gerichtspräsidenten und gibt eine öffentliche Ehrenerklärung ab: „Das Bundeskabinett stellt einmütig fest, dass es niemals daran gedacht hat, die Rechte und Würde des Bundesverfassungsgerichts anzutasten oder auch nur in Zweifel zu ziehen. Das Bundeskabinett achtet das Bundesverfassungsgericht als einen integrierenden Bestandteil der demokratischen Rechtsordnung."

Der Rest ist schnell berichtet. Der zweite Senat, der „schwarze", lehnt im März 1953 den Antrag der Regierungsfraktionen ab, anderes war von vornherein nicht zu erwarten. Kritik der Opposition im Parlament ist erlaubt und verletzt die Rechte anderer nicht. BVerfGE 2,143. Danach ratifizieren Bundestag und Bundesrat den EVG- und Deutschlandvertrag. Die SPD-Fraktion und die anderen Abgeordneten reichen jetzt ihren Antrag auf Normenkontrolle beim ersten Senat ein. Die Richter lassen sich Zeit. Sie wissen, im Herbst sind Wahlen und warten erst mal ab. Am 17. Juni 1953 scheitert der Volksaufstand in der DDR. Er bestätigt Adenauers Westpolitik und harte Haltung gegen den Osten und so gewinnt er mit seiner Koalition die Bundestagswahlen haushoch, erhält die für eine Verfassungsänderung notwendige Zweidrittelmehrheit im Bundestag und lässt das Grundgesetz ändern. Seit dem 26. März 1954 heißt es in Artikel 73 Abs. 1 Ziffer 1: „Der Bund hat die ausschließliche Gesetzgebung über die auswärtigen Angelegenheiten (so war es bisher, U.W.) sowie die Verteidigung einschließlich des Schutzes der Zivilbevölkerung". Noch Ende März konnte Theodor Heuss das Ratifizierungsgesetz vom März 1953 unterschreiben und es wurde im Bundesgesetzblatt verkündet. Dann kam am 30. August 1954 das i-Tüpfelchen der Staatskrise: Die französische Nationalversammlung lehnte die Ratifizierung des EVG-Vertrags ab.

Alles hatte sich von selbst erledigt. Auch das Normenkontrollverfahren vor dem 1. Senat war gegenstandslos geworden.

Trotzdem war nicht alles umsonst. Die Richter in Karlsruhe, das wusste man nun in der Bundesrepublik, haben zusammengestanden, nicht nach tatsächlicher oder angeblicher eigener politischen Richtung entschieden, sondern nach dem, was sie für Recht halten durften, verkürzt gesprochen: der „rote" 1. Senat gegen die SPD, das „schwarze" Plenum und der „schwarze" 2. Senat gegen die CDU. Sie waren die moralischen Sieger, auch im Blick der Öffentlichkeit stand die nur am Recht orientierte Autorität des Gerichts über der Politik. Adenauer hatte das mit gutem Gespür schnell erkannt. Und das hatte Folgen. Die Unabhängigkeit der Richter wurde verstärkt.

Das Gericht hatte dieses Problem schon früh erkannt. Das Plenum hatte einem von ihnen, dem Professor für Staatsrecht Gerhard Leibholz, den Auftrag für ein Gutachten über die Stellung des Gerichts im Verfassungsgefüge, seinen „Status", gegeben. Schon im März 1952 war es fertig, vor der Krise. Die Richter verkürzten es zu einer Denkschrift, die vom Plenum beschlossen wurde und im Juni 1952, dem Bundestag, dem Bundesrat und der Regierung zugestellt, als das Getümmel schon im Gange war. Die entscheidenden Sätze: „Das Bundesverfassungsgericht ist in seiner Eigenschaft als berufener Hüter der Verfassung zugleich ein mit höchster Autorität ausgestattetes Verfassungsorgan. Als solches steht das Bundesverfassungsgericht verfassungsrechtlich dem Bundestag, dem Bundesrat und der Bundesregierung ebenbürtig zur Seite." Adenauer rauchte nicht nur die Friedenspfeife, er ließ auch zu, dass die Denkschrift verwirklicht wurde, haushaltsrechtlich und dienstrechtlich. Im Juli 1953 wurde ein neuer § 176 im Bundesbeamtengesetz beschlossen, oberste Dienstbehörde der Beamten des Bundesverfassungsgerichts ist seitdem dessen Präsident, nicht mehr der Bundesjustizminister. Der hätte nämlich über den Etat seines Ministeriums auf die Finanzen und Arbeitsfähigkeit des Gerichts einwirken können. Und im Haushaltsgesetz 1953/54 erhielt es einen eigenen Etat, gehört seitdem nicht mehr zum Haushalt des Justizministeriums. Schließlich und endlich: Nach der Wahl im September 1953 war Thomas Dehler nicht mehr Minister in der zweiten Regierung Adenauer. Hermann Höpker-Aschoff und Theodor Heuss hatten sich beim Kanzler durchgesetzt.

Es war der Zusammenstoß zweier völlig unterschiedlicher Meinungen über das Verhältnis von Politik und Verfassungsgerichtsbarkeit. Für Theodor Heuss und Thomas Dehler, anfänglich auch für Konrad Adenauer, hatten Staatsorgane wie Bundespräsident und Regierung Vorrang gegenüber gerichtlichen Entscheidungen, auch des Bundesverfassungsgerichts, besonders wenn es sich um eine „Schicksalsfrage der Nation" handelte. Die Richter in Karlsruhe sahen das ganz anders, sahen ihre Aufgabe allein in der juristischen Beurteilung eines Sachverhalts, auch wenn es um große Politik ging. Dabei verhielten sie sich damals vorsichtig und sehr geschickt, entschieden nur über Verfahrensfragen, nicht in der Sache, und zwar jeweils unabhängig und sogar gegen die Position derjenigen Parteien, die sie für die Wahl als Richter vorgeschlagen hatten.

Die Heftigkeit der Auseinandersetzung, besonders seitens der Regierung wurde dann letztlich der Grund für die verfassungsrechtliche Aufwertung des Gerichts als oberstes Staatsorgan wie Bundespräsident, Parlament, Regierung und Bundesrat. Das führte zu der weltweit einzigartigen Steuerungsfunktion des Bundesverfassungsgerichts, dessen Machtfülle durch seine Kompetenzen in Artikel 93 GG schon angelegt war und durch die im Bundesverfassungsgerichtsgesetz ergänzte Verfassungsbeschwerde für jedermann noch größer geworden ist, mit der Folge, dass die Frage der Verfassungsmäßigkeit eines Gesetzes in der politischen Diskussion schon vor seinem Erlass oft eine wichtige Rolle spielt. Diese verfassungsrechtliche Sicherung, auch über die Gesetzgebung hinaus, hat für die wirtschaftliche und politische Stabilität der Bundesrepublik dann eine viel größere Rolle gespielt, als man damals ahnte. Auch wenn die Richter dabei bisweilen mehr aus dem Grundgesetz herausgelesen haben, als es möglich war, im Großen und Ganzen ist die schon mehr als sechzigjährige Tätigkeit des Gerichts eine Erfolgsgeschichte des Grundgesetzes und seiner Hüter in Karlsruhe, auch im Bewusstsein der Bundesbürger und ein Segen für die Bundesrepublik.

21. Öffentliches Recht

Öffentliches Recht, *ius publicum,* ist ein uralter Begriff mit einer langen Geschichte. Die Unterscheidung zwischen ihm und dem privaten Recht kannte schon das antike römische Recht (Ulpian Digesten 1.1 § 2). Seine moderne Geschichte beginnt im letzten Viertel des 19. Jahrhunderts, unterschiedlich in den beiden Bereichen Staats- oder Verfassungsrecht und Verwaltungsrecht.

Ein neues Staatsrecht entstand am Beginn des deutschen Kaiserreichs von 1871 mit Paul Laband (1838–1918) und seiner Darstellung von dessen Verfassung im alles überragenden Standardwerk „Das Staatsrecht des Deutschen Reiches“ 1876/82. Mit ihm begründete er den staatsrechtlichen Positivismus. Dessen Methode hat er selbst beschrieben als einerseits „Konstruktion der Rechtshistorie, in der Zurückführung der einzelnen (positiven, U.W.) Rechtssätze (der Verfassung, U.W.) auf allgemeine Begriffe und andererseits in der Herleitung der aus einem Begriffe sich ergebenden Folgerungen“ zu einem System. Das sei eine „rein logische Denktätigkeit“ ohne „alle historischen, politischen und philosophischen Betrachtungen“, die zwar wichtig seien, aber nicht zur juristischen Behandlung gehören. So beschrieb er die rechtliche Natur des Reichs als Rechtssubjekt und

Bundesstaat über den Kaiser, den Bundesrat, die Reichsbehörden, die Bundesländer und den Reichstag bis zum Finanzwesen.

In der Weimarer Republik hat ähnlich überragend Gerhard Anschütz (1867–1948) diese positivistische Methode fortgesetzt mit seinem einbändigen Kommentar zur Weimarer Verfassung. Nun wurde er allerdings schon stärker angegriffen durch politisch orientierte Darstellungen zum Beispiel von Erich Kaufmann, Carl Schmitt oder Rudolf Smend. Die Pervertierung der Rechtsordnung im NS-Staat wurde für das Staatsrecht begleitet von Autoren, die den Vorrang der Volksgemeinschaft vor dem Einzelnen und das Führerprinzip rechtfertigten wie Ernst Forsthoff, „Der totale Staat", 1933, oder Otto Koellreutter, „Der deutsche Führerstaat", 1934.

Das moderne Verwaltungsrecht beginnt mit Otto Mayer (1846–1924), dem Vater des deutschen Verwaltungsrechts, wie man ihn manchmal nennt. Noch stärker an Rechtsstaatlichkeit orientiert als Paul Laband hat er den Verwaltungsakt zum Zentrum seiner Lehre gemacht, den er im französischen Recht kennengelernt hatte. Für diesen Verwaltungsakt als Eingriff in die Rechte des Bürgers forderte er als Grundlage ein entsprechendes Gesetz, sein „Vorbehalt des Gesetzes". Der Verwaltungsakt sollte dann überprüft werden können durch eine im Gesetz vorgesehene Kontrolle der Verwaltungsgerichte. Um sie einzuschränken, hat er den Begriff der Anstalt eingeführt, die ein „besonderes Gewaltverhältnis" ist, zum Beispiel das Militär, Gefängnis oder die Schule. Maßnahmen, die dort angeordnet werden, sind keine Verwaltungsakte. Gegen sie kann man nicht klagen. Sie brauchen auch keine gesetzliche Grundlage, denn sie ergehen nicht im Außenverhältnis, wirken nicht vom Staat in die Gesellschaft, sondern finden statt im Innenbereich des Staats, in der Anstalt, im besonderen Gewaltverhältnis.

Als 1924 die dritte Auflage seines Buchs erschien, nach der Wende vom Kaiserreich zur Weimarer Republik, konnte er im Vorwort noch zufrieden mit einem berühmten Satz feststellen, „Verfassungsrecht vergeht, Verwaltungsrecht besteht." Das galt aber nur noch bis zum Ende dieser Republik. Denn im NS-Staat wurde der Schutz des Bürgers auch außerhalb der Anstalt grausam eingeschränkt. Das begann nach dem Reichstagsbrand mit der von Hitler beantragten Notverordnung des Reichspräsidenten Hindenburg „Zum Schutz von Volk und Staat" vom 28. Februar 1933, der Einrichtung von Konzentrationslagern und endete mit dem Holocaust. Für normale „Volksgenossen" blieb im „unpolitischen" Bereich eine eingeschränkte Verwaltungsgerichtsbarkeit erhalten, ein kleiner Lichtblick im großen Dunkel der Justizkatastrophe.

Und es gab sogar noch eine neue Entdeckung im Verwaltungsrecht. Es war Ernst Forsthoff (1902–1974) mit einer kleinen Schrift „Die Verwaltung als Leistungsträger", 1938. Sie war eine wichtige Ergänzung der Darstellung Otto Mayers, der sich mit dem Verwaltungsakt auf den Eingriff in Rechte des Bürgers konzentriert hatte. Forsthoff hat nun die Leistungsverwaltung daneben gesetzt. So unterscheiden wir heute zwischen Eingriffs- und Leistungsverwaltung. Damals hat Forsthoff den Begriff „Daseinsvorsorge" erfunden. Sie sei „die Darbringung von Leistungen, auf welche der in die modernen massentümlichen Lebensformen verwiesene Mensch lebensnotwendig angewiesen ist ... Hierhin ist nicht nur die Versorgung mit Wasser, Gas und Elektrizität zu rechnen, sondern auch die Bereitstellung der Verkehrsmittel jeder Art, die Post, Telephonie und Telegraphie, die hygienische Sicherung, die Vorsorge für Alter, Invalidität, Krankheit, Arbeitslosigkeit und vieles andere mehr" (S. 7). Der Polizeistaat habe bis in das 19. Jahrhundert bestimmen können, *wie* gelebt werden sollte. „Aber die Vorsorge dafür, *dass* überhaupt gelebt werden kann, lag nicht annähernd in gleichem Umfang bei ihm, wie heute."

Am Beginn des 19. Jahrhunderts hätten die Menschen noch im von ihnen beherrschten Raum ihres Eigentums gelebt, im Hof mit Acker oder im städtischen Haus mit den dazugehörigen Mitteln. Das habe sich dann weitgehend geändert durch die „industriell-technische Entwicklung" (= industrielle Revolution, U.W.), durch die sich die Bevölkerung Deutschlands in diesem Jahrhundert von 25 auf 65 Millionen erhöht habe. Besonders in der Stadt ist dadurch „an die Stelle des Hauses die Etage, das möblierte Zimmer, die Schlafstelle getreten" und so die „soziale Bedürftigkeit" entstanden, deren Ausgleich die Daseinsvorsorge wurde.

Diese Erweiterung des Verwaltungsrechts konnte Forsthoff auch verfassungsrechtlich leicht in das NS-System einordnen, denn für den einzelnen sorgen jetzt „Staat und Partei". Im zweiten Abschnitt der Schrift nennt er das „Teilhabe" und zitiert dafür seinen NS-Kollegen Ernst-Rudolf Huber: „Der einzelne begreift sich in der Teilhabe an der Gemeinschaft deutsches Volk", in seiner „volksgenössischen Rechtsstellung", denn so Forsthoff: „Das Gemeinschaftsdenken und die Aufrichtung des Führertums in Deutschland ist Ausdruck einer allgemeinen Bewegung von – man darf wohl sagen – weltpolitischer und weltgeschichtlicher Signatur". (Zitate S. 16)

So einfach war für Ernst Forsthoff die verfassungsrechtliche Beurteilung in der Bundesrepublik nicht mehr. Denn er blieb konservativ in der Vorstellung der Trennung von Staat und Gesellschaft. Die Trennung der vielen vom Eigentum als Lebensraum im 19. Jahrhundert nannte er nur die „Auflösung der Distanz von Individuum und Staat" und kam mit seiner eigenen Distanz zum Grundgesetz, dessen Grundrechten und dem Bollwerk Bundesverfassungsgericht in Schwierigkeiten. Besonders die Rechtsprechung des Gerichts mit ihrem Wertsystem der Grundrechte, beginnend mit dem Lüth-Urteil (Rnr. 24) war ihm ein Dorn im Auge. Schon im Verwaltungsrecht der Weimarer Zeit hatte er eine Abneigung gegen die Gerichtsbarkeit. So erklärt sich ja auch seine Entdeckung der Leistungsverwaltung im NS-System, für die sie damals von vornherein entfiel. Und nun sogar eine ausgedehnte Rechtsprechung im Verfassungsrecht. Dazu Ernst Forsthoff in einem Brief von 1971: „Wer wird schon Richter in Karlsruhe!"

Als dann auch noch das Bundesverwaltungsgericht mit seinem Urteil von 1954 zur Fürsorge die Verwaltungsgerichtsbarkeit auch für die Leistungsverwaltung einleitete und 1972 das Bundesverfassungsgericht mit seinem Urteil zum Strafvollzug die Anstalt Otto Mayers im Innenbereich der Verwaltung beseitigte, war Ernst Forsthoffs Suche nach einer neuen konservativen Verfassungslösung für die Daseinsfürsorge endgültig gescheitert.

Nachdem die Regierung Adenauer bei den Wahlen 1953 eine für Verfassungsänderungen ausreichende Mehrheit auch im Bundestag erhalten hatte (vgl. Rnr. 20), wurde erstmal die wichtigste Hürde für den Aufbau der Bundeswehr genommen, indem in Art. 73 Ziff. 1 für die ausschließliche Gesetzgebung des Bundes die Außenpolitik ergänzt worden ist durch „die Verteidigung einschließlich der Wehrpflicht für Männer vom vollendeten achtzehnten Jahr an und des Schutzes der Zivilbevölkerung." Das „Amt Blank", eine schon 1950 eingerichtete Dienststelle des Bundeskanzlers für die Planung des Aufbaus der Bundeswehr unter der Leitung des christdemokratischen Gewerkschafters Theodor Blank konnte ihre öffentlich oft angegriffene Arbeit nun auf einer gewissen verfassungsrechtlichen Grundlage fortführen. 22. Verfassungsrecht

Als 1955 der Deutschlandvertrag in Kraft trat und die Bundesrepublik weitgehend souverän und Mitglied der NATO wurde, hat Adenauer mit seiner verfassungsändernden Mehrheit das Grundgesetz durch eine ausführliche „Wehrverfassung" ergänzen lassen, die über seinen ganzen Text von Art. 1 bis fast zum Ende verteilt worden ist. Zentrum wurde Art. 87a, in dem der Bund die Kompetenz erhielt, militärische Streitkräfte aufzustellen, deren Stärke und Grundzüge der Organisation im Haushaltsplan des Bundestags bestimmt werden, der damit die „zivile Kontrolle" (Günter Dürig) über die Bundeswehr als „Parlamentsheer" erhielt. Leitbild dieser Wehrverfassung war der „Staatsbürger in Uniform", der Soldat als Bürger, dargetan durch die Neufassung des Art. 1 Abs. 3 und den neuen Art. 17a. In Art. 1 Abs. 3 war bisher die Bindung der Grundrechte als unmittelbar geltendes Recht garantiert für Gesetzgebung, Verwaltung und Rechtsprechung. Das Wort „Verwaltung" wurde nun ersetzt durch „vollziehende Gewalt", um deutlich zu machen, dass die Grundrechte auch innerhalb der Streitkräfte gelten. Und diese Geltung wurde durch

Art. 17a nur leicht gemindert. Danach können nur drei Grundrechte der Soldaten „eingeschränkt", also nicht aufgehoben werden, nämlich die Meinungs- und Versammlungsfreiheit und das Petitionsrecht. Die anderen bleiben also in vollem Umfang bestehen.

Die Feststellung des „Verteidigungsfalls", also des kriegerischen Einsatzes der Bundeswehr, wurde in Art. 59a geregelt. Auch hier ist der Bundestag zuständig, bei Gefahr im Verzug der Bundespräsident nach Anhörung des Bundestags- und Bundesratspräsidenten. Schließlich der Oberbefehl über die Bundeswehr, der in Art. 65a geregelt und gemäßigt „Befehls- und Kommandogewalt über die Streitkräfte" genannt wird. Ihn hat in ruhigen Zeiten der Verteidigungsminister, im Verteidigungsfall der Bundeskanzler. Der erste Minister mit diesem Oberbefehl wurde 1955 Theodor Blank, der nach einem guten Jahr 1956 vom ehrgeizigen Franz Josef Strauß abgelöst wurde, der schon lange gedrängelt hatte. Den durch mühsame Vorarbeiten erschöpften Blank ernannte Adenauer zum Arbeits- und Sozialminister.

Von 1951 bis 1961 ergingen außerdem mehrere wichtige Urteile des Bundesverfassungsgerichts, Zeugnisse der zunehmenden Bedeutung des Gerichts für die Entwicklung des Verfassungsrechts. In zeitlicher Abfolge waren es

1951	BVerfGE 1,14 – Südweststaat (Baden-Württemberg)
1952	BVErfGE 2,1 – SRP-Verbot (Rnr. 23)
1953	BVErfGE 3,58 – Beamtenurteil (Rnr. 19)
	BVerfGE 3,225 – Art. 117 GG (Rnr. 34)
1956	BVerfGE 5,85 – KPD-Verbot (Rnr. 23)
1957	BVerfGE 6,55 – Ehegattensplittung (Rnr. 29,34)
1958	BVerfGE 7,198 – Lüth-Urteil (Rnr. 24)
	BVerfGE 7,377 – Apothekenurteil
1959	BVerfGE 10,59 – Stichentscheid (Rnr. 34)
1961	BVerfGE 12,205 – Deutschland-Fernsehen

Mit dem Urteil zum Südweststaat wurde der Weg freigemacht für die Gründung des Landes Baden-Württemberg aus drei unglücklich getrennten ehemaligen Besatzungszonen der Franzosen und Amerikaner (Rnr. 4 Abb. 3). Das Parteiverbot der Sozialistischen Reichspartei (SRP) war auch deshalb wichtig, weil das Gericht hier erklärt hat, was die freiheitliche demokratische Grundordnung ist, die in Art. 21 Abs. 2 genannt wird. Das Beamtenurteil wurde schon beschrieben. Die Urteile zu Art. 117 GG, zu Ehegattensplitting und den Stichentscheid zeigen, mit welchem Nachdruck das Gericht in der widerspenstigen Atmosphäre der Adenauer-Herrschaft den Grundsatz der Gleichberechtigung von Männern und Frauen durchgesetzt hat. Das Apothekenurteil wurde ein Wegweiser für das Grundrecht der Berufsfreiheit und das Urteil zum Deutschland-Fernsehen, die einzige größere Niederlage Adenauers, war eine Abgrenzung der kulturellen Zuständigkeit von Bund und Ländern. Wichtigste Entscheidung des Bundesverfassungsgerichts zu den Grundrechten und allgemein für die Zukunft ist das Lüth-Urteil gewesen.

So hatten die Richter in Karlsruhe schon in ihrem ersten Jahrzehnt Verfassungsgeschichte geschrieben. Und nicht nur das. Die ihnen vom Grundgesetz und Bundesverfassungsgericht gegebene Machtfülle, nicht zuletzt auch die von dem Gesetz zusätzlich eingeführte Verfassungsbeschwerde, haben dazu geführt, dass sie die führende Rolle in der Interpretation des Grundgesetzes erhielten und damit mehr oder weniger ein Monopol der maßgebenden Verfassungsinterpretation. Das war bisher ein Privileg der Staatsrechtswissenschaft gewesen, für die Verfassung des Kaiserreichs, wie beschrieben, mit Paul Laband, und mit Gerhard Anschütz für die Weimarer Republik. Diese Zeiten waren nun vorbei. Ein Laband oder Anschütz für das Grundgesetz kann nicht mehr entstehen. Den Professoren des öffentlichen Rechts der Bundesrepublik blieb in den wesentlichen Fragen kein eigener Spielraum. Sie konnten die Entscheidungen des Gerichts kritisieren, stehen Hin und Wieder in einem Dialog mit dem Gericht, müssen aber letztlich respektieren, was aus Karlsruhe kommt. So entstand, was Bernhard Schlink den „Verfassungsgerichtspositivismus" genannt hat. Es gab und es gibt noch heute in der Wissenschaft vom Verfassungsgericht unterschiedliche Richtungen wie die Smend-Schule um das alte liberale „Archiv des Verwaltungsrechts" und eine konservative, hinter der Carl Schmitt mit seinen Lehren steht, die 1962 die Zeitschrift „Der Staat" gegründet hat. Die Smend-Schule entwickelte sich mit Schülern von Rudolf Smend (1882–1975) und seiner Integrationslehre, die Einfluss hatte auf die Rechtsprechung des Bundesverfassungsgerichts zum Wertsystem des Grundgesetzes und der Grundrechte. Carl Schmitt (1888–1985) hatte als prominentester der NS-Juristen nach dem Zweiten Weltkrieg keine Professur mehr erhalten und trotzdem noch großen Einfluss, nicht nur durch unzählige Besucher in seinem Geburtsort Plettenberg im Sauerland, auch durch Seminare, die Ernst Forsthoff mit ihm von Heidelberg aus für Studenten im Gasthof Klosterbräu in Ebrach veranstaltete, ziemlich weit entfernt von Heidelberg zwischen Würzburg und Bamberg, eine Art „Gegen-Universität" (Reinhard Mehring) zum liberalen Zeitgeist. Die Jüngeren haben Schmitts Lehren in letzter Zeit diesem Zeitgeist angepasst. Wie auch immer. Ganz oben steht seit langem das Bundesverfassungsgericht mit Richtern, die über sich nur noch den blauen Himmel sehen. Später entwickeln sich dann Rivalitäten mit dem Europäischen Gerichtshof für Menschenrechte in Straßburg und dem Europäischen Gerichtshof in Luxemburg.

23. BVerfGE 2,1 und 5,85 – SRP- und KPD-Verbot

Die italienische Verfassung von 1947 garantiert in Art. 49 den Bürgern das Recht, „sich frei in Parteien zu vereinigen, um demokratisch die Politik mitzubestimmen". Zwei Jahre später hat das Grundgesetz als erste Verfassung in Europa die Parteien selbst zu Subjekten im Staatsgefüge ernannt. Am Anfang seiner Regelung der Organisationen des Staats heißt es unmittelbar nach der Fundamentalnorm des Art. 20 in Art. 21 Abs. 1:

> „Die Parteien wirken bei der politischen Willensbildung des Volkes mit."

Das war wohl auch eine Reaktion darauf, dass Adolf Hitler 1933 – ähnlich wie Mussolini 1925 in Italien – seine Partei zu einer Art Staatsorgan gemacht und alle anderen verboten hat. Und um eine Rückkehr zu solch totalitärer Herrschaft zu verhindern, regelt Art. 21 Abs. 2 das Parteiverbot:

> „Parteien, die nach ihren Zielen oder nach dem Verhalten ihrer Anhänger darauf ausgehen, die freiheitliche demokratische Grundordnung zu beeinträchtigen oder zu beseitigen oder den Bestand der Bundesrepublik Deutschland zu gefährden, sind verfassungswidrig. Über die Frage der Verfassungswidrigkeit entscheidet das Bundesverfassungsgericht."

Ein Alarmsignal waren 1951 Landtagswahlen in Norddeutschland, bei denen eine Nachfolgeorganisation der Hitler-NSDAP große Erfolge hatte, die Sozialistische Reichspartei, SRP, den größten mit einem Stimmenanteil von 11 Prozent in Niedersachsen. Auch das Ausland wurde unruhig. Deshalb stellte die Bundesregierung im November einen Verbotsantrag beim Bundesverfassungsgericht. Im Oktober 1952 erging das Urteil: Die SRP ist verfassungswidrig und wird aufgelöst.

Für dieses Urteil musste erst mal geklärt werden, was das eigentlich ist, die in Art. 20 Abs. 2 genannte „freiheitliche demokratische Grundordnung". Sie ist der Kernbereich unserer Verfassung, sagt das Gericht, nämlich:

> „So lässt sich die freiheitliche demokratische Grundordnung als eine Ordnung bestimmen, die unter Ausschluss jeglicher Gewalt- und Willkürherrschaft eine rechtsstaatliche Herrschaftsordnung auf der Grundlage der Selbstbestimmung des Volkes nach dem Willen der jeweiligen Mehrheit und der Freiheit und Gleichheit darstellt. Zu den grundlegenden Prinzipien dieser Ordnung sind mindestens zu rechnen: die Achtung vor den im Grundgesetz konkretisierten Menschenrechten, vor allem vor dem Recht der Persönlichkeit auf Leben und freie Entfaltung, die Volkssouveränität, die Gewaltenteilung, die Verantwortlichkeit der Regierung, die

Gesetzmäßigkeit der Verwaltung, die Unabhängigkeit der Gerichte, das Mehrparteienprinzip und die Chancengleichheit für alle politischen Parteien mit dem Recht auf verfassungsmäßige Bildung und Ausübung einer Opposition."

Das war der für die Zukunft der Verfassungsgerichtsbarkeit grundlegende Teil dieses Urteils. Denn damit entstand im Gericht zum ersten Mal der Gedanke, das Grundgesetz sei eine „wertgebundene Ordnung", wie es dort hieß. Daraus wurde vier Jahre später im KPD-Urteil ein „Wertsystem", an dessen Spitze die Menschenwürde des Artikels 1 GG steht. Ein ähnliches Wertsystem ist dann noch einmal zwei Jahre später im Lüth-Urteil (Rnr. 24) das Fundament seiner Rechtsprechung zu den Grundrechten geworden.

An diesem Katalog der freiheitlichen demokratischen Grundordnung hat der erste Senat dann die Ziele der SRP und ihrer Anhänger gemessen. Da kam schon einiges zusammen. Es waren im Wesentlichen drei Gründe, die zum Verbot führten.

Erstens die Führungsschicht der Partei. Im Wesentlichen waren es „alte Kämpfer" der NSDAP, die Adolf Hitler glorifizierten und nach seinen Zielen die Zukunft planten. Zweitens war die SRP aufgebaut nach dem Vorbild der NSDAP mit einer diktatorischen Führung von oben nach unten, deren „Führerprinzip", und selbst ihre Unterorganisationen waren aufgebaut nach dem Vorbild der NSDAP und wie diese haben sie das Ziel der Beseitigung des Mehrparteiensystems durch Ersetzung mit einer einzigen, der ihren. Drittens ihre Missachtung der Menschenrechte, vor allem durch ihren Antisemitismus. Das reichte für die Feststellung der Verfassungswidrigkeit und das Verbot der Partei.

Das Ausland konnte sich beruhigen. Aber Adenauer war nicht zufrieden. Drei Tage nach dem Antrag auf Verbot der SRP hatte er am 23.11.1951 einen zur KPD gestellt und es hatte noch nicht einmal einen Termin für die mündliche Verhandlung gegeben. Es wurde deutlich, die Richter zögerten. Und Adenauer drängte. Beide aus unterschiedlichen Gründen. Die Richter zögerten, weil sie befürchteten, ein KPD-Verbot würde die Wiedervereinigung verhindern, weil dann gesamtdeutsche Wahlen nicht mehr möglich wären. Die hatte Stalin wenig später mit seiner Note vom 10.3.1952 vorgeschlagen für ein neutrales Deutschland zwischen Ost und West. Adenauer wollte das KPD-Verbot auch, um diese Neutralität von zweifelhaften Gnaden Stalins zu verhindern und dagegen die Westbindung der Bundesrepublik mit dem Schutz durch USA und NATO zu erreichen.

Das Bundesverfassungsgericht hatte für das SRP-Verbot ein knappes Jahr gebraucht. Das Verfahren gegen die KPD dauerte fünf Jahre. Schließlich wurde es dem Kanzler zu bunt. Mit seiner bequemen Mehrheit ließ er im Sommer 1956 die Zuständigkeit im Bundesverfassungsgericht ändern. Die für Parteiverbote wurde wegen Überlastung des ersten Senats – auf den zweiten übertragen. Allerdings gab es eine Übergangsvorschrift. Bis zum 31. August blieb die Zuständigkeit des ersten bestehen. Der verkündete sein Urteil am 17. August. Die KPD wurde verboten.

Es war eine sehr ausführliche Entscheidung, mit etwas mehr als 300 Seiten fast viermal so lang wie das SRP-Urteil, besonders am Ende sehr langatmig, vielleicht auch aus Zeitnot. Mit größter Sorgfalt haben die Richter die Klassiker des Marxismus-Leninismus, „ML", studiert, ein Jahrhundert von Marx und Engels über Lenin bis zu Stalin, denn ML war auch ein Programm der westdeutschen Kommunisten. Es sei nicht nur eine Theorie, sondern auch eine Anleitung zum politischen Handeln. Zunächst werden dessen beide Teile beschrieben, die Lehre von der proletarischen Revolution und der Diktatur des Proletariats, vorbildlich und verständlich zusammengefasst auf dreißig Seiten, die beste Darstellung in deutscher Sprache. Der Vergleich mit dem Katalog der freiheitlichen demokratischen Grundordnung aus dem SRP-Urteil ergibt, beides ist unvereinbar. Die KPD verfolgt verfassungswidrige Ziele, und zwar als Kampfpartei in der politischen Auseinandersetzung der Bundesrepublik. Auch die aktuelle Zielsetzung der KPD, die Wiedervereinigung, mit ihrem Angriff auf das „Adenauer-Regime", ist ein Kampf gegen die freiheitliche Grundordnung und nur eine „Durchgangsstation zu jenen ferneren Zielen" des ML. Schließlich ist der „politische Gesamtstil der KPD" eine „planmäßige Hetze, die auf die Herabsetzung und Verächtlichmachung der Bundesrepublik abzielt", was in den Leitlinien des Urteils zu der Neuerung führte, dass eine Partei nicht schon dann verfassungswidrig ist, wenn sie die freiheitliche demokratische Grundordnung nicht anerkennt. Es muss vielmehr eine aktiv kämpferische, aggressive Haltung gegenüber der bestehenden Ordnung hinzukommen Das war eine Ergänzung zum SRP-Urteil, eine zusätzliche Bedingung für ein Parteiverbot bis heute.

24. BVerfGE 7,198 Erich Lüth

Erich Lüth war Senatsdirektor und Leiter der Hamburger Pressestelle. Als Vorsitzender des Hamburger Presseklubs hat er 1950 eine Rede gehalten zur Eröffnung der „Woche des deutschen Films" und kam darauf zu sprechen, dass bald ein neuer Film in die Kinos kommen sollte, den Veit Harlan gedreht hatte, der Regisseur von „Jud Süß", dem schlimmsten antisemitischen Machtwerk der Filmgeschichte des Dritten Reichs. Harlan war deswegen sogar wegen Verbrechens gegen die Menschlichkeit nach dem Kontrollratsgesetz Nr. 10 (Rnr. 309) angeklagt und vom Schwurgericht Hamburg nur wegen Befehlsnotstands freigesprochen worden, weil Goebbels ihn am Anfang des Krieges dazu gezwungen habe. Im

Übrigen sei mit „Jud Süß“ der objektive und subjektive Tatbestand eines Verbrechens gegen die Menschlichkeit erfüllt, auch das dafür notwendige „Angriffsverhalten“ gegeben, nämlich eine antisemitische Hetze, die das Klima geschaffen hat, in dem der Holocaust möglich wurde.

Erich Lüth sah durch das Wiederauftreten Veit Harlans die Aussöhnung mit Israel gefährdet und sagte deshalb in seiner Rede, Verleiher und Theaterbesitzer müssten jetzt Charakter zeigen. Da hakte die Firma nach, die den neuen Film produzierte. In einem Brief fragte sie, mit welcher Berechtigung er die Erklärung gegen Harlan abgegeben habe. Lüth antwortete in einem offenen Brief, den er der Presse übergab. Es sei nicht nur das Recht, sondern sogar die Pflicht anständiger Deutscher, „sich im Kampf gegen diesen unwürdigen Repräsentanten des deutschen Films über den Protest hinaus auch zum Boykott bereitzuhalten“. Daraufhin erwirkte die Firma gegen ihn zunächst eine einstweilige Verfügung und dann auch ein Urteil vor dem Landgericht Hamburg, in dem ihm verboten wurde, das deutsche Publikum aufzufordern, den neuen Film nicht zu besuchen. Der Boykottaufruf sei – nach ständiger Rechtsprechung – eine sittenwidrige Schädigung im Sinne des § 826 BGB. Erich Lüth hat dagegen Verfassungsbeschwerde erhoben. Nach § 90 Abs. 2 Satz 2 BVerfGG ist sie ausnahmsweise auch schon bei Urteilen möglich, gegen die noch Berufung oder Revision eingelegt werden kann, wenn die Frage von allgemeiner Bedeutung ist. Am 15.1.1958 hat das Bundesverfassungsgericht das Urteil des Landgerichts aufgehoben. Es habe Erich Lüths Grundrecht auf Meinungsfreiheit nach Art. 5 Abs. 1 GG verletzt. Die Frage war, ob Grundrechte nur Abwehrrechte gegen den Staat sind.

In den frühen fünfziger Jahren gab es eine umfangreiche Diskussion darüber, inwieweit nach Art. 1 Abs. 3 GG die Grundrechte auch auf das Privatrecht einwirken. Vieles blieb umstritten, besonders die Theorie einer allgemeinen „Drittwirkung der Grundrechte“. Aber ein sehr vorsichtiger Vorschlag Günter Dürigs von 1956 hat dann 1958 Eingang gefunden in dieses für die Grundrechtsrechtsprechung Epoche machende „Lüth-Urteil“. Dürig bezog sich auf das „Wertsystem“ des Art. 1 GG und der aus ihm folgenden Grundrechte. Dazu das Gericht:

> „Ohne Zweifel sind die Grundrechte in erster Linie dazu bestimmt, die Freiheitsphäre des Einzelnen vor Eingriffen der öffentlichen Gewalt zu sichern; sie sind Abwehrrechte des Bürgers gegen den Staat … Ebenso wichtig ist aber, dass das Grundgesetz, das keine wertneutrale Ordnung sein will (BverfGE 2,1 [12], 5,85 [134 ff., 197 ff.]…), in seinem Grundrechtsabschnitt auch eine objektive Wertordnung aufgerichtet hat und dass gerade hier eine prinzipielle Verstärkung der Grundrechte zum Ausdruck kommt… Dieses

> Wertsystem, das seinen Mittelpunkt in der innerhalb der sozialen Gemeinschaft sich frei entfaltenden menschlichen Persönlichkeit und ihrer Würde findet, muss als verfassungsrechtliche Grundentscheidung für alle Bereiche des Rechts gelten, Gesetzgebung, Verwaltung und Rechtsprechung empfangen von ihm Richtlinien und Impulse. So beeinflusst es selbstverständlich auch das bürgerliche Recht; keine bürgerlich-rechtliche Vorschrift darf in Widerspruch zu ihm stehen, jede muss aus seinem Geiste ausgelegt werden."

Besonders der Satz „Dieses Wertsystem ... muss für alle Bereiche des Rechts gelten" war durchaus nicht selbstverständlich. Einige wenige, wie der große Werner Flume, die auf der Verbindlichkeit des positiven Rechts beharrten, lehnten diese Grundrechtsverwirklichung im Privatrecht als „Subtile Politisierung" (Thomas Lobinger) strikt ab. Aber die Mehrheit folgte dem Gericht, das diesen Weg „für alle Bereiche des Rechts" bis heute vorsichtig und beharrlich weitergegangen ist.

Wenn man dann an dasselbe „Wertsystem" Günter Dürigs denkt, als Einfallstor für die Generalklauseln des BGB, dessen § 826 er ausdrücklich nannte, die sittenwidrige Schädigung, dann lag die Annahme nahe, dass die Verurteilung Erich Lüths nach dieser Vorschrift ein Verstoß gegen dessen Grundrecht aus Artikel 5 Abs. 1 GG war. Aber so leicht war es nicht. Es gab dafür ein Hindernis. Art. 5 Abs. 2 GG:

„Diese Rechte (der Meinungsfreiheit, U.W.) finden ihre Schranken in den Vorschriften der allgemeinen Gesetze..."

Aber welches war hier ein allgemeines Gesetz? Gegen ein strafrechtliches hatte Lüth nicht verstoßen. Und im BGB kamen im Umkreis des Schuldrechts nur diejenigen Vorschriften in Frage, die durch Parteivereinbarung nicht abgeändert werden können, hier also das Deliktsrecht und daraus der einschlägige § 826 BGB. Damit kommt man zu dem grotesken Ergebnis, dass § 826 selbst nach Art. 5 Abs. 2 das Hindernis für die Einwirkung des Grundrechts auf diese Vorschrift ist. Das sagt der erste Senat aber nicht so deutlich, sondern spricht nur von „allgemeinen Gesetzen". Und die Verweisung des Art. 5 Abs. 2 GG könne nicht der Grund sein, die Einwirkung des Grundrechts der Meinungsfreiheit vollständig zu verhindern. Denn die Meinungsfreiheit ist „eines der vornehmsten Menschenrechte überhaupt". Sie ist es, die den Kampf der Meinung erst ermöglicht, der das Lebenselement einer freiheitlichen demokratischen Grundordnung ist. Also müssen diese „allgemeinen Gesetze" in ihrer einschränkenden Wirkung auf dieses Grundrecht im Hinblick auf dessen Bedeutung interpretiert werden. Das ergäbe eine „Wechselwirkung", die zu einer Güterabwägung führt. Einerseits müsse das Grundrecht zurücktreten, wenn schutzwürdige Interessen eines anderen durch die

Meinungsfreiheit verletzt werden. Andererseits müsse der Schutz eines privaten Rechtsguts umso mehr gegenüber dem Grundrecht der Meinungsfreiheit weichen, je weniger sie sich unmittelbar gegen dieses private Rechtsgut richtet, sondern ein Beitrag ist zum geistigen Machtkampf in einer die Öffentlichkeit wesentlich interessierenden Frage. Das müsse von Fall zu Fall entschieden werden.

Auf der Grundlage dieser allgemeinen Überlegungen beginnt das Gericht nun mit der Würdigung des Verhaltens Erich Lüths von 1950. Sein Boykottaufruf habe sich nicht so sehr auf eine wirtschaftliche Schädigung der beiden Filmfirmen gerichtet, sondern in erster Linie gegen das Wiederauftreten Veit Harlans in der Öffentlichkeit. Diese Rückkehr könne – besonders auch im Ausland – so gedeutet werden, als hätte sich im deutschen Kulturleben nach dem Krieg gegenüber der NS-Zeit nichts geändert. Harlan war nun einmal des Teufels Regisseurs, nicht nur mit seinem grauenvollen antisemitischen Hetzfilm „Jud Süß". Nichts habe dem deutschen Ansehen so geschadet, wie die Gräuel des NS-Staats gegen die Juden. Und Lüth sei für diesen Aufruf auch einwandfrei legitimiert gewesen durch seine führende Rolle in der Gesellschaft für christlich-jüdische Zusammenarbeit. Also müsse hier bei der nach Art. 5 GG notwendigen Abwägung der Schutz der privaten Rechte der beiden Filmfirmen zurücktreten hinter das Grundrecht Erich Lüths auf Meinungsfreiheit. Deshalb beruhte das Hamburger Landgerichtsurteil auf dem Verfehlen grundrechtlicher Maßstäbe, verletze das Grundrecht Erich Lüths aus Art. 5 GG und wurde aufgehoben. Ein Meilenstein.

25. Verwaltungsrecht

Die Grundsteinlegung des Verwaltungsrechts der Bundesrepublik hatte, wie beschrieben (Rnr. 5), schon in der Besatzungszeit stattgefunden, im Wesentlichen mit dem Verwaltungsgerichtsgesetz und seiner Generalklausel für die Anfechtung von Verwaltungsakten in den Ländern der US-Zone, der Militärregierungsverordnung Nr. 165 der britischen Zone und den Regelungen in den Ländern der französischen Zone. Dies alles blieb in Kraft am Beginn der Bundesrepublik bis zur Verwaltungsgerichtsordnung von 1960, die endlich ein einheitliches Recht geschaffen hat.

In ihr wurden die verschiedenen Klagearten nicht genannt, ihre Entwicklung der Rechtsprechung überlassen. Aber § 40 VwGO bestimmte, dass die Verwaltungsgerichte zuständig sind für alle öffentlich-rechtlichen Streitigkeiten, die nicht zum Verfassungsrecht gehören, so dass die Verweisungsklausel des Art. 19 Abs. 4 Satz 2 überflüssig wurde. Nur die Anfechtungs- und Verpflichtungsklage wurden geregelt und die Leistungsklage für Geldforderungen. Für die beiden ersten ist das Vorverfahren des Widerspruchs in § 80 eingeführt worden und für ihre Zulässigkeit genügt nun die Behauptung, es würde sich um einen Verwaltungsakt handeln, dessen tatsächliches Vorliegen seit § 42 Abs. 2 zur Begründbarkeit gehört. Für das Verfahren vor dem Bundesverwaltungsgericht gilt seit 1960 der Anwaltszwang.

Der Unterricht im Verwaltungsrecht wurde seit 1951 beherrscht von Ernst Forsthoffs elegant geschriebenem „Lehrbuch des Verwaltungsrechts. Allgemeiner Teil". Mit zehn Auflagen blieb es so bis zu seinem Tod 1974. Trotzdem war der Umfang des Verwaltungsrechts noch lange Zeit sehr gering. Erst allmählich, auch durch die unmittelbare Geltung der Grundrechte in Art. 1 Abs. 3 GG, erweiterte sich seine Bedeutung. Das Bundesverwaltungsgericht hat 1954 unter Berufung auf Art. 1 und 2 GG die Anfechtungsklage auch gegen Anordnungen der Leistungsverwaltung zugelassen (Rnr. 26). Ungefähr seitdem spricht man von Eingriffs- und Leistungsverwaltung. 1956 hat das Gericht auch den Rechtsweg für den Widerruf von begünstigenden rechtswidrigen Verwaltungsakten eingeführt, der nach bisheriger Lehre und Rechtsprechung nicht ohne weiteres zulässig war. Ein solcher Widerruf sei ein neuer Verwaltungsakt, erklärte das Gericht, der rechtswidrig sei, wenn der Begünstigte im Vertrauen auf dessen Beständigkeit seine Lebensführung insgesamt grundlegend geändert hat und das nicht mehr rückgängig machen kann (Rnr. 27).

Die Unterbringung von über zwölf Millionen Vertriebenen und Flüchtlingen aus dem Osten führte schon vor der Gründung der Bundesrepublik zu Schwierigkeiten bei der Beschaffung von Bauland. Deshalb hat die Regierung Adenauer schon früh versucht, ein bundeseinheitliches Gesetz zum Baurecht zu schaffen, stieß aber auf den Widerstand der Länder, weil sich die Befugnis dafür nur auf Art. 74 Ziffer 18 GG stützen konnte, der lediglich das „Bodenrecht" für die konkurrierende Gesetzgebung des Bundes nannte. Deshalb haben Bundestag, Bundesrat und Bundesregierung 1952 in einem gemeinsamen Antrag nach dem damaligen § 97 BVerfGG das Bundesverfassungsgericht um ein Gutachten gebeten, das 1954 verkündet wurde (BVerfGE 3,407). Das Gericht unterschied zwischen dem Bauplanungsrecht als Zuständigkeit des Bundes und dem Bauordnungsrecht, für das die Länder allein zuständig sind. Das Bauplanungsrecht betrifft im Wesentlichen die Bauleitpläne für Länder, Kreise und Gemeinden, das Bauordnungsrecht die Entscheidung über die Genehmigung einzelner konkreter Bauvorhaben. Nach jahrelangen Versuchen, die immer wieder durch Einsprüche des Bundesrats zurückgewiesen wurden, ist dann schließlich 1960 für das Bauplanungsrecht das Bundesbaugesetz erlassen worden. Ein rechtshistorisches Datum. Zum ersten Mal wurde Planung ausdrücklich ein Teil des Verwaltungsrechts. Sie hat sich danach ständig ausgeweitet. „Planung ist der große Zug unserer Zeit", schrieb Joseph Kaiser 1965 im Vorwort des ersten Bandes seines dreibändigen Werks „Planung".

Im Bundesbaugesetz wurden Städte, Landkreise und Gemeinden verpflichtet, Bauleitpläne aufzustellen, für die das Verfahren mit Beteiligung der Betroffenen genau geregelt wurde. Diese Pläne sollten dann nach der gleichzeitig erlassen Baunutzungsverordnung Angaben enthalten über die Art der Nutzung bebaubarer Flächen, zum Beispiel als reine oder allgemeine Wohngebiete, Gewerbegebiete, Industriegebiete oder Dorfgebiete. So ist es bis heute geblieben, nachdem das Bundesbaugesetz 1987 mit dem Städtebauförderungsgesetz (über gemeinsames Handeln von Bund und Ländern) als Baugesetzbuch neu erlassen wurde und inzwischen wieder ergänzt worden ist durch umwelt- und europarechtliche Vorschriften. Inzwischen ein riesiges eigenes Rechtsgebiet des Verwaltungsrechts.

26. BVerwGE 1,159 – Fürsorgeunterstützung

Das Bismarck'sche Kaiserreich hatte die Fürsorge noch den Ländern überlassen. Erst die Weimarer Republik hat mit einer „Reichsverordnung über die Fürsorgepflicht" 1924 eine Regelung für das ganze Reich erlassen und noch im selben Jahr ergänzt durch „Reichsgrundsätze über Voraussetzung, Art und Ausmaß der öffentlichen Fürsorge", die knapp und klar heutige Prinzipien vorweggenommen haben, z.B.: „Ihr vornehmstes Ziel muss sein, dem Hilfsbedürftigen in Willen und Kraft so zu stärken, dass er sich durch eigenes Können, Mühen und Schaffen selbst behauptet...". Beide Regelungen überlebten die Zeiten bis in die frühe Bundesrepublik, in der die Gerichte schon teilweise dazu übergingen, dem Empfänger ein einklagbares Recht auf die Leistung zuzusprechen und seine Stellung nicht mehr als bloßen Reflex staatlichen Handelns sahen, wie es in der Weimarer Republik allgemein üblich war. Die Wende kam endgültig mit dieser Entscheidung des Bundesverwaltungsgerichts von 1954:

Ein älterer Mann in Hannover erhielt Fürsorgeleistungen, heute „ALG II". In einer Zweizimmerwohnung lebte er mit einer Frau, die ihm den Haushalt führte, weil er gebrechlich war. Deswegen wurde ihm die Mietbeihilfe nur zur Hälfte gezahlt, weil die Behörde meinte, die andere Hälfte sollte die Frau zahlen. Gegen die Ablehnung seines Antrages auf den vollen Betrag erhob er Anfechtungsklage. Die Behörde erwiderte, die Klage sei nicht nur unbegründet, sondern auch schon unzulässig. Wie man es in der Weimarer Zeit über die Reichsverordnung von 1924 allgemein sah. Ein Fürsorgeempfänger habe keinen Anspruch auf solche Leistungen. Ein ablehnender Bescheid würde deshalb nicht ein Recht auf Leistung verletzen. Eine Anfechtungsklage setze aber eine Rechtsverletzung voraus. Zwar sei sie nach der FürsorgeVO von 1924 verpflichtet, einem Bedürftigen die vorgeschriebene Unterstützung zu zahlen. Aber diese Verpflichtung bestehe nur gegenüber der Allgemeinheit im Interesse der öffentlichen Ordnung, die durch Armut gefährdet werde. Mit anderen Worten, der Kläger sei nicht Subjekt einer Forderung gegen den Staat, sondern nur Objekt einer behördlichen Verpflichtung.

Das Bundesverwaltungsgericht hat 1954 entschieden, diese Auffassung sei mit dem Grundgesetz nicht mehr vereinbar:

> „Die unantastbare, von der staatlichen Gewalt zu schützende Würde des Menschen (Artikel 1) verbietet es, ihn lediglich als Gegenstand staatlichen Handelns zu betrachten, soweit es sich um die Sicherung ... seines Daseins überhaupt handelt. Das folgt auch aus dem Grundrecht der freien Persönlichkeit (Artikel 2 Abs 1). Im Rechtsstaat sind Beziehungen des Bürgers zum Staat grundsätzlich solche des Rechts; daher wird auch das Handeln der öffentlichen Gewalt ihm gegenüber der gerichtlichen Nachprüfung unterworfen (Artikel 19 Abs. 4). Mit dem Gedanken des demokratischen Staates wäre es unvereinbar, dass zahlreiche Bürger, die als Wähler die Staatsgewalt mitgestalten, ihr gleichzeitig hinsichtlich ihrer Existenz ohne eigenes Recht gegenüberständen."

Also habe der Kläger gegenüber der zuständigen Behörde entsprechende Rechte und könne deshalb den Schutz der Verwaltungsgerichte anrufen, weil es für die Zulässigkeit einer Anfechtungsklage genüge, dass sie eine Rechtsverletzung behaupte. Die Klage war damit zulässig. Sie wurde aber als unbegründet abgewiesen, weil die Frau die Hälfte der Miete zahlen müsse und könne. Darauf habe er ihr gegenüber einen Anspruch und sei insoweit nicht bedürftig. Trotzdem. Der alte Herr hat sich verdient gemacht – die Tür zur verwaltungsgerichtlichen Kontrolle der Leistungsverwaltung war für die Zukunft geöffnet.

27. BVerwGE 9,251 – Witwenpension

Die Klägerin war die Witwe eines 1938 im Ruhestand gestorbenen Regierungsinspektors beim Berliner Reichspatentamt, lebte in einer Stadt der DDR und hatte bis zum 8. Mai 1945 Witwengeld aus Berlin erhalten. Auf ihre Frage, ob sie dort eine Pension nach dem Gesetz zu Art. 131 GG erhalten würde, wenn sie nach Berlin umzieht, erhielt sie am 11. März 1953 vom zuständigen Senator einen Bescheid zur Vorlage bei der Zuzugsstelle eines Bezirksamts, dass sie einen Anspruch auf Versorgung nach dem G 131 habe, wenn sie ihren Wohnsitz in Berlin nehme. Seit dem 7. September 1953 wohnte sie endgültig in Berlin (West) und erhielt rückwirkend zum 1. September Witwengeld in Höhe von monatlich 253 DM mit einem Bescheid vom 23. November 1953. Der wurde aber mit einem Schreiben vom 10. Oktober 1954 zurückgenommen, weil sie am 8. Mai 1945 ihren Wohnsitz außerhalb des Bundesgebiets und von Berlin (West) gehabt hatte (§ 82 Abs. 2 Satz 3 G 131). Mit anderen Worten, der Bescheid vom 23. November 1953 sei rechtswidrig gewesen.

Das Berliner Verwaltungsgericht und Oberverwaltungsgericht haben ihre Anfechtungsklage positiv entschieden und die Rücknahme dieses Bescheids aufgehoben. Nach der Auffassung des Oberverwaltungsgerichts hat die Klägerin zwar keine Versorgungsansprüche nach dem G 131, jedoch musste das Land Berlin die bewilligten Versorgungsbezüge weiter zahlen (Urteil vom 5. Mai 1957, Deutsches Verwaltungsblatt 1957, Seite 503). Die Revision des beklagten Landes wurde vom Bundesverwaltungsgericht mit dem Urteil vom 28. Oktober 1959 zurückgewiesen.

Dieses Urteil beendete die Gültigkeit des in der Weimarer Republik und auch nach dem Krieg zum Beispiel von Ernst Forsthoff anerkannten Rechtsgrundsatzes, dass ein rechtswidriger begünstigender Verwaltungsakt einfach nur mit der Begründung aufgehoben werden könne, er widerspreche dem geltenden Recht. Auch die Rücknahme eines Verwaltungsakts sei ein Verwaltungsakt, erklärte das Oberverwaltungsgericht, der eine rechtliche Grundlage brauche. Die würde sich ergeben aus einer rechtlichen Wertung des Widerspruchs zwischen dem berechtigten Interesse der Behörde, den gesetzwidrigen Verwaltungsakt zu beseitigen, und dem Vertrauen des Begünstigten auf dessen Gültigkeit. Soweit wollte das Bundesverwaltungsgericht nicht gehen. Grundsätzlich müsse ein rechtswidriger Verwaltungsakt aufgehoben werden können und berief sich für diese Meinung auf Ernst Forsthoff. In dem besonderen Fall der Klägerin müsse jedoch eine Ausnahme gemacht werden. Sie stehe im höheren Alter (geboren 1895), habe mit dem Schreiben vom 11. März 1953 von der höchsten Instanz eines Senators die Zusage bekommen und im Vertrauen darauf mit der Aufgabe ihrer Wohnung, der Auflösung ihres Haushalts und dem Umzug nach Berlin eine „einschneidende Änderung ihrer Lebensauffassung vorgenommen, die sie aus politischen Gründen nicht mehr rückgängig machen“ könne. Diese „ganz besonderen Umstände“ machten die Rücknahme des Bescheids vom 11. März 1953 als Verstoß gegen Treu und Glauben rechtswidrig und deswegen müsse das Land Berlin weiter zahlen.

Die Meinung des Oberverwaltungsgerichts Berlin drang hier noch nicht durch. Aber das Urteil des Bundesverwaltungsgerichts wurde als Signal für die Zukunft verstanden und bald folgte nicht nur die Literatur dem Urteil des OVG, auch das Bundesverwaltungsgericht selbst übernahm in ständiger Rechtsprechung dessen Lösung. Ernst Forsthoff blieb bis zur letzten Auflage, der 10. von 1973, allein mit seiner Meinung, indem er schrieb (S. 262), diese herrschende Meinung

> „ist ein Vorgang von größter, in den Kern des rechtsstaatlichen Verfassungsrechts hineinreichender Tragweite. Er gehört in die Reihe der Bestrebungen, welche darauf gerichtet sind, die strenge rechtsstaatliche Formalisierung der hoheitlichen Funktionen unter Berufung auf materielle Grundsätze, welche dem Individualrecht oder dem Sozialrecht entnommen werden, aufzuweichen.“

Mit dem Sozialrecht hatte er gar nicht so Unrecht. Denn hinter der neuen Meinung steht nicht nur das Rechtsstaatsgebot der Fundamentalnorm des Art. 20 GG, sondern auch dessen Sozialstaatsgebot. Und es dauerte nicht mehr lange, dann wurde 1976 von diesem sozialen Rechtsstaat ein neues Verwaltungsverfahrensgesetz erlassen, in dem § 48 die „Rücknahme eines rechtswidrigen Verhaltensakts regelt und § 49 den „Widerruf" eines rechtmäßigen. Nun heißt es sogar in § 48 Abs. 2:

> „Ein rechtswidriger Verwaltungsakt, der eine einmalige oder laufende Geldleistung ... gewährt oder hierfür Voraussetzung ist, darf nicht zurückgenommen werden, soweit der Begünstigte auf den Bestand des Verwaltungsaktes vertraut hat und sein Vertrauen unter Abwägung mit dem öffentlichen Interesse an einer Rücknahme schutzwürdig ist."

Der große Ernst Forsthoff hat das nicht mehr erleben müssen. Er ist 1974 gestorben. Aber er würde seine Meinung nicht geändert haben, denn die Bundesrepublik als „Der Staat der Industriegesellschaft" (so der Titel seiner kritischen Schrift von 1971) war kein „starker" Staat, wie er ihn sich wünschte, sondern einer, der gebändigt wird durch die Rücksicht auf mächtige Verbände, deren Interessengegensätze er ausgleichen muss, zum Beispiel durch eine „konzertierte Aktion", und in dessen Haushalt die Sozialausgaben mehr als die Hälfte ausmachen und nicht die für Militär und Polizei, ein Sozialstaat eben, wie das Grundgesetz ihn vorschreibt.

28. Sozialrecht

Ursprung des Sozialrechts ist die Armenfürsorge. Im Mittelalter hatte sie die Kirche übernommen, bis durch die Reformation im 16. Jahrhundert die Glaubensspaltung stattfand, in den protestantischen Gebieten der Fürstenstaat das katholische Kirchenvermögen an sich zog, damit diese Aufgabe übernehmen musste und sie sich dann auch bald als „Armenpolizei" überall ausbreitete. Erst die Weimarer Republik ging von der armenpolizeilichen Sicherung des Existenzminimums über zur „Gewährleistung eines menschenwürdigen Daseins", wie es in Art. 151 im Abschnitt über das Wirtschaftsleben in der Verfassung von 1919 heißt. Die „Reichsgrundsätze über Voraussetzung, Art und Maß der öffentlichen Fürsorge" formulierten schon 1924 im Wesentlichen die Prinzipien unserer heutigen Sozialhilfe, indem sie forderten, dass der Hilfsbedürftige „in Willen und Kraft so zu stärken (sei), dass er sich durch eigenes Können und Mühen selbst behaupten" kann. Das blieb – etwas martialischer formuliert – auch im NS-Staat die Leitlinie der Fürsorge, neben der die „NSV" erschien, die Nationalsozialistische Volkswohlfahrt, eine freiwillige Massenorganisation mit großer Finanzkraft, die die verbotene sozialdemokratische Arbeiterwohlfahrt ersetzen und das Deutsche Rote Kreuz, die Diakonie der evangelischen Kirche und die katholische Caritas zurückdrängen sollte. Im Krieg übernahm sie den Schutz der Großstadtjugend gegen die Bombenangriffe durch die „Kinderlandverschickung" und die Versorgung der Opfer des alliierten Bombenkriegs gegen die Zivilbevölkerung. 1945 endete die NSV und die Fürsorge blieb mit ihren Leistungen nach den Reichsgrundsätzen von 1924, soweit das in der Not der Nachkriegszeit möglich war.

Der wichtigste Teil des heutigen Sozialrechts, die Sozialversicherung, entstand von 1883 bis 1889 mit Bismarcks Gesetzen zur Kranken-, Unfall- und Rentenversicherung. Sie waren eine Ergänzung zum Sozialistengesetz von 1878, dem „Gesetz gegen die gemeingefährlichen Bestrebungen der Sozialdemokratie". Bismarck wollte mit ihnen die Einheit von Arbeiterschaft und Sozialdemokraten spalten und die Arbeiter durch diese Vergünstigungen auf seine Seite ziehen. Dieses Ziel hat er nicht erreicht, wohl aber damit Deutschlands führende Rolle als Vorreiter der Sozialgesetzgebung begründet. Diese Gesetzgebung gegen unzählige Widerstände von allen Seiten durchzusetzen, ist nur diesem einen Mann möglich gewesen, dem politischen Titan des von ihm geschaffenen Kaiserreichs. Das zeigt ein Vergleich mit den beiden anderen großen europäischen Industriestaaten: In England begann die Sozialversicherung 1911, in Frankreich erst 1932.

1883 wurde das Gesetz zur Krankenversicherung der Arbeiter erlassen, 1884 das zur Unfallversicherung und 1889 das Gesetz zur Rentenversicherung. Träger der Krankenversicherung waren die neuen Ortskrankenkassen (heute AOK) und eine kleine Zahl schon bestehender ähnlicher. Als Gegengewicht gegen den staatlichen Zwang der Versicherungspflicht erhielten sie eine Selbstverwaltung mit Vertretern der Versicherten und der Arbeitgeber im Verhältnis von zwei zu eins, weil die Arbeiter zwei Drittel der Beiträge leisteten, die Arbeitgeber nur ein Drittel. Anders war es bei der Unfallversicherung 1884 mit der „genialen Verbindung von Verhütung und Versicherung" (Ernst Wickenhagen), deren Träger eine größere Zahl von neuen Berufsgenossenschaften war als juristische Personen des öffentlichen Rechts. Ihre Selbstverwaltung bestand nur aus den Unternehmern, die allein die Beiträge zu zahlen hatten. Sie unterlagen der Aufsicht und Rechtsprechung des dafür gegründeten Reichsversicherungsamts in Berlin. Dessen Mitglieder waren hauptamtliche Beamte des Reichs und wechselnde Vertreter, die von den Unternehmern, den Arbeitern und vom Bundesrat gewählt wurden. Auch das 1889 erlassene Rentenversicherungsgesetz hatte wieder eigene Regeln. Träger waren Landesversicherungsämter als Personen des öffentlichen Rechts mit Selbstverwaltungsorganen im Verhältnis von eins zu eins der Arbeiter und Arbeitgeber, die je zur Hälfte die Beiträge leisteten, auch mit staatlichen Mitgliedern, da jede Rente einen jährlichen staatlichen Zuschuss von 50 Mark erhielt.

Die Leistungen nach diesen Gesetzen waren damals in der Höhe und mit ihrer zeitlichen Dauer bescheiden. Die Rente zum Beispiel wurde erst ab dem 70. Lebensjahr und nach dreißigjährigen Beiträgen gezahlt. Allmählich sind sie verbessert worden, zum Beispiel auch auf die Witwen von Rentnern erweitert. 1911 wurden die drei Gesetze noch in der Kaiserzeit in der Reichsversicherungsordnung zusammengefasst und im selben Jahr ein Angestelltenversicherungsgesetz erlassen mit höheren Beiträgen und Leistungen als für die Arbeiter. 1889 erhielt das Reichsversicherungsamt auch die Aufsicht und Rechtsprechung über die Renten, 1912 für die Krankenversicherung. Für die Angestelltenversicherung entstand ein eigenes Reichsversicherungsamt, zunächst im Gebäude des Amts für die Arbeiter, seit 1923 in einem eigenen, verlor aber die Rechtsprechung an das Amt für die Arbeiter, das seit 1927 auch noch die Aufsicht und Rechtsprechung für die neue Arbeitslosenversicherung erhielt. Nun war es eine Art Reichsgericht für die Sozialversicherung. 1945 ist es aufgelöst worden. Aber in der Bundesrepublik gehörten einige seiner hauptamtlichen Mitglieder zur ersten Generation der Richter des Bundessozialgerichts, das gegründet wurde, weil die Existenz eines Amts mit Rechtsprechungsbefugnis nach dem Prinzip der Gewaltenteilung nicht mehr möglich war.

Im NS-Staat blieb das System unverändert, nur wurde die Selbstverwaltung durch das „Führerprinzip“ ersetzt. In der Besatzungszeit ist sie wieder hergestellt worden mit Leistungen wie bisher nach der Reichsversicherungsordnung von 1911, wobei besonders schwierig die Finanzierung der Integration von Flüchtlingen und Vertriebenen war. Trotz alliierter und gewerkschaftlicher Versuche zur Einführung einer Einheitsversicherung blieb die Dreiteilung in Kranken-, Unfall- und Rentenversicherung – bis heute – erhalten, auch weil ihre in der sowjetischen Zone und später in der DDR verwirklichte Einheit als typisch sozialistisch diffamiert wurde. Zuständig für die Sozialversicherung waren Ämter mit Selbstverwaltung in den drei Westzonen, für die Unfallversicherung die wieder hergestellten Berufsgenossenschaften, die dann von der Bundesrepublik übernommen wurden.

In der Bundesrepublik blieben für die Fürsorge die Reichsgrundsätze von 1924 weiter die Grundlage und zuständig waren wie seit der Kaiserzeit staatliche Fürsorgeämter. Aber die Richtsätze wurden mit steigendem Wohlstand angehoben, von 1949 bis 1955 zum Beispiel um 50 %. Nur eines änderte sich 1954 mit einer Entscheidung des Bundesverwaltungsgerichts (Rnr. 26): Die Bedürftigen erhielten einen Rechtsanspruch auf die Leistung. Und 1962 fand die zweite wichtige Änderung mit dem Bundessozialhilfegesetz statt. Die sprachliche Ersetzung der Fürsorge durch das Wort Sozialhilfe war Programm. Beflügelt vom Wohlstandsoptimismus auf dem Höhepunkt des Wirtschaftswunders meinte man, Armut sei durch Hilfe zur Selbsthilfe grundsätzlich überwindbar. Deshalb ging man von der bloßen Existenzsicherung über zu einer Hilfe in typisierten individuellen Lebenslagen. § 1 des Gesetzes forderte noch stärker als die Reichsgrundsätze von 1924, die Sozialhilfe solle ein Leben ermöglichen, „das der Würde des Menschen entspricht". Die Armut verschwand dadurch allenfalls in Ausnahmefällen, aber die Menschenwürde des § 1 wurde in einer umfangreichen Rechtsprechung der Verwaltungsgerichte ausgebaut zu einer gewissen Teilhabe an Kommunikation und kultureller Grundversorgung, zum Beispiel mit der Gewährung von Rundfunk- und Fernsehanschlüssen.

Auch die Sozialversicherung, die mit dem Rentenniveau in ständigen Schwierigkeiten war, erlebte eine gründliche Veränderung. Durch das Wirtschaftswunder waren zum Beispiel Löhne und Preise von der Währungsreform 1948 bis 1953 um 80% gestiegen. Die Renten aber kaum. Auch ein Rentenzulagengesetz von 1951 änderte nicht viel. Es drohte eine Verarmung der Rentner, so dass immer neue staatliche Zuschüsse notwendig wurden. Die Abkehr von staatlichen Interventionen brachte Adenauers Rentenreform von 1957. Sein Meisterstück. Es war, wie wir heute wissen, ein problematisches Stück. Aber damals wurde der Kanzler belohnt. Es war das Jahr der dritten Wahl zum Bundestag. Die Renten stiegen plötzlich um 65 bis 71 % und seine CDU/CSU erhielt die absolute Mehrheit. Das Zauberwort hieß Umlageverfahren. Es war eine völlig neue Methode der Rentenfinanzierung.

Bisher war für jeden Rentner ein eigenes Sparvermögen angesammelt worden, das sich aus seinen bisherigen Beiträgen ergab und denen seiner Arbeitgeber. Daraus wurde die Höhe seiner Rente berechnet. Seit 1957 werden die Renten für alle gemeinsam aus den Lohnabzügen der aktiven berufstätigen Generation und ihrer Arbeitgeber finanziert. Grundgedanke dieses Umlageprinzips ist ein Generationenvertrag nach dem Bild der Familie. Erst sorgen die Eltern für ihre Kinder, dann die Kinder für die Eltern. Außerdem wurden die Leistungen durch eine Rentenformel an das allgemeine Lohnniveau angekoppelt. Sie sind nun Lohnersatz, nicht mehr bloß Zuschuss zum Lebensunterhalt. Das ergab die schnelle Erhöhung. Dann wurden die Menschen mit steigendem Wohlstand, technischem und medizinischem Fortschritt immer älter und die Jüngeren müssen eine ständig größere Zahl von Älteren ernähren. Ein Problem, das bisher nur durch jährlich steigende Milliardenzuschüsse aus dem Bundeshaushalt an die Rentenversicherungsämter gelöst werden konnte.

Die Institutionen der Rentenversicherung, jeweils mit Selbstverwaltung, wurden am Anfang der Bundesrepublik getrennt nach Arbeitern und Angestellten wieder aufgebaut. Ein Ergebnis der egoistischen Lobby der Deutschen Angestelltengewerkschaft. Für die Arbeiter blieb es wie in der Besatzungszeit bei Landesversicherungsämtern, für die Angestellten wurde 1953 die Bundesversicherungsanstalt in Berlin gegründet. Das ist nun vorbei. Seit 2005 ist durch Zusammenfassung im Berliner Amt die „Deutsche Rentenversicherung Bund“ für alle Versicherten gemeinsam zuständig. Ebenfalls 2005 wurde mit der Hartz IV-Reform die Sozialhilfe für Erwerbsfähige mit der Arbeitslosenhilfe vereinigt und damit die 1952 gegründete Bundesanstalt für Arbeitsvermittlung und Arbeitslosenversicherung in Nürnberg zur Bundesagentur für Arbeit mit örtlichen Arbeitsagenturen. Für die nicht erwerbsfähigen Sozialhilfeempfänger bleiben daneben die Sozialämter zuständig. Mit diesen Neuregelungen entfällt die bisherige Trennung der Gerichtsbarkeit. Bis 2005 waren für Klagen von Sozialhilfeempfänger die Verwaltungsgerichte zuständig, für alle anderen Fälle des Sozialrechts die Sozialgerichte. Jetzt gehen alle sozialrechtlichen Klagen an die Sozialgerichte, § 51 Sozialgerichtsgesetz.

29. Steuerrecht

Unser heutiges Steuersystem begann am 24. Juni 1891. Damals wurde mit der Finanzreform des preußischen Finanzministers Johannes von Miquel die erste moderne Einkommensteuer in Deutschland eingeführt. Bismarck war ein Jahr vorher 1890 vom Kaiser entlassen worden. Sein Nachfolger war Leo von Caprivi, ein verdienstvoller eher bürgerlicher General. Wäre Bismarck 1891 noch Reichskanzler und preußischer Ministerpräsident gewesen, würde Miquels Reform wohl kaum möglich gewesen sein, denn besonders im Alter fühlte sich der alte Reichskanzler immer mehr als Landjunker, als ständisch denkender Grundherr. Deren Standesvorrechte sollten jetzt mit dieser Reform nach 40 Jahren endlich verloren gehen, wie es die preußische Verfassung von 1850 in Artikel 4 vorgeschrieben hatte. Bisher waren sie von Steuern befreit.

Eingeführt wurde nämlich eine Einkommensteuer, die alle Preußen in gleicher Weise zu zahlen hatten, und zwar nach dem Progressionsprinzip. Zahlen musste jeder, der ein Einkommen von jährlich mehr als 900 Mark hatte. Die Progression, ein höherer Steuersatz bei steigendem Einkommen, bewegte sich damals von – sage und schreibe – 0,6 bis 4 %. Damit wurde sie zur wichtigsten staatlichen Einnahmequelle, nicht nur in Preußen, auch in den anderen Bundesländern, die bald folgten.

Ihre Entstehung war das Ergebnis einer jahrelangen Diskussion von Finanzwissenschaftlern der deutschen Volkswirtschaftslehre, die damals noch Nationalökonomie genannt wurde, von Wilhelm Roscher, Lorenz von Stein, Albert Schäffle, Adolph Wagner und Gustav Schmoller, um nur die wichtigsten zu nennen. Sie brachte mit der allgemeinen Steuerpflicht die Durchsetzung des Grundrechts der allgemeinen Gleichheit, das durch die Progression verbunden wurde mit dem Prinzip der Gerechtigkeit. Eine Leistung von Ökonomen. Die Rechtswissenschaft, Juristen, waren nicht beteiligt. Sie blieben positivistisch befangen durch ihre Ausbildung im römischen Pandektenrecht, das Probleme mit Steuern nicht kannte – *iudex non calculat* (der Richter, ein Jurist, rechnet nicht).

Im Übrigen war diese Steuer der Zukunft eine der Länder. Das Reich, die Zentrale, war finanziell schwach, „Kostgänger der Länder", lebte im Wesentlichen von deren so genannten Matrikelbeiträgen, einigen wenigen Verbrauchssteuern und den Zöllen. Das änderte sich grundlegend in der Weimarer Republik mit Matthias Erzberger von der Zentrumspartei, Finanzminister 1919/20, aus kleinen Verhältnissen, sehr katholisch, einem genialen Politiker, der als erster Politik zum Beruf machte, ebenfalls mit großem Erfolg und nicht nur deshalb viele Feinde hatte.

Das Reich stand vor einem riesigen Schuldenberg: 150 Milliarden Kriegsanleihen und 150 Milliarden aus dem Vertrag von Versailles. Allein das war fast das Hundertfache des Reichsetats von 1913. Dazu kamen noch die anderen Folgekosten des verlorenen Kriegs. Das konnte mit der alten Finanzstruktur nicht bewältigt werden. Deshalb Erzbergers Plan seiner Finanzreform: Das Reich erhält die wichtigsten Steuern in eigener Regie. Die schon beschlossenen Artikel 8 und 14 der künftigen Weimarer Verfassung waren dafür eine ausreichende Grundlage. Sie mussten nur ausgefüllt werden mit einer größeren Zahl einfacher Reichsgesetze. Die von der Nationalversammlung in Weimar beschlossene Verfassung trat im August 1919 in Kraft. Die Versammlung war gleichzeitig als normales gesetzgebendes Parlament tätig und hat in drei Stufen von September bis März 1920 die notwendigen Gesetze beschlossen. Es wurde die größte Finanzreform der deutschen Geschichte, die nur möglich war unter dem Druck der akuten Finanznot, aber auch, weil Erzberger ein Mann von ungewöhnlicher Intelligenz und Energie gewesen ist.

Das Reichsfinanzministerium wurde oberste Finanzbehörde, unter ihm 25 Landesfinanzämter und darunter die einfachen Finanzämter. Daneben stand der Reichsfinanzhof als oberste Rechtsprechungsbehörde in München. Dort folgte ihm 1950 der Bundesfinanzhof als oberstes Bundesgericht. Die Reichsabgabenordnung RAO wurde erlassen mit den allgemeinen Regeln über Behörden, Besteuerung und das Steuerstrafrecht. Dazu kamen zehn einheitlich formulierte Reichsgesetze statt der bisher 25 unterschiedlichen Landesgesetze von der Erbschaftsteuer über die Umsatz- bis zur Einkommen- und Körperschaftsteuer. Als letztes das Landessteuergesetz über den Finanzausgleich mit den Ländern, die nun Kostgänger des Reichs geworden waren. Das alles in knapp neun Monaten bis zum Rücktritt am 12. März 1920. Mehr Zeit hatte Matthias Erzberger nicht für dieses Riesenwerk.

Den Rücktritt erklärte er am Tag des Urteils in einem skandalösen Strafprozess vor dem Landgericht Berlin unter dem Vorsitz von Adolf

Baumbach, der später bekannt wurde durch seine Kurzkommentare. Erzberger war gezwungen, ihn einzuleiten mit einer Strafanzeige wegen Beleidigung gegen Karl Helfferich, Finanzminister der Kriegszeit. Der hatte ihn diffamiert in einer Streitschrift mit großer Publicity. Ein Kampf der alten gegen die neue demokratische Ordnung. Der erste große politische Prozess der Weimarer Republik. Es wurde eine Schlammschlacht. Helfferich hat sie gewonnen, weil das Gericht ihn nur zu einer geringen Geldstrafe verurteilte und im Urteil Erzberger allgemein für unglaubwürdig erklärte, ihm sogar ohne genaue Prüfung einen Meineid und Steuerhinterziehung unterstellte. Noch im Sommer gelang ihm wegen des angeblichen Meineids und der vermeintlichen Steuerhinterziehung die volle Rehabilitierung. Aber im nächsten Jahr ist er von Rechtsextremisten erschossen worden. Helfferichs Streitschrift hatte den Titel „Erzberger muss fort“. Seine Steuerreform hat nach dem Ende der Hochinflation 1923 ihre Bewährungsprobe bravourös bestanden. Ihre Struktur ist bis heute im Großen und Ganzen geblieben.

In der Besatzungszeit ließen die Alliierten dieses Steuersystem unverändert. Nur die „Februargesetze“ des Kontrollrats erhöhten die wichtigsten Steuern drastisch, auch zur Finanzierung der Besatzungskosten. Erst mit der Währungsreform im Juni 1948 sind sie wieder herabgesetzt worden. Nach dem Wegfall der Zentrale verkürzten sich die Behörden auf Landesfinanzämter und untere Finanzämter.

Für die Bundesrepublik wollte der Parlamentarische Rat einen größeren Einfluss des Bundes bei der Verteilung der Steuern und im Verwaltungsaufbau nach dem Vorbild der Erzbergerschen Reform. Aber die Alliierten widersprachen heftig, wollten letztlich das alte Matrikelsystem der Kaiserzeit wieder herstellen im Sinne eines starken Föderalismus. Die Deutschen blieben hartnäckig, besonders die Sozialdemokraten, so dass man sich schließlich auf einen Kompromiss einigte, der im Wesentlichen auf die Struktur Erzbergers hinauslief, mit einer Abwandlung im Aufbau der Behörden. Oberste Finanzbehörde wurde das Bundesfinanzministerium, aber die Länder erhielten eine eigene Verwaltung mit ihren Landesfinanzämtern und den unteren Finanzämtern (Art. 108 Abs. 3 GG). Eine Doppelverwaltung mit manchen Nachteilen. Das Aufkommen der Einkommen- und Körperschaftsteuer und der Umsatzsteuer stand dem Bund und den Ländern gemeinsam zu. 1949 waren es noch 1/3 zu 2/3. Seit 1971 ist es je eine Hälfte. Der Finanzausgleich ist geblieben, jetzt nicht nur horizontal zwischen den Ländern, sondern auch vertikal zwischen Bund und Ländern. Auch die einheitliche Gesetzgebung für die wichtigen Steuern blieb erhalten durch eine konkurrierende Gesetzgebung des Bundes, die er regelmäßig ausgeübt hat.

Die Verbesserung der Einkommensteuer für Ehepaare brachte ein Gesetz von 1958. Es war die Folge eines Urteils des Bundesverfassungsgerichts von 1957, das den bisherigen § 26 EStG für verfassungswidrig erklärte, eine erstaunliche Vorschrift aus der Weimarer Zeit, nach der eine Haushaltsbesteuerung stattfand. Das Einkommen der beiden Eheleute wurde zusammengerechnet und sie mussten für diese Summe eine Steuer zahlen, wie wenn sie eine einzige Person wären. Das ergab regelmäßig einen Betrag, der höher war, als wenn jeder einzelne selbst veranlagt worden wäre. Auf deutsch: eine Steuerstrafe für berufstätige Frauen. Die Regierung Adenauer war damit durchaus zufrieden, denn es passte auch zu ihrer Familienpolitik, die die Frauen an Heim und Herd sehen wollte. Das Bundesverfassungsgericht sah darin aber einen verfassungswidrigen Eingriff in die durch Art. 6 GG geschützte Ehe, in der die Ehegatten frei entscheiden müssen, wie sie ihr Zusammenleben gestalten. Außerdem sei sie ein Verstoß gegen Art. 3 Abs. 2 GG, der die Gleichheit von Mann und Frau garantiere. Deshalb führte der neue § 26 das Ehegattensplitting ein, mit dem das Einkommen der beiden zwar ebenfalls zusammengerechnet, aber dann halbiert wird und jede Hälfte mit dem dafür entsprechenden Betrag besteuert wird, was regelmäßig eine Verbesserung ergibt.

30. Allgemeines Privatrecht

Die Entwicklung des Privatrechts in den ersten zwanzig Jahren der Bundesrepublik war weitgehend durch die Rechtsprechung des Bundesgerichtshofs bestimmt. Nur in einem Fall war es die Literatur, nämlich bei den faktischen Vertragsverhältnissen.

Deren Anfang war in der NS-Zeit gemacht durch Günter Haupts Buch von 1941 über „Faktische Vertragsverhältnisse“, sein Beitrag zum „Abschied vom BGB“, wie es Staatssekretär Franz Schlegelberger 1937 in einer kleinen Schrift formuliert hatte. Das sollte ersetzt werden durch ein Volksgesetzbuch. Den Weg hatte schon in der Weimarer Zeit das Parteiprogramm der NSDAP von 1920 gewiesen, dessen Punkt 19 die Beseitigung „des der materialistischen Weltordnung dienenden römischen Rechts“ forderte. Und das BGB mit dem Vorrang der individuellen Vertragsfreiheit war nun tatsächlich ein Geschöpf des römischen Pandektenrechts im 19. Jahrhundert. Deshalb sollte der individuell ausgehandelte Vertrag in weiten Bereichen des täglichen Lebens ersetzt werden durch tatsächliches – faktisches – Verhalten der Menschen und eines der Beispiele, die Günter Haupt nannte, war das Einsteigen in die Straßenbahn. Da würden nicht Willenserklärungen abgegeben über Angebot und Annahme eines Beförderungsvertrags, sondern allein das Einsteigen die Verpflichtung zur Zahlung des Kaufpreises begründen.

Es ist wohl auch kein Zufall gewesen, dass es im Wesentlichen zwei prominente Juristen der NS-Zeit waren, die diese Lehre in der Bundesrepublik vertraten, Karl Larenz und Wolfgang Siebert, Professoren der berüchtigten nationalsozialistischen „Kieler Schule", Karl Larenz schon 1953 in der ersten Auflage seines Lehrbuchs des Schuldrechts. Er nannte es Schuldverhältnisse aus sozialtypischem Verhalten. Andere folgten ihm und 1956 sogar der Bundesgerichtshof mit seinem Hamburger Parkplatzfall, in dem ein Kaufmann aus Protest gegen die Umwandlung des Rathausmarkts in eine gebührenpflichtige Zone seinen Wagen dort abstellte und sich weigerte, zu zahlen. Er verlor den Prozess, weil der BGH meinte, allein aufgrund seines tatsächlichen Handelns sei er zur Zahlung von Parkgeld verpflichtet gewesen. Den zweiten Prozess dieser Art entschied 1962 das Landgericht Bremen zum Fahren – eines Minderjährigen – ohne Fahrschein. Und ähnlich hat man dann auch in der Rechtsprechung jahrelang faktische Arbeitsverhältnisse und Gesellschaften behandelt, wenn ein wirksamer Vertrag nicht zustande gekommen war. Aber es gab auch viel Kritik. Neben dem älteren Heinrich Lehmann, der die neue Lehre als „Atombombe des Vertragsrechts" bezeichnete, war Werner Flume der wichtigste Kämpfer gegen diese „Straßenbahnjurisprudenz", wie er sie nannte. 1971 ging der Bundesgerichtshof auf Distanz zu ihr mit dem Flugreisefall, den er bereicherungsrechtlich löste. Schließlich gab auch Karl Larenz 1989 diese Lehre als letzter auf. Seitdem gibt es keine faktischen Vertragsverhältnisse mehr. Man kann die Probleme ebenso gut mit dem Instrumentarium des alten Vertragsrechts lösen.

Im Gegensatz zum faktischen Vertrag hat die Lehre von der Geschäftsgrundlage eine Jahrhunderte alte Geschichte und ist schließlich auch gesetzlich anerkannt worden. Die Geschichte geht zurück auf die mittelalterlichen Juristen des römischen Rechts in der Nachfolge der Schule von Bologna und ihre Lehre von der *clausula rebus sic stantibus*. Danach wurde jeder Vertrag unter der stillschweigenden Bedingung geschlossen, dass die Verhältnisse sich nicht grundlegend verändern. So existierte sie bis ins 19. Jahrhundert. 1850 hat Bernhard Windscheid, einer der bedeutendsten Lehrer des römischen Pandektenrechts, daraus eine Lehre von der Voraussetzung entwickelt, die bei den Beratungen der zwei Kommissionen über das BGB eine Rolle spielte, aber ausdrücklich nicht in das Gesetzbuch aufgenommen wurde. Während der Inflation nach dem Ersten Weltkrieg wurde das Problem wieder aktuell und das Reichsgericht löste es 1920 zunächst unter Berufung auf Treu und Glauben des § 242 BGB mit der Annahme einer Unmöglichkeit der Leistung, die eine Vertragserfüllung verhindere und gewährte im berühmten Dampfpreisfall RGZ 100,129 sogar eine Erhöhung des Preises, wenn die Parteien am Vertrag festhalten wollten. Dazu entwickelte Paul Oertmann, Professor in Göttingen und Schwiegersohn Bernhard Windscheids, 1921 seine Lehre von der Geschäftsgrundlage, deren Formel das Reichsgericht seit 1922 in ständiger Rechtsprechung übernommen hat. Danach ist Geschäftsgrundlage „die beim Geschäftsschluss zutage tretende und vom etwaigen Gegner erkannte und nicht beanstandete Vorstellung eines Beteiligten oder die gemeinsame Vorstellung der mehreren Beteiligten vom Sein oder Eintritt gewisser Umstände, auf deren Grundlage der Geschäftswille sich aufbaut." Wenn dann einem von ihnen die Erfüllung unzumutbar wird, kann er zurücktreten oder Anpassung verlangen. So blieb es in der NS-Zeit. In der Bundesrepublik übernahm der Bundesgerichtshof diese Rechtsprechung und die juristische Literatur folgte jetzt weitgehend zustimmend, an der Spitze wieder Karl Larenz. Der Bundesgerichtshof hat in einer unübersehbaren Zahl von Entscheidungen dieses Rechtsinstitut über das Schuldrecht hinaus aufgenommen zur Lösung von Problemen, auch bei Verträgen im Familienrecht, Erb-, Arbeits-, Wettbewerbs- und Urheberrecht. Schließlich ist es 2002 mit der Schuldrechtsreform als § 313 in das BGB übernommen worden.

Im Deliktsrecht ist es ein grundlegender Wandel gewesen, als der Bundesgerichtshof 1954 im Fall „Hjalmar Schacht" (Rnr. 31) das Allgemeine Persönlichkeitsrecht anerkannt hat. Jahrzehntelang hatte man es gefordert und jahrzehntelang haben Gesetzgeber und Gerichte es abgelehnt und nur hin und wieder Einzelfälle auf Umwegen gelöst. Erst als das Grundgesetz in seinem ersten Artikel die Würde des Menschen an die Spitze der Verfassung gestellt hatte und an die zweite Stelle das allgemeine Freiheitsrecht jedes Einzelnen, wurde diese Neuschöpfung möglich. Ohne gesetzliche Grundlage brachte sie eine weitere deliktische Generalklausel, ähnlich der anderen, die mit dem Unternehmensrecht ebenfalls als Ergebnis einer jahrzehntelangen Entwicklung entstanden ist. Als die deutsche Wirtschaft durch die industrielle Revolution am Ende des 19. Jahrhunderts die Spitze in Europa erreicht hatte, wurde es als Recht am eingerichteten und ausgeübten Gewerbebetrieb vom Reichsgericht anerkannt. Die erste Systemänderung im Deliktsrecht. Beide sind nun „sonstige Rechte" im Sinn von § 823 Abs. 1 BGB, aber viel diffuser als die anderen absoluten Rechte dort, im Grunde nur Bündel von Verhaltensnormen, die von Fall zu Fall immer wieder neu bestimmt werden müssen. Und noch etwas kam hinzu.

Für „erhebliche" Verletzungen des Allgemeinen Persönlichkeitsrecht kann neben dem normalen Schadensersatz oder wenn ein materieller Schaden nicht entstanden ist seit dem „Herrenreiterfall" 1958 (BGHZ 26,349) sogar eine „billige Entschädigung in Geld" verlangt werden. Das geschieht nun sogar *contra legem*, gegen § 253 BGB. Diese Entscheidung gegen das Gesetz war „revolutionär, aber sachlich geboten" (Ernst v. Caemmerer). Die Begründung heute: „§ 253 wird durch Art. Abs. 1 Satz 1 GG verdrängt" (Dieter Medicus).

Daneben hat der Bundesgerichtshof den deliktischen Schadensersatz mit dem Schadensbegriff erweitert, den „natürlichen" ergänzt durch den „normativen". Der natürliche Schadensbegriff meint die herkömmliche Differenzmethode, die rechnerische Differenz im Vermögen des Geschädigten vorher und nachher. Der normative bedeutet, dass im Interesse der Gerechtigkeit eine wirtschaftliche Wertung seines Vermögens stattfindet. Dafür nur das wichtigste Beispiel, nämlich Unfälle mit Kraftfahrzeugen. Ein geschädigter Autofahrer, der seinen Wagen zur Reparatur geben muss, kann auch die Kosten ersetzt verlangen, wenn er sich einen entsprechenden Mietwagen nimmt. Und wenn er das nicht macht? Dann erschien dem Bundesgerichtshof 1963 die Entlastung des Schädigers im Vergleich zum anderen Fall ungerecht. Denn auch so verliert der Geschädigte die Möglichkeit, in der Zeit der Reparatur seinen Wagen zu benutzen, eine Möglichkeit, für die er regelmäßig auch finanzielle Aufwendungen trägt. Sie ist „kommerzialisiert", sagt das Gericht. Der Ärger über diesen Verlust ist ein immaterieller Schaden, für den er nach § 253 BGB keinen Ersatz verlangen kann. Aber gleichzeitig entsteht ein materieller Verlust, die kommerzialisierte Benutzungsmöglichkeit. Das ist ein Schaden im Sinn des § 249 BGB, der ihm ersetzt werden muss, und zwar in Höhe der Mietkosten eines entsprechenden Wagens, reduziert um den Gewinn der Mietwagenfirma und ihre zusätzlichen Kosten. Das ergab damals für drei Tage 36,40 DM. Heute sind es jährlich Millionen, die von den Versicherungen der Schädiger gezahlt werden müssen, von ihnen jedoch wie bei der Produzentenhaftung über höhere Kosten für die Haftpflichtversicherung ausgeglichen werden, die alle Autobesitzer zahlen. So entsteht auch hier wieder unter ihnen eine Solidargemeinschaft. Um solche Kommerzialisierungen einzuschränken, hat der Große Zivilsenat des BGH sie 1986 nur zugelassen für solche „Sachen, auf deren ständige Verfügbarkeit die eigenwirtschaftliche Lebenshaltung typischerweise angewiesen ist", deutsch: nur für Gegenstände des normalen täglichen Gebrauchs. Dazu gehören z.B. eine Wohnung oder ein PC.

Zu einem Umsturz im Weltbild des Bereicherungsrechts kam es in den fünfziger und sechziger Jahren – der Wechsel von der Einheits- zur Trennungstheorie. Er war von der juristischen Literatur vorbereitet, der sich der Bundesgerichtshof anschloss. Der Wortlaut des § 812 Abs. 1 Satz 1

> „Wer durch die Leistung eines anderen oder in sonstiger Weise auf dessen Kosten etwas ohne rechtlichen Grund erlangt, ist ihm zur Herausgabe verpflichtet."

wurde früher als ein einziger einheitlicher Tatbestand angesehen, also besonders „durch die Leistung eines anderen oder in sonstiger Weise", so oder so, egal wie. Dazu hat man „auf dessen Kosten" als Eingrenzung verstanden im Sinne der Unmittelbarkeit: Die Bereicherung musste unmittelbar stattgefunden haben, durch einen einzigen Vorgang. Schließlich das dritte Tatbestandsmerkmal „ohne rechtlichen Grund“, rechtsgrundlos.

Dagegen hatte Walter Wilburg schon 1934 gemeint, man müsse die Leistungskondiktion als eigenen ersten Fall verstehen (das Wort *condictio* war im römischen Recht die Bezeichnung für die Bereicherungsklage). Davon sei die mit den Worten „in sonstiger Weise auf dessen Kosten“ umschriebene Eingriffskondiktion zu unterscheiden, die durch einen Eingriff in ein fremdes Recht entstehe. Das hat Ernst von Caemmerer 1954 durch den Unterschied ihrer Funktionen ergänzt. Danach gehört die Leistungskondiktion zum Vertragsrecht, ist Rückabwicklung fehlgeschlagener Verträge, ähnlich wie der Rücktritt. Die Eingriffskondiktion dient dem Güterschutz ähnlich wie das Deliktsrechts des § 823 Abs. 1. Sie entsteht durch den Eingriff in fremdes Recht und zwar ohne Verschulden, so dass nicht Ersatz für den Schaden im Vermögen der Rechtsinhaber gefordert werden kann, sondern nur die Bereicherung im Vermögen des Eingreifenden. Dazu der Grundsatz, dass eine Eingriffskondiktion auf Geleistetes nicht möglich ist, weil sonst die Abrechnung im Leistungsverhältnis gestört wird. So entschied der Bundesgerichtshof 1963 im Elektroherdefall und übernahm auf diese Weise als Beginn einer ständigen Rechtsprechung die Trennungstheorie (Rnr. 32).

Das Sachenrecht war schon immer nicht so beweglich wie das Schuldrecht. Deshalb gab es hier nur zwei bemerkenswerte Neuerungen, beide bedingt durch die Kapitalknappheit beim Wiederaufbau der Wirtschaft in den fünfziger Jahren. 1951 wurde das Gesetz zum Wohnungseigentum erlassen, WEG, das sich bis heute bewährt hat, und 1956 entstand mit der Entscheidung des Bundesgerichtshofs zum „Dittmann-Anhänger“ das dingliche Anwartschaftsrecht des Abzahlungskäufers, das jetzt nicht mehr eine so große Rolle spielt.

Hjalmar Schacht (1877–1970) war 1924–1930 Reichsbankpräsident, 1933–1939 wieder unter Hitler und 1934–1937 sein Wirtschaftsminister, der ihm die Aufrüstung der Wehrmacht finanzierte, als Wirtschaftsminister 1937 wegen Differenzen mit Göring zurücktrat, 1939 von Hitler als Bankpräsident entlassen wurde, bis 1943 Minister ohne Geschäftsbereich gewesen ist, 1944/45 in Konzentrationslagern war wegen loser Kontakte zum Widerstand des 20. Juli 1944, 1945 im Nürnberger Hauptkriegsverbrecherprozess angeklagt wurde wegen Verbrechen gegen den Frieden und 1946 freigesprochen worden ist. Bevor er später Finanzberater in Entwicklungsländern wurde, gründete er 1952 eine Bank in Düsseldorf. Darum ging es hier.

31. BGHZ 13,354 – Hjalmar Schacht

Am 29. Juni 1952 erschien in der „Welt am Sonntag“ ein kritischer Artikel unter der Überschrift „Dr. Hjalmar Schacht & Co.“ mit dem

Untertitel „Politische Betrachtung anlässlich der Gründung eines neuen Bankhauses" über seine Rolle im Nationalsozialismus. In seinem Auftrag schickte ein Rechtsanwalt am 4. Juli der Zeitung eine presserechtliche Gegendarstellung und setzte eine Frist bis zum nächsten Tag für die Bestätigung seiner Berichtigungen. Stattdessen veröffentlichte die Redaktion am 6. Juli 1952 unter der Rubrik „Leserbriefe" das Schreiben des Anwalts („Ich vertrete die Interessen des Dr. Hjalmar Schacht") gekürzt um Auszüge aus dem Nürnberger Urteil gemeinsam mit anderen Meinungsäußerungen von Lesern.

Der Anwalt sah in dieser Art der Veröffentlichung eine Verletzung seiner Persönlichkeitsrechte, klagte gegen die Zeitung und beantragte, dass sie verurteilt werde, in ihrer nächsten Ausgabe unter der Rubrik „Leserbriefe" die Behauptung zu widerrufen, er habe ihr einen Leserbrief geschickt. Durch die Veröffentlichung unter „Leserbriefe" und Streichung eines Teils seines Schreibens sei die Öffentlichkeit vorsätzlich irregeführt worden. Er habe nicht wie die Leserbriefschreiber eine politische Meinung äußern wollen, sondern hatte im Rahmen seines Auftrags als Anwalt gehandelt. Die „Welt am Sonntag" erwiderte, sein Schreiben habe nicht den Anforderungen des Pressegesetzes entsprochen. Deshalb habe sie frei entscheiden können, ob und wie sie es veröffentlichen wollte. Das Landgericht Hamburg hat der Klage nach §§ 823 Abs. 2 BGB, 186, 187 StGB stattgegeben, das Oberlandesgericht die Klage abgewiesen. Der Bundesgerichtshof hat 1954 das Urteil des Landgerichts wieder hergestellt, aber mit einer anderen Begründung.

Nachdem das Reichsgericht Persönlichkeitsrechte in einzelnen Entscheidungen nach § 826 BGB wegen sittenwidriger Schädigung geschützt, es aber abgelehnt habe, sie als absolute Rechte anzuerkennen, sei nun durch das Grundgesetz in Art. 1 das Recht des Menschen auf Achtung seiner Würde anerkannt und mit Art. 2 das Grundrecht auf freie Entfaltung seiner Persönlichkeit „auch als privates, von jedermann zu achtendes Recht" bestätigt worden (1954! Das Lüth-Urteil, Rnr. 21, erging erst 1958). Deshalb muss das allgemeine Persönlichkeitsrecht als verfassungsmäßiges Grundrecht angesehen werden, das unter anderem demjenigen, der ein Schreiben verfasst, allein das Recht gibt, darüber zu entscheiden, ob und in welcher Form es an die Öffentlichkeit gebracht wird. Eine veränderte Wiedergabe seiner Aufzeichnungen verletzt dieses allgemeine Persönlichkeitsrecht, weil dadurch ein falsches Persönlichkeitsbild entstehen kann.

Deshalb hatte die Zeitung in diesem Fall unabhängig von der Frage, ob das Schreiben des Anwalts den presserechtlichen Anforderungen entsprach, nur das Recht, es als anwaltliche Gegendarstellung zu veröffentlichen oder die Veröffentlichung abzulehnen. Alles andere verletzt sein allgemeines Persönlichkeitsrecht und führt zu ihrer Verurteilung nach seinem Antrag.

Die Firma B hatte mit dem beklagten Eigentümer H einen Bauvertrag abgeschlossen über die Errichtung eines Gebäudes mit mehreren Wohnungen auf dessen Grundstück in Norddeutschland. Dazu gehörte auch der Einbau von Elektroherden und Warmwasserspeichern, die dort nach der Verkehrssitte wesentliche Bestandteile des Grundstücks werden. Diese Geräte wurden von der Klägerin K mit einem Begleitschein „Empfänger Neubau H“ an die Baustelle geliefert und von B in das Gebäude eingebaut. Die Klägerin wollte die Geräte allerdings nicht wie üblich an B verkaufen, weil sie die Firma nicht für kreditwürdig hielt, sondern direkt an H. Das wusste der nicht und hatte deshalb vor längerer Zeit eine an ihn gerichtete Auftragsbestätigung an die Klägerin zurückgeschickt mit der Bemerkung, es müsse sich um einen Irrtum handeln, denn er sei der Meinung, dass die Klägerin den Kaufvertrag mit der Firma B abgeschlossen habe. Darauf hat die Klägerin nicht weiter geantwortet, die Geräte später an die Baustelle geschickt und – nachdem die B wohl in Konkurs gegangen war – gegen H auf Zahlung geklagt.

32. BGHZ 40,272 – Elektroherde

Die Geräte waren also nach §§ 94, 946 BGB Eigentum des H geworden. Deshalb berief sich die Klägerin für ihre Klage auf § 951, wonach sie von ihm Zahlung nach den Vorschriften über die Herausgabe einer ungerechtfertigten Bereicherung verlangen könne. Aber § 951 ist keine Rechtsfolge, sondern Rechtsgrundverweisung. Und nun folgte der BGH

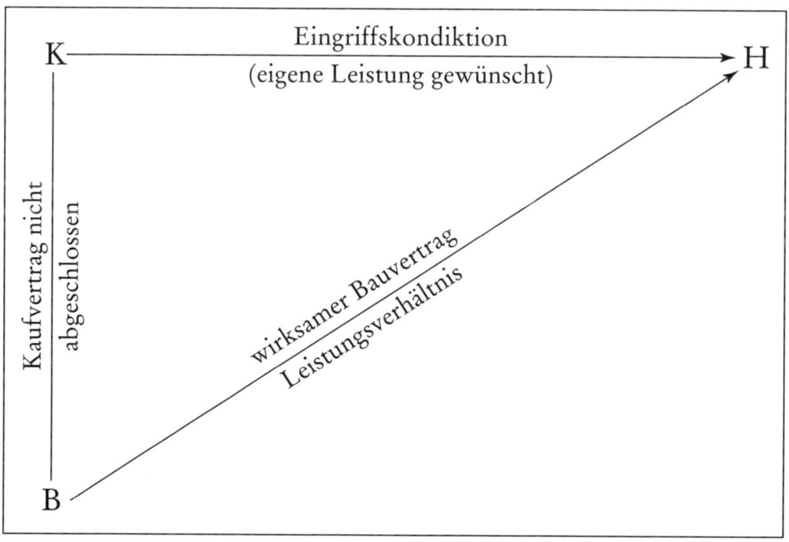

Abbildung 4: Elektroherde

der von Walter Wilburg und Ernst v. Caemmerer entwickelten Trennungstheorie, die bald seine ständige Rechtsprechung und in der Literatur inzwischen herrschende Meinung geworden ist. Der Anspruch der Klägerin ist danach eine Eingriffskondiktion im Sinne von § 812 Abs. 1. Und die ist nicht möglich, wenn etwas geleistet worden ist. Aufgrund des Verhaltens der Klägerin und seine Unkenntnis, dass sie nicht an die Firma B liefern wollte, konnte H davon ausgehen, dass der Einbau der Geräte ihm von der Firma B geleistet worden ist. Deshalb hat die Klägerin gegen ihn keinen Anspruch nach §§ 951 Abs. 1 Satz 1, 812 Abs. 1 Satz 1 und die Klage wurde abgewiesen.

33. Familienrecht Drei Gebiete des Privatrechts sind es, in denen politischer Einfluss am deutlichsten ist – Familienrecht, Arbeitsrecht und Mietrecht. Im Familienrecht geht es um Gleichheit – von Mann und Frau, im Arbeits- und Mietrecht um Freiheit – des Vertrags, die oft, wie Roger Garaudy schrieb, als er noch Kommunist war, die Freiheit eines freien Fuchses in einem freien Hühnerstall ist. Deshalb wurde sie auch am meisten eingeschränkt. Nun zuerst das Familienrecht.

Am Beginn der Bundesrepublik galten dafür noch die alten Regeln des BGB von 1900. Der Mann gab der Frau und den Kindern seinen Namen, er bestimmte den Wohnsitz, er hatte die väterliche Gewalt, entschied also allein über Umgang, Schule und Ausbildung der Kinder, er verfügte allein über das Vermögen seiner Frau und über ihre Berufstätigkeit und konnte jederzeit ihr Arbeitsverhältnis kündigen, für das die beschriebene Steuerstrafe zu zahlen war (Rnr. 29).

Die Wende brachte das Grundgesetz in Artikel 3 Abs. 2, „Männer und Frauen sind gleichberechtigt", ohne Wenn und Aber. Weil das auch Folgen haben musste für das Familienrecht, gab das Grundgesetz in Artikel 117 dem Bundestag vier Jahre Zeit für entsprechende Neuregelungen. Aber die Regierung Adenauer ließ alles, wie es war, hatte noch nicht mal einen Familienminister. Dann kam der 31. März 1953, an dem nach Artikel 117 alle Vorschriften des BGB unwirksam wurden, die mit Artikel 3 Abs. 2 nicht vereinbar waren. Nun mussten die meisten männlichen Richter der Gerichte und die meisten männlichen konservativen Familienrechtsprofessoren der juristischen Fakultäten nachdenken. Was war „bloße Ordnungsvorschrift" und was widersprach dem Grundgesetz. Die Ordnungsvorschriften konnten bestehen bleiben, die anderen nicht. Eine Männerbastion war das Oberlandesgericht Frankfurt am Main, das meinte, man könne das nicht sicher entscheiden. Artikel 117 sei wegen Ungenauigkeit eine verfassungswidrige Verfassungsnorm. Und richtete die Frage im Wege einer Richtervorlage nach Art. 100 GG an das Bundesverfassungsgericht. Dort war im Ersten Senat die einzige Frau des Gerichts Berichterstatterin, Erna Scheffler, 1 Meter 58, genannt „Klein

Erna". Der Senat entschied noch im selben Jahr 1953. So schwierig sei das Ganze nicht. Die Richter müssten von Fall zu Fall entscheiden, im Wege des Richterrechts, das oft eingreift, wenn der Gesetzgeber versagt. Immerhin ernannte Adenauer nach seinem großen Wahlerfolg im Herbst 1953 erstmal einen Familienminister. Er hieß Franz-Josef Wuermeling und erklärte bei seinem Amtsantritt, sein Ministerium sei die Abwehrinstanz gegen die Gleichberechtigung der Frau.

Unter seiner Federführung wurde 1957 endlich ein Gleichberechtigungsgesetz erlassen. Das Bestimmungsrecht des Mannes über den Wohnsitz ist gestrichen worden, ebenso das Kündigungsrecht zur Berufstätigkeit seiner Frau. Aber die Hausfrauenehe blieb das Ideal. „In der Regel" sollte sie den Haushalt führen und er das Geld verdienen, auch musste sie seinen Namen tragen, durfte aber ihren „Mädchennamen" mit einem Bindestrich davor setzen. Aus der von den Gerichten im Wege des Richterrechts praktizierten Gütertrennung entstand die Zugewinngemeinschaft zugunsten der Frau, nämlich Gütertrennung plus Zugewinnausgleich am Ende der Ehe durch Scheidung oder Tod. Das war eine gute Lösung und das ganze ist wenigstens ein erster Anfang gewesen. Nur das mit dem Stichentscheid ging nun wirklich nicht (Rnr. 34), denn ein Kämpfer für die Gleichberechtigung war Wuermeling eben nicht. Diese Rolle übernahm weiter das Bundesverfassungsgericht.

40 Jahre hat es den Bundestag, die Gerichte und die sehr männliche Wissenschaft vom Familienrecht vor sich hergetrieben. Die wichtigsten Daten: 1957 wurde die Haushaltsbesteuerung bei Berufstätigkeit der Ehefrau gekippt, 1959 der Stichentscheid des Vaters, dazu gleich, 1978 erging die erste Entscheidung zum Namensrecht der Frau und 1991 die letzte mit der Folge, dass der Bundestag es endgültig so regelte, dass jeder der beiden Eheleute seinen bisherigen Namen behalten kann, § 1355 Abs. 1 BGB, denn wenn der Mann seinen Namen behalten kann, darf es nach Artikel 3 Abs. 2 GG auch die Frau. Das von Regierung und Rechtwissenschaft vorhergesagte Chaos ist nicht entstanden.

Nach dem Gleichberechtigungsgesetz von 1957 blieb in einer wichtigen Frage das Vorrecht des Mannes. Die väterliche Gewalt hieß jetzt zwar elterliche Gewalt und nach § 1627 sollten beide Eheleute sie gemeinsam ausüben und bestimmen über Umgang, Schule, Bildung und Ausbildung ihrer Kinder. Aber was geschieht, wenn sie sich nicht einigen können? Dann muss einer allein entscheiden. Und wer ist es? § 1628: der Vater. Der „Stichentscheid". Warum diese Lösung? Weil sonst der Familienfriede gefährdet wird, hieß es bei Wuermeling und CDU/CSU. Die SPD hatte eine Alternative vorgeschlagen – die Entscheidung des Vormundschaftsgerichts. Dazu die andere Seite: Die Familie steht nach § 6 GG unter dem Schutz des Staates, nicht unter seinem Befehl. 34. BVerfGE 10,59 – Stichentscheid

Inzwischen waren Bürger und Gerichte durch das Grundgesetz sensibilisiert. Es gab Verfassungsbeschwerden und Vorlagebeschlüsse von Amtsgerichten. So kam die große Stunde für Erna Scheffler im ersten Senat mit der Antwort auf diese nun zentrale Frage des Familienrechts. Das Gericht blieb hart und entschied am 29. Juli 1959, dass §§ 1628 und 1629 verfassungswidrig seien. § 1628 würde die Stellung der Eltern für den gesamten Bereich wichtiger Entscheidungen ohne zwingenden Grund zum Nachteil der Mutter verschieben. Ohne zwingenden Grund, denn das Gleichberechtigungsgesetz habe in § 1354 das alleinige Bestimmungsrecht des Mannes in allen das gemeinschaftliche eheliche Leben betreffenden Angelegenheiten gestrichen und damit bewiesen, dass in anderen wichtigen Fragen eine Lösung ohne Stichentscheid möglich ist. Notfalls könnte das Vormundschaftsgericht entscheiden. Deshalb verstoße § 1628 gegen Artikel 3 Abs. 2 GG, ebenso § 1629 über das Vertretungsrecht. Dieses Urteil war ein Meilenstein für die Entwicklung des Familienrechts der Bundesrepublik.

Der CDU/CSU-Gesetzgeber blieb still und leise. Zwanzig Jahre geschah nichts. In den Textausgaben des BGB wurden die §§ 1628, 1629 weiter unverändert abgedruckt, nur mit Sternchen versehen, die auf Anmerkungen der unteren Seite verwiesen: „Vom Bundesverfassungsgericht für verfassungswidrig erklärt mit Urteil vom 29. Juli 1959." Im Übrigen wurde notfalls von Vormundschaftsgerichten entschieden, wer von beiden Eheleuten das Bestimmungsrecht haben sollte. Wie vom Bundesverfassungsgericht angedeutet.

Erst 1980 fand durch die Sozialliberale Koalition unter Helmut Schmidt eine – anscheinend – grundlegende Änderung statt. Mit dem Sorgerechtsgesetz vom 18.7.1979 wurde die elterliche Gewalt abgelöst durch die elterliche Sorge. Es sollte nicht nur ein Wechsel der Terminologie sein, sondern auch ein grundlegender Wandel im Verhältnis von Eltern zu Kindern, die nach § 1626 Abs. 2 mit wachsendem Alter zu selbständigem verantwortungsvollem Handeln erzogen werden und mit denen die Eltern in Fragen der Sorge je nach Entwicklungsstand Einvernehmen anstreben sollen, nach § 1631a in Fragen der Ausbildung und des Berufs Rücksicht nehmen auf deren Eignung und Neigung. Jeweils schichtspezifisch wird sich wenig geändert haben. Und die inzwischen gewohnheitsrechtliche Rolle der Vormundschaftsgerichte bei Meinungsverschiedenheiten der Eltern wurde in § 1628 übernommen. Seit dem Familienverfahrensgesetz, FamFG, von 2008 sind dafür Familiengerichte zuständig. Auch insofern keine große Änderung.

35. Arbeits- und soziales Mietrecht

In zwei Gebieten des Privatrechts ist das BGB besonders hartnäckig in der Tradition des 19. Jahrhunderts geblieben, nämlich mit seiner Vertragsfreiheit im Arbeits- und Mietrecht, einer Freiheit, die wie gesagt, Roger Garaudy die Freiheit eines freien Fuchses in einem freien

Hühnerstall genannt hat. Für gerechte Ergebnisse setzt sie nämlich auf beiden Seiten gleiche Verhandlungsmacht voraus, die im Arbeitsrecht zwischen Arbeitnehmer und Arbeitgeber nur selten gegeben ist, ebenso wie bei der Wohnungsmiete zwischen Mieter und Vermieter. Deshalb war sie für das Mietrecht schon während des Ersten Weltkriegs und in der Weimarer Republik für das Arbeitsrecht eingeschränkt worden, blieb es im „Dritten Reich" und in der Besatzungszeit nach dem Ende des Zweiten Weltkriegs.

Die Kontrollratsdirektive Nr. 14 vom Oktober 1945 hatte für das **Arbeitsrecht** angeordnet, dass die Löhne auf ihrer bisherigen Höhe bleiben müssen. Dieser Lohnstopp wurde erst 1948 aufgehoben. Unterhalb der Ebene dieser Direktive konnten in den Westzonen Landesarbeitsämter über Kündigungsschutz, Lohnfortzahlung bei Krankheit und Zahlung des Lohns an Feiertagen für ihr Gebiet Vorschriften erlassen, was zu einer unübersichtlichen Rechtszersplitterung führte.

Streikrecht. Nach der Direktive Nr. 31 des Kontrollrats von 1946 haben die Gouverneure in ihren Zonen örtliche Gewerkschaften zugelassen, nicht auf Landesebene. Nur in der englischen Zone entstand ein länderübergreifender „Deutscher Gewerkschaftsbund". Die Gewerkschaften hatten großen Zulauf, 1948 schon mehrere Millionen Mitglieder. Auch die Westzonen hatten wie die russische kaum Platz für Streiks. Man war schon allein mit dem Überleben voll ausgefüllt. Im November 1948 veranlassten die Gewerkschaften im Westen einen eintägigen Generalstreik von mehr als neun Millionen Teilnehmern gegen die gewerkschaftsfeindliche Politik des Wirtschaftsrats unter ihrem Direktor Erhard, gegen die schlechte Versorgungslage, für Wirtschaftslenkung und Überführung der Grundstoffindustien in Geimeineigentum. Er blieb erfolglos, weil die Alliierten Erhard unterstützten, machte aber einen gewissen Eindruck auf den gleichzeitig tagenden Parlamentarischen Rat in Bonn bei seinen Beratungen des Grundgesetzes. Arbeitgeberverbände stießen auf große Vorbehalte der Westalliierten, entstanden in der US-Zone ohne rechtliche Grundlage. Soviel zum Stand, als 1949 die Bundesrepublik gegründet wurde. Das Programm für den Wiederaufbau ohne staatliches Reglement der arbeitsrechtlichen Institutionen war Art. 9 Abs. 3 GG,

> „Das Recht, zur Wahrung und Förderung der Arbeits- und Wirtschaftsbedingungen Vereinigungen zu gründen, ist für jedermann und für alle Berufe gewährleistet."

Das Streikrecht war im Parlamentarischen Rat nicht weiter behandelt worden, und zwar mit Zustimmung von SPD und der Gewerkschaften, die darauf vertrauten, dass Art. 9 Abs. 3 dem Art. 159 der Weimarer

Verfassung entsprach und es damit auch in der Bundesrepublik für das Streikrecht keine Beschränkungen gab. Das sollte sich bald rächen. Die Sozialdemokraten hatten nämlich auch darauf gehofft, bei der folgenden Wahl zum Bundestag stärkste Partei zu werden, weil sie – neben den Kommunisten – die einzigen gewesen sind, die gegenüber der Hitler-Diktatur immer Abstand gehalten hatten. Aber die meisten Mandate erhielt die CDU/CSU mit Konrad Adenauer, der 1949 die Regierung bildete. Und sobald die Christdemokraten an der Macht waren, vergaßen sie ihr kapitalismuskritisches Ahlener Programm von 1947 und gingen auf Kurs gegen die Gewerkschaften. Einzige Ausnahme blieb 1951, als die Gewerkschaften in Unternehmen des Bergbaus und der Stahlindustrie die paritätische Mitbestimmung in den Aufsichtsräten erhielten, weil Adenauer sie als Bündnispartner gegen die SPD-Opposition für die ihm außenpolitisch wichtige Montanunion brauchte. Den Konflikt mit ihnen riskierte er im nächsten Jahr, 1952. Mit dem neuen Betriebsverfassungsgesetz ließ er ihnen in den Aufsichtsräten aller übrigen großen Unternehmen nur die Minderheit von einem Drittel der Sitze. Die Antwort war der Zeitungsdruckerstreit. An zwei Tagen Ende Mai erschienen keine deutschen Tageszeitungen. Danach klagten Zeitungs- und Druckereiunternehmen gegen die IG Druck. Neun Arbeitsgerichte gaben den Klägern Recht, vier nicht. In der Berufungsinstanz waren es sechs Landesarbeitsgerichte gegen eins.

Die Weichenstellung für die Zukunft brachte das sensationelle Gutachten des Kölner Professors Hans Carl Nipperdey, sensationell nicht nur deshalb, weil er bisher der wichtigste Berater der Gewerkschaften war und sich nun gegen sie wendete. Sein Gutachten brachte gegen die Rechtsprechung des Reichsgerichts eine doppelte Neuerung. Erstens, dass jeder Streik eine zum Schadensersatz verpflichtende Verletzung des Rechts am eingerichteten und ausgeübten Gewerbebetrieb ist, kurz Unternehmensrecht, als sonstiges Recht im Sinn des § 823 Abs. 1 BGB. Zweitens die Erfindung der Sozialadäquanz im Privatrecht (sie kommt aus dem Strafrecht). Der Streik verpflichtet nämlich dann nicht zum Schadensersatz, er ist nicht rechtswidrig, wenn er sozialadäquat ist, also wenn er sich im Rahmen des Herkömmlichen hält. Und das ist nur der „arbeitsrechtliche" Streik gegen Arbeitgeber. Damit war damals der Fall gelöst, denn der Zeitungsdruckerstreik richtete sich gegen den Gesetzgeber, war ein „politischer" Streik.

Das wurde dann die Begründung für die Entscheidungen der Mehrheit der Gerichte, auch der Landesarbeitsgerichte. Aber nicht nur das. Durch den Ausbau der Formel von der Sozialadäquanz in der Rechtsprechung des Bundesarbeitsgerichts hatte es erhebliche Folgen für die Entwicklung der Bundesrepublik. Erstens wurde sie dadurch nach Österreich und der

Schweiz das Land mit den wenigstens Streiks in Europa und schuf damit eine der Ursachen für sein „Wirtschaftswunder". Ludwig Erhard, jetzt Wirtschaftsminister, hatte schon immer gemeint, dass Streiks schädlich für die Wirtschaft seien. Zweitens erhielten die deutschen Gewerkschaften „eine erhöhte Planungssicherheit in ihrem Kerngeschäft, dem Streik um einen Tarifvertrag" (Michael Kittner). Dieser Ausbau der Formel fand übrigens auch statt unter dem Vorsitz von Hans Carl Nipperdey, der für sein Gutachten belohnt wurde mit der Ernennung zum Präsidenten des Bundesarbeitsgerichts, das 1954 seine Tätigkeit in Kassel aufnahm und an dem er Vorsitzender des für das Streikrecht zuständigen 1. Senats geworden ist. Anders als Adenauer durfte er zwar nicht in seiner rheinischen Heimat bleiben, aber für seine Dienstreisen zur Universität wurde ihm eine direkte Zugverbindung zwischen Kassel und Köln eingerichtet.

Nipperdey blieb für zehn Jahre Präsident des Gerichts, bis 1963. Es wurde die Zeit der harten Haltung des Gerichts gegen die Gewerkschaften. 1955 erklärte das Bundesarbeitsgericht die Aussperrung – Maßnahme von Unternehmen gegen Streikende – für lösend. Mit anderen Worten, die Ausgesperrten waren sofort und endgültig entlassen und über ihre Wiedereinstellung konnte der Arbeitgeber frei entscheiden.

Drei Jahre später der große Warnschuss gegen die IG-Metall, das Urteil von 1958 zum schleswig-holsteinischen Metallarbeiterstreik. Nach seinem Verdikt über den „politischen" gelang Nipperdey die zweite Konkretisierung seiner Formel zur Sozialadäquanz beim Streik unter Verletzung der Friedenspflicht (Rnr. 36). 1963 dann, ein Jahr vor seinem Ausscheiden aus dem Gericht, die dritte Stufe, der „wilde Streik", der nur wild genannt wird, weil das Bundesarbeitsgericht ihn so genannt hat, nämlich den Streik von Beschäftigten ohne Beschluss einer Gewerkschaft. Dann sind alle Teilnehmer als Mittäter einer unerlaubten Handlung im Sinn des § 823 Abs. 1 nach §§ 830, 840 als Gesamtschuldner zum Schadensersatz verpflichtet, also jeder einzelne haftet für den ganzen Schaden, und zwar auch eine Gewerkschaft, die den Streik zwar nicht beschlossen oder übernommen, aber Unterstützung an die Streikenden gezahlt hat.

Ein Rückschritt hinter den Zustand der Weimarer Republik war auch das Betriebsrätegesetz von 1952. Im entsprechenden Gesetz von 1920 hatte der Betriebsrat ein wichtiges Recht der Mitwirkung bei ungerechten Entlassungen, das letztlich zu einem Schlichtungsverfahren führte. 1952 musste er vor Einstellungen und Entlassungen nur gehört werden. Die erhoffte Mitbestimmung durch Parität in den Aufsichtsräten von Aktiengesellschaften wie in der Montanunion wurde verweigert. Die Vertreter der Arbeitnehmer erhielten nur ein Drittel der Sitze. Soviel zum kollektiven Arbeitsrecht, dem Recht von Streik und Aussperrung sowie dem der Betriebsräte. Im individuellen Arbeitsrecht, dem der Verträge mit einzelnen Arbeitnehmern, sah es etwas besser aus, also beim Mutterschutz, dem Urlaubsrecht, der Lohnfortzahlung bei Krankheit und im Kündigungsschutz.

Mutterschutz. Schon in der Besatzungszeit war überwiegende Meinung, dass das Mutterschutzgesetz von 1942 weiter gelten soll. Auch der Kontrollrat hat es nicht wie andere NS-Gesetze aufgehoben. Man meinte, dass es zwar Gründe der NS-Ideologie hatte, aber allgemein wünschenswert sei zum Schutz schwangerer berufstätiger Frauen. So waren sie weiter freigestellt von der Arbeit und erhielten ihren Lohn oder das Gehalt sechs Wochen vor der Niederkunft und sechs Wochen danach. Das änderte sich auch nicht in der Zeit von Adenauer und Erhard.

Urlaubsrecht. Dazu waren in der Besatzungszeit unterschiedliche Ländergesetze erlassen worden, die nach Gründung der Bundesrepublik wirksam blieben, denn nach Art. 74 Ziffer 12 GG gehört das Arbeitsrecht zur konkurrierenden Gesetzgebung. Weil aber in Teilbereichen die Kompetenz beim Bund lag – etwa für Bundesbehörden oder Bundesbetriebe wie die Post – konnten auch Urlaubsgesetze vom Bund erlassen werden. Das alles ergab eine Rechtszersplitterung, die für die einheitliche Lebensordnung in Westdeutschland störend war. Deshalb wurde 1963 mit einem Bundesurlaubsgesetz über den Mindesturlaub für alle Beschäftigten in Bund und Ländern ein Machtwort gesprochen. Nun erhielten sie bundeseinheitlich ab dem 35. Lebensjahr mindestens 18 Werktage Erholungsurlaub. Damit hatte der Bundesgesetzgeber nach Art. 74 Ziffer 12 den Vorrang erhalten und die Rechtszersplitterung war weitgehend beendet.

Lohnfortzahlung bei Krankheit. Nach § 616 BGB hatten 1900 alle „zur Dienstleistung verpflichteten" einen „Anspruch auf Vergütung, wenn sie für eine verhältnismäßig nicht erhebliche Zeit" ohne Verschulden" an der Dienstleistung verhindert" sind. Nach allgemeiner Meinung galt das für sechs Wochen nur für die Angestellten, wurde aber bei Arbeitern im Dienstvertrag meistens abbedungen, weil sie in dieser Zeit – ein geringes – Krankengeld von den gesetzlichen Krankenversicherungen erhielten. So blieb in der Weimarer Republik, im „Dritten Reich", in der Besatzungszeit und unter Adenauer und Erhard für Arbeiter und Angestellt eine unterschiedliche Regelung. Nur ausnahmsweise galt in der frühen Bundesrepublik tarifvertragliche Gleichbehandlung wie nach dem schleswig-holsteinischen Metallarbeiterstreik. Erst die sozialliberale Koalition unter Willy Brandt hat das geändert.

Kündigungsschutz. Die erste wichtige Regelung brachte das Betriebsverfassungsgesetz von 1920 für Arbeiter und Angestellte in Betrieben mit mindestens 20 Beschäftigten. Die Betriebsräte erhielten kein eigenes Recht, eine Kündigung zu verhindern, aber immerhin ein Mitwirkungsrecht bei der Durchsetzung des individuellen Kündigungsschutzes. Zentrale Vorschrift war § 84 Ziff. 4 BetrVerfG. Danach konnte ein Gekündigter den Betriebsrat anrufen, „wenn sich die Kündigung als eine unbillige, nicht durch das Verhalten des Arbeitnehmers oder die Verhältnisse des Betriebs bedingte Härte darstellt." Der Betriebsrat war eine Art Vorprüfungsinstanz für die Klage zum Arbeitsgericht. War er der Meinung, der Kündigungsgrund sei gegeben, musste er versuchen, mit dem Arbeitgeber eine Einigung zu erreichen. Wenn das scheiterte, konnte der Arbeitnehmer selbst oder der Betriebsrat Klage beim Arbeitsgericht erheben. Kam das Gericht zum Ergebnis, eine unbillige Härte der Kündigung sei gegeben, konnte der Arbeitgeber nicht zur Weiterbeschäftigung gezwungen werden, sondern sie durch Zahlung von Entschädigung abwenden, die je nach der Dauer der Betriebszugehörigkeit bis zur Höhe eines halben Jahresverdienstes steigen konnte.

Im NS-Staat wurde das BetrVerfG 1934 abgelöst durch das Gesetz zur Regelung der nationalen Arbeit, AOG. Der Betriebsrat hieß nun Vertrauensrat und durfte jetzt wegen des „Führerprinzips" des Betriebsführers und des Gemeinschaftsgedankens im Betrieb, nach dem dort alle Beteiligten zum Nutzen des Unternehmens arbeiteten, gegen den Unternehmer nicht mehr mit einer eigenen Meinung auftreten, sondern konnte an einem betrieblichen Güteverfahren beratend teilnehmen und hatte auch nicht mehr ein eigenes Klagerecht. Der Kündigungsschutz war nur noch reines Individualrecht. Nur der Gekündigte konnte die Klage beim Arbeitsgericht erheben, wobei der Kündigungsschutz auf Betriebe mit mindestens 10 Beschäftigte erweitert wurde. Die Individualisierung hatte den Vorteil, dass mit ihr mögliche unerfreuliche Differenzen zwischen Betriebsrat und Arbeitnehmer entfielen. Im Ergebnis änderte sich wenig. Auch nach §§ 56, 57 AOG war wichtigster Kündigungsschutz die Berufung auf unbillige Härte und es blieb auch für den Arbeitgeber die Möglichkeit, ein Urteil auf Weiterbeschäftigung abzuwenden durch Zahlung einer Entschädigung.

Nach der Aufhebung des AOG durch den Alliierten Kontrollrat galt wieder das BetrVerfG von 1920, aber nur in der amerikanischen und französischen Zone, nicht in der englischen, wo die Beschäftigten ohne Gesetz mit dem Grundsatz *hire and fire* leben mussten und nur die Gerichte mit Hilfe der Generalklauseln in §§ 138, 157, 242 BGB helfen konnten.

Diese Zersplitterung hat in der Bundesrepublik das Kündigungsschutzgesetz vom 10.8.1951 beendet. Es war eine Verbesserung. Grundlegende Vorschrift war § 1 Abs. 1 und 2:

(1) Die Kündigung des Arbeitsverhältnisses gegenüber einem Arbeitnehmer, der länger als sechs Monate ohne Unterbrechung in demselben Betrieb oder Unternehmen beschäftigt ist und das 20. Lebensjahr

vollendet hat, ist rechtsunwirksam, wenn sie sozial ungerechtfertigt ist.

(2) Sozial ungerechtfertigt ist die Kündigung, wenn sie nicht durch Gründe, die in der Person oder in dem Verhalten des Arbeitnehmers liegen, oder durch dringende betriebliche Erfordernisse, die einer Weiterbeschäftigung des Arbeitnehmers in diesem Betrieb entgegenstehen, bedingt ist. Der Arbeitgeber hat die Tatsachen zu beweisen, die die Kündigung bedingen.

Im Kern gilt das heute noch so. Entscheidend ist Abs. 2: Eine soziale Härte braucht vom Arbeitnehmer nicht mehr bewiesen zu werden. Ist die Kündigung in seiner Person oder seinem Verhalten begründet oder dringend (!) betriebsbedingt, bleibt sie wirksam. Wenn nicht, ist sie automatisch sozial ungerechtfertigt und unwirksam, besteht das Arbeitsverhältnis weiter. Das wird durch das Urteil des Arbeitsgerichts festgestellt. Der Betriebsrat spielt dabei keine Rolle.

Und trotz einer dogmatischen Verbesserung gegenüber 1920 änderte sich im Ergebnis kaum etwas zum Besseren, wahrscheinlich wegen der Ausschaltung des Betriebsrats sogar zum schlechteren. Nach einer Untersuchung des Hamburger Max-Plank-Instituts von 1981 haben 1978/79 nur 7,8 % der gekündigten Arbeitnehmer gegen ihre Entlassung geklagt. In mehr als 90 % aller Fälle war es die faktische Macht der Arbeitgeber, die Kündigungen ohne Gerichtsverfahren durchzusetzen. Der Grund? Zum einen scheuen durchschnittliche Bürger Gerichtsverfahren. Zum anderen gab es auch bei einer ungerechten Kündigung keinen Weiterbeschäftigungsanspruch. Sie müssen die Firma ohnehin erstmal verlassen, auch um so vom Arbeitsamt das Arbeitslosengeld zu erhalten. Nach der Hamburger Untersuchung haben 1978/79 nur 1,7 % aller klagenden Arbeitnehmer durch die Arbeitsgerichte die Rückkehr an ihren alten Arbeitsplatz erreicht. 1,7 % von 7,8 %.

Das **soziale Mietrecht** hat seinen Durchbruch ebenfalls im Ersten Weltkrieg erhalten. Im BGB von 1900 galt für den Mietvertrag über Wohnungen wie für den Arbeitsvertrag die von Roger Garaudy charakterisierte Freiheit. Der Unterschied besteht nur darin, dass Arbeiter und Angestellte ziemlich starke Gewerkschaften hinter sich haben, Mieter nicht. Trotzdem besserte sich deren Situation im Ersten Weltkrieg. Denn die Bautätigkeit ließ nach. Die Wohnungsnot wurde größer und – das war entscheidend – die Soldaten an der Front wurden unruhig, wenn ihre Familien zu Hause eine Kündigung erhielten, weil sie ihre Miete nicht mehr zahlen konnten Deshalb wurde 1917 eine Mieterschutzverordnung erlassen, nach der Mieteinigungsämter eingerichtet worden sind, die frei entscheiden konnten über Mietpreise, Kündigungen und Wohnungszuweisungen.

Als sich nach dem Krieg die Wohnungsnot nicht besserte, ist 1922 das Reichsmietengesetz zur Mietpreisbindung erlassen worden. 1923 folgte das Mieterschutzgesetz, das dem Vermieter nur in wenigen genau bezeichneten Fällen eine Kündigung erlaubte, ungefähr wie heute (Rnr. 58). Man verstand diese Schutzgesetze für Mieter als so genanntes Notrecht, das erforderlich sei durch die Not des Kriegs und der Nachkriegszeit. Am Ende der Weimarer Republik erkannte man aber die strukturelle Ungleichheit von Vermietern und Mietern auch in normalen Zeiten, die einen ständigen Schutz für Mieter notwendig mache, ein soziales Mietrecht. Deshalb hat der Zentrumspolitiker Heinrich Brüning als Reichskanzler einer Minderheitsregierung durch eine der vielen von ihm veranlassten Notverordnungen des Reichspräsidenten 1931 vorgesehen, dass dieses Notrecht der beiden Gesetze nur bis 1933 gelten und dann ersetzt werden solle durch ein neues soziales Mietrecht im BGB.

Wohl wegen ihrer Abneigungen gegen das BGB, das sie durch ein Volksgesetzbuch ablösen wollten, haben die Nationalsozialisten diesen Auftrag nicht erfüllt. Das Volksgesetzbuch wurde nicht vollendet. Also blieben Mietengesetz und Mieterschutzgesetz in Kraft, jetzt im Grunde schon als soziales Mietrecht, und blieben es in der Besatzungszeit und in zwölf Jahren unter Konrad Adenauer, bis Ludwig Erhards soziale Marktwirtschaft in Gestalt des Wohnungsbauministers Paul Lücke 1960 ihre Abneigung gegen dieses soziale Mietrecht durchsetzte mit einem „Gesetz zum Abbau der Wohnungszwangswirtschaft und über ein soziales Miet- und Wohnrecht“.

Die Bezeichnung dieses Gesetzes war ein Etikettenschwindel. Denn mit ihm wurde trotz einer vorsichtigen Sozialklausel in § 556 a BGB (jetzt §§ 574–574b) soziales Mietrecht wieder zu einem Notrecht gemacht, das durch schrittweise Rückkehr zur fast völligen Wiederherstellung der alten Vertragsfreiheit des BGB abgeschafft werden sollte. Dafür wurden weiße und schwarze Kreise unterschieden. Weiße waren solche, in denen ein „Wohnungsfehlbestand“ von 3 % die Annahme rechtfertigen sollte, es sei ein baldiger Ausgleich von Angebot und Nachfrage zu erwarten, und deshalb konnten oder besser: mussten Mietengesetz und Mieterschutzgesetz außer Kraft treten. Es waren weitgehend ländliche Gebiete oder kleinere Städte. Viele andere Städte dagegen, besonders die großen, durften erstmal noch schwarz bleiben, mit dem Schutz der beiden Gesetze. Die für das endgültige Ende dieser „Zwangswirtschaft“ vorgesehenen Fristen mussten immer wieder verlängert werden. Bis 1971 ein Wunder geschah (Rnr. 58).

36. BAGE 6,321 – Metall-arbeiter-streik

Der schleswig-holsteinische Metallarbeiterstreik fand statt 1956/57. Das Urteil des Bundesarbeitsgerichts erging 1958. Der Streik wurde hauptsächlich geführt um die Lohnfortzahlung bei Krankheit für Arbeiter, die bisher im Gegensatz zu den Angestellten nicht stattfand. Insofern war der Streik ein Erfolg, wurde aber mit diesem Urteil für die IG-Metall zu einem Fiasko.

Schleswig-Holstein war von der IG-Metall als Aktionsfeld für einen neuen bundeseinheitlichen Tarifvertrag gewählt, weil die Werften hier an der Ostsee damals gute Geschäfte machten. Die Gewerkschaft hatte den alten Tarifvertrag ordnungsgemäß gekündigt und die Arbeitgeber hatten die Forderungen ordnungsgemäß abgelehnt. Aber dann machte die IG-Metall einen Fehler, den sie nicht für erheblich hielt.

In einer 1955 von ihr mit der Arbeitgebervereinigung Gesamtmetall abgeschlossenen Schlichtungsvereinbarung hatte sich die Gewerkschaft verpflichtet, Beschlüsse über Kampfmaßnahmen nicht innerhalb einer Friedenspflicht von fünf Tagen nach Scheitern der Verhandlungen durchzuführen. Die Urabstimmung über den Streik hatte aber am 11. und 12. Oktober 1956 innerhalb dieser Frist stattgefunden.

Der Streik fand statt vom 24. Oktober 1956 bis zum 14. Februar 1957. An ihm beteiligten sich zunächst 26.000 Beschäftigte, später 34.000 von insgesamt 41.000. Der Erfolg des Streiks: Die Lohnfortzahlung für Arbeiter bei Krankheit wurde tariflich anerkannt. Das Fiasko: dieses Urteil.

Die Arbeitgeber klagten auf 38 Millionen DM Schadensersatz, fast das Doppelte des Jahresüberschusses der Gewerkschaft. Das Arbeitsgericht hatte die Klage abgewiesen, das Landesarbeitsgericht die Schadensersatzpflicht bejaht, ebenso das Bundesarbeitsgericht. Der Streikbeschluss sei wegen des Verstoßes gegen die Friedenspflicht ein Verstoß gegen die Sozialadäquanz gewesen und damit rechtswidrig. Und wenn ein Beschluss über den Streik rechtswidrig ist, ist der ganze Streik rechtswidrig als Eingriff in das Unternehmensrecht der Arbeitgeber und würde zum Schadensersatz verpflichten nach § 823 Abs. 1 BGB.

In dieser Argumentationsreihe lag allerdings ein juristisches Problem. Man nennt es rechtmäßiges Alternativverhalten. Es besteht darin, dass ein Schädiger sagt, er habe zwar rechtswidrig gehandelt, aber wenn er sich rechtmäßig verhalten hätte, würde derselbe Schaden eingetreten sein. Zutreffend konnte im Fall des Streiks der IG-Metall angenommen werden, dass der Streik auch dann vom 24. Oktober 1956 bis 14. Februar 1957 diesen Schaden verursacht haben würde, wenn die Gewerkschaft die Abstimmung wenige Tage nach dem 11./12. Oktober rechtmäßig durchgeführt hätte. Die Meinungen zu diesem Problem sind in Rechtsprechung und Literatur geteilt. Ohne Weiteres hätte der Nipperdey'sche 1. Senat des BAG entscheiden können, dass der Verstoß gegen die Friedenspflicht nicht ursächlich gewesen sei für den Schaden. Und es ist sicherlich typisch, dass er die Gegenmeinung vertreten hat. Die Gewerkschaft erhob Verfassungsbeschwerde nach Art. 9 Abs. 3 GG. Aber man einigte sich. Die Gewerkschaft brauchte nicht zu zahlen gegen Rücknahme der Verfassungsbeschwerde und Zugeständnissen bei der Neuformulierung der Schlichtungsvereinbarung zu ihren Lasten. Aber der Grundsatz blieb, Stufe 2 der Sozialadäquanz: Ein Streik, der gegen die Friedenspflicht verstößt, verpflichtet grundsätzlich zum Schadensersatz.

Als Wirtschaftsrecht werden hier behandelt der gewerbliche Rechtsschutz (für Patente, Gebrauchsmuster sowie für Marken und andere Kennzeichen) und das Wettbewerbsrecht. Beide haben ihren Ursprung nach der Reichsgründung 1871: Patentgesetz 1874, Markenschutzgesetz 1874, Gebrauchsmustergesetz 1891, Gesetz zur Bekämpfung des unlauteren Wettbewerbs (später: Gesetz gegen unlauteren Wettbewerb) 1896. Die drei: Patent, Gebrauchsmuster („kleiner Bruder des Patents") und Marken werden heute noch geschützt vom Patentamt in München. Im Folgenden wird nur die Geschichte des Patentgesetzes kurz beschrieben. 37. Wirtschaftsrecht

Das Patentamt wurde 1877 in Berlin errichtet. Am Ende des Zweiten Weltkriegs stellte es 1945 seine Tätigkeit ein und ist 1949 in München wiedereröffnet worden. Zunächst war es nur für Patente zuständig, seit 1891 auch für Gebrauchsmuster und seit 1894 für Marken. 1965 erhielt es auch die Zuständigkeit für die Urheberrolle, später das Register nach dem Urheberrechtsgesetz.

Zur Frage, wann eine Erfindung neu ist, § 1 PatG, gab es seit 1900 eine ausführliche Rechtsprechung des Reichsgerichts. Zuerst wurde eine technische Neuerung auch dann als patentwürdig angesehen, wenn sie naheliegend war. Seit den zwanziger Jahren verlangte das Gericht eine „Erfindungshöhe" durch „schöpferische Tätigkeit". Dem folgte die Rechtsprechung des Bundesgerichtshofs, bis 1978 das Gesetz selbst in § 2a (heute § 4) die Formel gefunden hat:

> „Eine Erfindung gilt als auf einer erfinderischen Tätigkeit beruhend, wenn sie sich für den Fachmann nicht in naheliegender Weise aus dem Stand der Technik ergibt."

Seit 1950 hat das Patentamt vorsichtig auch biologische Erfindungen als patentfähig anerkannt, zunächst solche auf dem Gebiet der Kosmetik. 1957 kam der Schutz für Pflanzenzüchtungen dazu und für Tierzüchtungen. Ebenfalls seit 1957 waren mikrobiologische Verfahren patentwürdig, zum Beispiel für die Brotbereitung, und seit 1978 Mikroorganismenkulturen. Das Klonen menschlichen Lebens ist seit 1990 nach § 2 Abs. 2 PatG nicht patentfähig und nach dem Embryonenschutzgesetz vom selben Jahr strafbar.

Als 1871 die Gewerbefreiheit der Gewerbeordnung des Norddeutschen Bunds von 1869 auf das ganze Deutsche Reich ausgedehnt wurde, verbreiteten sich zunehmend irreführende Wettbewerbsformen. Trotz wachsender Kritik reagierte der Gesetzgeber erst 1896 mit dem Gesetz zur Bekämpfung unlauteren Wettbewerbs, UWG. Es enthielt nur Einzeltatbestände und wurde 1909 neu gefasst, besonders durch die Generalklausel in § 1:

> „Wer im geschäftlichen Verkehr zu Zwecken der Wettbewerbs Handlungen vornimmt, die gegen die guten Sitten verstoßen, kann auf Unterlassung und Schadensersatz in Anspruch genommen werden."

In dieser Form diente das UWG bis 1965 ausschließlich dem Schutz von Mitbewerbern. Die Bestimmung über die Klagebefugnis in § 13 wurde öfter geändert, auch zugunsten von „Verbänden zur Förderung gewerblicher Interessen" und seit 1965 sogar von Verbraucherverbänden. Der Anfang des Verbraucherschutzes im Gesetz.

Als am Beginn des Deutschen Reichs der Ruf nach einem UWG lauter wurde, gab es noch ein anderes Wettbewerbsproblem. Deutschland war das Land der Kartelle und Konzerne. Im rasanten Aufstieg seiner industriellen Revolution nach der Mitte des 19. Jahrhunderts, der das Kaiserreich um 1900 zur stärksten Wirtschaftsmacht Europas werden ließ, haben Konzerne und Kartelle den freien Lauf des Markts ganz erheblich verfälscht, und zwar zugunsten einer Steigerung der Produktion. Eine wegweisende Entscheidung des Reichsgerichts von 1897 hat das unter Berufung auf die Vertragsfreiheit der Unternehmer für mehr als ein halbes Jahrhundert festgeschrieben (RGZ 38,155, sächsisches Holzstoffkartell). Auch im Vertrauen auf diesen industriellen Vorrang, der auch ein militärischer gewesen ist, konnte das Kaiserreich 1914 fahrlässig in den Ersten Weltkrieg schliddern und Adolf Hitler 1939 vorsätzlich in den Zweiten ziehen. Nur dass beide Male nicht an das Eingreifen der Vereinigten Staaten gedacht wurde, die industriell und militärisch noch stärker gewesen sind.

Die Verfälschung eines freien Markts durch Kartelle und Konzerne ist noch stärker als durch unlauteres Wettbewerbsverhalten. Dieses ist sozusagen Störung in einzelnen Bereichen, jenes Blockade des gesamten Systems. Um jenes in Deutschland für die Zukunft zu verhindern, in erster Linie aus militärischen Gründen, wollten die USA hier nach dem Zweiten Weltkrieg ein Kartellgesetz mit dem Vorbild ihres *Sherman Antitrust Act* von 1890 (*trust*, engl. für Kartell und Konzern). Aber im Alliierten Kontrollrat konnte man sich nicht einigen. Selbst die Engländer hatten Bedenken und so entstand nur für die amerikanisch-britische Zone eine nicht sehr weitreichende Regelung.

Auch am Beginn der Bundesrepublik blieb für die USA als Mitglied der Hohen Kommission das Kartellgesetz ein wichtiges Ziel. Von 1949 bis 1951 gab es in Verhandlungen mit den Kommissaren 14 deutsche

Entwürfe, die nicht gebilligt wurden. Endlich gelang Ludwig Erhard 1952 ein Entwurf, der ihre Zustimmung fand. Aber nun gab es ein langes internes Ringen, in dem sich Erhard trotz Unterstützung durch die USA nicht durchsetzen konnte gegen Kartellbefürworter in der Unionsfraktion. Hinter denen standen starke Industrieverbände. Das schließlich 1957 verabschiedete „Gesetz gegen Wettbewerbsbeschränkungen", GWB, war ein Kompromiss, in dem die Ausnahmen „das Verbotsprinzip wie einen Schweizer Käse durchlöcherten" (Werner Abelshauser).

Besser sah es aus bei der Entflechtung von Konzernen, also großer Unternehmenszusammenschlüsse. Solche Fusionen bisher selbständiger Unternehmen zu einem einzigen sind oft noch gefährlicher für den freien Markt als Kartelle, den Vereinbarungen zwischen selbständig bleibenden Firmen. Deutschland war bis 1945 auch Europameister in der Gründung von Konzernen. Bekanntester Fall sind die IG Farben gewesen, damals das größte europäische Unternehmen. Seine Aufteilung in die ursprünglichen Teile gelang der Hohen Kommission 1952. So entstanden die Firmen Agfa, BASF, die Bayer AG, die Farbwerke Höchst und andere.

Gleichzeitig mit dem GWB ist am 1. Januar 1958 der Vertrag über die Europäische Wirtschaftsgemeinschaft in Kraft getreten, der in seinen Artikeln 81 bis 86 ein umfassendes Verbot wettbewerbsbeschränkender Vereinbarungen und Maßnahmen enthielt. Aber 1962 erhielt die Kommission das Recht, so genannte Freistellungen zu beschließen (jetzt Art. 101 Abs. 3 AEUV). Mit ihnen erwarben Gruppen von Unternehmen nach Zustimmung des Ministerrats durch Verordnung der Kommission die Freistellung vom Kartellverbot, wenn ihr Zusammenschluss der Verbesserung von Warenerzeugung oder -verteilung diente oder der Förderung von technischem oder wirtschaftlichem Fortschritt (Gruppenfreistellungsverordnungen). Solche Verordnungen haben Gesetzeskraft. Sie spielten künftig eine wichtige Rolle und man sieht, die Löcher im Käse waren auch hier gut verbreitet.

Dieses Nebeneinander zweier unterschiedlicher Kartellrechtsordnungen war nicht ohne Probleme. Weitgehend wurde angenommen, das europäische Kartellrecht habe Vorrang vor dem deutschen. Aber deutsche Gerichte zögerten lange, diesen Vorrang anzuerkennen. Erst 2003 wurde das Problem durch eine Verordnung der Kommission zu Gunsten des eigenen Vorrangs endgültig entschieden (Rnr. 80).

Das Strafrecht der Bundesrepublik beginnt mit Art. 102 GG: „Die Todesstrafe ist abgeschafft." Das war eine Reaktion auf die unbeschreibliche Inflation dieser Strafe in der NS-Zeit. War es auch das Zeichen für eine künftige Liberalisierung des Strafens? Dann ließ sie jedenfalls noch ziemlich lange auf sich warten (Rnr. 61). In der hier beschriebenen Zeit gab es nur kleine Fortschritte wie die Einführung der Strafaussetzung 38. Strafrecht zur Bewährung 1953, eine der Forderungen der modernen Schule Franz von Liszts (1851–1919). Im Übrigen blieb die klassische Schule Karl Bindings (1841–1920) mit ihrer harten Vergeltungstheorie weiter herrschende Meinung in Rechtsprechung und Literatur. Noch 1954 konnte eine Mutter wegen Kuppelei zu einer Zuchthausstrafe verurteilt werden, weil sie ihrer erwachsenen Tochter erlaubt hatte, mit ihrem Verlobten über Nacht in der gemeinsamen Wohnung zu bleiben (BGHSt 6,53). Und in den zwölf Jahren von 1953 bis 1965 gab es 50.000 Verurteilungen wegen Homosexualität. Das ist dieselbe Zahl wie in den zwölf Jahren unter Adolf Hitler, nur dass die Verurteilten nach Verbüßung der Strafhaft nicht mehr in Konzentrationslagern landeten. Auch der amtliche Entwurf für eine „Strafrechtsreform" von 1962 folgte dieser Linie. Neben der Gefängnisstrafe sollte es noch weiter das Zuchthaus geben, die kurzen Freiheitsstrafen bleiben – die Franz von Liszt wegen der Rückfallgefahr für besonders gefährlich gehalten hatte – und die Strafe für Ehebruch sogar noch erhöht werden. Der Entwurf blieb stecken. Aber es gab Verschärfungen im politischen Strafrecht.

Gleich nach Gründung der Bundesrepublik begannen Planungen der Regierung und ihrer Fraktionen im Bundestag, wie man die von innen drohenden Gefahren westdeutscher Kommunisten bekämpfen könnte, die mit ihren Gesinnungsgenossen in der DDR durch gemeinsame politische Vorstellungen und Ziele und durch die gemeinsame deutsche Sprache eng verbunden waren. Das Ergebnis war 1951 das 1. Strafrechtsänderungsgesetz. Es brachte einen neuen Abschnitt im Besonderen Teil des StGB. Der hieß „Staatsgefährdung" und wurde eingefügt in der Mitte zwischen dem 1. Abschnitt über Hochverrat (Umsturz) und dem jetzt 3. Abschnitt zum Landesverrat (Zusammenarbeit mit feindlichem Ausland) als 2. Abschnitt mit den §§ 88–98.

Dieses politische Strafrecht verlagerte den Schutz des Staates weit nach vorn in den Bereich von Absichten, die noch nicht verwirklicht zu werden brauchten. Diese Vorverlagerung bedeutete, dass nun politische Handlungen strafbar wurden, die bisher nicht strafbar waren aber getragen von der Absicht, irgendwann später dann doch einmal zum Umsturz zu führen, zur Beseitigung der freiheitlichen demokratischen Grundordnung des Grundgesetzes. Dazu gehörte dann zum Beispiel die Beteiligung von Kommunisten an einem normalen arbeitsrechtlichen Streik in einem „für die Versorgung der Bevölkerung lebenswichtigen Betrieb" (§ 90) oder die Herstellung kommunistischer Schriften beziehungsweise deren Einfuhr aus der DDR (§ 93). Die von Gerichten ausgesprochenen Strafen waren objektiv milde, hielten sich im unteren Bereich des gesetzlich Möglichen, sind aber im Hinblick auf das nur Absichtliche sehr hart gewesen, zumal die z.T. hohen Kosten des Verfahrens dazukamen und oft die Aberkennung von Entschädigungen für Verfolgung in der NS-Zeit. Nur die Verurteilung von Funktionären und Abgeordneten nach dem KPD-Verbot von 1956 für ihre Tätigkeit in der Partei vor dem Verbot nach § 90a durch die Gerichte bis zum BGH ist 1961 vom Bundesverfassungsgericht für verfassungswidrig erklärt worden, weil das Parteienprivileg des Art. 21 Abs. 2 GG auch die Funktionäre und Anhänger einer nicht verbotenen Partei schützt.

Im Übrigen aber funktionierte dieses Strafrecht einer „Staatsgefährdung". Allein die etwa 138.000 eingeleiteten Ermittlungsverfahren hatten einschüchternde Wirkung. Sie konnten für die Betroffenen auch dann gefährlich werden, wenn sie nicht zu einer Verurteilung führten, zum Beispiel durch Verlust des Arbeitsplatzes oder einer Werkswohnung. Da spielte es insofern keine Rolle mehr, dass die Zahl der Verurteilungen zu Gefängnisstrafen verhältnismäßig gering blieb, Die einzig bekannte Zahl: von 1953 bis 1963 waren es etwas weniger als 2.000 Verurteilungen. Insgesamt sind in der Zeit von 1951 bis 1968 ungefähr 6.000 bis 7.000 Angeklagte wegen kommunistischer Betätigung verurteilt worden.

In den sechziger Jahren erlebte die Wissenschaft vom Strafrecht eine erstaunliche Wende. Es war ein jahrelanger Streit über eine der dogmatischen Grundlagen des Strafrechts, den Begriff der Handlung, zwischen der kausalen und finalen Handlungslehre. Die ältere kausale geht zurück auf Franz von Liszt (1851–1919) und war die eher liberale Methode, das Strafrecht an äußeren Umständen zu orientieren mit der bisher herrschenden Dreiteilung für die Feststellung einer Straftat durch Tatbestandsmäßigkeit, Rechtswidrigkeit und Schuld, wobei die Schuld einfach verstanden wurde als Vorsatz oder Fahrlässigkeit. Damit orientierte man sich an der Teilung des Strafgesetzbuchs in vorsätzliche und fahrlässige Straftaten.

Die neue – und schließlich siegreiche – finale Handlungslehre war in den dreißiger Jahren begründet worden von Hans Welzel (1904–1977). Er ging davon aus, dass menschliches Handeln normalerweise zielgerichtet ist, final, vom lateinischen *finis,* Grenze, Zweck, Ziel. Und da die meisten Straftaten Vorsatzdelikte sind, zählte er den Vorsatz zum Tatbestand, der die strafbare Handlung beschreibt. Es blieb aber bei der alten Dreiteilung Tatbestandsmäßigkeit, Rechtswidrigkeit, Schuld, nur dass der Vorsatz jetzt zum Tatbestand gehörte und die Schuld ein neues personales Unrechtselement wurde, nämlich Vorwerfbarkeit. Dieser menschliches Verhalten regelmäßig besser darstellende neue finale Handlungsbegriff setzte sich auch deshalb allmählich weiter durch, weil der Große Strafsenat des Bundesgerichtshofs ihn in einer aufsehenerregenden Entscheidung von 1952 übernommen hatte (BGHSt 2,194). Lebhafte Streitigkeiten zwischen finaler und kausaler Handlungslehre folgten in den sechziger Jahren und wurden abgeschlossen mit dem 2. Strafrechtsreformgesetz von 1969, in dem das strafrechtliche Irrtumsrecht mit den §§ 16 und 17 StGB auf der Grundlage der finalen Handlungslehre neu formuliert worden ist. Dieser Druck von Rechtsprechung 1952 und Gesetzgebung 1969 führte dazu, dass spätestens seit den siebziger Jahren die finale Handlungslehre in der Wissenschaft herrschende Meinung geworden war.

Sie hatte allerdings Schwierigkeiten mit Fahrlässigkeits- und Unterlassungsdelikten. Deshalb entwickelten sich aus der finalen Handlungslehre in letzter Zeit vermittelnde Meinungen, die man als soziale Handlungslehren bezeichnet. Aber wie auch immer, das Wesentliche von Hans Welzes Lehre ist geblieben: die Zurechnung des Vorsatzes zum Tatbestand und die davon zu unterscheidende Schuld als Vorwerfbarkeit, eine Subjektivierung, die letztlich eine Ausweitung des Strafrechts bedeutet, denn nun kann ein Angeklagter wegen einer Vorsatztat wie § 240 StGB bestraft werden, der sich nur „fahrlässig" über das Unrecht seiner Tat geirrt hat. Das zeigt die genannte Entscheidung des BGH von 1952.

Nun noch ein Blick zurück zum Thema Täterschaft und Teilnahme, der notwendig ist für das Verständnis der nächsten Randnummer 39. Das Strafgesetzbuch sagte bis 1975 gar nichts zur Frage, wer Täter ist. 1940 erging dazu ein berühmtes Urteil des Reichsgerichts. Der „Badewannen-Fall", RGSt 74,84:

Zwei Bauernmädchen an der Mosel, Schwestern, waren nichtehelich schwanger. Die eine hatte eine Totgeburt und die andere, Maria Anna R., bat nach der Geburt aus Angst vor dem Vater ihre Schwester, das Baby in der Badewanne zu ertränken. Die tat es. Das Landgericht Trier hatte dann diese Schwester als Täterin wegen Mordes zum Tode verurteilt (objektive Täterlehre, „Tatherrschaft"), Maria Anna als Anstifterin an sich zur selben Strafe, aber wegen Milderung des damaligen § 217 (kurz nach der Geburt) nur zu einer Zuchthausstrafe. Das Reichsgericht hob das Urteil gegen die Schwester auf und wies zurück an das Landgericht. Für die Beurteilung als Täter komme es nicht darauf an, wer den Tatbestand objektiv verwirklicht („Tatherrschaft"), sondern ob der Handelnde „die Tat als eigene wollte" (subjektive Täterlehre). In diesem Fall habe die Mutter Maria Anna die Tat als eigene gewollt, nicht ihre Schwester, die ihr nur helfen wollte, also Gehilfin gewesen sei, deren Strafe nach dem Gesetz milder sein müsse, also auch für sie nur eine Zuchthausstrafe in Frage komme.

Das war der Höhepunkt der subjektiven Täterlehre des Reichsgerichts. Nach dem Krieg ging der Bundesgerichtshof erst 1956 wieder zur objektiven Theorie über (BGHSt 8,393). Eine wichtige Entscheidung dazu und für das in Randnummer 40 Folgende war 1962:

39. BGHSt 18,87 – Stachinski

Bogdan Stachinski, geboren 1931 in einem Dorf beim westukrainischen Lemberg (Lwow), wo er später Pädagogik studierte, wurde 1950 in der Bahn dorthin ohne Fahrkarte aufgegriffen von der sowjetischen Bahnpolizei, die zum Geheimdienst KGB gehörte. In Lemberg ist er von einem KGB-Offizier vernommen worden der wusste, dass seine Familie zur antisowjetischen Opposition gehörte und ihm erklärte, er könne sie vor schweren Folgen bewahren, wenn er für den Geheimdienst arbeiten würde. Er unterschrieb eine Verpflichtungserklärung, wurde als Agent ausgebildet, 1954 in die DDR geschickt um deutsch zu lernen und öfter mit falschen Papieren nach München zu fahren, wo er das Milieu zu erkunden hatte.

1957 erhielt er in Berlin-Karlshorst den von mehreren Regierungsmitgliedern in Moskau beschlossenen Auftrag, in München den ukrainischen Exilpolitiker Lew Rebet zu töten, und zwar mit einer ihm übergebenen Giftpistole, deren Gas keine Spuren einer Gewalttat hinterlassen würde. Er überraschte ihn im Hausflur, spritzte ihm das Gas ins Gesicht, so dass der schnell starb. Ärztliche Diagnose: Herzinfarkt. Dasselbe musste er 1959 mit einem Attentat auf Stepan Bandera wiederholen, einen anderen Exilpolitiker aus der Ukraine.

1961 ist er am Tag des Mauerbaus mit seiner ostdeutschen Frau nach Westberlin gefahren, wo er sich dem US-Geheimdienst CIA offenbarte, der ihn der deutschen Polizei übergab. Er wurde verhaftet und vom Berliner Landgericht nach dem Vorbild des Badewannen-Falls als Gehilfe des sowjetischen Staats verurteilt, weil er glaubhaft versicherte, er habe unter Druck gegen seine Überzeugung gehandelt, also die Taten nicht als eigene gewollt. Für Beihilfe zum Mord in zwei Fällen erhielt er acht Jahre Freiheitsstrafe. Das bestätigte der Bundesgerichtshof 1962 mit dem ausdrücklichen Hinweis, dies sei ein Ausnahmefall, und das auch im Leitsatz mit den Worten deutlich machte, wer eine Tötung eigenhändig begeht, ist im Regelfall Täter, könne jedoch unter bestimmten Umständen auch Gehilfe sein. Stachinski wurde nach vier Jahren auf Bewährung entlassen und hat über die CIA mit seiner Frau und neuen Identitäten in Südafrika Asyl erhalten.

Heute folgt der BGH überwiegend der objektiven Tatherrschaftslehre, ohne die Orientierung am „Täterwillen“ ausdrücklich aufzugeben.

40. Verfolgung von NS-Verbrechen

1950/51 ergingen von deutschen Gerichten auf Grund des KRG Nr. 10 noch 730 Urteile gegen NS-Täter. Aber die Stimmung kippte. Diese letzten 730 und die aus der Besatzungszeit, das schien genug. Allgemein verbreitete sich eine Schlußstrichstimmung. Sie war schon vorher verstärkt durch den Bundesgesetzgeber, der im Dezember 1949 ein „Gesetz über die Gewährung von Straffreiheit“ erlassen hatte für Strafurteile westdeutscher Gerichte bis zur Höhe von einem Jahr, auch für solche gegen NS-Täter. Es bedeutete allgemein „den Einstieg in eine rasch fortschreitende Delegitimierung der Verfolgung von NS-Straftätern“ (Norbert Frei).

Dazu kam die zunehmende Spannung im Kalten Krieg zwischen Ost und West. Die Alliierten und die Regierung Adenauer planten die Wiederaufrüstung der Bundesrepublik. Dafür brauchte man Generäle und Offiziere der NS-Zeit. Andere gab es nicht. Aber die machten zur Bedingung ihrer Teilnahme die Begnadigung der von den Alliierten verurteilen „Kameraden". So brach auf Drängen der Bundesregierung ein „Gnadenfieber" aus (Gerhard Werle). Allein 300 von alliierten Gerichten ausgesprochene Todesurteile wurden von den Hohen Kommissaren auf dem Petersberg in lebenslange oder zeitige Freiheitsstrafen umgewandelt. Die ersten der Begnadigten waren schon 1951 entlassen, die letzten 1958, nämlich Befehlshaber von Einsatzgruppen und –kommandos, verurteilt wegen der Ermordung von hunderttausenden Juden. Nur in den schlimmsten Fällen wie dem des NS-Generals Ohlendorf wurde die Todesstrafe bestätigt und noch 1951 vollstreckt.

Außerdem bat die Bundesregierung die Hohe Kommission, das KRG Nr. 10 aufzuheben, damit deutsche Gerichte NS-Verbrechen nur noch nach dem Strafgesetzbuch verurteilen sollten und nicht mehr als Verbrechen gegen die Menschlichkeit, wohl auch, weil man meinte, dass dadurch der Grundsatz *nulla poena sine lege* (Art. 103 GG, § 1 StGB) wieder eingehalten würde. Der englische und französische Kommissar haben das für das Gebiet ihrer ehemaligen Besatzungszonen angeordnet. Der amerikanische wohl nicht. Unabhängig davon ging man schon seit 1950 allgemein davon aus, dass deutsche Gerichte nur noch nach dem StGB urteilen könnten, dessen Vorschriften über Mord und Totschlag ja auch in der NS-Zeit galten. Und übersah damit ein anderes fundamentales Problem.

Denn für NS-Verbrechen ist das StGB nicht geschrieben worden. Seine Vorschriften galten immer nur und gelten auch heute nur für Täter, die in einem Rechtsstaat gegen den Staat handeln, der Garant des Rechts ist. Im „Dritten Reich" aber haben Täter massenhaft Verbrechen begangen, die im Einklang mit dem Staat standen, der ein Unrechtsstaat gewesen ist. Deshalb kam in den Prozessen oft der Einwand, was damals „Recht" war, könne jetzt nicht Unrecht sein. Oder einfacher, sie hätten auf – staatlichen – Befehl gehandelt und im Führerstaat unbedingt gehorchen müssen. Insofern war die Verfolgung dieser Täter nach dem KRG Nr. 10 symmetrisch im Gleichgewicht mit ihren Verbrechen, die ja tatsächlich Verbrechen gegen die Menschlichkeit gewesen sind. Und die Berufung der Angeklagten auf den Grundsatz *nulla poena sine lege* ging ins Leere, weil er ein Gebot für strafbares Handeln im Rechtsstaat ist.

Mit anderen Worten, der Gesetzgeber der Bundesrepublik hat seine Gerichte mit einem für die Verfolgung von NS-Verbrechen ungeeigneten StGB allein gelassen. Er hätte das KRG Nr. 10 ohne die in Art. 102 GG abgeschaffte Todesstrafe übernehmen sollen. Aber ein Sondergesetz für die Bestrafung von NS-Tätern? Das passte nicht in die Zeit der Schlussstrichstimmung und des „Gnadenfiebers". In der auch noch zugunsten von ehemaligen NS-Beamten das G 131 erlassen wurde (Rnr. 19).

Also wurde von den Gerichten nach dem StGB entschieden. Das hatte die unglückselige Folge einer Rechtsprechung für Massenmörder, die nicht als Täter, sondern als Gehilfen verurteilt wurden und zwar zu Strafen, die oft an der unteren Grenze des gesetzlichen Möglichen lagen, „was mitunter einer Verhöhnung der Opfer recht nahe kam" (Fritz Bauer). Das geschah mit Hilfe der für solche Megaverbrechen nicht vorgesehenen subjektiven Theorie für die Unterscheidung von Täterschaft und Teilnahme (Rnr. 38 am Ende, Rnr. 39), nach der es, wie beschrieben, darauf ankommt, ob jemand eine Tat „als eigene will", dann ist er Täter, oder nicht, damit ist er Gehilfe. Im Gegensatz zur objektiven Theorie, für die jeder, der mit eigener Hand eine Gewalttat begeht, als Täter zu bestrafen ist. Also subjektive Theorie. Aber deren animus-Formel war „kein rational nachprüfbares Merkmal für die Unterscheidung „von Tätern und Gehilfen" (Heinz-Willi Heynckes). Nicht einmal innerhalb der fünf Strafsenate des Bundesgerichtshofs gelang dafür eine einheitliche Rechtsprechung, geschweige denn dem BGH als Revisionsinstanz eine Leitfunktion für die vielen erstinstanzlichen Urteile der Schwurgerichte.

In der Regel wurden hohe SS-Offiziere, Leiter von Einsatzgruppen oder -kommandos und Kommandanten der Konzentrationslager als Täter bestraft, genauer als Mittäter, denn oberste Handelnde waren Hitler oder SS-Chef Himmler. Untere Ränge galten als Gehilfen, es sei denn, sie waren Exzesstäter, die mehr als das Befohlene getan hatten. Aber das war auch nur die Regel. So gelang es sogar einem BGH-Senat – dem 4. – den Kommandanten des KZ Stutthof bei Danzig als Gehilfen durchzuwinken. Und die weitaus überwiegende Zahl der Urteile führte zu Gehilfenstrafen. So wurde die Beteiligung an grausamen Morden von Hunderten oder Tausenden Juden bestraft wie ein Einbruchsdiebstahl oder der Totschlag eines Einzelnen. – Das war das eine Handicap der Verfolgung von NS-Verbrechen.

Das andere ist der Zeitablauf gewesen. Erst dreizehn Jahre nach Kriegsende und neun nach Gründung der Bundesrepublik hat man gemerkt, dass schwerste Verbrechen noch ungesühnt waren. Die Täter hatten sich schnell und leise im zivilen Alltag eingelebt. Die Wende kam 1958 mit dem Ulmer Einsatzgruppenprozess. Die Initiative ging aus von Kriminalkommissar Zufall.

Ein hoher SS-Offizier war zuletzt in Ulm untergetaucht, wo er 1954 Leiter eines Flüchtlingsheims wurde, aber entlassen worden ist, nachdem seine wahre Identität bekannt geworden war. 1955 klagte er vor dem Arbeitsgericht auf Wiedereinstellung in den öffentlichen Dienst. Darüber wurde in der Presse berichtet und darauf kam aus Hannover die Nachricht, er sei in Litauen an Judenmorden beteiligt gewesen. Die Staatsanwaltschaft ermittelte und 1956 wurde er verhaftet. Nach mühsamen weiteren Ermittlungen begann 1958 vor dem Schwurgericht des Landgerichts der so genannte Ulmer Einsatzgruppenprozess, eine Bezeichnung, die etwas zu hoch gegriffen war, denn es handelte sich um ein kleines Einsatzkommando, das an der westlichen Grenze Litauens zu Ostpreußen 1941 die ersten Judenexekutionen durchgeführt hatte, und zwar als Teil der großen Einsatzgruppe A, die in den drei baltischen Staaten und den russischen Gebieten westlich von Leningrad mit den „Säuberungen" von Juden und Osteuropäern gewütet hat. Der Mann, der den Anstoß für den Prozess gegeben hat, war Polizeidirektor in Tilsit gewesen und vom Leiter des Einsatzkommandos gebeten worden, ihn mit seiner Polizeieinheit bei der Mordaktion zu unterstützen. Im Prozess wurden fürchterliche Einzelheiten der Morde an jüdischen Männern, Frauen und Kindern bekannt. Er begann am 28. April und endete nach vier Monaten mit dem Urteil vom 29. August. Alle zehn Angeklagten wurden als Gehilfen verurteilt, auch der Leiter des Kommandos und der Polizeidirektor. Täter waren nach Meinung des Gerichts „Hitler, Himmler, Heydrich und deren nähere Umgebung." Der Kommandeur des Unternehmens ist zu 15 Jahren Zuchthaus verurteilt worden, ebenso der „eigentliche Leiter" des Kommandos, der Polizeidirektor zu zehn Jahren. Die anderen erhielten Strafen von drei bis sieben Jahren.

Es war das erste große Strafverfahren wegen NS-Verbrechen vor einem deutschen Gericht und erregte großes Aufsehen. Wichtigste Folge war, dass die Justizminister der Bundesländer die Gründung einer „Zentralen Stelle" zur Aufklärung von NS-Verbrechen beschlossen, die die einzelnen örtlichen Staatsanwaltschaften bei ihren Ermittlungen unterstützen sollte. Sie begann ihre Arbeit am 1. Dezember 1958 in Ludwigsburg bei Stuttgart.

Auch der nächste große Prozess kam durch Kommissar Zufall zustande, der erste Auschwitz-Prozess 1963 bis 1965. Ein Häftling des Vernichtungslagers hatte am Ende des Kriegs Erschießungsakten des Lagers aus den rauchenden Trümmern des Breslauer SS-Gerichts als Souvenir mitgenommen und sie 1959 einem Journalisten geschenkt, der sie sofort an den hessischen Generalstaatsanwalt Fritz Bauer schickte, ohne dessen Energie und Vorsicht dieser Prozess nicht möglich gewesen wäre. Es waren Listen über die Ermordung von Häftlingen mit deren Namen und denen ihrer Mörder. Mit ihnen erreichte Bauer nach § 13a StPO den Beschluss des Bundesgerichtshofs, dass für die Untersuchung und Entscheidung über die Straftaten in Auschwitz das Landgericht Frankfurt/Main zuständig wurde. Bauers Staatsanwälte ermittelten vier Jahre lang, auch mit Hilfe der zentralen Stelle in Ludwigsburg. Inzwischen war die Öffentlichkeit für das Verfahren vorbereitet durch den Prozess gegen Adolf Eichmann 1961 in Jerusalem, den Koordinator der Deportation europäischer Juden für den Holocaust. 1960 war er vom israelischen Geheimdienst aus Ägypten entführt worden, aufgespürt durch einen Hinweis Fritz Bauers, was damals niemand wissen durfte. Von 1963 bis 1965 wurde vor dem Frankfurter Schwurgericht gegen 20 Angeklagte verhandelt. 359 Zeugen haben ausgesagt, darunter 248 ehemalige Häftlinge, viele von weit her angereist. Dadurch wurde das Geschehen im Lager in seiner Unmenschlichkeit noch sehr viel deutlicher als die Morde im Ulmer Prozess. Die Exekutionen in Litauen waren ein Horror. Aber Auschwitz, das wurde deutlich, ist die Hölle gewesen. Dort war die „Bestie in Menschengestalt" Wirklichkeit geworden. Das zeigten die 183 Verhandlungstage, über die in der Presse ausführlich berichtet worden ist. Nun gingen Namen durch das Land – wie Oswald Kaduk, der am meisten gefürchtete Mann im Lager, der bis zuletzt willkürlich aus Mordlust Häftlinge erschossen oder zu Tode gequält hat, oder wie Wilhelm Boger und seine Bogerschaukel, auf der er in bestialischer Weise gefoltert hat, oft mit Todesfolge. Auch die Rampe wurde ein Begriff, an der die in Viehtransportern angekommenen Juden Europas „selektiert" wurden in arbeitsfähige, die als Sklaven zu Tode beschäftigt wurden, oder Alte und Kranke, die gleich in den Gaskammern mit dem berüchtigten Zyklon B ermordet worden sind. Das Urteil erging am 19. und 20. August 1965. Sechs der Angeklagten wurden wegen ihrer aus eigener Mordlust begangenen Verbrechen als Mörder zu lebenslangem Zuchthaus verurteilt, darunter Boger und Kaduk, die anderen als Gehilfen Hitlers und Himmlers zu vier bis vierzehn Jahren, einer zu zehn Jahren Jugendstrafe und einer freigesprochen.

Soviel zu den beiden wichtigsten Prozessen nach so viel verlorener Zeit. Aber als nun die Verfolgung von NS-Verbrechen durch sie ermutigt fortschreiten konnte, auch durch die neue Zentralstelle in Ludwigsburg, ist sie schon 1968/69 durch ein Zusammenspiel von Gesetzgeber und Bundesgerichtshof wieder erheblich eingeschränkt worden (Rnr. 64).

Am 18. April 1951 wurde in Paris der „Vertrag über die Gründung der Europäischen Gemeinschaft für Kohle und Stahl" beschlossen, auch einfach Montanunion genannt. Vertragspartner waren Frankreich, die Bundesrepublik, die Benelux-Länder und Italien. Nach der Ratifizierung durch die Parlamente ist er am 23. Juli 1952 in Kraft getreten. Damit entstand die international erste Organisation von Staaten, der ihre Mitglieder Teile ihrer nationalen Souveränität übertragen hatten. Der Beginn der eu- 41. Europarecht ropäischen Integration und ihres Rechts. Nach dem Vertrag sollte die Gemeinschaft auf der Grundlage eines gemeinsamen Markts beitragen zur Ausweitung der Wirtschaft, Steigerung der Beschäftigung und Hebung der Lebenshaltung in den Mitgliedsstaaten. Im Vertrag nicht genannt war die Friedenssicherung (vgl. Rnr. 14). Frankreich sah sich bedroht durch die von den USA geplante Wiederaufrüstung der Bundesrepublik, die mit der gemeinsamen Verfügung über die Schwerindustrie unter die Kontrolle der ehemaligen Feindstaaten kam. Und für Adenauer bedeutete es den ersten Eintritt in die internationale Politik. Er konnte sein bisher gleichzeitiges Amt als Außenminister an ein selbständiges Ministerium übergeben, als die Bundesrepublik 1955 souverän wurde.

Die Gemeinschaft erhielt „Rechtsfähigkeit im zwischenstaatlichen Verkehr", außerdem vier „Organe", nämlich

die Hohe Behörde,
die Gemeinsame Versammlung, auch Versammlung genannt,
den Besonderen Ministerrat, auch Rat genannt, und
den Gerichtshof.

Wichtigstes Organ war die Hohe Behörde, Vorläufer der Kommission in Brüssel heute. Sie erhielt ihren Sitz in Luxemburg und hatte neun Mitglieder, je zwei aus Frankreich und Deutschland und je einen aus den Benelux-Staaten und Italien. Das waren acht. Den neunten sollten sie selbst bestimmen. Die acht wurden gemeinsam von den Regierungen der Mitgliedstaaten für sechs Jahre ernannt, die auch aus den neun Mitgliedern den Präsidenten der Behörde für jeweils zwei Jahre bestimmten. Wiederwahl war möglich. Erster Präsident wurde Jean Monnet (vgl. Rnr. 14). Die Hohe Behörde erließ Entscheidungen oder Empfehlungen. Entscheidungen waren entweder Verwaltungsakte, in erster Linie gegenüber Unternehmen oder Verbänden, aber außerdem auch Gesetze, die in allen Mitgliedstaaten sofort wirksam wurden. Heute spricht man von Verordnungen. Empfehlungen waren eine Art Rahmengesetz für bestimmte Ziele, die den Mitgliedstaaten einen Spielraum ließen für eine eigene Gesetzgebung. Heute Richtlinien genannt. Beide Gesetzesarten wurden in der europäischen Wirtschaftsgemeinschaft (1956) nicht mehr von der Kommission beschlossen, sondern nur vorgeschlagen und vom Ministerrat erlassen. Die Behörde hatte ihren Sitz in Luxemburg.

Die Versammlung bestand aus 78 Abgeordneten, je nach Größe der Länder von deren Parlamenten aus ihrer Mitte gewählt. Sie trat nur einmal im Jahr zusammen, um den Bericht der Hohen Behörde entgegenzunehmen. Wenn sie einen Misstrauensantrag mit Zweidrittelmehrheit beschlossen hatte, würden die Mitglieder der Behörde geschlossen zurücktreten müssen. Mehr Kompetenzen hatte die Versammlung nicht.

Ihr Sitz war Straßburg. Damit begann die heute noch übliche Verteilung von Institutionen der Gemeinschaften auf verschiedene Städte und so gibt es immer noch keine Europäische Hauptstadt, ein Fehler, der nicht untypisch ist.

Der Rat hatte die Aufgabe, die Tätigkeit der Hohen Behörde mit der Wirtschaftspolitik der Mitgliedsländer abzustimmen. Es waren sechs Länderminister, wohl regelmäßig für die Wirtschaft. Nach dem Vertrag gab es einige Fälle, in denen die Behörde für ihre Beschlüsse dessen Zustimmung brauchte.

Der Gerichtshof bestand aus sieben Richtern, die von den Regierungen der Mitgliedsländer gemeinsam für je sechs Jahre ernannt wurden. Er war zuständig für Nichtigkeitsklagen von Mitgliedsländern oder des Rats gegen Beschlüsse der Hohen Behörde wegen Unzuständigkeit, Verletzung des Vertrags usw. Auch Unternehmensverbände waren klagebefugt. Er hatte seinen Sitz in Luxemburg wie seine Nachfolger.

1957 wurde der „Vertrag zur Gründung der Europäischen Wirtschaftsgemeinschaft", EWG, und „der Europäischen Atomgemeinschaft", Euratom, vereinbart. Sie sind 1958 in Kraft getreten.

In der EWG ist schrittweise eine gemeinsame Zollunion der sechs Staaten geschaffen worden, ein freier Personen-, Dienstleistungs- und Kapitalverkehr sowie ein gemeinsames Wettbewerbssystem innerhalb des gemeinsamen Markts. Sie hatte wie die Montanunion vier Organe, Versammlung, Rat, Kommission und Gerichtshof, außerdem ebenfalls Rechtsfähigkeit. Versammlung und Gerichtshof waren gemeinsam zuständig für EWG und Montanunion, der Gerichtshof weiter mit sieben Mitgliedern in Luxemburg, die Versammlung mit einer größeren Zahl von Abgeordneten in Straßburg und beide mit den Kompetenzen wie in der Montanunion.

Statt der Hohen Behörde in Luxemburg für die EGKS gab es in der EWG nun eine weniger starke Kommission in Brüssel. Sie hatte für die Gesetzgebung nur das Recht, Vorschläge für Verordnungen und Richtlinien zu machen, über die dann endgültig der Rat mit den sechs Ministern entschied. So ist es bis heute geblieben. Die Minister hatten zusammen 15 Stimmen, je 4 für Frankreich, Deutschland und Italien, je 2 für Belgien und die Niederlande sowie eine für Luxemburg. Für den Erlass von Vorschriften, die die Kommission vorgeschlagen hatte, waren 12 Stimmen des Rates notwendig, ebensoviele für solche aus eigener Initiative des Rats, die aber von vier Mitgliedsstaaten kommen mussten (Art. 148 EWG-Vertrag, heute Art. 238 AEUV). Die Kommission bestand aus 9 Mitgliedern, die von den Regierungen der sechs Länder im Einvernehmen für 4 Jahre ernannt wurden. Wiederernennung war zulässig. Nur zwei Mitglieder durften dieselbe Staatsangehörigkeit haben. Sie entschied mit Mehrheit.

Euratom hatte die Aufgabe, die Forschung auf dem Gebiet der Kernenergie zu fördern, Grundlinien für den Gesundheitsschutz der Bevölkerung und der Arbeitskräfte festzusetzen und gemeinsame Unternehmen zu errichten, die für die Entwicklung von Atomkraft „von ausschlaggebenden Bedeutung wären. Schließlich hatte es die Versorgung mit Erzen und spaltbaren Stoffen sicherzustellen und die Sicherheit der Anlagen zu überwachen. Euratom hatte einen eigenen Rat und eine eigene Kommission. Versammlung und Gerichtshof waren mit EWG und Montanunion verbunden.

Diese Vielfalt der drei Gemeinschaften wurde 1965 durch einen Fusionsvertrag, den „Vertrag zur Einsetzung eines gemeinsamen Rates und einer gemeinsamen Kommission" vereinheitlicht. Er ist am 1. Juli 1967 wirksam geworden. Für Rat und Kommission galten seitdem die Regeln der EWG.

Soviel zum primären Europarecht. Es ist sozusagen das Verfassungsrecht der Gemeinschaften. Das sekundäre dagegen ist ihr Gesetzesrecht, das der Verordnungen und Richtlinien. Mit ihnen ist das nationale Recht der Mitgliedsstaaten schon in den ersten zweieinhalb Jahrzehnten beträchtlich verändert worden, denn Europarecht bricht Landesrecht. Allerdings ist eine Rekonstruktion des sekundären Rechts für diese Zeit außerordentlich schwierig. Die Veränderungen der nationalen Rechte in diesem zweiten Teil des Buchs wird deshalb an zwei Beispielen erst in dem nächsten dritten Teil beschrieben, der nun folgt, nämlich die Zeit von der ersten großen Koalition bis zur staatlichen Vereinigung mit der DDR.

Literatur

Rnr. 14.: *Manfred Görtemaker*, Geschichte der Bundesrepublik Deutschland, 1999, S. 44 ff. (Wirtschaft), die Teppichszene S. 106; *Hans-Ulrich Wehler*, Deutsche Gesellschaftsgeschichte, 5. Band., 2008, S. 53 ff.; *Werner Abelshauser*, Deutsche Wirtschaftsgeschichte von 1945 bis zur Gegenwart, 2. Aufl, 2011, S. 119 ff. – Zu den mindestens drei Bedeutungen des Wortes „sozial" für die soziale Marktwirtschaft: *Knut Nörr*, Die Republik der Wirtschaft, Teil 1, 1999, S. 63 ff.

Rnr. 15.: *Michael Feldkamp*, Der Parlamentarische Rat 1948–1949. Die Entstehung des Grundgesetzes. Überarbeitete Ausgabe, 2008.

Rnr. 16.: Der Text des Besatzungsstatus: Amtsblatt der Hohen Alliierten Kommission in Deutschland, Nr. 1 vom 23. Sept. 1949, S. 13 ff. (ohne das Hoffnungslicht am Schluss); *Klaus Stern*, Das Staatsrecht der Bundesrepublik Deutschland, Bd. 5, 2000, S. 1389 f. (mit dem Licht der Hoffnung in Ziff. 9); der englische Text: *Ingo von Münch*, Dokumente des geteilten Deutschlands, 1968, S. 74 ff. Zum Ganzen: *Stern* a.a.O. S. 1376 ff.

Rnr. 17.: *Klaus Stern* a.a.O. S. 1370. *Hasso Hofmann*, Die Entwicklung des Grundgesetzes von 1949 bis 1990, in: Josef Isensee/Paul Kirchhof (Hg.), Handbuch des Staatsrechts der Bundesrepublik Deutschland, Bd. 1, 3. Aufl. 2003, S. 376 ff.

Rnr. 18.: Die Beratungen im Parl. Rat über das BVerfG: Der Parlamentarische Rat 1948–1949, Akten und Protokolle, hg. v. Deutscher Bundestag und v. Bundesarchiv, Bd. 13, Teilband 2, 2002, S. 1299. Zum Wahlverfahren d. Richter des BVerfG: *Herbert Bethge*, § 6 Rnr. 14–16 in: Theodor Maunz/Bruno Schmidt-Bleibtreu u.a. (Hg.), Bundesverfassungsgerichtsgesetz, Kommentar, Stand 1999. Zu den Richtern der 1. Generation im BVerfG: *Michael Stolleis*, Geschichte des öffentlichen Rechts in Deutschland, 4. Bd., 2012, S. 145 ff. Zu den Richtern des BGH: *Klaus-Detlev Godau-Schüttke*, Der Bundesgerichtshof, 2005, zum Wahlverfahren S. 421 ff. *Manfred Görtemaker/Christoph Safferling*, Die Akte Rosenburg. Das Bundesministerium der Justiz und die NS-Zeit, 2016, S. 269 f.

Rnr. 19.: Das **G 139** vom 13.5.1951, BGBl. I S. 951. *Michael Kirn*, Verfassungsschutz oder Rechtskontinuität? 1972. *Jörn Ipsen*, Der Staat der Mitte. Verfassungsgeschichte der Bundesrepublik Deutschland, 2009, S. 302 ff. *Norbert Frei*, Vergangenheitspolitik, 2012, S. 69 ff. *Jörg Menzel*, BVerfGE 3,58 – Beamtenurteil, in Jörg Menzel/Ralf Müller-Terpitz (Hg.) Verfassungsrechtsprechung, 3. Aufl. 2011, S. 74 ff.

Rnr. 20.: *Michael Wild*, BVerfGE 2,79 – Wiederbewaffnung III, in: Jörg Menzel/Ralf Müller-Terpitz (Hg.), Verfassungsrechtsprechung, 3. Aufl. 2017, S. 70 ff. *Arnulf Baring*, Außenpolitik in Adenauers Kanzlerdemokratie, 1969 S. 221 ff.

Rnr. 21.: Ein Überblick über die Entwicklung seit der Kaiserzeit: *Dieter Grimm*, Öffentliches Recht (seit 1750), in: Handwörterbuch zur deutschen Rechtsgeschichte, 2. Aufl. (25. Lieferung zum 4. Band) 2017, Sp. 105 ff. *Paul Laband* zu seiner Methode: im 1. Bd. der 2. Aufl. 1887 S. XI f. **Ernst Forsthoff und die Daseinsvorsorge**: *Florian Meinel*, Der Jurist in der industriellen Gesellschaft. Ernst Forsthoff und seine Zeit, 2011, das Zitat zum BVerfG S. 429.

Rnr. 22.: Zur **Wehrverfassung** *Hasso Hofmann*, Die Entwicklung des Grundgesetzes nach 1949, in: J. Isensee/P. Kirchhof, Handbuch des Staatsrechts der Bundesrepublik Deutschland, 1. Bd., 2. Aufl. 1995, S. 288 ff. Zum **Südweststaat-Urteil**: *Jörg Menzel*, BVerfGE 1,14 – Südweststaat, in Jörg Menzel/Ralf Müller-Terpitz (Hg.), Verfassungsrechtsprechung, 3. Aufl. 2017, S. 45 ff. **Zum Apothekenurteil**: *Beate Schulte zu Sodingen*, BVerfGE 7,377 – Apotheken, in: Menzel/Müller-Terpitz S. 125 ff. **Zum Deutschland-Fernsehen Urteil**: *Ralf Müller-Terpitz*, BVerfGE 12,205 – Deutschland-Fernsehen, in Menzel/Müller-Terpitz S. 143 ff. Zu **Rudolf Smend**: *Christian Bickenbach*, Rudolf Smend (15.1.1882 bis 5.7.1975) – Grundzüge der Integrationslehre, Juristische Schulung 2005, S. 588 ff. Zu **Carl Schmitt**: *Reinhard Mehring*, Carl Schmitt. Aufstieg und Fall. Eine Biographie, 2009 das Zitat S. 515; *ders.* Carl Schmitt zur Einführung, 2011.

Rnr. 23.: *Thilo Rensmann*, BVerfGE 2,1 – SRP und BVerfGE 5,85 – KPD, in: Jörg Menzel/Ralf Müller-Terpitz (Hg.), Verfassungsrechtsprechung, 3. Aufl. 2017, S. 59 ff.

Rnr. 24.: *Christoph Fiedler*, BVerfGE 7,198 – *Lüth*, in Menzel/Müller-Terpitz (Rnr. 23), S. 114 ff.

Rnr. 25.: Zur **VwGO 1960**: *Konrad Redeker*, Die Verwaltungsgerichtsordnung, NJW 1960. 409 ff. Zur Geschichte des **BBauG**: *Sebastian Heitzer/Ernst Oestreicher*, Bundesbaugesetz, Kommentar, 2. Aufl. 1965, S. 1 ff.

Rnr. 26.: *Uwe Wesel*, Geschichte des Rechts, 4. Aufl. 2014, Rnr. 332, S. 561 f. Zur Geschichte der Fürsorge seit der Weimarer Zeit: *Michael Stolleis*, Geschichte des Sozialrechts in Deutschland, 2003, S. 131 ff., 203 ff., 214 ff., 216 ff.

Rnr. 27.: Die Meinung in der Weimarer Republik: *Walter Jellinek*, Verwaltungsrecht, 3. Aufl. 1931 m. weit. Nachweisen. Die StRspr. d. BVerwG nach BVerwGE 9,251: *Hartmut Maurer*, Allgemeines Verwaltungsrecht, 12. Aufl. 1999, § 11 Rnr. 21.

Rnr. 28.: Michael Stolleis, Geschichte des Sozialrechts in Deutschland, 2003. *Detlev Zöllner*, Landesbericht Deutschland, in: Peter A. Köhler/Hans F. Zacher (Hg.), Ein Jahrhundert Sozialversicherung, 1981, S. 57ff.; *Ernst Wickenhagen*, Geschichte der Gewerblichen Unfallversicherung, Textband, 1980. *Hans-Günther Hockerts*, Sozialpolitische Entscheidungen im Nachkriegsdeutschland, 1980.
Rnr. 29.: Ein Überblick über die Zeit vom 19. Jahrhundert bis 1982 gibt *Jutta Muscheid*, Die Steuerpolitik in der Bundesrepublik Deutschland 1949–1982, 1986. Die Entwicklung bis zur Miquel'schen Reform beschreibt *Klaus Oechsle*, Die steuerlichen Grundrechte in der jüngeren deutschen Verfassungsgeschichte, 1993, S. 92ff. Zu Matthias Erzberger, seiner Finanzreform, dem Prozess gegen Helfferich, seiner Rehabilitierung und Ermordung das Standartwerk *Klaus Epstein*, Matthias Erzberger und das Dilemma der deutschen Demokratie, 1962. Zum Prozess ausführlich: *Siegfried Löwenstein* (sein Verteidiger), Der Prozess Erzberger-Helfferich, 1921. Ehegattensplitting: BVerfGE 6,55, dazu *Rainer Westermann* in: Jörg Menzel/Ralf Müller-Terpitz (Hg.), Verfassungsrechtsprechung, 3. Aufl. 2017, S. 91ff.
Rnr. 30.: **Faktische Vertragsverhältnisse**: Eine rechtshistorische Zusammenfassung: *Peter Lambrecht*, Die Lehre vom faktischen Vertragsverhältnis. Entstehung Rezeption und Niedergang, 1994, S. 534ff. *Karl Larenz*, Lehrbuch des Schuldrechts, 1. Bd., Allgemeiner Teil, 1. Aufl. 1953, S. 27ff. *Wolfgang Siebert*, Faktische Vertragsverhältnisse. **Hamburger Parkplatzfall**: BGHZ 21,319. **Bremer Straßenbahn**: LG Bremen NJW 62,2360. *Heinrich Lehmann*, Faktische Vertragsverhältnisse, NJW 1958 S. 1ff. *Werner Flume*, Allgemeiner Teil des Bürgerlichen Rechts, 1. Bd., 1. Teil: Die Personengesellschaft, 1977, S. 14ff., 2. Bd., Das Rechtsgeschäft, 4. Aufl. 1992, S. 95ff. **Flugreisefall**: BGHZ 55,128. **Larenz gibt auf**: *Karl Larenz*, Allgemeiner Teil des deutschen Bürgerlichen Rechts, 7. Aufl. 1989, S. 534ff. **Fehlen oder Wegfall der Geschäftsgrundlage**: *Karl Larenz*, Geschäftsgrundlage und Vertragserfüllung, 1951, 3. Aufl. 1963, dort auch eine Darstellung der Geschichte, der Dampfpreisfall in der 2. Aufl. 1957 auf S. 81. Die historische Entwicklung bis zum **§ 313**: *Rudolf Meyer Pritzl* §§ 313–314 in: Mathias Schmoeckel u.a. (Hg.), Historisch-kritischer Kommentar zum BGB, 2. Teilband, 2007, S. 1708ff. **Allgemeines Persönlichkeitsrecht**: Entwicklung von Unternehmensrecht und Allg. Persönlichkeitsrecht: *Ernst von Caemmerer*, Wandlungen des Deliktsrechts, in: Hundert Jahre Deutsches Rechtsleben. Festschrift Deutscher Juristentag 1860–1960, 1960, S. 83ff., 102ff., dort S. 107 das Zitat. Das **Zitat Dieter Medicus**: *Dieter Medicus/Jens Petersen*, Bürgerliches Recht, 25. Auf., 2015, Rnr. 832 unter Verweis auf BGHZ 35,363. **Kommerzialisierung PKW**: BGHZ 40,345, andere Sachen GZS BGHZ 98,312. Entwicklung von der Einheits- zur Trennungstheorie im **Bereicherungsrecht**: *Dieter Reuter/Michael Martinek*, Ungerechtfertigte Bereicherung, 1983, S. 4ff. *Walter Wilburg*, Die Lehre von der ungerechtfertigten Bereicherung nach österreichischem und deutschem Recht, 1934; *Ernst von Caemmerer*, Bereicherungsrecht und unerlaubte Handlung, in: Festschrift für Ernst Rabel, 1. Band, 1954, S. 333ff. **Dingliches Anwartschaftsrecht**: BGHZ 20,88
Rnr. 31.: Zum **allgemeinen Persönlichkeitsrecht**: *Karl Larenz/Claus-Wilhelm Canaris*, Lehrbuch des Schuldrechts, 2. Bd., 2. Halbbd, 13. Aufl. 1994, S. 489ff. mit weiterer Literatur. Zu **Hjalmar Schacht**: *Ernst Klee*, Das Personenlexikon zum Dritten Reich, 2. Aufl. 2007, Sp. 522f.
Rnr. 32.: Zum Verhältnis von Leistungs- und Eingriffskondiktion, auch zu BGHZ 40,772: *Dieter Reuter/Michael Martinek*, Ungerechtfertigte Bereicherung, 1983, S. 399 fff.

Rnr.33.: Dieter Schwab, Familienrecht in den 60er und 70er Jahren des 20. Jahrhunderts, in: Martin Löhnig u.a. (Hg.), Reform und Revolte, S. 119ff., Zitat Weinkauff: NJW 1960,1696. *Roger Garaudy*, La Liberté, 1955, das Zitat S. 258. Oberlandesgericht Frankfurt: NJW 1953, 746. **Erna Scheffler**: *Renate Jaeger*, Erna Scheffler, in: Deutscher Juristinnenbund (Hg.), Juristinnen in Deutschland, 3. Aufl. 1998, S. 183ff. **Art. 117 GG**: BVerfGE 3,225. **Zitat Wuermeling**: *Sybille Steinbacher*, Wie der Sex nach Deutschland kam, 2011, S. 128. **Namensrecht der Frau**: BVerfGE 48,327, BVerfGE 84,9, dazu *Biggi Bender*, Der unaufhaltsame Niedergang des Patriachats, in: Kritische Justiz 1991, S. 250ff., *Uwe Diederichsen*, Die Neuordnung des Familienrechts, in: NJW 1994,1089ff.
Rnr.34.: Sorgerechtsgesetz, Entwicklung: Münchener Kommentar BGB – Hinz, 3. Aufl. 1995, Rnr. 3f. vor § 1626.
Rnr.35.: Das Zitat zur **Vertragsfreiheit**: *Roger Garaudy*, La liberté, 1955, S. 258. **Arbeitsrecht**: *Reinhard Richardi*, Arbeitsrecht als Teil freiheitlicher Ordnung, 2002; *Michael Kittner*, Arbeitskampf. Geschichte – Recht – Gegenwart, 2005, S. 538ff., das Zitat S. 607. Nipperdey-Gutachten zum **Zeitungsdruckerstreik**: *Thomas Blanke/Rainer Erd*, Kollektives Arbeitsrecht 2 (1933 bis zur Gegenwart), 1975, S. 225ff., Urteile zum Zeitungsdruckerstreik: S. 227ff. **Lösende Aussperrung**: BAG NJW 1955,882; **Wilder Streik**: BAG 64,687. **Betriebsrätegesetz 1920**: *Thomas Blanke/Rainer Erd* u.a. (Hg.), Kollektives Arbeitsrecht 1 (1840–11932), 1975, S. 211ff. **Kontrollratsgesetz Nr. 22**: *dieselben*, Kollektives Arbeitsrecht 2 (1933 bis zur Gegenwart), 1975, S. 163f. **Betriebsverfassungsgesetz 1952**: dort: S. 222f., **Mutterschutzgesetz**: Richardi a.a.O. S. 82, **Urlaubsrecht** S. 128f., **Lohnfortzahlung bei Krankheit**: S. 131ff., **Kündigungsschutz**: S. 124ff. *Irmgard Göller*, Die Entwicklung des Kündigungsschutzrechts in Deutschland, 1974. Die Untersuchung des Hamburger Max-Plank-Instituts (für ausländisches und internationales Privatrecht): *Udo Mayer*, Kräfte und Spannungen im Arbeitsrecht, 1986, S. 249ff. **Soziales Mietrecht**: *Wolfgang Schmidt-Futterer/Hubert Blank*, Wohnraumschutzgesetze, 6. Aufl. 1988, S. 1ff.
Rnr.36.: **Zum Streik und zum Urteil**: *Michael Kittner*, Arbeitskampf, 2005, S. 633ff. **Zum rechtmäßigen Alternativverhalten**: *Karl Larenz*, Lehrbuch des Schuldrechts, 1. Bd., Allgemeiner Teil, 14. Aufl. 1987, S. 529 einerseits, und andererseits Münchener Kommentar zum BGB, Bd. 2, 6. Aufl. 2012, *Wolfgang Krüger*, § 249 Rnr. 219 zu Anm. 882.
Rnr.37.: **PatentG** Geschichte: *Benkard*, Patentgesetz, 11. Aufl. 2015, § 4 Rnr. 8–14; biologische Erfindungen: Beck Onlinekommentar Patentrecht, 5. Aufl. 2017, *Fitzner* Einleitung Rnr. 20–28. **UWG** Geschichte: *Volker Emmerich*, Unerlaubter Wettbewerb, 9. Aufl. 2012, § 1 Rnr. 6–19; *Gloy/Loschelder/Erdmann*, Handbuch des Wettbewerbsrechts, 4. Aufl. 2010, Teil I, § 7 Rnr. 1–3. **Kartellrecht**, deutsches und europäisches, Geschichte: *Volker Emmerich*, Kartellrecht, 10. Aufl. 2016, 1. Teil, § 2 Rnr. 1–24; *Werner Abelshauser*, Deutsche Wirtschaftsgeschichte. Von 1945 bis heute, 2. Aufl. 2011, S. 173ff. und 236ff., das Zitat S. 176.
Rnr.38.: **Allgemein**: *Thomas Vormbaum*, Einführung in die moderne Strafrechtsgeschichte, 3. Aufl. 2013, S. 215ff. **Staatsgefährdung**: *Alexander von Brünneck*, Politische Justiz gegen Kommunisten in der Bundesrepublik Deutschland 1949–1968, 1978. **Kausale und finale Handlungslehre**: *Johannes Wessels/Werner Beulke/Helmut Satzger*, Strafrecht Allgemeiner Teil, 46. Aufl. 2016, Rnr. 85ff. Die Bestandsaufnahme von 1981: *Hans Joachim Hirsch*, Der Streit um Handlungs- und Unrechtslehre im Spiegel der Zeitschrift für die gesamte Strafrechtswissenschaft, in ZStW 1981, 831ff., 1982ff., besonders 1981 Seite 383f. Anm. 13.

Rnr. 39.: Zum Urteil: *Günter Baumann*, Beihilfe bei eigenhändiger voller Tatbestandserfüllung, NJW 1963,561 ff. BGH heute: *Thomas Fischer*, StGB, Kommentar, 13. Aufl. 2016, § 25 Rnr. 4.
Rnr. 40.: **Allgemein**: *Adalbert Rückerl*, NS-Verbrechten vor Gericht, 2. Aufl. 1984 (S. 124 die Verurteilung 1950/51, S. 131 eine Tabelle der Urteile im Nürnberger Einsatzgruppenprozess 1948 und die Entscheidung des US-Hochkommissars 1951). *Gerhard Werle*, Die Bestrafung von NS-Unrecht in Westdeutschland, in: Klaus Marxen u.a. (Hg.) Der Umgang mit Kriegs- und Besatzungsunrecht in Japan und Deutschland, 2001, S. 137 ff., das „Gnadenfieber" S. 144. **Straffreiheitsgesetz 1949**: *Norbert Frei*, Vergangenheitspolitik, 2012, S. 29 ff., das Zitat S. 53, zu den **Begnadigungen**: S. 195 ff. **Zur subjektiven Theorie** und ihren Problemen: *Heinz-Willi Heynckes*, Täterschaft und Teilnahme bei NS-Tötungsverbrechen, Diss. Bonn (S. 74 ff., der 4. Strafsenat des BGH zum KZ-Kommandanten, das Zitat S. 227). **Ulmer Einsatzgruppenprozess**: Justiz und Verbrechen, Sammlung von Urteilen zu NS-Tötungsverbrechen, hg. v. *Christiaan F. Rüter*, Bd. XV, 1976, S. 11 ff. (das Urteil im Wortlaut, 225 Seiten); *Haus der Geschichte Baden-Württemberg* (Hg.), Der Ulmer Einsatzgruppenprozess 1958. Die Mörder sind unter uns, 2008. **Zentralstelle Ludwigsburg**: Rückerl a.a.O. S. 139 ff. **Erster Auschwitzprozess**: *Hermann Langbein*, Der Auschwitzprozeß, 2 Bde, 1965; *Gerhard Werle/Thomas Wandres*, Auschwitz vor Gericht, 1995.
Rnr. 41.: **Montanunion**: *Nikolaus Bayer*, Wurzeln der Europäischen Union. Visionäre Realpolitik bei der Gründung der Montanunion, 2002; *Gabriele Clemens* u.a., Geschichte der europäischen Integration, 2008, 97 ff.; *Jürgen Mittag*, Kleine Geschichte der Europäischen Union, 2008, S. 77 ff.; Der Vertrag über die Europäische Gemeinschaft für Kohle und Stahl im Internet unter diesem Stichwort. EWG, Montanunion und Fusionsvertrag: *Mittag*, a.a.O. S. 123 ff., die Verträge jeweils unter ihrer korrekten Bezeichnung im Internet.

3. Teil

VON DER ERSTEN GROSSEN KOALITION BIS ZUR WIEDERVEREINIGUNG 1966–1990

Die sechziger Jahre waren eine Zeit des Umbruchs zu mehr Liberalität. 1965 begann in Berlin die Studentenrevolte, die „1968“ mit dem Pariser Mai einen Höhepunkt erlebte. Eine kleine antiautoritäre Kulturrevolution. Studenten gingen untereinander über vom „Sie“ zum „Du“, die Kleidung wurde leger und das Sexualverhalten durch die Antibabypille allgemein gelockert. Seit eineinhalb Jahrhunderten gab es zum ersten Mal wieder linke Studenten. Und zum ersten Mal seit über drei Jahrzehnten kamen wieder Sozialdemokraten an die Regierung. Der 1. Dezember 1966 war der Beginn der ersten Großen Koalition mit Kurt Georg Kiesinger (CDU) als Kanzler und Willy Brandt (SPD) als Außenminister. Zunächst mussten sie die erste Wirtschaftskrise der jungen Republik überwinden. 1966/67 war die Industrieproduktion nach unten und die Arbeitslosigkeit nach oben gegangen. Verglichen mit den Ölpreiskrisen 1974 und 1979 ist es eine Minirezession gewesen. Aber nach den Jahren des Wirtschaftswunders seit 1950 war die psychologische Wirkung ziemlich groß. Wirtschaftsminister Karl Schiller (SPD) und Finanzminister Franz Joseph Strauß (CSU) arbeiteten eng und unermüdlich zusammen und 1968 war das Problem erfolgreich gelöst, im selben Jahr auch das nächste, der Erlass einer Notstandsverfassung gegen starken innenpolitischen Widerstand (Rnr. 44). 42. Geschichte und Wirtschaft

Vor der Bundestagswahl im Herbst 1969 gab es im März schon ein Signal. Gustav Heinemann (SPD), bisher Justizminister, wurde im Zusammengehen von SPD und FDP zum Bundespräsidenten gewählt. Bei der Bundestagswahl wurde die CDU/CSU zwar stärkste Kraft, aber SPD und FDP hatten im Parlament eine knappe Mehrheit. So entstand die sozialliberale Koalition. Willy Brandt wurde Kanzler und Walter Scheel (FDP) Außenminister.

Willy Brandts wichtigstes Ziel war eine neue Ostpolitik, seit langem vorbereitet mit seinem kongenialen alter ego Egon Bahr, nun Staatssekretär im Kanzleramt. Sie ergänzte die rigide Westpolitik Adenauers durch Annäherung an den Ostblock, indem die mit dem Zweiten Weltkrieg entstandenen Grenzen zwar nicht garantiert, aber durch Gewaltverzicht anerkannt wurden. Sie seien nicht unabänderlich, aber unverletzlich. Eine Entspannungspolitik von sechs Verträgen: 1970 der Moskauer und der Warschauer Vertrag, in Warschau mit dem Kniefall Willy Brandts am Denkmal für die Opfer des jüdischen Ghettos. 1971 der Friedensnobelpreis für Brandt und das Viermächteabkommen über Berlin. 1972 der Grundlagenvertrag mit der DDR und 1973 der Prager mit der Tschechoslowakei.

Das politisch spannendste Jahr in der Geschichte der Bundesrepublik, neben 1989, war 1972. Die CDU/CSU lief Sturm gegen die Ratifizierung der beiden ersten Verträge im Bundestag. Im Hintergrund grummelten die Vertriebenenverbände. Brandts Ostpolitik sei ein Ausverkauf deutscher Interessen ohne Gegenleistung der anderen Seite. Und es sah gefährlich aus für die sozialliberale Koalition. Ihre ohnehin knappe Mehrheit im Bundestag war geschrumpft durch Abwerbung von FDP-Abgeordneten und Übertritt eines Sozialdemokraten zur Unionsfraktion, die schließlich sogar eine Mehrheit von zwei Stimmen hatte. Deshalb stellte Rainer Barzel, Fraktionsvorsitzender der CDU/CSU, gegen Willy Brandt den Misstrauensantrag, um selbst das Kanzleramt zu übernehmen (Art. 67 GG). Donnerstag 27. April. Die Abstimmung. Die Bundesrepublik hängt am Fernseher oder am Radio. Und erlebt eine Sensation. Es fehlen zwei Stimmen zur Mehrheit, aus den eigenen Reihen. Es war Geld geflossen. Einer aus der CDU gab später zu: 50.000 DM. Als Willy Brandt das hörte, sagte er spontan: „Dann hat er doppelt kassiert." Aber auch Brandt hatte seine Mehrheit verloren, wie die CDU. Man einigte sich auf Neuwahlen im November. Kurz vorher war der Grundlagenvertrag mit der DDR ausgehandelt, der die Härte des Wahlkampfs noch steigerte. Die DDR erhielt zwar nicht die völkerrechtliche Anerkennung, aber die staatsrechtliche. Also wurden nicht Botschafter ausgetauscht, sondern „ständige Vertretungen" in Bonn und Ostberlin. Und beide Staaten wurden Mitglieder der UNO. Die Bundestagswahl wurde „zum Plebiszit über die Ostpolitik" Willy Brandts (Manfred Görtemaker). Er blieb die Lichtgestalt, Nobelpreisträger, Kämpfer gegen hinterlistige Feinde. Seine Koalition erhielt im Bundestag 271 Sitze gegen 230 der Union. Rainer Barzel verschwand in der Versenkung. Sein Nachfolger als Bundesvorsitzender der CDU wurde Helmut Kohl. Ob er 1989/90 von diesen Ostverträgen profitierte, weil sie eine wichtige Voraussetzung für die staatliche Vereinigung mit der DDR waren, ist umstritten; andere sehen in den Ostverträgen den Einstieg in den Ausstieg von der Wiedervereinigung.

1972 war auch das Jahr, in dem Willy Brandt mit den Ministerpräsidenten der Länder den „Radikalenerlass" beschlossen hat. Die Linken sprachen von Berufsverboten. Damit begannen Hunderttausende Überprüfungen und Anhörungen von Bewerbern für den öffentlichen Dienst, mit Hilfe von Material der Ämter für Verfassungsschutz, zum großen Teil aus den Universitäten. Eine massenhafte „Gesinnungsschnüffelei" (Herbert Wehner), die erst Ende der siebziger Jahre beendet wurde. Eine andere Folge der Studentenrevolte war 1970 die Abspaltung der „Roten Armee Fraktion", RAF, einer kleinen terroristischen Gruppe. Im Mai 1972 starben bei ihren ersten Bombenattentaten vier US-Soldaten, mehrere wurden verletzt. Im Juni sind die fünf führenden Mitglieder verhaftet worden. Drei von ihnen wurden 1975/77 im Stammheimer Prozess vom Oberlandesgericht Stuttgart wegen Mordes zu lebenslangen Freiheitsstrafen verurteilt, einer war vorher durch Hungerstreik gestorben, eine weitere während des Prozesses. Nach einer missglückten Befreiungsaktion starben die drei durch Suizid im Oktober 1977. Die RAF mordete weiter. Erst 1998 hat sie sich aufgelöst.

Im Übrigen hat die Regierung Brandt/Scheel wichtige Reformgesetze erlassen. Unter Verantwortung von Innenminister Hans-Dietrich Genscher (FDP) waren es fünf Gesetze zum Umweltschutz (Rnr. 49). Ein Rat von Sachverständigen für Umweltfragen wurde eingesetzt und das Bundesumweltamt in Berlin gegründet. Damit übernahm die Bundesrepublik in Europa die führende Rolle auf diesem Gebiet. Außerdem wurde die von Gustav Heinemann als Justizminister der Großen Koalition begonnene Reform des Strafrechts fortgesetzt mit dem besonderen Teil. Willy Brandt ist 1974 zurückgetreten, als Günther Guillaume, sein persönlicher Referent im Kanzleramt, als Spion der DDR enttarnt wurde.

Sein Nachfolger wurde Helmut Schmidt und Hans-Dietrich Genscher Außenminister als Nachfolger Walter Scheels, der zum Bundespräsidenten gewählt war. Schmidts Aufgabe war es, die durch den ersten Ölschock 1973 verursachte schwere Rezession zu überwinden. Dafür war er hervorragend geeignet. Nach zwei Jahren hatte er es geschafft. Nur die Arbeitslosigkeit blieb bis zur staatlichen Vereinigung 1990 ein Dauerthema. Damals war es eine Million. 1978 gründete er mit seinem französischen Kollegen Giscard d'Estaing das Europäische Währungssystem EWS, einen Währungsverbund der EWG mit festen, aber anpassungsfähigen Wechselkursen, eine Vorstufe zum Euro. 1980 gewann er die Bundestagswahl gegen Franz Josef Strauß. Aber die 1979 mit dem zweiten Ölschock entstandene noch ernstere Wirtschaftskrise hat selbst er nicht mehr geschafft. 1982 wurde er durch ein erfolgreiches Misstrauensvotum von CDU/CSU und der abtrünnigen FDP durch Helmut Kohl als Kanzler abgelöst.

Dessen Außenminister blieb Hans-Dietrich Genscher. Mit dem Programm „Weg vom Staat, mehr Markt" konnte die neue Regierung die Krise bald überwinden. Bald hatte der Außenhandel einen Rekordüberschuss von 110 Milliarden DM. Die Bundesrepublik war stärkste Handelsnation der Welt. Trotzdem waren es 1989 zwei Millionen Arbeitslose. Erfolgreich wurde die Regierung Kohl auch als Affärenquelle. Die peinlichste war die 1981/82 aufgedeckte Flick-Affäre. Es ging um Parteispenden auf Kosten des Steuerzahlers aus einer schwarzen Kasse des Flick-Konzerns in Millionenhöhen. Drahtzieher war der ehemalige Schatzmeister der FDP Graf Lambsdorff, inzwischen Wirtschaftsminister, der nun auch noch behilflich war an einem mehr als fragwürdigen Steuererlass für die Firma Flick in Höhe von fast einer Milliarde. Er musste zurücktreten und wurde zu einer hohen Geldstrafe verurteilt. Diese Affäre und eine folgende um 1,7 Millionen DM, die Flick für Rainer Barzel gezahlt hatte als Ausgleich für seine Amtsverluste, beschäftigte einen Untersuchungsausschuss und Gerichte noch eine Weile.

Dann begann auch schon der Umbruch im Osten und in der DDR der Aufstand einer Bürgerbewegung, die zur Vereinigung mit der Bundesrepublik führte. Das wird im 4. Teil näher beschrieben (Rnr. 67).

43. Verfassungsrecht Für die Bewältigung der Wirtschaftskrise seit 1966 beschloss die Große Koalition 1967 mit ihrer verfassungsändernden Mehrheit eine Ergänzung des Grundgesetzes. Sie trug die Handschrift Karl Schillers. Der war Professor für Volkswirtschaft und Anhänger der Lehren des großen Engländers John Maynard Keynes und seiner antizyklischen Wirtschaftstheorie. Dessen Lösung für Krisen war das *deficit spending*. Der Staat solle dann zusätzliche Kredite aufnehmen, um mit diesem Geld die Wirtschaft anzukurbeln. So erhielt Art. 109 GG drei neue Absätze. Ihr erster, Abs. 2:

> „Bund und Länder haben bei ihrer Haushaltsführung den Erfordernissen des gesamtwirtschaftlichen Gleichgewichts Rechnung zu tragen."

Eine Wendung um 180 Grad. Bisher galt, Einnahmen und Ausgaben sind auszugleichen. Jetzt sollten Kredite aufgenommen werden für zusätzliche Ausgaben. Und bisher galt Ludwig Erhards Glaubenssatz, der Staat soll sich aus der Wirtschaft heraushalten. Der Markt regelt sich allein. Außerdem galt bisher, dass Bund und Länder voneinander unabhängig handeln. So wollen es die Artikel 30, 70 und 83 GG, und zwar mit Vorrang der Länder. Die Zentrale: der Bund, stark gebremst durch die Länder. Das war das Programm der Alliierten, dem der Parlamentarische Rat gefolgt ist. Nun sollten sie gemeinschaftlich handeln. Auch das steht im neuen Art. 109 Abs. 2: „Bund und Länder haben den Erfordernissen ... Rechnung zu tragen." Heute nennt man das kooperativen Föderalismus, hält nichts mehr von Keynesianismus und meint, Karl Schiller habe einfach Glück gehabt, weil sich die Weltkonjunktur gebessert hatte.

Aber der kooperative Föderalismus blieb, wurde sogar von der Großen Koalition 1969 noch verstärkt durch die Einfügung der Artikel 91a und 91b ins Grundgesetz, nach denen der Bund bei der Erfüllung von Länderaufgaben mitzuwirken hat (91a), zum Beispiel in Fragen der regionalen Wirtschaftsstruktur, oder mitwirken kann (91b), zum Beispiel durch ein Hochschulbauförderungsgesetz, das im selben Jahr erlassen wurde. Dieser kooperative Föderalismus hat sich aus unterschiedlichen Gründen im Lauf der Zeit immer weiter ausgebreitet, zum Beispiel durch die Forderung nach „Herstellung gleichwertiger Lebensverhältnisse im Bundesgebiet", wie es in Art. 72 Abs. 2 GG heißt. So gibt es nur noch wenige Ländergesetze, die für das Leben der Menschen entscheidende Bedeutung haben. Alles wichtige regelt der Bundesgesetzgeber. Der braucht dafür zwar die Zustimmung der Vertretung der Länder, des Bundesrats. Aber der ist letztlich auch nur eine Zentralinstanz. So entstand allmählich eine ungeschriebene verfassungsrechtliche Zentralisierung der Gesetzgebung. Mit der Folge einer starken Zunahme von Zustimmungsgesetzen, also solchen, die eine Zustimmung des Bundesrats brauchen. Nach der Architektur des Grundgesetzes sollten sie die Ausnahme sein im Gegensatz zu den Einspruchsgesetzen, bei denen der Bundesrat nur die Möglichkeit eines Einspruchs hat, den der Bundestag mit Mehrheit zurückweisen kann (Art. 72 GG). Diese schleichende verfassungsändernde Entwicklung zum Zentralismus hatte aber auch eine Kehrseite. Sie ermöglichte einer Mehrheit von Länderregierungen eine Blockadepolitik gegen Gesetze, die von der Bundesregierung im Bundestag eingebracht werden, wenn diese Länderregierungen von Parteien gebildet werden, die im Bundestag zur Opposition gehören. Letztlich deshalb einigte man sich auf eine Föderalismusreform, die nach langen Verhandlungen 2006 von Bundestag und Bundesrat beschlossen wurde. So entstand aus dem kooperativen Föderalismus eine Art Konkurrenzföderalismus der Länder, der auch seine Schattenseiten hat.

Die umfangreichste Änderung des Grundgesetzes in der Geschichte der Bundesrepublik ist schließlich die Notstandsgesetzgebung gewesen, die die erste Große Koalition 1968 mit ihrer verfassungsändernden Mehrheit beschlossen hat.

44. Der Kampf um die Notstandsgesetze

Im Parlamentarischen Rat war vom „Kombinierten Ausschuss" eine Regelung des Notstands beschlossen, aber kurz vor Verabschiedung des Grundgesetzes in der letzten Lesung des Hauptausschusses gestrichen worden. Man weiß nicht genau, warum. Als die Bundesrepublik 1955 souverän wurde, haben sich die Westalliierten im Deutschlandvertrag entsprechende Rechte zum Schutz ihrer Truppen vorbehalten. Zu ihrer Ablösung gab es mehrere Versuche von CDU/CSU-Innenministern, eine deutsche Gesetzgebung durchzusetzen, auch schon unter Adenauer, der aber davon nichts wissen wollte. Sie scheiterten, weil die Regierung seit der Wahl 1957 ihre verfassungsändernde Mehrheit im Bundestag verloren hatte und die SPD sich weigerte, diese Pläne zu unterstützen. Erst die Regierung Kiesinger/Brandt einigte sich und hatte dafür die verfassungsändernde Mehrheit.

Gleichzeitig verstärkte sich auch der Widerstand außerhalb des Parlaments. Er wurde organisiert durch ein „Kuratorium Notstand der Demokratie" mit seinem Vorsitzenden, dem Bonner, dann Gießener Juraprofessor Helmut Ridder. Dazu gehörten für die Gewerkschaften führende Funktionäre, prominente Wissenschaftler und Kirchenvertreter. Sie fürchteten, die Notstandsgesetze würden die Demokratie und die Arbeit der Gewerkschaften gefährden. Eine Kundgebung auf dem Frankfurter Römerberg 1966 hatte mehr als 20.000 Teilnehmer. Bei einem Sternmarsch auf Bonn 1968 waren es ungefähr 30.000. Aber ihr Protest erreichte nicht die große Masse der Bevölkerung. Außerdem hatte sich inzwischen die studentische Protestbewegung beteiligt, die sehr militant geworden war, nachdem 1967 ein Westberliner Polizist, der zugleich Stasi-Spitzel war, den Studenten Benno Ohnesorg erschossen und 1968 ein Attentat auf Rudi Dutschke stattgefunden hatte. Deshalb trennten sich die Gewerkschaften vom Kuratorium und organisierten parallel zum Sternmarsch nach Bonn eine eigene Demonstration in Dortmund.

Im Sommer 1968 sind die Notstandsgesetze vom Bundestag und Bundesrat beschlossen worden und danach endete der Protest sehr schnell. Mit der Zeit erwies sich, dass sie weder der Demokratie noch den Gewerkschaften geschadet hatten. Sie waren im Übrigen auch schon durch die SPD weitgehend entschärft worden. Es wurde die umfangreichste Änderung des Grundgesetzes in der Geschichte der Bundesrepublik, verteilt auf seinen ganzen Text vom äußeren Notstand (Angriff oder Bedrohung von außen) bis zum inneren (Aufstand, Bürgerkrieg, Naturkatastrophen) und schließlich zur Beruhigung der Gemüter ein Widerstandsrecht gegen die Beseitigung der demokratischen Ordnung in Art. 20 Abs. 4. Wozu? Ist ein Widerstand erfolgreich, werden die Helden sowieso geehrt. Wenn nicht, werden sie verfolgt. Da nützt auch 20 Abs. 4 nicht mehr.

45. BVErfGE 36,1 – Grundlagenvertrag

Das Urteil des Bundesverfassungsgerichts zum Grundlagenvertrag mit der DDR von 1972 erging im nächsten Jahr. Die Bayerische Staatsregierung hatte ein Normenkontrollverfahren gegen das Ratifizierungsgesetz beantragt. Sie hielt den Vertrag für verfassungswidrig. Die Entscheidung war zwiespältig. Beide Parteien, Bundesregierung und sozialliberale Koalition einerseits, bayerische Regierung und Unionsparteien andererseits, erklärten sich zu Siegern.

Das Urteil ruht auf zwei Prämissen. Erstens würde das Grundgesetz davon ausgehen, dass das Deutsche Reich mit dem Zusammenbruch 1945 nicht untergegangen ist, sondern fortbesteht. Das ergäbe sich aus der Präambel sowie aus den Artikeln 16, 23 (a.F.), 116 und 146 GG. Zweitens, dass die Wiedervereinigung mit der DDR ein verfassungsrechtliches Ziel des Grundgesetzes ist. Das ergäbe sich ebenfalls aus seiner Präambel. Kein Verfassungsorgan der Bundesregierung dürfe es aufgeben. Alle Verfassungsorgane müssten darauf hinwirken und alles unterlassen, was die Vereinigung vereiteln würde.

Aus diesen Prämissen ergab sich eine Reihe von verfassungskonformen Interpretationen des Grundlagenvertrags, die in Zukunft von der Politik zu beachten seien. Wenn danach gehandelt werde, würde der Vertrag nicht gegen das Grundgesetz verstoßen. Mit anderen Worten: „bis hierher und nicht weiter". So konnten sich beide Parteien als Sieger fühlen, Bundesregierung und liberalsoziale Koalition hatten den Erfolg, dass der Vertrag nicht verfassungswidrig ist, bayerische Regierung und Unionsparteien konnten darauf hinweisen, dass die Ostpolitik Willy Brandts so nicht weitergeführt werden darf.

Auch im Übrigen gab es Zeichen in beide Richtungen. Bisher war das Gericht der Meinung, die Bundesrepublik sei allein Nachfolger des Deutschen Reichs. Jetzt kam es nicht umhin, die DDR als Staat zu sehen und so zum Ergebnis, die Bundesrepublik sei mit dem Deutschen Reich „im Hinblick auf seine räumliche Ausdehnung … teilidentisch". Und der andere Teil? Kein Wort dazu. Ähnlich ist es mit der Anerkennung der Grenzen, die nach dem Vertrag unverletzlich, aber nicht unabänderlich sind. Das wird positiv beurteilt, auch anerkannt, dass der Vertrag ein Schritt sein kann, „um in einem langen Prozess … zur Wiedervereinigung zu kommen." Auf der anderen Seite erklärten die Richter, die Grenzen zwischen DDR und Bundesrepublik hätten einen ähnlichen Charakter wie die zwischen Bundesländern, also etwa zwischen Niedersachsen und Hessen. Ja, so steht es im Urteil. Dabei wird aber auch auf die unmenschlichen Verhältnisse an ihnen hingewiesen mit Mauer, Stacheldraht, Todesstreifen und Schießbefehl.

Im Übrigen gibt es in den Interpretationen außer einem keinen anderen Fall, in dem sie zu konkreten Pflichten oder Unterlassungen künftiger Ostpolitik führten. Sie haben im Lauf der Zeit keine Rolle gespielt. Der einzige betrifft das im Zusatzprotokoll zum Vertrag vorgesehene Post- und Fernmeldeabkommen. Es dürfe keine Minderung des Brief-, Post- und Fernmeldegeheimnis (Art. 10 GG) oder der Meinungsfreiheit (Art. 5 GG) bringen, weder in der Bundesrepublik, „noch für die Deutschen in der DDR". Wie westdeutsche Politik die Verletzung von Grundrechten der „Deutschen" dort verhindern kann, wurde nicht gesagt.

46. BVerfGE 8,51 bis BVerfGE 85,264 – Parteienfinanzierung

Im Wesentlichen sind es vier Urteile zur Parteienfinanzierung gewesen: BVerfGE 8,51 (1958), BVerfGE 20,56 (1966), BVerfGE 73,70 (1986) und BVerfGE 85,264 (1992). Es war ein Zickzackkurs.

Bis 1959 haben sich Parteien durch Mitgliedsbeiträge und Spenden finanziert. Eine Ausnahme war die SPD. Für ihre Verluste durch das NS-Regime hatte sie hohe Entschädigungen erhalten, wurde damit auch wieder unternehmerisch tätig und besitzt viele Immobilien. Sie hatte auch die meisten Mitglieder. Ihr Spendenaufkommen war gering, aber trotzdem die Situation ihrer Finanzen besser als die der bürgerlichen Parteien CDU/CSU und FDP. Denen ging es nicht schlecht, denn sie erhielten besonders am Anfang der Bundesrepublik hohe Spenden aus der Wirtschaft. Nach Adenauers fulminantem Wahlsieg 1953 gingen die aber stark zurück, weil viele Spender keine Angst mehr hatten vor der SPD. Adenauer löste das Problem 1954 auf einem legalen und einem illegalen Weg. Der legale: Nach § 10b EStG konnten Parteispenden bis zu 10 % des Einkommens von der Steuer abgesetzt werden. Der illegale war die Gründung und Tätigkeit der Staatsbürgerlichen Vereinigung e.V.

Im Hinblick auf § 10b EStG wachte die SPD schon 1957 auf. Die sozialdemokratische hessische Landesregierung stellte einen Normenkontrollantrag in Karlsruhe. Dort wurde diese Vorschrift im Hinblick auf Parteispenden 1958 für verfassungswidrig erklärt (BVerfGE 8,51). Denn sie war ein Verstoß gegen das Gleichheitsgebot des Artikels 3 GG, weil sie die Empfänger hoher Einkommen wegen der Steuerprogression unverhältnismäßig begünstigte und damit auch die von ihnen unterstützten bürgerlichen Parteien. Parteispenden konnten nicht mehr von der Steuer abgesetzt werden. Die Richter wussten aber auch, was das für diese Parteien bedeutete und wiesen auf einen Ausweg hin. Da Wahlen eine öffentliche Aufgabe seien, könnten beteiligte Parteien Mittel aus dem Staatshaushalt erhalten. Die staatliche Parteienfinanzierung war geboren. Und andere Länder haben uns das bald nachgemacht.

Gesagt getan. Im Haushalt für 1959 waren es 5 Millionen DM, 1965 aber schon 38 Millionen. Nun ging die hessische Landesregierung wieder nach Karlsruhe. Das Gericht entschied 1966 (BVerfGE 20,56). Die Richter erklärten, so sei das 1958 nicht gemeint gewesen. Nur die Erstattung von Wahlkampfkosten sei verfassungsgemäß, nicht die Finanzierung der gesamten Arbeit politischer Parteien. Denn die seien nach Art. 21 GG aus eigener Kraft wirkende vom Staat unabhängige Gruppen in der Mitte zwischen Staat und Gesellschaft. Deshalb ist es verfassungswidrig, wenn ihre gesamte Tätigkeit vom Staat finanziert wird. Aber ihre Bedeutung für die Wahlen lässt es als verfassungsrechtlich zulässig erscheinen, ihnen die dafür notwendigen Kosten zu ersetzen.

Das veranlasste die gerade entstandene Große Koalition 1967, endlich ein bisher immer umstrittenes Parteiengesetz zu erlassen. In ihm wurde die Erstattung von Wahlkampfkosten geregelt und auch die steuerliche Absetzbarkeit von kleinen Parteispenden, jährlich 600, Ehepaare 1200 DM. Größere Spenden konnten nicht mehr von der Steuer abgesetzt werden. Besonders die bürgerlichen Parteien waren in Nöten.

Nun begann, was beschönigend Umwegfinanzierung genannt wurde, jedoch strafbare Steuerhinterziehung war. Dafür wurden von den SPD-Mitgliedern im Bericht des Bundestagsausschusses zur Flick-Affäre Zahlen genannt. Der Flick-Konzern hatte danach von 1969 bis 1980 insgesamt 26 Millionen DM an Parteien oder ihnen nahestehende Organisationen gezahlt. Für die CDU/CSU waren es 15 Millionen DM, für die FDP 6,5 Millionen und für die SPD 4,5 Millionen. Das endete 1980, weil damals die ersten Manipulationen von der Steuerfahndung aufgedeckt wurden. Die Zahlungen geschahen zum Teil bar von Hand zu Hand in verschlossenen Umschlägen ohne Quittung, besonders in der Zeit der Anträge des Konzerns auf Steuerbefreiung für Gewinne beim Verkauf von Mercedes-Aktien an die Deutsche Bank, also in den Jahren 1976 bis 1980. Zuständig in der Regierung Schmidt war das Wirtschaftsministerium unter Hans Friedrichs, dann Otto Graf Lambsdorff, beide FDP, im Einvernehmen mit dem Finanzministerium unter Hans Apel, dann Hans Matthöfer, beide SPD. Im Flick-Konzern war es der Generalbevollmächtigte Friedrich Karl Flicks Eberhard von Brauchitsch, sowohl für die Anträge als auch für die Umschläge. Insgesamt hat er für seinen Dienstherrn rechtmäßige Steuererleichterungen in Höhe von 851 Millionen DM erreicht, erhielt eine Freiheitsstrafe von zwei Jahren, die gegen eine Geldbuße von 550.000 DM auf Bewährung ausgesetzt wurde, und verlor seinen Posten. Auch Friedrichs und Lambsdorff wurden angeklagt, erhielten sehr hohe Geldstrafen (61.500,– und 180.000,– DM) und verloren ebenfalls ihre Posten, Friedrichs, inzwischen Chef der Dresdner Bank, Lambsdorff trat als Minister zurück. Auch Rainer Barzel verlor sein Amt. Inzwischen war er Präsident des Deutschen Bundestags. Durch Untersuchungen in Verbindung mit der Spenden-Affäre wurde bekannt, dass Flick ihm 1,5 Mill. DM gezahlt hatte als Ausgleich für den Verlust seiner Ämter 1973. Schließlich wurde dem Untersuchungsausschuss bekannt, dass die staatsbürgerliche Vereinigung als Spendenwaschanlage vor allem der CDU/CSU von 1969 bis 1980 insgesamt 214 Mill. DM gezahlt habe. Auch hier liefen Strafverfahren wegen Steuerhinterziehung und die Vereinigung wurde aufgelöst.

Nun hatten die Parteien ihr Debakel. Die schönen Finanzquellen waren alle beseitigt. Aber die bürgerlichen wussten sich zu helfen. Ein Jahr nach dem Beginn der Regierung Kohl 1983 wurde mit den Stimmen von CDU/CSU und FDP eine Neufassung von § 10b EstG beschlossen.

Zurück zum Zustand 1954. Nun konnten einfach wieder die großen Spenden bis zu 5 % der Gesamteinkünfte von gut Verdienenden und Wirtschaftsunternehmen von der Steuer abgesetzt werden, ergänzt durch einen „Chancenausgleich" aus der Staatskasse nach § 22a Parteiengesetz a.F. für andere Parteien. Die GRÜNEN gingen vor das Bundesverfassungsgericht. Das entschied 1986 (BVerfGE 73,70). Eine Entscheidung, die ihm viel Spott eingetragen hat. Die Neuregelung wurde im Wesentlichen bestätigt, aber aus Gründen der Gerechtigkeit und der „Gleichheit" (Art. 3 GG) wurde eine Obergrenze für die Spenden festgesetzt – 100.000 DM jährlich. Nun durften wir alle in gleicher Weise jährlich 100.000 DM steuerfrei spenden. Der Gesetzgeber änderte das 1989 auf 60.000. Womit es an Komik nicht verlor.

Die GRÜNEN gaben nicht auf und haben sich so um die Bundesrepublik verdient gemacht. 1989 gingen sie wieder vor das Bundesverfassungsgericht. Der 2. Senat entschied 1992. „Es gibt Urteile aus Karlsruhe, die die Parteien vor ähnliche Schwierigkeiten stellen wie schwere Wahlniederlagen", schrieb am nächsten Tag die *tageszeitung*. Die wichtigsten Regeln des Gesetzes von 1989 wurden für verfassungswidrig erklärt und das Gericht korrigierte nicht nur seine Entgleisung von 1986, sondern sogar seine Meinung von 1966, wonach aus der Staatskasse nur die Erstattung von Wahlkampfkosten möglich sein sollte.

Für verfassungswidrig erklärt wurde der viel zu hohe Steuerfreibetrag von bis zu 60.000 DM jährlich. Er verletzt das Recht auf gleiche Teilhabe der Bürger am politischen Prozess und die Chancengleichheit der Parteien, die von Bürgern mit durchschnittlichem Einkommen gewählt werden. Die steuerliche Begünstigung von Parteispenden müsse diesem Einkommen angeglichen werden. Parteispenden von juristischen Personen können überhaupt nicht mehr von der Steuer abgesetzt werden. Verfassungswidrig sei auch der Chancenausgleich, der den Wettbewerb der Parteien nur verzehrt habe. Deswegen ändert das Gericht nun seine Meinung zur Unterstützung von Parteien aus der Staatskasse. Nicht nur die Wahlkampfkostenerstattung sei mit Art. 21 Abs. 1 GG vereinbart. Die Arbeit der Parteien nach der Wahl habe denselben Rang wie die vor der Wahl. Deshalb sei eine Teilfinanzierung der gesamten Parteiarbeit mit dem Grundgesetz vereinbar, aber nur mit einer relativen und einer absoluten Obergrenze. Nach der relativen darf die staatliche Unterstützung nicht höher sein als die von den Parteien selbst erwirtschaftete Summe, also die von Mitgliedsbeiträgen und Spenden. Die absolute Obergrenze müsse dem durchschnittlichen jährlichen Finanzaufkommen der Parteien in den Jahren von 1989 bis 1992 entsprechen und könne jährlich dem Steigen der allgemeinen Teuerungsrate angeglichen werden. Im Jahre

2018 lag die Obergrenze bei 165,38 Mio. €; hinzu kommen noch höhere Zuwendungen an die parteinahen Stiftungen, 2015 waren es 534 Mio. €.

Dieses neue und bis heute gültige System der Parteienfinanzierung ist sicher nicht das beste aller möglichen, aber das beste aller bisherigen. Für die bürgerlichen Parteien wie CDU/CSU und FDP schien es eine kleine Katastrophe zu sein. Denn nun begannen wieder „Umwegfinanzierungen". Hohe Spenden blieben wie bisher in beliebiger Höhe gültig, konnten nur nicht mehr von der Steuer abgesetzt werden und durften nicht mit strafbaren Zwecken verbunden sein. Außerdem, das wurde nun wichtig, mussten sie nach dem Parteiengesetz im Rechenschaftsbericht angegeben werden. Wenn das nicht geschah, musste die doppelte Summe der nicht genannten Spenden an die Kasse des Bundestags gezahlt werden. Diese Regelung führte 1999 zur zweiten Parteispendenaffäre der Bundesrepublik und man konnte staunen, was die CDU an Spenden erhielt und sogar in der Lage war, dem Bundestag das Doppelte zu zahlen.

Es begann mit einem Ermittlungsverfahren gegen den ehemaligen CDU-Schatzmeister Walther Leisler Kiep wegen der Spende von einer Million DM im Zusammenhang mit Lieferungen deutscher Panzer an Saudi-Arabien. Fortsetzung war ein Geständnis von Ex-Bundeskanzler Helmut Kohl, er habe eineinhalb bis zwei Millionen DM als Spenden erhalten, für die er wegen eines „Ehren"worts den Namen der Spender nicht nennen dürfe. Dann kam Wolfgang Schäuble in Schwierigkeiten wegen einer ebenfalls nicht angemeldeten Spende von 100.000 DM. Schließlich hatte die hessische CDU 20 Millionen erhalten, die im Bericht der Partei nicht auftauchten. Das machte für das Jahr 2000 ein Bußgeld von 41,3 Millionen DM, ein Bescheid, der 2001 vom Berliner Verwaltungsgericht aus nicht überzeugenden Gründen nicht aufgehoben wurde. Schäuble verlor den Parteivorsitz. Seine Nachfolgerin wurde Angela Merkel. 2001 musste Helmut Kohl eine Buße von 300.000 DM zahlen, damit ein Strafverfahren wegen Untreue zu Lasten der CDU eingestellt wurde. Dann hat er in einer neuen Spendensammelaktion 6 Millionen zusammengebracht, um den Schaden für die CDU zu mildern.

47. BVerfGE 65,1 – Volkszählungsgesetz

Noch nie war eine Entscheidung des Bundesverfassungsgerichts von den Bürgern der Bundesrepublik mit solcher Spannung erwartet worden. Der Sitzungssaal war bis auf den letzten Platz besetzt und selbst auf den Gängen drängten sich die Zuhörer. Diesmal fühlten sich sehr viele unmittelbar selbst betroffen. Denn das 1982 erlassene Gesetz über die 1983 durchzuführende Volkszählung mit seinem strafrechtlichen Zwang zum Ausfüllen eines seitenlangen Fragebogens verbreite quer durch alle politischen Richtungen großes Unbehagen und Aufforderungen zum Widerstand. Die Linke führte sowieso mal wider den Kampf ihres Lebens. Die Bürger wurden gefragt nach Namen, Anschrift, Geschlecht, Geburtstag,

Familienstand, Religion, Staatsangehörigkeit, Herkunft des Lebensunterhalts, Ausbildung, Beruf, Ort der Ausbildungs- oder Arbeitsstelle, wie sie dort hinkommen, Arbeitszeit, Art und Größe sowie Ausstattung und Alter der Wohnung, Höhe der Miete und so weiter.

Das Gesetz war 1982 während der sozialliberalen Koalition unter Helmut Schmidt beschlossen worden und seine Durchführung von der Regierung Kohl mit Millionenbeträgen vorbereitet. Zwei Wochen vor dem entscheidenden Datum am 27. April 1983, an dem die Volkszählung stattfinden sollte, hatte das Bundesverfassungsgericht eine einstweilige Anordnung erlassen, mit der sie ausgesetzt wurde, auf Grund von mehr als tausend Verfassungsbeschwerden. Das endgültige Urteil kam am 15. Dezember 1983. Das Gesetz wurde für verfassungsmäßig erklärt, soweit es nur statistische Ziele verfolgte, aber teilweise für verfassungswidrig. Und das war entscheidend. Die Volkszählung konnte nach diesem Gesetz nicht mehr stattfinden. Die Regierung war empört, der allgemeine Jubel groß.

Das Gesetz scheiterte am „Recht auf informationelle Selbstbestimmung", dem Schlüsselbegriff. Im Urteil heißt es dazu:

> „Unter den Bedingungen der modernen Datenverarbeitung wird der Schutz des einzelnen gegen unbegrenzte Erhebung, Speicherung, Verwendung und Weitergabe seiner persönlichen Daten von dem allgemeinen Persönlichkeitsrecht des Artikels 2 Absatz 1 in Verbindung mit Artikel 1 Absatz 1 Grundgesetz umfasst. Das Grundrecht gewährleistet insoweit die Befugnis des einzelnen, grundsätzlich selbst über die Preisgabe und Verwendung seiner persönlichen Daten zu bestimmen.
> Einschränkungen dieses Rechts auf „informationelle Selbstbestimmung" sind nur im überwiegenden Allgemeininteresse zulässig. ..."

Wie man sieht, das Gericht konstruiert ein neues Grundrecht aus den beiden genannten Artikeln, ein Grundrecht auf Datenschutz, für das es auch den schon in der Literatur verwendeten Ausdruck „Recht auf informationelle Selbstbestimmung" verwendet. Die Befugnis zur Konstruktion eines Grundrechts ist ihm bestritten worden. Aber die Richter blieben dabei. Dieses Urteil zum Datenschutz wurde für sie zu einem Meilenstein, der sich als Zentralbegriff jetzt im Bewusstsein der Öffentlichkeit festsetzte, auch weil über das Volkszählungsgesetz eine außergewöhnlich große Diskussion stattgefunden hatte, und das zu einer Zeit, in der nur wenige ahnten, was noch alles möglich werden würde mit den Fortschritten der bisher kaum wahrgenommenen digitalen Revolution (Rnr. 71) durch PCs, Internet, Suchmaschinen und so weiter.

Entscheidend für die Verfassungswidrigkeit des Gesetzes war § 9 mit dem „Melderegisterabgleich", also der Erlaubnis, dass die im Fragebogen aufgenommenen persönlichen Daten nicht nur für anonyme statistische Zwecke verwendet werden, sondern auch mit Namen und Adresse jedes einzelnen an Meldebehörden weitergegeben werden können, obwohl es im Gesetz hieß, das dürfe „nicht zu Maßnahmen gegen einzelne Auskunftspflichtige" führen. Trotzdem. Diese Verbindung von Statistik mit Verwaltungshandeln, so das Urteil, sei für den Bürger nicht mehr durchschaubar und verletzt sein Recht auf informationelle Selbstbestimmung.

1985 wurde von der Koalition Helmut Kohls ein neues Gesetz erlassen, nach dem 1987 doch noch eine Volkszählung durchgeführt worden ist, gegen viel öffentlichen Widerstand, aber trotz wieder vieler Verfassungsbeschwerden ohne Beanstandung durch die Karlsruher Richter. Heute macht man das einfacher durch sogenannten Mikrozensus. Die Karawane der datenhungrigen Dienste zog weiter und holte sich neue Niederlagen und Erfolge, wie im 4. Teil beschrieben wird (Rnr. 70).

1954 hatte die „kopernikanische Wende" (Fritz Ossenbühl) des Verwaltungsrechts stattgefunden, als das Bundesverwaltungsgericht mit der Entscheidung zur Sozialhilfe den Rechtsschutz in der Leistungsverwaltung einführte (Rnr. 24). 1972 folgte der zweite Umsturz im verfassungsrechtlichen Weltbild: Das Bundesverfassungsgericht öffnete mit seinem Beschluss über den Strafgefangenen die Tür zur rechtlichen Überprüfung in einem wichtigen Teilgebiet des bisher verschonten Innenbereichs der Verwaltung (Rnr. 50). Dieses Gebiet war von Otto Mayer Anstalt genannt worden. Zu ihm gehörten das Militär, Gefängnisse oder Schulen. Nun gab es die Anstalt nicht mehr. Seitdem behält der Bürger seine Grundrechte auch in der Bundeswehr oder Strafhaft. Jetzt war Otto Mayers Verwaltungsrechtsgebäude endgültig umgebaut. Er würde es nicht wiedererkennen. Von außen gesehen ist die Fassade noch unverändert mit dem Verwaltungsakt und dem Grundsatz des Gesetzesvorbehalts. Aber drinnen sieht es nun völlig anders aus: eine Generalklausel statt des Enumerationsprinzips, Leistungsverwaltung neben Eingriffsverwaltung und Grundrechte in den heiligen Hallen der verschwundenen Anstalt. Nur der letzte Innenbereich blieb fast völlig unverändert, die interne Verwaltung mit den vorbereitenden Überlegungen von Behörden, obwohl auch hier 1976 das Verwaltungsverfahrensgesetz einige Regeln aufstellte, zum Beispiel über Ermessensausübung oder Formfehler, die überprüft werden können. 48. Verwaltungsrecht

Diese neue Ordnung des aufrechten Gangs mündiger Bürger gegenüber dem Staat fand auch das Echo einer anderen Neuerung in der Wissenschaft vom Verwaltungsrecht. Seit den siebziger Jahren hat sie sich verabschiedet von der Subjektionstheorie. Die diente seit dem 19. Jahrhundert der Unterscheidung von öffentlichem und Zivilrecht und damit

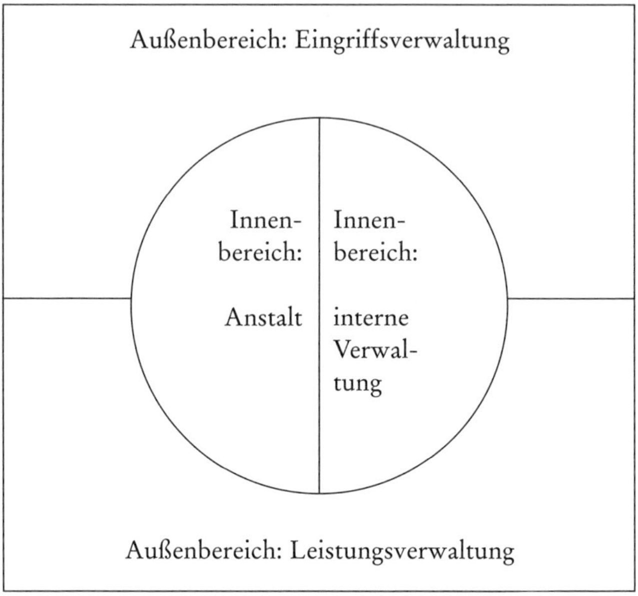

Abbildung 5: Struktur der Verwaltung

der Frage, ob ein Streit vor die Verwaltungs- oder Zivilgerichte gehört. Nach dieser Theorie war es öffentliches Recht, wenn eine Behörde im „Über-Unterordnungsverhältnis" gehandelt hat, also Ungleichheit von Behörde und Bürger, dann gehörte ein Streit vor das Verwaltungsgericht. Aber wenn sie nur Büromaterial in einem Schreibwarengeschäft kaufte, war es Gleichordnung von Behörde und Händler, also Zivilrecht und der Streit gehörte vor das Zivilgericht. Das „Über-Unterordnungsverhältnis" entsprach dem Untertanenstaat des 19. Jahrhunderts (und dem des Hitler-Staats), war autoritär und hatte sich überlebt.

Schon 1950 entstand dagegen eine Sonderrechtstheorie, die sich aber nicht durchsetzen konnte. Danach handelt eine Behörde öffentlich-rechtlich, wenn Grundlage ihrer Tätigkeit Sondervorschriften sind wie Polizeirecht, Umwelt- oder Ausländerrecht. In den siebziger Jahren sah es so aus, als würde sie die Oberhand gewinnen. Aber dann kamen Einwände und neue Theorien. Die sollen hier nicht auch noch beschrieben werden, denn so wichtig ist das Ganze nicht. In der Praxis weiß man auch ohne Theorien regelmäßig, wo man klagen soll. Und jedenfalls wird die Subjektionstheorie (von lat. *subicere*, unterwerfen) nicht mehr vertreten.

Neben diesem Allgemeinen Verwaltungsrecht und neben den Gebieten des Besonderen – wie Polizeirecht, Baurecht, Gemeinderecht – entstand in den 70er Jahren ein neues Rechtsgebiet:

Der Ursprung dieses neuen Rechtsgebiets geht wie vieles andere zurück auf die industrielle Revolution. In Deutschland war es ihr Aufschwung in der zweiten Hälfte des 19. Jahrhunderts, mit dem es um die Wende zum 20. stärkste Industrienation in Europa geworden war und selbst das bisher führende England überholt hatte. Die Folgen waren demographisch, sozial und ökologisch.

Demographisch wuchsen die Einwohnerzahlen der Städte dramatisch. Um 1800 hatte Essen 4000 Einwohner, 1910 waren es schon 443.000. In München stieg die Zahl von 40.000 auf 516.000 und in Berlin von 800.000 auf 3 Millionen. Sozial bedeutete es die Entstehung und Verarmung der Arbeiterklasse und ökologisch gab es jetzt Flüsse, in denen man nicht mehr baden, und Luft, die man nicht mehr atmen konnte mit schweren Schäden für Menschen, Tiere und Pflanzen. Daneben wuchs in den Städten mit der Zahl der Einwohner das Abfallproblem.

Die Flüsse litten unter giftigen Abwässern der Industrie und durch die Einleitung von Fäkalien der Städte, in denen nach dem großen Hamburger Brand von 1842 zur Vermeidung solcher Katastrophen mit von Dampfmaschinen betriebenen Pumpen die Wasserversorgung der Haushalte eingeführt wurde. Das geschah in Hamburg 1848. Berlin folgte 1855, die meisten deutschen Städte in den 60er und 70er Jahren. Damit verbunden war die Einführung des Wasserklosetts. Das bedeutete die Verbesserung der Hygiene in den Städten, aber auch ihre Verschlechterung außerhalb, wo ihre Abwässer oft in die noch stärker durch die Industrie verschmutzten Flüsse kamen. So wurde die Emscher der damals allgemein so genannte „Höllenfluss", in dem es schon in den 70er Jahren keine Fische mehr gab, ebenso wie im mittleren Rhein, in dem man nicht mehr baden oder waschen konnte. Die Wupper glich durch Industrieabwässer einem „Tintenstrom" und die Ruhr war bei Mühlhausen „eine braunschwarze Brühe, die nach Blausäure riecht und absolut tot ist."

Die Behörden waren mit dem Instrumentarium der Gewerbeordnung von 1869 mehr oder weniger hilflos. Die Rufe nach einem Reichswassergesetz wurden immer lauter. Carl Duisberg, Chef der Bayer-Werke in Leverkusen, schob die Schuld auf die Fischer und erklärte 1912 auf einer Tagung der chemischen Industrie, „der Himmel bewahre uns vor einem Reichsabwässergesetz." Der Himmel half.

Das Gesetz kam nie. Stattdessen wurden in den Ländern seit 1876 einzelne Wassergesetze erlassen. In Preußen war das 1913, nach heftigem Widerstand der Industrie. Es galt bis 1956. Nach § 47 hatten Unternehmen einen Anspruch auf Einleitung des Abwassers, wenn ihr überwiegendes wirtschaftliches Interesse dem „Allgemeinwohl des Publikums" entgegenstand, wie es dem Trend der Zeit damals entsprach. Es änderte sich also nichts. Auch nicht in der Weimarer und NS-Zeit. Nach dem

Zweiten Weltkrieg musste die Wirtschaft neu aufgebaut werden und hatte wieder den Vorrang. Durch das „Wirtschaftswunder" entstand eine Umweltzerstörung in großem Ausmaß zu Lande, im Wasser und in der Luft. Das Wasserhaushaltsgesetz von 1960 änderte nicht viel, zumal es keine verbindlichen Anforderungen für die Einleitung von Abwässern in die oberirdischen Gewässer nannte. Nur eine 1952 entstandene kleine Arbeitsgemeinschaft von ökologisch interessierten Parlamentariern des Bundes und der Länder hatte einmal Erfolg, nämlich 1961 mit dem Erlass des Detergentiengesetzes. Bestimmte Waschmittel, die sich im Wasser nicht auflösen (Detergentien, Schaum an Schleusen) durften seit 1964 nicht mehr verwendet werden.

Nicht besser war es mit den „Emissionen" in die Luft. Besonders giftig waren Schwefeldioxid SO_2 und Ruß, große Feinde der Land- und Forstwirtschaft. 1901 berichtete ein Landwirt aus dem Gebiet vor den Toren von Halle: Bis 1892 hatte er Ernten von durchschnittlich 20 Doppelzentnern Weizen pro Hektar. Jetzt waren es nur noch zwei. Grundlage für die Genehmigung von Anlagen mit Emissionen war im wesentlichen § 16 GewO von 1869. Die Verwaltungsbehörden hatten dafür im wesentliche zwei Kriterien, nämlich die größtmögliche Förderung der Wirtschaft („Gewerbefreiheit") und dagegen das Gemeinwohl. Im Zweifel entschieden die Gutachter für die Industrie. Und Zweifel gab es viele ohne genaue technische Daten, die erst viel später entwickelt wurden. Die Technische Anleitung Luft, TA Luft von 1895, gab keine konkreten Daten und galt bis 1964.

Schließlich das Abfallproblem. Jahrhundertelang löste man es durch Mülldeponien außerhalb der Stadtgrenze ohne besondere Schutzmaßnahmen, die oft das Grundwasser verunreinigten, ebenso wie große Rieselfelder. Bis in die siebziger Jahre des letzten Jahrhunderts änderte sich daran nichts. Dann entstanden moderne Müllverbrennungsanlagen, deren Restschlacke wieder verwendet werden konnte, zum Beispiel für den Straßenbau.

Das einzige Gebiet, in dem sich bis 1945 wirklich etwas besserte, war der Naturschutz. Er war zwar schon in der Weimarer Republik verfassungsrechtlich vorgeschrieben (Art. 150 WRV). Aber erst in der NS-Zeit wurde er vorbildlich ausgeweitet. Aus 800 geschützten Gebieten und Naturdenkmälern entstanden 50.000. Das war das Ergebnis von NS-Begeisterung für Blut, Boden, Brauchtum, Sitte. „Blubobrausi" nannten wir das damals.

Dann kam in den siebziger Jahren die große Wende im Umweltrecht mit Willy Brandt und der SPD. Schon in seinem Wahlkampfprogramm von 1961 hatte er den „blauen Himmel über dem Ruhrgebiet" gefordert. Erst 1969 kam mit der sozialliberalen Koalition der Umweltschutz zum ersten Mal in eine Regierungserklärung. Zum ausreichenden Schutz von

Luft- und Wasserverunreinigung sollte eine größere Zahl von Gesetzen erlassen werden. Auf den kritischen Ruf von CDU/CSU „blauer Himmel" antwortete er spontan, dass sei eine törichte Bemerkung, denn damals sei von dem gesprochen worden, was längst notwendig war und heute noch notwendig sei.

Willy Brandts wichtigstes Ziel war allerdings seine mit Egon Bahr geplante Ostpolitik. Zuständig für den Umweltschutz wurde Innenminister Hans-Dietrich Genscher, FDP. Für ihn und seine Partei war das die Chance, damit ein freidemokratisches Kontrastprogramm zur Ostpolitik aufzubauen. So gelang in den siebziger Jahren tatsächlich „ein wahrer legislativer Schub", der das „Umweltrecht als eigenständiges Rechtsgebiet zum Durchbruch" brachte (Michael Kloepfer). Im Einzelnen:

1971 Fluglärmgesetz und Benzinbleigesetz
1972 DDT-Gesetz, Waschmittelgesetz, Gefahrgutbeförderungsgesetz und Abfallgesetz
1974 Bundes-Immissionsschutzgesetz
1975 Bundeswaldgesetz
1976 Wasserhaushaltsgesetz Neufassung und dazu als Ergänzung Abwasserabgabengesetz
1980 Umweltstrafrecht als neuer Abschnitt der §§ 324 ff. StGB

1972 wurde der Sachverständigenrat für Umweltfragen eingesetzt und 1974 das Umweltbundesamt in Berlin gegründet (seit 2005 in Dessau). Das alles machte die Bundesrepublik im Umweltschutz zum führenden Land in Europa. Und zur Abrundung erhielt das Gebiet 1986 von der Regierung Helmut Kohl ein besonderes Bundesministerium für Umwelt, Naturschutz und Reaktorsicherheit.

Doch schon bald fiel ein Wermutstropfen in dieses schöne Ensemble. 1976 erschien im ersten Vierteljahresbericht des Sachverständigenrats das Stichwort – Vollzugsdefizit. Die Gesetze sind gut, aber ihre Umsetzung in der Praxis stößt auf Schwierigkeiten. Also gab der Rat einen Untersuchungsauftrag an eine kleine Forschungsgruppe unter der Leitung der Kölner Soziologin Renate Mayntz. Ihr Bericht war 1978 fertig. Ein dickes Buch, 814 Seiten. Da kam einiges zusammen. Das Wichtigste: Die zuständigen Behörden litten unter dem Mangel an Personal und technischen Gerät. Nichtöffentliche Vorverhandlungen der privaten Betreiber von geplanten Anlagen mit den Genehmigungsbehörden geben den Unternehmern oft einen doppelten Vorsprung. Erstens sind ihre Mitarbeiter dem Personal der Behörden fachlich meist überlegen, weil besser bezahlt. Fast immer geht es um die Kenntnis des „letzten Stands der Technik". Zweitens: Wenn dann die Öffentlichkeit in einem Anhörungsverfahren eingeschaltet wird, ist durch diese Vorverhandlungen praktisch schon alles entschieden. Dann greift die „faktische Bindungswirkung" des vorher Verhandelten, wie es im Bericht heißt. Und so entsprach ein großer Teil der von der Arbeitsgruppe untersuchten genehmigungspflichtigen Anlagen nicht den gesetzlichen Vorschriften, war rechtswidrig.

Aus der Beobachtung solcher bisher unbekannten Vorverhandlungen hat der junge Jurist der kleinen Forschungsgruppe eine Dissertation gemacht. Eberhard Bohne, „Der informale Rechtsstaat". Er hält sie in vielen Fällen wegen der komplizierten Rechtslage bei Großanlagen für zulässig, hat sie aber juristisch in angemessene Schranken gewiesen. Es war eine der erfolgreichsten juristischen Dissertationen der Bundesrepublik. Inzwischen gibt es dazu eine Fülle von Veröffentlichungen. Man spricht heute vom informellen Verwaltungshandeln. Zum allgemeinen Problem soll der Vater des Verwaltungsrechts, der bekanntlich Otto Mayer hieß, erklärt haben: „Der Staat paktiert nicht." Aber die Zeiten haben sich eben geändert und auch manche im Bericht der Forschungsgruppe genannten Mißstände sind inzwischen beseitigt worden.

Allerdings bleibt ein strukturelles Problem. Umweltrecht ist nämlich Verwaltungsrecht. Und in der Natur des Verwaltungsrechts liegt das Kernproblem des Umweltschutzes. Denn Verwaltungsrecht ist Individualgüterschutz und dient nicht dem Schutz von Interessen der Allgemeinheit, also der Lebensgrundlage aller Menschen wie Wälder, Flüsse, Boden, Luft, Pflanzen und Tiere. Man denke nur an das immer noch wichtigste Instrument im Verfahren vor den Verwaltungsgerichten, § 42 Abs. 2 VwGO, die Anfechtungsklage. Bei ihr muss der Kläger geltend machen, durch einen Verwaltungsakt – die Genehmigung einer Anlage – „in seinen Rechten verletzt zu sein". Ein einfaches Beispiel: Was ist, wenn in einem Naturschutzgebiet das Landratsamt unter Verstoß gegen das Abfallbeseitigungsrecht eine Giftmülldeponie genehmigt hat? Wer kann klagen? Ein Nachbar? Das Gebiet ist groß. Nachbarn gibt es nicht. Das einzige, was helfen könnte, ist politischer Druck über die Öffentlichkeit. Das Umweltrecht versagt.

Es gäbe allerdings zwei Möglichkeiten, den strukturellen Mangel zu beheben. Eine sogenannte Verbandsklage oder ein Umweltgrundrecht in der Verfassung. Mit der Verbandsklage hat man in den USA gute Erfahrungen gemacht. Wenn schon der Einzelne nicht klagen kann, dann wenigstens eine Umweltschutzorganisation, die Rechte von Tieren oder Pflanzen geltend machen könnte. Die Aufregung war groß, als das in den 70er Jahren diskutiert worden ist. Alle waren dagegen, Behörden, Justiz, Industrie. Versuche mit klitzekleinen Ausnahmen blieben folgenlos. Am besten würde ein Umweltgrundrecht im Grundgesetz sein. Dann könnte jeder Bürger klagen, auch wenn er weit weg ist. 1973 ist es im Wahlkampf von Willy Brandt und Hans-Dietrich Genscher versprochen worden.

Aber 1974 wurde Helmut Schmidt Bundeskanzler, ein Freund der Industrie, der Umweltschutz für eine ärgerliche Modeerscheinung hielt. Damit war auch das geklärt. Das Versprechen von 1973 hatte sich erledigt.

Allerdings, bald kamen große Umweltkatastrophen. Seveso, Bhopal, Sandoz, Tschernobyl, Excon Valdez, dazu das Ozonloch, die Erderwärmung. Die Bürger lernten, was Umweltschutz bedeutet. Und der Druck wurde größer. Wie der Umweltschutz im Grundgesetz verankert werden sollte, war lange heftig umstritten. Mit der Wiedervereinigung gab es dann in Art. 5 des Einigungsvertrags einen Auftrag, das Grundgesetz neuen Entwicklungen anzupassen, unter anderem auch mit Staatszielbestimmungen. Als eine solche gelangte dann der Schutz der natürlichen Lebensgrundlagen in den neuen Art. 20a, acht Jahre später erweitert um den Tierschutz.

50. BVerfGE 33,1 – der Brief des Strafgefangenen

Seit Otto Mayer war das „besondere Gewaltverhältnis" allgemein anerkannt als „die verschärfte Abhängigkeit, welche zugunsten eines bestimmten Zwecks öffentlicher Verwaltung begründet wird für alle Einzelnen, die in den vorgesehenen besonderen Zustand treten." Es existierte im Disziplinarverhältnis von Beamten, in Strafvollzugsanstalten, Schulen und beim Militär, sozusagen im Innenbereich der Verwaltung, in dem keine Verwaltungsakte ergingen, die man anfechten konnte, Maßnahmen, die man hinnehmen musste. In der Bundesrepublik war dazu 1961 von den Justizministern der Bundesländer für Gefängnisse und Zuchthäuser eine „Dienst- und Vollzugsordnung", DVollzO, erlassen worden, in der Nr. 155 Abs. 2 anordnete, dass die Anstaltsleitung Schreiben „anhalten" kann, die beleidigend sind oder in denen Anstaltsverhältnisse erörtert werden, die den Gefangenen persönlich nichts angehen.

Nach dieser Vorschrift wurde bei der Briefkontrolle in der Vollzugsanstalt Celle der Brief eines Strafgefangenen angehalten, den er am Heiligabend 1967 an eine Gefangenenhilfsorganisation geschrieben hatte und in dem er über die Entlassung des bisherigen Anstaltsleiters schrieb, er sei von seinen Mitarbeitern „nicht für voll genommen" worden und „entweder Strohmann, scheinheilig oder hinterhältig" gewesen. Über die Kontrolle der Weihnachtspakete berichtete er, die Beamten hätten sie „geplündert" und so den Gefangenen die „Weihnachtsfreude genommen." Der Gefangene protestierte unter Hinweis auf sein Grundrecht des Postgeheimnisses und der Meinungsfreiheit, Art. 5 und 10 GG, scheiterte in allen Instanzen, zuletzt vor dem OLG Celle, und erhob Verfassungsbeschwerde.

Das Bundesverfassungsgericht entschied 1972. Das besondere Gewaltverhältnis wurde von den Richtern nur einmal kurz erwähnt. Sie haben sich mit ihm nicht weiter beschäftigt. Nach jahrzehntelanger Geltung ist es mit ihrem Beschluss ganz einfach verschwunden, nämlich nach Art. 19

Abs. 1 GG, der bestimmt, dass Grundrechte nur durch Gesetz eingeschränkt werden können. Die DVollzO war aber kein Gesetz, sondern eine Verwaltungsanordnung.

Ein Strafvollzugsgesetz mit entsprechenden Vorschriften sei noch bis zum Ende der Legislaturperiode 1973 zu erlassen. So lange dürften Eingriffe in Grundrechte von Gefangenen nur stattfinden, wenn sie unerlässlich sind, um den Strafvollzug aufrecht zu erhalten, also bei Fluchtplänen oder „drohenden kriminellen Aktionen", zu denen Beleidigungen nicht gehören. Ergebnis: Das „Anhalten" des Briefs war verfassungswidrig. Das OLG Celle sollte darüber mit diesem Befund noch einmal entscheiden. Dem Bundestag gelang es nicht, das Strafvollzugsgesetz bis zum vom Gericht gesetzten Termin zu erlassen. Es ist erst 1976 erlassen worden. Immerhin.

51. Sozialrecht

Nach der Überwindung der von Kanzler Erhard übernommenen Wirtschaftskrise hat die Große Koalition das Sozialrecht weiter ausgebaut. 1967 wurde die Grenze für die Versicherungspflicht von Angestellten in der Rentenversicherung aufgehoben. Damit waren auch die mit einem höheren Einkommen beitragspflichtig, allerdings in geringerer Höhe. 1969 kamen zwei wichtige Neuerungen dazu. Die erste war ein Finanzausgleich zwischen der Rentenversicherung der Arbeiter und der Angestellten, deren finanzielle Situation für die Angestellten sehr viel günstiger gewesen ist. Den Sturm der Entrüstung von Angestelltenverbänden hat die Große Koalition gut überstanden. Schließlich hat sie zuletzt noch das Gesetz über die Lohnfortzahlung bei Krankheit der Arbeiter beschlossen, das nach dem Metallarbeiterstreik von 1956 (Rnr. 34) überfällig war. Es folgte der Regelung, die für Angestellte nach § 616 BGB entwickelt worden ist, nämlich eine Entgeltzahlung in den ersten sechs Wochen. Danach begann für die Arbeiter das von den Krankenkassen zu zahlende Krankengeld.

Die ersten fünf Jahre der sozialliberalen Koalition waren geprägt durch eine solide Situation von Wirtschaft und Finanzen. Dementsprechend wurde auch der Sozialstaat weiter ausgebaut. 1971 brachte das Bundesausbildungsförderungsgesetz, BAföG, für bedürftige Schüler und Studenten einen Unterhalt, der im Gegensatz zum „Honnefer Modell" von 1957 nicht zurückgezahlt werden musste, also eine echte Sozialleistung war. Der Kreis der Berechtigten ist zunächst kontinuierlich ausgeweitet worden. 1972 wurde mit einer Rentenreform die Leistung für Versicherte erheblich erweitert. Sie ermöglichte Älteren mit einer flexiblen Altersgrenze den vorzeitigen Eintritt in die Rente und der Termin für die Anpassung der Renten an das Durchschnittseinkommen wurde vorverlegt. Dann kam mit dem Kanzlerwechsel von Brandt zu Schmidt

1974 während der damals einsetzenden wirtschaftlichen Rezession eine Wende in der Sozialpolitik.

Es wurde gekürzt – im Bereich der Arbeitslosenversicherung, bei den Renten, beim Kinder- und Wohngeld, in der Sozialhilfe und beim BAföG. Und in der gesetzlichen Krankenversicherung ist die private Kostenbeteiligung eingeführt worden. Aber auch soziale Neuerungen wurden beschlossen – 1975 die obligatorische Krankenversicherung für Studenten und 1979 die Kranken- und Rentenversicherung für selbständige Künstler, Schriftsteller und Journalisten.

Die christdemokratische-liberale Koalition mit Kanzler Helmut Kohl begann im Herbst 1982 während einer schweren Wirtschaftskrise und war 1990 vor der Wiedervereinigung in einer ökonomischen Hochkonjunktur. Es wurde die Zeit einer Konsolidierung der Sozialpolitik. Von 1982 bis 1984 sind die Kürzungen noch stärker gewesen als unter Helmut Schmidt. Das BAföG für bei ihren Eltern wohnende Schüler wurde gestrichen, das für Studenten auf ein Darlehen umgestellt. Arbeitslosengeld und Arbeitslosenhilfe sind gekürzt worden, ebenso die Sozialhilfe. In der Rentenversicherung wurde die Anpassung an die Lohnentwicklung nach stärker verzögert und ein Krankenversicherungsbeitrag der Rentner eingeführt.

1985 ging es wirtschaftlich langsam bergauf. Es wurde nicht nur ein Jahr ohne Kürzungen, sondern es begann eine Zeit zusätzlicher Leistungen. Die Höchstbezugszeit des Arbeitslosengelds für Ältere wurde verlängert, das 1963 eingeführte Wohngeld für bedürftige Familien erhöht und der Kreis der Empfänger erweitert. Außerdem begann in diesem Jahr das problematische Erziehungsgeld („Mütterfalle", Gunhild Gutschmidt) und der Erziehungsurlaub. Schließlich geschah 1986 und 1987 in der Rentenversicherung ein erstaunlicher Durchbruch mit der Anrechnung der Kindererziehungszeiten von Müttern. Zum ersten Mal wurde in der westdeutschen Sozialversicherung die Tätigkeit zu Hause in der Familie mit der außerhäuslichen Erwerbstätigkeit gleichgestellt („konservativer Staatsfeminismus", Claus Offe).

Im Jahrzehnt vom Ende der sechziger bis zum Ende der siebziger Jahre sind die wichtigsten Gesetze zum Steuerrecht mit Neufassungen erlassen worden, die zum Teil grundlegend waren, nämlich das Umsatzsteuergesetz 1968, das zur Einkommensteuer 1974, zur Körperschaftsteuer 1976 und die Abgabenordnung 1977. 52. Steuerrecht

Die Abgabenordnung ist der Allgemeine Teil des Steuerrechts. Sie geht zurück auf die Reichsabgabenordnung 1919, die erlassen wurde, als die Bundesländer nach dem Ersten Weltkrieg notgedrungen dem Plan des Reichsfinanzministers Erzberger zustimmten, das Steuerwesen von ihrer Ebene an die Zentrale des Reichs zu verlegen (Rnr. 29). Der Regierungsentwurf für die mehr als 400 Paragraphen war ohne Vorarbeit nach fünf

Monaten fertig. Vier Monate später ist sie von der Nationalversammlung in Weimar beschlossen worden. Sie blieb in Kraft bis 1977, als die neue Abgabenordnung nach jahrzehntelangen Vorarbeiten erlassen wurde.

Die Einkommensteuer ist 1974 durch eine Reform geändert worden. Sie änderte zum einen die Steuertarife. Der Grundfreibetrag wurde von 1680 auf 3000 DM angehoben, der Eingangssteuersatz von 19 auf 22% und der Höchststeuersatz von 53 auf 56%. Außerdem ist die staatliche Begünstigung von Kindern durch Freibeträge abgeschafft und ersetzt worden durch ein vom Arbeitsamt zu zahlendes Kindergeld. Für Familien mit niedrigen Einkommen war es eine Verbesserung, für solche mit höheren eine Verschlechterung, die verfassungsrechtlich nicht unbedenklich gewesen ist. Zu einer Klärung durch das Bundesverfassungsgericht ist es jedoch nicht gekommen.

Eine grundlegende Änderung brachte das neue Körperschaftsteuergesetz für Kapitalgesellschaften 1976 mit dem neuen Anrechnungsverfahren. Bisher war es so: Wenn eine Kapitalgesellschaft (AG, GmbH o.ä.) ihren Gewinn nach dem Körperschaftsteuergesetz versteuert hatte und danach den ihr verbleibenden Gewinn an die Anteilseigner zahlte, mussten die für ihren Gewinn nach dem Einkommensteuergesetz noch einmal Steuern zahlen. Mit anderen Worten, der Gewinn wurde zweimal besteuert. Die Berechtigung dieser Mehrbelastung war seit langem umstritten. Deshalb hat das neue KStG 1976 das Anrechnungsverfahren eingeführt. Die von der Kapitalgesellschaft gezahlte Körperschaftsteuer wurde nun entsprechend der Beteiligung des Anteilseigners auf seine Einkommensteuer für die Gewinnbeteiligung angerechnet. Damit wurde er letztlich so behandelt wie ein Mitglied einer Personengesellschaft (z.B. OHG), dem Gewinn direkt ausgezahlt wird. Das ergab bei Anteilseignern einer Kapitalgesellschaft entweder eine Minderung ihrer Einkommensteuer oder sogar eine Rückzahlung. Mit vielen komplizierten Einzelheiten. Dieses Anrechnungsverfahren wurde vom Körperschaftsteuergesetz 1999 abgelöst durch ein Halbeinkünfteverfahren (Rnr. 74).

Ein ähnliches Problem gab es bei der Umsatzsteuer. Sie hat ihren Ursprung in der Finanznot des Ersten Weltkriegs. 1916 wurde sie mit einer Abgabe von 0,1 % auf gewerbliche Lieferungen eingeführt und später auf alle Leistungen ausgedehnt. Nach dem Krieg ist der Steuersatz erhöht und 1934 das Umsatzsteuergesetz erlassen worden. So blieb es bis 1968. Es war eine Allphasensteuer, die nach jeder Lieferung oder Leistung eines gewerblichen Unternehmens in voller Höhe fällig wurde. Das hatte zur Folge, dass bei Lieferungen oder Leistungen in einer Kette mehrere Unternehmen die Steuer ständig höher und die Gewinne immer niedriger wurden. Dafür ein Beispiel:

Wenn ein Fabrikant F, Material beim Rohstofflieferanten R gekauft hat, sie an einen Großhändler G verkauft, der an einen Händler H, der an den Verbraucher Vbr und jeder der drei F, G und H den Kaufpreis um 100 € erhöht, ergibt das bei einem Steuersatz von 20%:

	R	→	F	→	G	→	H	→	Vbr
	100		200		300		400		400 €
USt	20		40		60		80		
Einkauf	100		200		300				
Gewinn	60		40		20				

Ein Großunternehmer dagegen, der Fabrikation und Vertrieb in seiner Firma vereinigt und ebenfalls einen Verkaufspreis von 400 € fordert, zahlt als einzelner Unternehmer nur 20% Umsatzsteuer. Dieses bisherige Allphasensystem bedeutete also eine Verzerrung des Wettbewerbs. Es benachteiligte kleine und mittlere Unternehmen gegenüber großen. Und diese Ungleichbehandlung war nach Art. 3 Abs. 1 GG verfassungswidrig.

Deshalb hatte die Bundesregierung seit längerem eine Verbesserung vorbereitet. Aber da immer noch nichts geschah, erhobene einzelne Unternehmer Verfassungsbeschwerde. 1966 erging das Urteil (BVerfGE 21,12). Die Verfassungsbeschwerden wurden zwar zurückgewiesen, aber gleichzeitig die Verfassungswidrigkeit der bisherigen Regelung bestätigt und die Zurückweisung damit begründet, dass das Gericht erwarte, der Gesetzgeber würde in absehbarer Zeit eine verfassungskonforme neue Regelung erlassen.

Bald danach erging die Mehrwertsteuerrichtlinie der Europäischen Wirtschaftsgemeinschaft vom 11.4.1967, die die sechs Mitgliedsstaaten nach französischem Vorbild verpflichtete, ein Umsatzsteuergesetz mit Mehrwertsteuerabzug zu erlassen. Für die Bundesrepublik ist das Gesetz 1967 verkündet worden und am 1. Januar 1968 in Kraft getreten. Wichtigste Neuerung ist § 15. Danach kann ein Unternehmer von seiner eigenen Steuer diejenige Vorsteuer abziehen, die von einem anderen für Lieferungen oder Leistungen (Dienste, u.s.w.) gezahlt worden ist. Man spricht von einer Mehrwertsteuer mit Vorsteuerabzug. Dazu das Beispiel mit R, F, G, H und Vbr, wieder mit Preiserhöhung um 100 € und einem Steuersatz von 20%.

	R	→	F	→	G	→	H	→	Vbr
Verkauf	100		200		300		400		400 €
Vorsteuer	20		40		60		80		
Abzug			20		40		60		Für den Gewinn vom Verkauf abzuziehen
MwSt			20		20		20		}
Einkauf			100		200		300		}
Gewinn			80		80		80		

Die Steuerzahlung und der Gewinn sind jetzt bei den drei F, G und H also gleich, im Gegensatz zum Steigen und Fallen mit der Allphasensteuer vorher. Entscheidend für die Verfassungsmäßigkeit ist, dass mit der Mehrwertsteuer jeder der drei denselben Steuerbetrag für einen Verkauf zahlen muss, wie ein Großunternehmer, der alle drei Stationen in ein einer Phase vereinigt. Er bleibt weiter ein einziger selbständiger Unternehmer (§ 2 Abs. 2 UStG) und hat also bei einer Vorsteuer von 20 € wegen des Kaufs von Material bei R folgende Mehrwertsteuer zu zahlen: 20 % von 400 € = 80 € minus 20 € = 60 €, also dieselbe Summe wie F, G und H zusammen und sein Gewinn ist ebenfalls der selbe, nämlich: 400 € minus 100 € Einkauf und minus 60 € Mehrwertsteuer, und damit wieder ebenso groß wie der Gewinn von F, G und H zusammen. So schön leuchtet hier die Mehrwertsteuer im milden Glanz der Gleichheit von Art. 3 GG. Aber dann hört sie eben auch auf, die Gleichheit. Denn dass ein Großunternehmer meist mehr und oft auch besser und preiswerter produzieren und verkaufen kann als eine Zahl von drei Einzelunternehmern, das steht auf einem anderen Blatt. Diese Ungleichheit auszugleichen, ist nicht Aufgabe des Umsatzsteuerrechts, sondern in erster Linie des Wettbewerbsrechts.

53. Allgemeines Privatrecht

Die Jahre von Kanzler Kiesinger bis zur Wiedervereinigung wurden zum Höhepunkt im **Verbraucherschutz**. Es begann mit der Produzentenhaftung, einem alten Problem. Dabei geht es um den Schutz des Nutzers eines Produkts, gleichgültig ob er in Vertragsbeziehungen mit dem Hersteller steht und ob dieser schuldhaft gehandelt hat. Schon das Reichsgericht hatte sich damit beschäftigt, ohne eine allgemein gültige Lösung zu finden, ebenso der Bundesgerichtshof einige Jahre. Der Durchbruch zu einer handfesten Lösung für die Zukunft gelang 1968 mit dem Hühnerpest-Fall. Eine Hühnerfarm ließ ihren Bestand gegen Hühnerpest impfen. Einige Tage später brach sie aus. Alle Tiere mussten getötet werden. Die Hühnerfarm klagte gegen den Hersteller des Impfstoffs, von dem ihn der Tierarzt gekauft hatte. Die Firma wurde nach § 823 Abs. 1 BGB verurteilt, weil der Bundesgerichtshof mit einer einleuchtenden Erklärung die Beweislast für das Verschulden umgekehrt hat. Genaueres zu diesem Fall bei Rnr. 54. Diese Rechtsprechung hat das Gericht bis heute ständig ausgeweitet und verschärft, mit einem gewissen Höhepunkt im Schwimmerschalter-Fall 1976 (Rnr. 55, „weiterfressender Mangel" in der Kaufsache selbst). So entstand auch hier wie bei der Rechtsprechung zur Kommerzialisierung des Gebrauchs beschädigter Kraftfahrzeuge (Rnr. 30) die Bildung einer Solidargemeinschaft, nämlich der Verbraucher von Massenartikeln. Denn deren Produzenten haben auf die Ausweitung der Haftung mit dem Abschluss von Versicherungen reagiert, deren Kosten sie auf die Preise abwälzen. Diese Erhöhung musste dann von den Verbrauchern insgesamt getragen werden. Gleichzeitig entstand mit dieser Rechtsprechung eine Art objektiver Gefährdungshaftung, die immer notwendig wird, wenn ein gewisser Lebensbereich sich als gefährlich erweist.

Trotzdem wurde 1989 noch ein Produkthaftungsgesetz erlassen, weil eine EG-Richtlinie das verlangte. Es hat den Vorteil, dass es übersichtlicher ist als die schwer überschaubare Rechtsprechung zu einzelnen Fällen. Aber es bleibt zum Teil hinter ihr zurück (15 Abs. 2 ProdHaftG). Es gilt nämlich nur für private Verbraucher, nicht für gewerbliche und auch nicht für Schäden an der gekauften Sache selbst (§ 1 Abs. 1 Satz 2, vgl. Rnr. 56). Außerdem hat der Geschädigte bei einer Sachbeschädigung nach dem Gesetz den Schaden bis zu einer Höhe von 500 Euro selbst zu tragen (§ 11). Soviel zur Produzentenhaftung.

1976 begann die Gesetzgebung zum Verbraucherschutz bei Verträgen. Auch sie reicht zurück bis in die Kaiserzeit. Das erste und bisher letzte Gesetz wurde 1894 erlassen, das Abzahlungsgesetz. Mit acht Paragraphen schützte es Käufer bei Ratenzahlungsverträgen vor übermäßigen Forderungen der Verkäufer, wenn sei mit Zahlungen in Verzug waren. 1976 wurde das Gesetz über Allgemeine Geschäftsbedingungen (AGBG) erlassen. AGB gab es ebenfalls schon in der Kaiserzeit. Mit ihnen verschaffen sich Firmen oder Wirtschaftsverbände bessere Vertragsbedingungen, die sie formularmäßig vorformuliert haben. Ein Diktat unter der falschen Flagge der Vertragsfreiheit, denn die Kunden müssen sich wohl oder übel darauf einlassen, wenn sie einen Vertrag abschließen wollen, sei es ein Mietvertrag, ein Darlehnsvertrag bei einer Bank, ein Frachtvertrag bei einer Spedition, für eine Reise, auch bei Kaufverträgen sind sie möglich, alles regelmäßig in Abweichung von Vorschriften des BGB mit dem Ergebnis der Aushöhlung seines Rechts und der Schaffung neuen Rechts, des „selbstgeschaffenen Rechts der Wirtschaft“ (Hans Großmann-Doerth, 1933). Das Reichsgericht hat sie in einzelnen Fällen als sittenwidrig nach § 138 BGB für nichtig erklärt. Der Bundesgerichtshof löste das Problem in jahrelanger ausführlicher Rechtsprechung mit § 242 BGB. Diese Rechtsprechung hat das AGB-Gesetz 1976 übersichtlich zusammengefasst und um die Möglichkeit ergänzt, in einzelnen Fällen die Weiterverwendung solcher Klauseln zu verbieten. Mit der Schuldrechtsreform 2001 ist das Gesetz mit seinem materiellen Teil in das BGB übernommen worden (§§ 305 ff.). Für die Verfahrensvorschriften wurde ein besonderes Unterlassungsklagengesetz erlassen.

Ebenfalls 1976 ist eine Neufassung des Arzneimittelgesetzes verkündet worden, Folge eines Skandals um das Schlafmittel Contergan. Das war in den sechziger Jahren für Schwangere besonders empfohlen worden. Aber dann kamen Tausende Neugeborene mit schwersten Missbildungen auf die Welt. Jetzt regelt § 84 eine Gefährdungshaftung für Medikamente, durch die bei bestimmungsgemäßem Gebrauch der Tod von Menschen verursacht oder Körper oder Gesundheit verletzt werden.

1986 wurde das Haustürwiderrufsgesetz erlassen, 1990 das Verbraucherkreditgesetz und 2000 das Fernabsatzgesetz. Die drei sind ebenso wie das ABGB mit der Schuldrechtsreform 2001 in das BGB aufgenommen worden (§§ 305, 312, 312 a; 491 ff.; 312 b). Haustürgeschäfte sind solche, die in der Wohnung vereinbart werden, am Arbeitsplatz oder auf „Freizeitveranstaltungen“ (z.B. Kaffeefahrten). Zum Fernabsatz gehören alle Geschäfte, die über Kataloge zustande kommen, Telefonanrufe, E-Mails oder sonst über das Internet, ohne dass Verbraucher und Unternehmer körperlich anwesend sind. Nach beiden Gesetzen hat der Verbraucher innerhalb von zwei Wochen ein Widerrufsrecht, § 355 BGB. Das Verbraucherkreditgesetz, das an die Stelle des Abzahlungsgesetzes getreten ist, zeigt, dass die Zeiten sich auch hier geändert haben. Mit steigendem Wohlstand wurde das Abstottern von einzelnen Gegenständen abgelöst durch Darlehnsverträge bei Banken mit regelmäßiger Rückzahlung und die Kreditnehmer sind ähnlich geschützt wie damals beim Abzahlungsgesetz.

In den siebziger Jahren, teilweise schon etwas früher, verbreitete sich die Amerikanisierung der Bundesrepublik auch in ihrem altehrwürdigen bürgerlichen Recht. Neben Kauf, Miete, Darlehn, Dienstvertrag traten Leasing, Factoring, Franchising und erreichten auch bei uns bald Milliardenumsätze. Leasing und Factoring sind Finanzierungsgeschäfte, Franchising ein Vertriebssystem für Waren und Dienstleistungen. Leasing und Factoring sind Verträge, an denen drei Personen beteiligt sind, Franchising ist ein Vertrag zwischen zwei selbständigen gewerblichen Unternehmen. Hier nur die wichtigsten Einzelheiten:

Beim **Leasing** (von englisch *lease* = Miete, Pacht) hat ein Leasinggeber, LG, oft eine Bank, das Kapital, mit dem er für den Leasingnehmer, LN, eine gewünschte Sache bei einem Verkäufer V anschafft, die er ihm dann gegen ein Entgelt zur Nutzung auf Zeit überlässt. Der Vertrag wird abgeschlossen zwischen LG und LN. LN und V stehen unverbunden nebeneinander, aber häufig hat LN bei V ausgesucht. Deshalb teilt LG seine Ansprüche gegen V aus Sachmängeln regelmäßig an LN ab. Vorteil des Leasingvertrages für LN: Er braucht kein Eigenkapital. Ist er ein gewerblicher Betrieb, kann er die Leasingraten von der Steuer absetzen. Oft handelt es sich hier um größere Apparate oder Maschinen. Daneben gibt es das Herstellerleasing, bei dem LG gleichzeitig Hersteller der Sache ist, häufig von Kraftfahrzeugen, und ein Absatzinteresse hat. Nun sind zwei Personen beteiligt. LG und V sind identisch und LN ist oft ein privater Verbraucher. Dann finden übrigens auch die Regelungen über das Verbraucherdarlehen Anwendung. Vom Abzahlungskauf unterscheidet sich das Leasing, dass beim Kauf der Abzahlungskäufer nach Zahlung der

Raten Eigentümer ist und die Sache behalten kann, der Leasingnehmer nach Zahlung der Leasingraten in der vereinbarten Zeit die Sache aber zurückgeben muss.

Im **Factoring** (von englisch *factor* = Handelsvertreter, Vertreter) besteht zwischen Factor, F, der meistens eine spezielle Factoring-Bank ist (die erste deutsche gegründet 1971) und dem Kunden K ein Rahmenvertrag, in dem vereinbart ist, dass K seine meistens noch nicht fällige Forderung gegen seinen eigenen Kunden (Anschlusskunden AK) mit einer Globalzession an F abtritt, der ihm die Summe sofort auszahlt und Forderung später gegen AK geltend macht. K bleibt also liquide, das ist der Vorteil. Damit sind in jedem einzelnen Fall wieder drei Personen beteiligt: F, K und AK. Dabei gibt es zwei Formen. Beim echten Factoring übernimmt F das Risiko der Zahlungsunfähigkeit des AK, beim unechten nicht. Neben der Kreditgewährung übernimmt F also in beiden Fällen auch noch eine Dienstleistung für K, nämlich die Geltendmachung der Forderung gegenüber AK, natürlich gegen eine Gebühr, die beim echten Factoring höher ist. Beim unechten muss K die Summe später an F zurückzahlen.

Das Wort *franchise* kommt aus dem Französischen und bedeutete ursprünglich ein gegen Gebühren erteiltes hoheitliches Privileg, bestimmte Tätigkeiten auszuüben. In den USA ist es verwendet worden für die privatrechtliche Erlaubnis der wirtschaftlichen Nutzung fremder Rechte. Den **Franchising**-Vertrag schließen zwei selbständige gewerbliche Unternehmer ab, der Franchisegeber FG und Franchisenehmer FN, nämlich über den Vertrieb von Waren oder Dienstleistungen. Beispiele für den von Waren sind in der Bundesrepublik Benetton (Textilien), Nordsee (Fischwaren) und Obi (Heimwerkerbedarf), für Dienstleistungen McDonald's (Restaurants) oder Novotel (Hotels). Franchising hat für beide den Vorteil höherer Umsätze durch Marke und Reklame. FN zahlt für die Zugehörigkeit und Nutzung eine Gebühr an FG. Im Vertrag verpflichtet er sich zur Einhaltung bestimmter Regeln und gibt FG gewisse Kontrollrechte, damit der Ruf der Marke nicht leidet. Eine Preisbindung innerhalb eines Franchise-Vertrages ist nach § 1 GWB grundsätzlich unzulässig. Sukzessivlieferungsverträge können der AGB-Kontrolle unterliegen.

54. BGHZ 51,91 – Hühnerpest

Die Inhaberin einer Hühnerfarm ließ 1963 ihren Bestand durch einen Tierarzt gegen Hühnerpest impfen mit einem Serum, das er von dessen Hersteller gekauft hatte. Bald danach brach auf der Farm die Hühnerpest aus. Kurz davor hatte der Arzt noch bei zwei anderen Landwirten mit demselben Serum gegen Hühnerpest geimpft. Das hatte dort dieselbe Seuche zur Folge. Bei der Untersuchung von Flaschen des noch nicht verwendeten Impfstoffs ergab sich, dass in mehreren aktive Viren der Krankheit gefunden worden, die nicht ausreichend immunisiert waren.

Der Arzt, der das nicht voraussehen konnte, trat seine Ansprüche gegenüber dem Impfstoffhersteller an die geschädigte Inhaberin der Farm ab, die gegen die Firma auf Schadensersatz klagte. Das Oberlandesgericht Düsseldorf hat wie das Landgericht die Klage nach den Grundsätzen der Schadensliquidation im Drittinteresse für begründet erklärt. Dagegen legte die Herstellerfirma Revision ein. Die wurde 1968 vom Bundesgerichtshof zurückgewiesen.

Zwar sei ein Anspruch der Klägerin weder auf dem Weg der Drittschadensliquidation noch aus einem Vertrag mit Schutzwirkung zugunsten Dritter möglich, weil dafür die Voraussetzungen fehlen. Auch ein Anspruch aus § 831 BGB sei nicht gegeben, weil die Herstellerfirma sich entsprechend entlasten konnte. Aber die Klägerin habe einen Anspruch auf Schadensersatz nach § 823 BGB.

Dafür sei an sich notwendig, dass sie ein Verschulden des Herstellers beweisen kann. Aber, so der BGH: „Wird jemand bei bestimmungsgemäßer Verwendung eines Industrieerzeugnisses dadurch an einem der in § 823 Abs. 1 BGB geschützten Rechtsgüter geschädigt, dass dieses Produkt fehlerhaft hergestellt war, so ist es Sache des Herstellers, die Vorgänge aufzuklären, die den Fehler verursacht haben, und dabei darzutun, dass ihn hieran kein Verschulden trifft". Diese Umkehr der Beweislast ergäbe sich aus dem Gedanken des § 836 BGB: „Die moderne Entwicklung der Warenproduktion, an der oft nachträglich nur schwer zu ermittelnde Personen oder Maschinen beteiligt sind und die auf nur noch vom Fachmann zu durchschauenden und zu kontrollierenden Fertigungsprozessen beruht, verlangt eine Fortbildung des Beweisrechts in die Richtung, wie sie das Gesetz in § 836 BGB vorgezeichnet hat." Das Impfstoffwerk musste, weil ihm dieser Beweis nicht gelang, an die Hühnerfarm Schadensersatz zahlen. Dazu Uwe Diederichsen: „Mit dem vorliegenden Urteil des VI. Zivilsenats des BGH ist die Warenherstellerhaftung Wirklichkeit geworden!"

55. BGHZ 67,359 – Schwimmerschalter

Die Maschinenfabrik V verkaufte 1969 an die Gehäusefabrik K eine Entfettungs- und Reinigungsanlage für die von K produzierten Blechgehäuse zum Schutz von elektrischen Geräten. Vier Wochen nach Aufstellung der Anlage entstand in ihr ein Brand, der nicht nur die Anlage beschädigte, sondern sich auch auf die Vorräte der K ausweitete. Er wurde dadurch verursacht, dass ein Schwimmerschalter (Wert einige DM) in der Anlage nicht funktionierte und die Heizstäbe nicht abschaltete, die sich überhitzten und das Restöl entzündeten. Es entstand ein Schaden von etwas mehr als 71.000 DM. 1972 wurde ein Zahlungsbefehl zugestellt und Klage gegen V erhoben.

Ein Landgericht und das Oberlandesgericht Stuttgart haben sie abgewiesen, weil Ansprüche aus dem Kaufvertrag verjährt waren (damals nach § 577 sechs Monate) und die Regeln für die Produzentenhaftung nach § 823 Abs. 1 nicht anwendbar seien, weil eine mangelhafte Sache geliefert und nicht eine fremde beschädigt worden wäre. Auf die Revision hat der Bundesgerichtshof 1976 die beiden Urteile aufgehoben und die Sache an das Oberlandesgericht zurückgewiesen. Es sei zwar zutreffend, dass vertragliche Ansprüche verjährt waren, aber ein deliktischer aus Produzentenhaftung würde noch bestehen (§ 855, damals für drei Jahre).

Auch wenn nur ein Teil einer vom Hersteller gelieferten Sache fehlerhaft ist, habe der Geschädigte einen Anspruch gegen ihn aus § 823 Abs. 1 mit Beweislastumkehr, wenn dieser Teil im Verhältnis zur ganzen Anlage wie hier nur einen geringen Umfang hat. Die Meinung der Vorinstanzen, die sich auf die Rechtsprechung des Reichsgerichts und des Bundesgerichtshofs zur Haftung für den Bau von Gebäuden berufen, die mit fehlerhaftem Baumaterial errichtet wurden (Bausteine, Mörtel), sei nicht zutreffend. Denn in solchen Fällen sei tatsächlich die Verletzung fremden Eigentums begrifflich nicht möglich, weil die gesamte Bausubstanz von vornherein unbrauchbar gewesen sei. Hier jedoch sei die an K gelieferte Sache im Übrigen einwandfrei gewesen und entscheidend sei, „dass die in der Mitlieferung des schadhaften Schalters liegende Gefahrenursache sich erst nach dem Eigentumsübergang zu einem über diesen Mangel hinausgehenden Schaden realisiert und dadurch das im Übrigen mangelfreie Eigentum des Erwerbers an der Anlage insgesamt verletzt hat." Die Abgrenzung zur Lieferung einer mangelhaften Sache könne im Einzelfall schwierig sein. Hier aber sei zweifellos ein „weiterfressender Mangel" geben, wie man das heute nennt.

The times they are a-changin', das sagte sich die sozialliberale Koalition, inzwischen mit Kanzler Helmut Schmidt, und das Ergebnis war die Familienrechtsreform von 1977. Zum einen hat sie das Leitbild der Hausfrauenehe abgeschafft, zum anderen das Scheidungsrecht völlig verändert und außerdem auch noch ein neues Namensrecht eingeführt. 56. Familienrecht

Die Hausfrauenehe war die Form, die sich in der bürgerlichen Gesellschaft des 19. Jahrhunderts entwickelt hatte und im BGB von 1900 in §§ 1356 und 1357 geregelt worden war. Die Ehefrau führt den Haushalt und sorgt für die Kinder, deren juristisches Schicksal in der Hand des Vaters liegt, die man väterliche Gewalt nannte. Der Vater, der nach außen gewendet arbeitet und für das Einkommen der Familie sorgt. Nach § 356 war die Frau zur Leitung des gemeinschaftlichen Haushalts berechtigt und verpflichtet und hatte dafür die „Schlüsselgewalt" des § 1357, mit der sie Geschäfte des häuslichen Wirkungskreises, Einkäufe von Lebensmitteln, Kleidung usw. abschließen konnte, zu deren Erfüllung ihr Mann allein verpflichtet war, wenn es nicht Bargeschäfte waren, die sie mit ihrem Haushaltsgeld bezahlte, das der Mann ihr geben musste.

Die Bezeichnung für diese Verpflichtungsgeschäfte als Schlüsselgewalt stammte aus dem Mittelalter. Damals gab ihr der Mann bei der Hochzeit die Schlüssel des Hauses, die sie dann auch oft und öffentlich getragen hat, mit dieser Rechtsfolge. Dieses Institut wurde nun abgeschafft und seitdem können nach § 1356 beide Ehegatten die Haushaltsführung im gegenseitigen Einvernehmen regeln und die so zustande gekommenen Geschäfte verpflichten nach § 1357 beide in gleicher Weise als Gesamtschuldner. Es hat sich nicht viel geändert, aber der Gläubiger hat nun eine doppelte Sicherung.

Zentrum des Gesetzes war die Neuregelung der Ehescheidung. Ihre Geschichte bewegte sich in einer bemerkenswerten Zickzackkurve. Das BGB übernahm 1900 das Verschuldensprinzip. Der eine konnte gegen den anderen auf Scheidung klagen, der seine Pflichten aus der Ehe schuldhaft verletzt hatte, zum Bespiel durch Ehebruch. Das wurde, wie schon beschrieben, von Adolf Hitler nach dem „Anschluss" Österreichs 1938 in einem besonderen Ehegesetz abgeschafft und ersetzt durch das Zerrüttungsprinzip. Mit anderen Worten: Die Ehe konnte geschieden werden, wenn sie sinnlos geworden war und – in der Regel – der Mann konnte wieder heiraten. Mit der Folge der Produktion von neuen kleinen Volksgenossen. So blieb es in der Besatzungszeit. Unter Adenauer ging die weitgehend konservative Rechtsprechung gegen den Wortlaut des Ehegesetzes zum Verschuldensprinzip über, wie es das Kirchenrecht beider Konfessionen forderte. Das hat den Gesetzgeber der Adenauerzeit veranlasst, das Prinzip in das Ehegesetz einzubauen. Also zick: Verschuldensprinzip. Zack: Zerrüttungsprinzip. Zick: wieder Verschuldensprinzip. Und seit 1977 wieder zack: Zerrüttungsprinzip. Es wurde in den §§ 1564 ff. wieder in das BGB eingebaut und ergänzt durch die Einsetzung von besonderen Familiengerichten, nämlich von Familienrichtern an Amtsgerichten und Familiensenaten an Oberlandesgerichten.

Nach § 1566 wird seitdem unwiderleglich vermutet, dass die Ehe gescheitert ist, wenn die Eheleute seit einem Jahr getrennt leben und beide mit der Scheidung einverstanden sind, auch wenn nur einer den Antrag auf Scheidung gestellt hat. Völlig zerrüttet ist die Ehe und wird auf Antrag geschieden nach drei Trennungsjahren. Das alles wurde ergänzt durch eine – in der Regel für Frauen – großzügige Regelung des Unterhalts nach der Scheidung, §§ 1569 ff., z.B. wenn sie wegen der Pflege von Kindern oder höheren Alters nicht erwerbsfähig sind. Und noch etwas kam hinzu, regelmäßig auch für die geschiedenen Frauen: der Versorgungsausgleich nach §§ 1372 ff., eine Ergänzung des Zugewinnausgleichs in §§ 1587 a ff. BGB, der schon 1957 vom Gleichberechtigungsgesetz eingeführt worden ist. Durch beide Regelungen soll ein Ehepartner am Ende der Ehe durch Tod oder Scheidung zur Hilfe an dem beteiligt werden, was der andere während der Ehe mehr erworben hat an Vermögen und an Renten- oder Versorgungsansprüchen, und zwar jeweils zur Hälfte. Es stellt sich jedoch oft die Frage, ob das immer gerecht ist. Ein Beispiel: Hausfrau und Chefarzt einer Klinik leben zehn Jahre zusammen. Sie führt den Haushalt und kümmert sich um die Kinder. Er hat gearbeitet Tag und Nacht und ein Vermögen von zwanzig Millionen, sie nur immaterielle Güter. Ist die Arbeit der Frau von zehn Jahren wirklich 10 Millionen wert oder ist die Rechnung grotesk? Das kann jeder zu Recht so oder so entscheiden. Beim Versorgungsausgleich ist es weniger krass.

Schließlich wurde das Namensrecht neu geregelt, § 1355 BGB. Die Eheleute konnten wählen, ob sie seinen oder ihren Familiennamen führen wollten. Einigten sie sich nicht, war es der des Mannes. Das war schon damals verfassungswidrig, wie die Lösungen vorher. Aber so blieb es bis 1993, nachdem das Bundesverfassungsgericht auch diese für verfassungswidrig erklärt hatte (BVerfGE 84,9). Seit 1993 können nach dem neuen § 1355 beide Eheleute ihren bisherigen Namen behalten. Das von Politikern und Professoren befürchtete Chaos ist ausgeblieben.

Die sich ändernden Zeiten hatten in den siebziger Jahren mit den sich durch Wohlstand, APO und Pille wandelnden Sitten auch ohne den Gesetzgeber anderes neu hervorgebracht: das Zusammenleben einer Frau mit einem Mann, von zwei Frauen oder zwei Männern, jeweils ohne Trauschein. Die nichteheliche Lebensgemeinschaft, neL. Die Liebe nahm kein Ende mehr. Waren es damals etwa 150.000 Paare, sind es heute 1,5 Millionen. Der Durchbruch geschah 1974 mit der Strafrechtsreform, als der Kuppeleiparagraph gestrichen wurde. Durch ihn war jeder mit Gefängnis bedroht, der die „Unzucht" unter Erwachsenen „förderte", besonders als Vermieter, Gastwirt oder Hotelier. Nur in der Ehe war es rechtmäßige „Zucht". Außerdem war im ersten Teil der Reform 1969 schon die Homosexualität zwischen Männern über einundzwanzig nicht mehr strafbar. 1974 wurde das Alter auf achtzehn Jahre herabgesetzt.

Die neL existierte seit jener Zeit außerhalb des Rechts, ohne präzise Definition und ohne genaue Angabe von Anfang oder Dauer. Nur wann das Ende in diesen Liebesdingen gekommen ist, das weiß man oft. Nämlich einfach so. Und hin und wieder kam im Laufe der Zeit auch das Recht als Hilfe oder Widerstand, durch Gerichte oder Gesetz, außerdem seit den achtziger Jahren ein Tsunami von juristischer Literatur zu allen möglichen Fragen um die neL, auch mit vielen Formularen für die autonome Gestaltung der eigenen kleinen Welt des Zusammenlebens.

Das Recht kam zum ersten Mal 1982 zu Hilfe. Es war das Oberlandesgericht Hamm mit einem Urteil zu § 549 Abs. 2 a.F. BGB (= § 553 Abs. 1 n.F., NJW 1982,2876). Danach hat ein Mieter grundsätzliche „ein berechtigtes Interesse", wie es dort heißt, eine andere Person in seine

Wohnung aufzunehmen, um mit ihr einer neL zu leben, und kann dafür die Zustimmung des Vermieters verlangen. Das ergäbe sich aus dem in Art. 2 GG garantierten Grundrecht auf freie Entfaltung seiner Persönlichkeit und den inzwischen allgemeinen sittlichen Vorstellungen.

Zehn Jahre später, nach einem langen Streit zwischen Oberlandesgerichten und in der juristischen Literatur ist der Bundesgerichtshof noch einen großen Schritt weiter gegangen. Seitdem tritt der Partner nach dem Tod des anderen, mit dem er in einer von dem gemieteten Wohnung zusammengelebt hat, wie ein Ehegatte nach § 563 Abs. 1 BGB in das Mietverhältnis über die Wohnung mit dem Vermieter ein, obwohl in der Vorschrift nur der Ehegatte genannt wurde. Man nennt das analoge Anwendung (BGH NJW 1993,999, heute ist in der Vorschrift noch die eingetragene Partnerschaft genannt, die es seit 2001 gab).

Der Gesetzgeber machte sich zum ersten Mal mit Widerstand gegen die neL bemerkbar, als in § 122 Bundessozialhilfegesetz angeordnet wurde, dass bei der Gewährung von Sozialhilfe für den Partner einer neL wie bei Ehegatten das Einkommen des andern für die Berechnung der Bedürftigkeit hinzugezogen wird. Dafür erhält der andere Vergünstigung bei der Einkommensteuer. Damit soll verhindert werden, dass Partner einer neL hier bessergestellt sind als Eheleute, auch um zu verhindern, dass eine Eheschließung unterbleibt, weil die neL insofern günstiger wäre. Dieselbe Regelung gab es dann für die Bewilligung von ALG II in § 9 Abs. 2 Satz 1 SGB II. Aber es kam auch Positives. Seit dem Kindschaftsreformgesetz 1998 können Mann und Frau einer neL nach § 1626a BGB erklären, dass sie die Sorge für die gemeinsamen Kinder gemeinsam übernehmen, im Gegensatz zu vorher, als das Sorgerecht nach § 1705 a.F. grundsätzlich nur der Mutter zustand.

Und schließlich gab es noch eine wichtige Wende in der Rechtsprechung. Bis 2008 galt: nach dem Ende einer neL gibt es keine Ansprüche auf Rückzahlung größerer Leistungen des einen an den anderen. Das war die harte Haltung des Bundesgerichtshofs gegen manche Kritik und mit der trotzigen Bemerkung, dass man vom Recht nichts verlangen kann, wenn man sich mit der neL außerhalb des Rechts bewegt. Diese Meinung hat der BGH 2008 in zwei Entscheidungen geändert, und zwar in Fällen von erheblichen Leistungen des einen für den Bau eines Wohnhauses auf dem Grundstück des anderen zum Zweck des gemeinsamen Wohnens. Dann wird ja auch das Gebäude allein Eigentum des anderen, § 94 BGB. Wenn dann die Liebe und die neL zerbricht und der eine die Wohnung räumen muss, kann er je nach den Umständen seine Leistungen entweder nach Bereicherungsrecht zurückfordern, § 812 Abs. 1 Satz 1 BGB, *condcitio ob rem* (BGH NJW 2008,3277) oder nach den Regeln über den Wegfall der Geschäftsgrundlage, § 313 BGB (BGH NJW 2008,3282). Es ging jeweils um zigtausend Euro. Soviel zum Stochern nach Recht mit der Stange im Nebel der neL.

Ein Ehemann hatte jahrelang mit einer anderen Frau zusammengelebt, ohne Scheidung, die wohl unterblieben ist, weil er sich nach damaligem Recht als schuldiger Teil nicht gegen den Willen seiner Ehefrau scheiden lassen konnte. Jedenfalls hat er in seinem Testament die andere als Alleinerbin eingesetzt. Dagegen haben sich nach seinem Tod seine gesetzlichen Erben gewendet, Ehefrau und Geschwister, unter Berufung auf die jahrzehntelange Rechtsprechung von Reichsgericht und Bundesgerichtshof zu sogenannten „Geliebtentestamenten“, die wegen Sittenwidrigkeit nach § 138 Abs. 1 BGB insgesamt für nichtig erklärt worden. Das hat der BGH mit diesem Beschluss von 1970 teilweise korrigiert. Der Anfang von Liberalisierungen im allgemeinen Familienrecht. 57. BGHZ 53,369 – Geliebtentestament

Das Erbrecht des BGB sei vom Grundsatz der Testierfreiheit beherrscht und habe seine Schranke nur im Pflichtteilsrecht der Ehegatten, Abkömmlinge und Eltern des Erblassers. Außerdem sei für die Beurteilung einer letztwilligen Verfügung als sittenwidrig nicht auf die Umstände ihrer Entwicklung abzustellen („ehebrecherische Beziehung“), sondern in erster Linie auf die Absicht, die der Verfügende mit seiner Zuwendung verfolgt hat. Nur wenn sie als Entgelt für geschlechtliche Hingabe gedacht sei, würde sie wegen dieses Entgeltcharakters nach § 138 BGB sittenwidrig sein. In einer langjährigen Verbindung würden sich die Beziehungen der Beteiligten jedoch nicht im Sexualbereich erschöpfen. In solchen Fällen könne nach der Lebenserfahrung die Einsetzung „auch auf anderen Beweggründen ruhen.“ Insofern komme es für die Beurteilung eines Testaments als sittenwidrig auch noch darauf an, in welcher Beziehung der Erblasser zu denen stand, die er übergehen wollte. Dabei müsse umso schwerer wiegen, je enger sein familienrechtliches Verhältnis zu ihnen war. Insofern kann hier nur die Zurücksetzung der Ehefrau als sittenwidrig angesehen werden, weil sie zum Kreis der Pflichtteilsberechtigten gehört, §§ 1931, 1371 BGB, nicht jedoch die der Geschwister, die nicht zu diesem Kreis gehören.

Deshalb kommt es im Hinblick auf deren Zurücksetzung im Testament für die Beurteilung nach § 138 BGB entscheidend auf die Absicht des Mannes an, die er mit der Erbeinsetzung der anderen Frau ihr gegenüber verfolgte. Wenn es nur der Entgeltcharakter für sexuelle Dienste war, dann würde die Zurücksetzung der Geschwister sittenwidrig und das Testament auch insofern nichtig sein. Die Beweislast dafür haben aber nach der allgemeinen Regel diejenigen, die sich darauf berufen. Wenn dieser Beweis nicht erbracht wird, und das sei wohl zu vermuten, ist das Testament nach § 138 BGB nur in Höhe des gesetzlichen Erbteils der Ehefrau unwirksam, also nach §§ 1931, 1371 zu drei Vierteln. Ein Viertel erhält dann die andere Frau, weil sie „aus anderen Gründen" eingesetzt worden sein kann. Dass dies Liebe oder Zuneigung des Mannes gewesen sein könne, mit dem sie jahrelang zusammen war, das haben die Richter so deutlich nicht sagen wollen. Nun ja. Jedenfalls steht ihr Beschluss von 1970 (auf Vorlage des Kammergerichts Berlin) nicht zufällig am Anfang jenes Jahrzehnts, in dem die nichteheliche Lebensgemeinschaft entstanden ist.

58. Arbeitsrecht und soziales Mietrecht

Der harte Kurs der Rechtsprechung des Bundesarbeitsgerichts zu Streik und Aussperrung unter seinem Präsidenten Hans Carl Nipperdey (1954–1963) änderte sich unter seinen beiden Nachfolgern Gerhard Müller (1963–1981) und Otto Rudolf Kissel (1981–1994). Müller kam aus der christlichen Gewerkschaftsbewegung und wurde noch zur Zeit der Regierung Erhard ernannt. Kissel wurde von der sozialliberalen Regierung unter Helmut Schmidt ins Amt gebracht, war davor Präsident des OLG Frankfurt und hatte sozialdemokratische Neigungen. Beide übernahmen wie Nipperdey den Vorsitz im ersten Senat, mit denselben Zuständigkeiten.

1971 entschied das Gericht, dass Aussperrungen nicht mehr lösend seien, sondern suspendierende Wirkungen haben. Ausgesperrte Mitarbeiter verlieren seitdem ihren Arbeitsplatz nicht mehr und sind für ihre Weiterbeschäftigung nicht länger abhängig von einer „freien" Entscheidung des Arbeitgebers, sondern haben nach dem Ende des Arbeitskampfs automatisch wieder ihre alte Stellung im Betrieb. 1980 erklärte das Bundesarbeitsgericht, dass eine Aussperrung von den Arbeitgebern nicht wie bisher in unbeschränktem Maße erklärt werden kann, sondern verhältnismäßig bleiben muss. Bei einem Streik von bis zu einem Viertel der Gewerkschaftsmitglieder eines Teilgebiets dürfe nur ein anders Viertel ausgesperrt werden, ebenso bei einer Hälfte von Streikenden nur eine andere Hälfte. Schließlich wurden 1984 sogar kurze Warnstreiks während der Tarifverhandlungen zugelassen, die vorher rechtswidrig waren und zu Schadensersatzansprüchen der Arbeitgeber führten.

Auch die Gesetzgebung wurde liberaler. Das neue Betriebsverfassungsgesetz von 1972, zur Zeit Willy Brandts, ließ es zu, dass Gewerkschaftsvertreter einen begrenzten Zutritt zu den Betrieben erhielten und stärkte die Betriebsräte, allerdings nicht bei Kündigungen. Und schließlich wurde 1976 von der sozialliberalen Koalition während der Regierung Helmut Schmidts, ein Mitbestimmungsgesetz erlassen. Es regelte die Zusammensetzung der obersten Gremien von Kapitalgesellschaften wie AG, KGaA, GmbH, also z.B. des Aufsichtsrats einer Aktiengesellschaft. In Unternehmen mit mehr als 2000 Mitarbeitern wurde für diese Gremien eine paritätische Mitbestimmung eingeführt, die jedoch immer noch nicht ganz paritätisch ist. Zwar wird von den Mitarbeitern und den Kapitaleignern dieselbe Zahl von Delegierten in die Gremien geschickt. Aber bei einem Patt der Stimmen hat der letztlich von den Eigentümern bestimmte Vorsitzende zwei Stimmen, mit denen er die Entscheidung herbeiführen kann, die in deren Interesse ist (§§ 27 Abs. 2, 29 Abs. 2 MitbestG). Trotzdem ging das einigen Unternehmern und Arbeitgebervereinigungen zu weit und sie erhoben gegen das Gesetz Verfassungsbeschwerden, die 1979 zurückgewiesen worden sind (Rnr. 59).

Ein Rückschlag für das Streikrecht der Gewerkschaften war 1985 die Neufassung des § 116 Arbeitsförderungsgesetz durch die liberale Koalition mit Kanzler Helmut Kohl. Anlass war ein Streik der IG-Metall 1984 in Nordwürttemberg/Nordbaden und Hessen zum Einstieg in die 35-Stunden-Woche. Er wurde der größte in der Geschichte der Gewerkschaft, mit 60.000 Streikenden und 147.000 Ausgesperrten, der vom 12. April bis zum 4. Juli 1984 dauerte. Wichtigstes Problem waren 315.000 Arbeiter außerhalb des Streikgebiets in Unternehmen, die durch den Streik mittelbar betroffen waren und Kurzarbeit anordnen mussten. Ein altes Problem. Seit der Weimarer Zeit wurde es nach der sogenannten Sphärentheorie behandelt. Wenn in einem Unternehmen als Folge eines Streiks nur teilweise gearbeitet werden konnte, verloren die Mitarbeiter teilweise ihren Lohnanspruch, weil die Ursache in ihrer Sphäre entstanden war. War es die Folge einer Aussperrung durch Unternehmer, musste der Arbeitgeber den vollen Lohn weiterzahlen. Arbeiter, die nur kurz oder gar nicht arbeiten konnten, erhielten auch kein Kurzarbeiter- oder Arbeitslosengeld von der staatlichen Arbeitslosenversicherung. So war es im Gesetz über Arbeitsvermittlung- und Arbeitslosenversicherung, AVAVG, von 1927 geregelt (§ 94 Abs. 1). Und so blieb es in der NS-Zeit, der Besatzungszeit und bis weit in die Bundesrepublik, bis die erste große Koalition 1969 ein neues Arbeitsförderungsgesetz, AFG, erließ, in dessen § 116 für den Regelfall das Gegenteil angeordnet wurde. Mittelbar arbeitslos Gewordene erhielten einen Anspruch auf Kurzarbeiter- oder Arbeitslosengeld. Spektakulärster Fall war der Streik der IG-Metall 1984. Aber Heinrich Franke, Präsident der Nürnberger Anstalt für Arbeit und ehemaliger CDU-Politiker, lehnte die Zahlung mit seinem berühmten „Franke-Erlass“ ab mit der unzureichenden Begründung, die IG-Metall hätte für alle Tarifgebiete die Forderung der 35-Stunden-Woche erhoben. Aber dort streikte sie nicht (die „neue Beweglichkeit“). Also hat das Sozialgericht Frankfurt den Erlass als Verstoß gegen § 116 AFG für unwirksam erklärt, ebenso wie später das Landes- und das Bundessozialgericht. Es musste gezahlt werden.

Der Streik endete am 4. Juli 1984 nach einem Schiedsspruch mit der Einführung der 38,5-Stunden-Woche im „Betriebsdurchschnitt“ statt der 40-Stunden bisher. Er hatte aber auch noch eine andere Folge: Die

Regierung Helmut Kohl veranlasste 1985 eine Änderung des § 116 AFG. Nun galt wieder die alte Regel des § 94 AVAVG. Die dagegen erhobene Verfassungsbeschwerde der IG-Metall haben die Karlsruher Richter nach langen Verhandlungen 1995 zurückgewiesen. Die neue Vorschrift brauchte allerdings später auch nicht mehr angewendet zu werden. Heute ist es § 160 im Sozialgesetzbuch III. Die 35-Stunden-Woche erreichte die IG-Metall 1995 für die westdeutsche Metallindustrie. In den ostdeutschen Ländern dauerte es noch sehr viel länger. 2017 wollte die IG-Metall einen neuen Anlauf versuchen.

Nach langem Auf und Ab im sozialen **Mietrecht** seit dem Ersten Weltkrieg (Rnr. 35) erschien 1971 das Wunder eines echten Mieterschutzes. Es war die Anfangszeit der sozialliberalen Koalition mit Willy Brandt. Einem Mieter kann seitdem nur gekündigt werden, wenn er seine Pflichten verletzt, der Vermieter erfolgreich Eigenbedarf geltend macht oder sich auf berechtigte andere wirtschaftliche Verwertung des Grundstücks berufen kann. Dieses Wohnraumkündigungsschutzgesetz war zunächst bis Ende 1973 befristet, kurz vorher vom Bundesverfassungsgericht bestätigt und ist dann endgültig als § 564 b in das BGB übernommen worden. Die wichtigste soziale Änderung seit seinem Inkrafttreten 1900. Heute ist es § 573 BGB.

Kurz nach der Wende von der sozialliberalen Koalition zur liberalkonservativen mit Helmut Kohl ist noch 1982 die Stellung von neuen Mietern verschlechtert worden. Zeitmietverträge waren nach § 564 c möglich, wenn sie für nicht mehr als fünf Jahre abgeschlossen wurden. Oder es konnten Staffelmieten vereinbart werden nach § 10 Abs. 2 Miethöhegesetz, mit Steigerung bis zu 30 Prozent in drei Jahren. Beides ist 2001 wieder eingeschränkt worden durch das Mietrechtsreformgesetz der rotgrünen Koalition mit Kanzler Gerhard Schröder (§§ 575, 557a BGB, vgl. Rnr. 79).

59. BVerfGE 50,190 – Mitbestimmung

Mit diesem Urteil vom 1. März 1979 wurden Verfassungsbeschwerden von Unternehmen und Arbeitgebervereinigungen gegen das 1976 erlassene Mitbestimmungsgesetz zurückgewiesen. Am Anfang betont das Gericht, dass das Gesetz trotz seiner Bezeichnung durch die Regierung als paritätisch den Anteilseignern der Unternehmen ein leichtes aber wichtiges Übergewicht gegeben habe. Denn sie könnten nach § 27 Abs. 2 den Vorsitzenden ihres wichtigsten Gremiums („ Aufsichtsrat") allein bestimmen, der bei einem paritätischen Abstimmungspatt nach § 29 Abs. 2 zwei Stimmen habe, mit denen er den Ausschlag zu ihren Gunsten geben könne. Das Gesetz verstoße weder gegen die Eigentumsgarantie des Art. 14 GG, noch gegen die Berufsfreiheit in Art. 12 oder gegen die Vereinigungsfreiheit des Art. 9 GG.

Art. 14 stehe in einem engen inneren Zusammenhang mit der persönlichen Freiheit, die dem Eigentümer eine eigenverantwortliche Gestaltung seines Lebens ermöglichen soll. Die Reichweite dieses Schutzes ergibt sich aus der Bestimmung von Inhalt und Schranken seines Eigentums durch den Gesetzgeber nach Art. 14 Abs. 1 Satz 2. Der ist dabei nicht völlig frei. Er muss sich nach Absatz 2 am Wohl der Allgemeinheit orientieren. Und seine Befugnis ist dabei umso weiter, je mehr der Gegenstand seines Eigentums in einem sozialen Bezug und einer sozialen Funktion steht. Für die Mitbestimmung in Unternehmen sei deshalb erheblich, dass Arbeiter und Angestellte mit ihnen durch ihre Arbeit ebenfalls verbunden sind für die Sicherung ihrer Freiheit und einer verantwortlichen Lebensgestaltung. Also habe der Gesetzgeber einen weiten Gestaltungsspielraum. Er dürfe nur nicht in den Kernbereich des Eigentums eingreifen, indem das vermögensrechtliche Element der Anteilseigner wesentlich gemindert wird oder die Unternehmen durch die Mitbestimmung funktionsunfähig werden. Beides sei nach einem Erfahrungsbericht der Bundesregierung über die paritätische Mitbestimmung in der Montanindustrie nicht zu erwarten und deshalb das Gesetz kein Verstoß gegen Art. 14.

Es würde auch nicht die Berufsfreiheit der Unternehmen nach Art. 12 GG verletzen, denn seine Bestimmungen dienen nur der Berufsausübung, die dem Gesetzgeber diesen größeren Spielraum lassen („Stufentheorie"), der hier eingehalten worden sei.

Das Gesetz verletzt auch nicht das Grundrecht der Vereinigungs- und Koalitionsfreiheit der Arbeitgeberverbände des Art. 9 Abs. 1 und 3. Hier, argumentierten die Verbände, verstoße es gegen den sich aus Absatz 3 ergebenden Grundsatz der Gegnerfreiheit bei Arbeitskämpfen. Denn es gäbe den Gewerkschaften Zugang zu den wichtigsten Gremien der Unternehmen. Dagegen verweist das Gericht darauf, dass das allgemeine Grundrecht der Vereinigungsfreiheit immer einer gesetzlichen Ausgestaltung bedürfe. Dafür habe der Gesetzgeber eine Vielfalt von Rechtsformen zur Verfügung gestellt. Das Mitbestimmungsgesetz würde weder die Gründungsfreiheit der Unternehmen einschränken, noch die Beitrittsfreiheit zu ihnen, ebenso wenig wie den Austritt aus ihren Gremien oder das Fernbleiben. Da die Arbeitnehmervertreter im Aufsichtsrat nicht Mitglieder der Gesellschaft werden, würde den Unternehmern auch kein Gesellschafter aufgezwungen. Auch bisher sei es immer zulässig gewesen, Mitglieder in den Aufsichtsrat zu wählen, die nicht Mitglieder der Gesellschaft sind. Außerdem sei durch die §§ 27 Abs. 2, 29 Abs. 2 mit dem doppelten Stimmrecht des Vorsitzenden sichergestellt, dass der maßgebende Einfluss der Anteilseigner erhalten bleibt. Die Anwesenheit von außenstehenden Gewerkschaftern diene außerdem dem Wohl der Unternehmen, da sie mit ihrer Sachkenntnis in schwierigen

Fragen der Arbeitnehmerinteressen hilfreich sein können. Wenn damit möglicherweise die durch Art. 9 Abs. 3 GG geschützte Gegnerfreiheit im Arbeitskampf beeinträchtigt werde, sei das geringfügig und habe sich im Gestaltungsspielraum des Gesetzgebers bewegt.

60. Wirtschaftsrecht

Im Gesetz gegen den unlauteren Wettbewerb (UWG) wurde 1969 das Irreführungsverbot des § 3 auf alle Angaben über geschäftliche Verhältnisse erweitert und 1986 mit § 13 a zum ersten Mal ein Rücktrittsrecht für getäuschte Abnehmer eingeführt. 1984 begann die EWG mit der Richtlinie 84/450 zu irreführender Werbung die Harmonisierung der Vielfalt des Rechts zum unlauteren Wettbewerb in den Mitgliedsstaaten. Der deutsche § 3 UWG brauchte jedoch nicht geändert zu werden, weil er den Mindeststandards der Richtlinie entsprach. Im selben Jahr ist die Strafvorschrift für Industriespionage des § 17 verschärft worden.

Das GWB ist in dieser Zeit öfter geändert worden. Am wichtigsten war das Gesetz von 1973. Es brachte das Verbot „aufeinander abgestimmter Verhaltensweisen" als Ergänzung in § 1, die Überwachung des Missbrauchs einer marktbeherrschenden Stellung, heute § 19, die Beseitigung der Preisbindung für Markenartikel, und die dringend notwendig gewordene Fusionskontrolle nach §§ 35 ff., also die Kontrolle von Unternehmenszusammenschlüssen, die zur Marktbeherrschung führen können mit inzwischen vielen Tausend Verfahren durch das Bundeskartellamt seit 1973. Insgesamt gesehen gehörte das deutsche GWB inzwischen neben den Art. 85 und 86 EWG-Vertrag (Rnr. 66) zu den strengsten Gesetzgebungen neben dem amerikanischen Antitrust-Gesetz.

61. Strafrecht

1966 veröffentlichte eine Gruppe jüngerer Strafrechtsprofessoren den Entwurf einer Alternative zum bisherigen Strafrecht und zum Regierungsentwurf von 1962 (Rnr. 38). Zur selben Zeit wurde auch der Mann Bundesjustizminister, der diesem Programm den Weg ebnete – Gustav Heinemann (SPD), in der ersten Großen Koalition, und von 1969 bis 1974 Bundespräsident. Mit ihm gelang der Großen Koalition 1968 und 1969 das Ordnungswidrigkeitengesetz und Erlass der ersten beiden Strafrechtsreformgesetze. Die sozialliberale Koalition hat das mit drei weiteren Reformgesetzen von 1970 bis 1974 fortgesetzt. Nun hatte sich die moderne Schule Franz von Liszts gegen die klassische Lehre Karl Bindings durchgesetzt und 1975 wurde auf dieser Grundlage eine Neufassung des StGB veröffentlicht.

Das Ordnungswidrigkeitengesetz entkriminalisierte Bagatelldelikte. Wichtigster Fall: die Verkehrsdelikte, die seitdem von Polizei oder Verwaltung mit Geldbußen geahndet werden. Durch die Reformgesetze wurden Zuchthaus und Gefängnis abgelöst durch eine einheitliche Freiheitsstrafe, deren Mindeststrafe von einem Tag Gefängnis heraufgesetzt worden ist auf eine Freiheitsstrafe von einem Monat. Dies, und die Einführung von Geldstrafen mit dem neuen Tagessatzsystem sollten die kurzen Gefängnisstrafen ersetzen, die wegen ihrer diffamierenden Wirkung eine hohe Rückfallquote zur Folge hatten. Die Möglichkeit der Strafaussetzung zur Bewährung wurde für Strafen von unter neun Monaten bis zu solchen von einem Jahr erweitert.

Im Besonderen Teil ist die Strafbarkeit des Ehebruchs und der Unzucht mit Tieren beseitigt worden. Die Reform des Landfriedensbruchs in § 125 brachte eine Liberalisierung des Demonstrationsrechts und war auch eine Geste der Versöhnung an die Studentenrevolte, die mit harten Urteilen verfolgt worden war, für die gleichzeitig eine Amnestie erlassen worden ist. Seitdem wird nicht mehr jeder Mitläufer wegen Landfriedensbruchs bestraft, der sich friedlich an einer Demonstration beteiligt, aus der heraus es zu Gewalttaten kommt, sondern nur noch der Gewalttäter selbst oder dessen Gehilfen.

Als Antwort auf den gesellschaftlichen Wandel im Sexualverhalten ist das Sexualstrafrecht im 13. Abschnitt erneuert worden, der nun nicht mehr die Überschrift hatte: „Verbrechen und Vergehen gegen die Sittlichkeit", sondern „Straftaten gegen die sexuelle Selbstbestimmung". § 175 ist weggefallen, der die Homosexualität unter erwachsenen Männern mit Strafe bedrohte. Die konnten nun endlich ihr Leben ohne juristische Bedrohung führen. Stattdessen ist nur noch der sexuelle Missbrauch von Kindern strafbar. Auch der Kuppeleiparagraph des § 180 ist völlig geändert worden. Nun wird nicht mehr jede gewohnheitsmäßige oder eigennützige Förderung von „Unzucht" strafbar, wobei Unzucht jede sexuelle Handlung außerhalb der Ehe bedeutete. Und eigennützig war schon die Überlassung eines Zimmers für eine Nacht durch einen Gastwirt oder Hotelier. Der neue § 180 bestraft nur die Förderung von sexuellen Handlungen Minderjähriger, sogar mit einem Privileg für verantwortungsvolle Eltern. Schließlich das 5. Strafrechtsreformgesetz 1974 als letztes, weil es das heikelste Problem regelte. Den Schwangerschaftsabbruch. 1969 war er schon vom Verbrechen (Zuchthaus) zum Vergehen (Gefängnis) herabgestuft worden und nun wagten die Sozialliberalen die Straffreiheit einer Fristenlösung von 12 Wochen. Aber die ist im nächsten Jahr vom Bundesverfassungsgericht aufgehoben worden (Rnr. 62).

1977 erging die Entscheidung dieses Gerichts zur lebenslangen Freiheitsstrafe auf Grund einer Richtervorlage des LG Verden von 1975. Das hatte einen Mordprozess ausgesetzt, weil es § 211 StGB für verfassungswidrig hielt. Der Übergang vom einfachen Totschlag des § 212 zum Mord in § 211 StGB sei fließend und nur in Nuancen möglich, obwohl die Rechtsfolge völlig verschieden ist. Das verstoße gegen den Gleichheitssatz des Art. 3 GG. Beim Totschlag können mildernde Umstände berücksichtigt werden. Für Mord gibt es ohne Ausnahme nur lebenslang. Und diese lebenslange Freiheitsstrafe zerstöre außerdem die Persönlichkeit der Gefangenen, sei also ein Verstoß gegen die in Art. 1 GG geschützte Menschenwürde.

Das Bundesverfassungsgericht entschied, im Hinblick auf Art. 3 sei § 211 noch verfassungsgemäß, wenn man ihn eng auslegt (BVerfGE 45,187). Dem ist die Rechtsprechung gefolgt (Rnr. 63). Für die zerstörerische Wirkung der lebenslangen Strafe gäbe es noch keine sicheren wissenschaftlichen Erkenntnisse (bis heute nicht, U.W.). Aber der Gesetzgeber müsse im Hinblick auf Art. 1 dafür sorgen, dass jeder Gefangene nach angemessener Zeit entlassen werde. Das hat der 1981 mit dem Erlass von § 57a StGB getan. Danach endet die Frist für lebenslang regelmäßig nach 15 Jahren, wenn nicht „die besondere Schwere der Tat" eine weitere Vollstreckung gebiete. § 57 a sollte die Zeit der Strafhaft verkürzen. Tatsächlich hat er sie verlängert, nicht nur durch die problematische Schuldschwereklausel.

Auch das Strafprozessrecht veränderte sich im Laufe dieser Zeit. Datum der Wende war 1974. Einerseits gab es mit § 154 a StPO eine Liberalisierung. Seitdem kann ein Strafverfahren bei geringer Schuld gegen Zahlung einer Buße eingestellt werden. Andererseits begann in diesem Jahr eine Gesetzgebung „im Schatten der law-and-order-Bewegung" (Rüping/Jerouschek), nämlich als Reaktion auf die Entstehung von terroristischen Organisationen aus Randgebieten der Studentenrevolte und zur Vorbereitung des Stammheimer Prozesses gegen Angeklagte der Roten Armee Fraktion, RAF, vor dem OLG Stuttgart 1975–1977, der sich dann am Rande der Rechtsstaatlichkeit bewegte. Der Ausschluss von Verteidigern wurde möglich, ebenso wie die Verhandlung in Abwesenheit von Angeklagten. Die Zahl der Verteidiger für einen Angeklagten ist auf drei beschränkt worden und das Verbot von Mehrfachverteidigung wurde eingefügt, also der gleichzeitigen Verteidigung mehrerer Angeklagter durch einen Verteidiger. Während die Mehrfachanklage möglich blieb, das Handeln mehrerer Staatsanwälte gegen die Angeklagten. Und manches andere mehr zur Behinderung der Verteidigung. Schließlich 1977 auf dem Höhepunkt des Konflikts das Kontaktsperregesetz für Angeklagte und Verteidiger während der Entführung und Ermordung des Arbeitgeberpräsidenten Hanns Martin Schleyer, mit der die RAF-Angeklagten freigepresst werden sollten. Das scheiterte und das Drama endete mit dem Suizid aller Angeklagten.

62. BVerfGE 39,1 – Schwangerschaftsabbruch

Abschluss der Strafrechtsreform ist 1974 das Gesetz zum Schwangerschaftsabbruch gewesen. Mit einer Fristenlösung erlaubte es den Abbruch innerhalb der ersten zwölf Wochen seit der Empfängnis. Umgehend stellten 193 Unionsabgeordnete (nicht alle) und vier unionsgeführte Länder den Antrag auf abstrakte Normenkontrolle. Das Bundesverfassungsgericht entschied 1975, das Gesetz sei verfassungswidrig. Vor den Entscheidungsgründen hier ein Abriss der Geschichte.

In der griechisch-römischen Geschichte war der Abbruch üblich und straflos, ebenso wie im alten Judea. Erst durch die Verschärfung eines Tötungsfalls (Exodus 21,22–25) in der griechischen Übersetzung des Alten Testaments (Septuaginta), die im 1. Jahrhundert n.Chr. in Europa bekannt wurde, ist der Schwangerschaftsabbruch als Tötung behandelt worden, ebenso wie zur selben Zeit im Hippokratischen Eid. Das übernahmen die frühen Kirchenväter und so kam es im 12. Jahrhundert in das Decretum Gratiani, die große Sammlung des Kirchenrechts des Bologneser Mönchs Gratian, und von hier sogar in die Glossa Ordinaria, dem gesetzesgleichen Erklärungswerk zum Corpus Iuris Civilis aus dem 13. Jahrhundert und wurde so weltliches gemeines Recht in wichtigen Gebieten Westeuropas. Allerdings hatte das Verbot im Mittelalter nur geringe praktische Bedeutung, weil der Widerstand einer gewohnheitsrechtlichen Übung in Verwandtschaft und Nachbarschaft sehr groß gewesen ist. Erst der moderne Staat der Frühen Neuzeit hat sich aus bevölkerungspolitischen Gründen allmählich mit gesetzlichen Verboten um die Mitte des 17. Jahrhunderts durchgesetzt und erreichte zum Beispiel im deutschen Sprachbereich einen Höhepunkt mit dem Verbot im Preußischen Allgemeinen Landrecht von 1794 (Teil II. Titel 20. Abschnitt 11 §§ 985 ff.). Die Frau und ihr Helfer wurden mit Zuchthaus von zwei bis sechs Jahren bestraft. Fortsetzung war das Strafgesetzbuch des Norddeutschen Bundes von 1869 und sein Nachfolger im Deutschen Reich von 1871, nach dessen § 218 die Schwangere und ihr Helfer mit Zuchthaus bis zu fünf Jahren bedroht wurden. Über Sinn und Gerechtigkeit dieser Vorschrift wurde weiter heftig gestritten und so ist § 218 StGB im 20. Jahrhundert insgesamt achtmal geändert worden. 1926 erreichten die Arbeiterparteien SPD und KPD mit Reichsjustizminister Gustav Radbruch eine Milderung auf eine Gefängnisstrafe von einem Tag bis zu fünf Jahren. In der NS-Zeit wurde das Gesetz 1943 wieder verschärft, für die Frau in besonders schweren Fällen auf Zuchthaus, das dem Helfer regelmäßig drohte, und Absatz 3, „wenn er dadurch die Lebenskraft des deutschen Volkes fortgesetzt beeinträchtigt, so ist auf Todesstrafe zu erkennen." Absatz 3 ist in der Besatzungszeit nicht mehr angewendet und in der Bundesrepublik 1953 gestrichen worden. Die beiden anderen NS-Verschärfungen blieben noch bis 1969. Damals sind sie im 1. Strafrechtsreformgesetz für die Frau und den Helfer ersetzt worden durch eine Freiheitsstrafe von einem Monat bis zu fünf Jahren. Und am Ende der Reform dann 1974, wie beschrieben, das 5. Strafrechtsreformgesetz mit der Fristenlösung. Dazu nun das Bundesverfassungsgericht.

Wesentliche Grundlage seines Urteils war die Auslegung von Art. 2 Abs. 2 Satz 1 GG: „Jeder hat das Recht auf Leben und körperliche Unversehrtheit.“ Dazu das BVerfG in seinem ersten Leitsatz: „Die Schutzpflicht des Staates verbietet nicht nur unmittelbare staatliche Eingriffe in das sich entwickelnde Leben, sondern gebietet dem Staat auch, sich schützend und fördernd vor dieses Leben zu stellen.“ Das gelte auch für den Embryo im Mutterleib, der seit dem 14. Tag nach der Empfängnis voll individualisiert sei; dazu in der Begründung: „Da indessen der nasciturus ein selbständiges menschliches Wesen ist, das unter dem Schutz der Verfassung steht, kommt dem Schwangerschaftsabbruch eine soziale Dimension zu, die ihn der Regelung durch den Staat zugänglich und bedürftig macht.“ Nach ständiger Rechtsprechung gehöre nach Artikel 2 zur objektiven Wertordnung der Grundrechte (Lüth-Urteil, Rnr. 24), aus der sich eine Schutzpflicht des Staats für das sich entwickelnde Leben ergäbe, der es vor rechtswidrigen Eingriffen anderer bewahren müsse, auch gegenüber der Mutter. Zu deren Grundrecht aus Art. 2 Abs. 1 GG auf freie Entfaltung ihrer Persönlichkeit gehöre zwar auch, sich gegen eine Elternschaft zu entscheiden und gegen die sich daraus ergebenden Pflichten. Aber das sei nicht unbeschränkt garantiert, denn aus ihr würde sich nicht die Befugnis ergeben, „in die Rechtssphäre eines anderen (des werdenden Lebens im eigenen Leib) ohne ausreichenden Grund einzugreifen.“ Und weil ein Schwangerschaftsabbruch dieses Leben endgültig vernichte, müsse der Schutz dieses Lebens grundsätzlich den Vorrang haben vor dem Recht der Mutter auf freie Entfaltung. Ihr Eingriff sei grundsätzlich Unrecht. Und, nun wird die letzte Hürde genommen, die strafrechtliche, allerdings mit großen Skrupeln. Im vierten Leitsatz: „Der Gesetzgeber kann die grundgesetzlich gebotene rechtliche Mißbilligung des Schwangerschaftsabbruchs auch auf andere Weise zum Ausdruck bringen als mit dem Mittel der Strafdrohung. Entscheidend ist, ob die Gesamtheit der dem Schutz des ungeborenen Lebens dienenden Maßnahmen einen der Bedeutung des zu sichernden Rechtsgutes entsprechenden tatsächlichen Schutz gewährleistet. Im äußersten Falle, wenn der von der Verfassung gebotene Schutz auf keine andere Weise erreicht werden kann, ist der Gesetzgeber verpflichtet, zur Sicherung des sich entwickelnden Lebens das Mittel des Strafrechts einzusetzen.“ Aus Unrecht folgt Strafrecht. Das soll die einzige Möglichkeit sein? Ein Blick über die Grenze zur DDR hätte genügt. Seit 1972 gab es auch dort eine Fristenlösung, also keine Strafe, und im Gegensatz zur Bundesrepublik einen Baby-Boom. Wie das? Weil dort der Staat Familien mit Kindern umfangreich unterstützte, nicht nur finanziell, auch durch die Zuteilung von Wohnraum. Das reichte aus, einen großen Teil der Frauen zu veranlassen, sich für das Leben in ihrem Leib zu entscheiden.

Aber zurück zum Urteil. Nur in besonderen Fällen seien Ausnahmen möglich vom Bestrafen, nämlich dann, wenn die Fortsetzung der Schwangerschaft unzumutbar sei. Diese Ausnahmen könnten in einem künftigen Gesetz mit Indikationslösung geregelt werden statt mit Fristenlösung.

Der Gesetzgeber gehorchte. Im nächsten Jahr, 1976, hat er ein solches Gesetz erlassen. Die Indikationen für die Nichtanwendung des § 218 waren geregelt in § 218 a Abs. 2 Nr. 1 bis 3, und zwar die eugenische in Nr. 1 bei drohenden schweren körperlichen oder seelischen Schäden der Schwangeren. In Nr. 2 die kriminologische, Hauptfall: Schwangerschaft nach Vergewaltigung, und in Nr. 3 die allgemeine Notlagenindikation, auch „soziale" genannt, „um von der Schwangeren die Gefahr einer Notlage abzuwenden", die so schwer wiegt, „dass von der Schwangeren die Fortsetzung der Schwangerschaft nicht verlangt werden kann." In allen Fällen musste der Abbruch von einem Arzt vorgenommen werden. Außerdem waren Fristen einzuhalten, bei Nr. 2 und 3 die 12 Wochen der Fristenlösung, 1974. In der Praxis spielte Nr. 3 die größte Rolle. So blieb es bis kurz nach der Wiedervereinigung 1990. Dann musste der Gesetzgeber noch zweimal ein neues Gesetz erlassen, 1992 und 1995 (Rnr. 81).

63. BGHSt 30,105 – Türkenmord

Der türkische Angeklagte erfuhr im Oktober 1978 von seiner türkischen Frau, dass sie im Januar des Jahres von seinem türkischen Onkel in ihrer Wohnung mit vorgehaltener Pistole vergewaltigt worden war. Sie wollte sich von ihm trennen, versuchte die Scheidung und unternahm drei Suizidversuche. Er war fassungslos, weinte vor Verzweiflung und sagte ihr, er werde sie rächen. Im März 1973 traf er den Onkel auf der Straße und forderte von ihm die Zahlung eines Restdarlehns. Der brüstete sich mit der Vergewaltigung und sagte, er werde auch ihn „vögeln" und töten. Wieder zu Hause nahm der Angeklagte eine Pistole und sagte zu seiner Frau: „Heute ist sein letzter Tag. Ich werde ihn umbringen, wenn ich ihn treffe." Er ging zu einem Lokal, wo er den Onkel vermutete, der dort mit Landsleuten Karten spielte. Er grüßte ihn, stellte sich an die Theke, wusste, dass er nichts ahnte, zog die Pistole, schoss 14 bis 16 mal auf ihn und traf ihn tödlich.

Das Landgericht Münster hat den Angeklagten 1980 nach § 211 StGB wegen heimtückischen Mords zu lebenslanger Freiheitsstrafe verurteilt. Seine Revision kam zum vierten Strafsenat des Bundesgerichtshofs, der auf Grund des Urteils des Bundesverfassungsgerichts von 1977 (Rnr. 61) Bedenken gegen die lebenslange Strafe hatte und deshalb 1981 den Großen Strafsenat (dem Gremium der Vorsitzenden aller Strafsenate) die Frage vorgelegt hat, ob das Mordmerkmal der Heimtücke zu verneinen ist, wenn der Täter gehandelt hat, weil der Getötete ihn oder einen nahen Angehörigen schwer beleidigt oder misshandelt hat. Der Große Senat entschied noch im selben Jahr. Die vom vierten Senat vorgeschlagene

Lösung einer restriktiven Auslegung des Wortes „heimtückisch" in § 211 Abs. 2 durch Formeln wie „schwere Misshandlung des Täters oder seiner Angehörigen" (Typenkorrektur) würde keine festen Maßstäbe ergeben und die Berechenbarkeit und Gleichmäßigkeit der Beurteilung des Tatbestands in einem zentralen Bereich des Strafrechts in Frage stellen.

Die rechtlichen Bedenken des vierten Senats seien jedoch berechtigt. Ihnen müsse für solche Fälle in anderer Weise Rechnung getragen werden, nämlich durch eine Milderung der Strafe nach § 49 Abs. 1 Nr. 1 StGB. Danach kann eine lebenslange Freiheitsstrafe in eine von drei bis fünfzehn Jahren gemildert werden. § 49 ist zwar nur anwendbar, wenn er in einem Gesetz ausdrücklich genannt wird (z.B. in § 239 a Abs. 4). Das ist in § 211 nicht der Fall. Aber eine analoge Anwendung in Fällen von heimtückischen Morden sei zulässig, wenn außergewöhnliche Umstände die lebenslange Strafe als unverhältnismäßig erscheinen lassen. Das ergibt sich aus der Wertvorstellung der Verfassung und dem Verfassungsgrundsatz der Verhältnismäßigkeit, wie es das Bundesverfassungsgericht in seinem Urteil von 1977 zu § 211 festgestellt hat. Also „Rechtsfolgenlösung" statt „Typenkorrektur" und der türkische Angeklagte konnte trotz Verurteilung wegen Mordes milder bestraft werden.

64. Verfolgung von NS-Verbrechen

Am Anfang dieser Zeit steht das „Rehse-Urteil" des Bundesgerichtshofs von 1968, das nicht nur die protestierenden Studenten von „1968" empörte. Ein Urteil zum Umgang der Justiz mit ihrer eigenen Vergangenheit. In der NS-Zeit hatten Staatsanwälte und Richter die von Hitler geforderte Härte in grausame Höhen getrieben, weit hinaus über die Exzesse der Hexenverfolgung. Noch nie sind in Deutschland in so kurzer Zeit so viele Menschen zum Tode verurteilt worden wie in jenen zwölf Jahren. Genaue Zahlen gibt es nicht, nur unterschiedliche Schätzungen. Sicher ist, dass ein beträchtlicher Teil der Richter und Staatsanwälte den von Hitler immer wieder erhobenen Forderungen zu mehr Härte gefolgt ist und die deutsche Justiz so zu einem Teil des Unrechtssystems wurde. Nur in der Besatzungszeit gab es mit dem Nürnberger Juristenprozess einen größeren Anlauf zur Verfolgung dieser Verbrechen (Rnr. 9). Andere Versuche am Ende der Besatzungszeit wie einige wenige in der Bundesrepublik blieben erfolglos. So sollte wenigstens der Prozess gegen Hans-Joachim Rehse ein eher nur symbolisches Zeichen einer Selbstreinigung der deutschen Justiz werden.

Auf Grund von neuen Aktenfunden in den Trümmern des Volksgerichtshofs konnte ihm nachgewiesen werden, dass er von 1942 bis 1944 als Mitglied des ersten Senats unter dem Vorsitz von Roland Freisler an Terrorurteilen beteiligt war. Aufgrund von sieben solcher Urteile ist er 1967 vom Landgericht Berlin wegen Beihilfe zum Mord zu fünf Jahren Zuchthaus verurteilt worden. Aber der Bundesgerichtshof hat das Urteil

1968 aufgehoben. Der Volksgerichtshof sei ein ordentliches Gericht gewesen und Hans-Joachim Rehse ein unabhängiger Richter. Deshalb könnten ihm die Mordlust und niedrigen Beweggründe seines Vorsitzenden nicht zugerechnet und müssen ihm selbst bewiesen werden. Nur dann sei eine Verurteilung nach § 211 StGB möglich. Ein Urteil des Bundesgerichtshofs ein Hirngespinst.

Der Volksgerichtshof in Berlin ist 1934 von Adolf Hitler als Gericht für politische Prozesse gegründet worden. Das war seine Reaktion auf das für ihn viel zu milde Urteil des Reichsgerichts Ende Dezember 1933 im Reichstagsbrandprozess. Auch wenn jeder der Richter von ihm selbst ausgewählt und ernannt wurde, kann man mit einer gewissen Berechtigung den Volksgerichtshof in den ersten Jahren als ordentliches Gericht bezeichnen. Aber spätestens mit der Ernennung Roland Freislers zum Präsidenten 1942 war das nun wirklich nicht mehr möglich. Eine einzige Zahl dürfte im Grunde schon genügen. 1941 sind vom Gericht 102 Todesurteile erlassen worden, 1942 1192, davon 649 vom ersten Senat, die anderen verteilt auf den zweiten bis sechsten Senat. Freisler war ein fanatischer Blutrichter mit unmöglichem Benehmen, der gegen die Ordnung des Gerichts die ihn interessierenden todeswürdigen Fälle an sich zog, oft ohne juristische Begründung verurteilte und auch die Urteile entsprechend selber schrieb, am Ende etwa drei Urteile täglich.

Seit 1942 häuften sich die Angeklagten und Sitzungen in allen Senaten, so dass die einzelnen Verfahren in immer kürzerer Zeit erledigt werden mussten und der Volksgerichtshof zu einer Verurteilungsmaschinerie wurde. Am schnellsten war der Präsident, der zu Schnelligkeit und Härte drängte, autoritär, und keinen Widerspruch duldete. Diese Maschine als ordentliches Gericht zu bezeichnen und seine Richter als unabhängig, ist für die letzten Kriegsjahre historisch grotesk. Aber das erste Berliner Urteil war nun aufgehoben und im zweiten Berliner Verfahren konnten Hans-Joachim Rehse Blutrünstigkeit und andere niedrige Beweggründe nicht nachgewiesen werden. Er wurde freigesprochen und zum endgültigen Symbol des Scheiterns einer Selbstreinigung der deutschen Justiz. Vor der Entscheidung über die erneute Revision ist Rehse verstorben.

Im Vergleich zu der Zeit von Adenauer und Erhard änderte sich auch sonst nicht viel in dieser Zeit. Es blieb der Skandal, dass SS-Leute, die mit eigener Hand Tausende Juden und Polen ermordet hatten, als Gehilfen zu empörend niedrigen Strafen verurteilt wurden und nicht als Täter. Nicht selten war es weniger als ein Tag Freiheitsstrafe für einen Mord. Hitler, Himmler und Heydrich blieben die eigentlichen Täter. Höhere SS-Chargen wurden allenfalls als Mittäter bestraft. An diesen juristischen Unsinn hatte man sich inzwischen gewöhnt, auch der Bundesgerichtshof, an dem ebenfalls nicht wenige NS-belastete Richter urteilten, die wussten, was sie für ihre alten Parteigenossen zu tun hatten. Das war das eine Handicap dieser Strafverfolgung.

Das andere ist der Zeitablauf gewesen. Hier konnte allerdings die Politik noch etwas steuern. Der Bundestag hat zweimal die Verjährung für Mord verlängert, 1965 und 1969, und sie 1979 völlig aufgehoben. Mord und Völkermord verjähren seitdem nicht mehr. Aber 1968 hat er sie, ohne es merken, für Mordgehilfen mit Rückwirkung auf 1960 wieder eingeschränkt. Der nächste Skandal. Eine „Panne", wie es offiziell hieß.

An verdeckter Stelle, im Einführungsgesetz zum neuen Ordnungswidrigkeitengesetz, EGOWiG, war in § 50 StGB ein Absatz zwei eingefügt worden (heute § 28 Abs. 1), nach dem Taten von NS-Mordgehilfen 1960 verjährt waren. Völlig sicher ist das aber nicht gewesen, bis 1969 der 5. Strafsenat des Bundesgerichtshofs die Verjährung bestätigte, jener Senat mit drei NS-belasteten Richtern, einer davon sogar der Berichterstatter. Verantwortlich für diese „Panne" war Ministerialrat Dr. Eduard Dreher, Leiter der zuständigen Unterabteilung für Strafrecht im Bundesministerium, Autor des Standardkommentars zum StGB „Schwarz/Dreher" und in der NS-Zeit als Staatsanwalt am Sondergericht Innsbruck, der triebhaft und erfolgreich auf Todesurteile gedrängt hat, in einem erst jetzt bekannten Fall (Leimberger) so hemmungslos, dass er selbst, Dreher, als Mordgehilfe erscheint und damit als Nutznießer einer „Panne". Ein Kenner dieser Materie, er will nichts gemerkt haben? „Das glauben immer noch einige Gutmütige" (Dieter Simon). Dreher hat bewusst gehandelt.

Im Übrigen bewegten sich die „Panne" und der 5. Strafsenat auf juristischem Glatteis. Denn die „niedrigen Beweggründe" (der Rassenhass von Hitler & Co. als Hauptfälle) im Mordparagraphen 211 begründeten nicht dessen Strafbarkeit, wie es § 50 Abs. 2 forderte, sondern erhöhten nur die Strafe. Denn Grunddelikt des Mords ist der Todschlag des § 212 und § 211 ist dazu nur ein qualifizierendes Delikt mit höherer Strafe. Herrschende Lehre in der Wissenschaft. Anders nun die Rechtsprechung.

Außerdem war der Schaden durch die „Panne" nicht so groß, wie man im ersten Schreck meinte. Es wurden jedoch, oft übereilt, ziemlich viele Verfahren gegen Mordgehilfen eingestellt. Aber die meisten NS-Morde in Vernichtungslagern und durch Einsatzgruppen waren auch grausam oder/und heimtückisch. Und das sind objektive Mordmerkmale und diese fallen nicht unter die persönlichen in § 50 Abs. 2. Im Übrigen hatten in einigen Fällen richterliche Beschlüsse schon vor 1960 die Verjährung unterbrochen. Also fanden auch nach 1968 noch einige wichtige oder größere Prozesse statt.

So 1970 gegen den bisher verschwundenen KZ-Kommandanten von Sobibor und Treblinka Franz Stangl vor dem Landgericht Düsseldorf, der wegen gemeinschaftlichen Mords (mit Hitler usw.) an mindestens

400.000 Opfern zu lebenslanger Haft verurteilt worden ist. Ebenfalls vor dem Gericht in Düsseldorf fand nach langen Ermittlungen der Majdanek-Prozess statt, Vernichtungslager Lublin. In ihm wurden sieben Angeklagte wegen Beihilfe zum Mord zu Freiheitsstrafen von 3 ½ bis 12 Jahren verurteilt, eine Angeklagte wegen Mordes an mindestens 100 Juden zu lebenslang. 1979/80 fand in Köln das Verfahren gegen Kurt Lischka und zwei Mitarbeiter seiner Gestapo-Zentrale in Paris statt, die Deportationen von 73.000 französischen Juden nach Auschwitz organisiert hatten. Das ergab Freiheitsstrafen von 10 und 12 Jahren. Insgesamt sind in den achtziger Jahren in 22 Schwurgerichtsverfahren 26 Angeklagte zu zeitigen Freiheitsstrafen verurteilt worden.

65. „Ungesühnte Nazijustiz", Justizreform, Hochschulreform, Reform der Juristenausbildung, neue Universitäten, Rechtswissenschaft, Anwaltschaft

„Ungesühnte Nazijustiz" war Ende der fünfziger Jahre Titel einer Ausstellung über Richter und Staatsanwälte der Bundesrepublik, die beteiligt gewesen sind am grausamen System der NS-Justiz. Bisher meinte man, sie hätten die zwölf Jahre 1933–1945 in der alten Unabhängigkeit überstanden. Jetzt wurde der Heiligenschein allmählich verdunkelt. Reinhard Strecker, Mitglied des Sozialistischen Deutschen Studentenbunds, hatte die Idee, die seine Organisation dann mit einer Fülle von Dokumenten auf den Weg durch westdeutsche Universitätsstädte gebracht hat, vielfach angefeindet, auch mit Strafanzeigen, bis Generalsbundesanwalt Max Güde erklärte, die Dokumente seien echt. Sie kamen aus Warschauer Archiven. So landete die Ausstellung schließlich sogar im Londoner Unterhaus und Reinhard Strecker erhielt kurz vor seinem 85. Geburtstag 2015 das Bundesverdienstkreuz für diese erste Aktion einer Aufklärung über die Verbrechen von damals. Innerhalb der Justiz war sie dann Anlass für Forderungen nach einer Justizreform. Ralf Dahrendorf schrieb 1962 über „Die Juristen des Monopols" als ein „seiner selbst ungewisses Reservoir der Machtelite wider Willen, das nach Herkunft, Ausbildung, Stellung und Verhalten für die Verfassung der Freiheit nicht vorbereitet ist." Jüngere Richter wie Theo Rasehorn und Rudolf Wassermann, die erst in der Bundesrepublik ernannt worden waren, machten Vorschläge für eine Reform, mit der die hierarchische und autoritäre Ordnung der unverändert durch die Nazizeit weitergeführten Gerichtsverfassung im Sinn einer Demokratisierung abgebaut werden sollte. Aber es geschah nur wenig. So wurden 1972 die Präsidien der Gerichte nicht mehr vom Justizminister ernannt, sondern von den Richtern gewählt und die Bezeichnungen der Richter legalisiert. Ein Landgerichtsdirektor heißt seitdem Vorsitzender Richter am Landgericht usw. Aber es blieb Stückwerk und letztlich folgenlos.

Tatsächlich hat sich das allgemeine Klima in der Justiz seit damals liberalisiert. Aber das hatte andere Ursachen. Zum einen war es die Justizkampagne des SDS in Berlin, mit viel Witz, besonders auch wieder die Aktionen des einzelnen Studenten, Fritz Teufel, mit einem einzigen Satz. Er war zu Unrecht angeklagt wegen Steinwürfen auf Polizisten beim Schah-Besuch 1967 vor der Berliner Oper. „Naja, wenn's der Wahrheitsfindung dient", hat er gesagt, als er sich von der Anklagebank langsam hochschraubte, um der Aufforderung des Vorsitzenden Richters zu folgen, der den Gerichtssaal betreten hatte, er möge sich gefälligst von seinem Sitz erheben. Das verbreitete sich mit Windeseile und die Bundesrepublik lachte begeistert. Zum anderen war es auch die Folge des Auftretens einer neuen Generation junger Juristen, die nicht mehr ganz dem Bild entsprachen, das Ralf Dahrendorf 1962 beschrieben hat.

Obwohl deren **Ausbildung** trotz mancher Reformanläufe im Grunde immer noch dieselbe ist wie vor einhundert Jahren. Auch das war eine Forderung der Justizreformer um Rasehorn und Wassermann. Man versuchte zum Beispiel eine Einphasenausbildung nach dem „Loccumer-Modell" von 1969 statt der heute immer noch üblichen zwei Phasen, die noch etwas älter sind als einhundert Jahre: die erste eine theoretische Ausbildung an der Universität, abzuschließen mit dem ersten Staatsexamen (Referendarexamen), nach dem die zweite beginnt mit der Praxis bei Gerichten, Staatsanwaltschaft, Anwaltschaft und Verwaltung, dem Referendardienst, der abgeschlossen wird mit dem zweiten Staatsexamen (Assessorexamen). Dann hat man die „Befähigung zum Richteramt" nach dem Richtergesetz und ist „Volljurist". Die Einphasenausbildung fand statt in ständigem Wechsel zwischen Theorie und Praxis, möglichst ergänzt durch sozialwissenschaftliche Grundlagen, und am Ende ein einziges Schlussexamen. So war es in den Juristischen Fachbereichen der Universitäten Augsburg, Bielefeld, Bremen, Hamburg II, Hannover, Konstanz und Trier, alle gegründet in den sechziger und siebziger Jahren und das Experiment 1971 ermöglicht durch eine Ergänzung im Richtergesetz. Aber 1984 wurde alles abgebrochen, angeblich, weil es nicht richtig funktionierte, obwohl die jährlichen Berichte der Fachbereiche das Gegenteil sagten. Inzwischen waren wir nämlich von der Regierung Willy Brandt („mehr Demokratie wagen") bei der von Helmut Kohl („geistig-moralische Wende").

Die sieben **Universitäten** mit dem Reformstudium (außer Hamburg, dort nur ein zweiter Fachbereich) waren ein Teil von damals insgesamt fünfzehn neuen Universitäten, die in den sechziger und siebziger Jahren gegründet wurden, nachdem Georg Picht mit seinem Buch „Die deutsche Bildungskatastrophe" 1964 großes Aufsehen erregt hatte, in dem er beschrieb, dass die Bundesrepublik im internationalen Vergleich viel zu wenig für Bildung ausgab, damit zu wenig Abiturienten und Studenten hatte und dadurch ihre wirtschaftliche Zukunft gefährde. Immerhin hatte sie dann mit den fünfzehn neuen die Zahl ihrer Universitäten fast verdoppelt. Massenuniversitäten waren entstanden. Aber die Ausbildung an ihnen hatte sich nicht verändert.

Das wurde dann ein Thema des Anfangs der Studentenrevolte, die 1967 von Berlin auf die Bundesrepublik übergriff. Die Studenten kritisierten die veraltete Struktur der „Ordinarienuniversität", in der die Professoren weitgehend nur ihre Spezialfächer pflegten („Fachidioten"), auch in der Lehre, und damit die Berufsausbildung vernachlässigten. „Unter den Talaren der Muff von tausend Jahren" war der Text eines Spruchbands, mit dem sich im November 1967 zwei Studenten an den Anfang des feierlichen Einzugs des neuen Rektors und der Professoren in ihren Talaren stellten und vor ihnen in das Audimax der Hamburger Universität einzogen. Das Bild machte seine Runde im Land.

Die Studenten hatten auch ein Konzept. Schon 1961 hatten vier von ihnen für den SDS eine Denkschrift verfasst, „Hochschule in der Demokratie" und sie 1965 überarbeitet als Buch veröffentlicht, eine der besten Leistungen deutscher Studenten. Wilhelm von Humboldts Konzept für die Universität wurde beschrieben als erfolgreiches Modell für das 19. Jahrhundert aber ungeeignet für die moderne Demokratie einer Industriegesellschaft, für die sie einen neuen Plan entwarfen. Die Politik gab nach und beschloss 1968/69 während des Höhepunkts der Revolte eine Hochschulreform nach ihren Vorschlägen.

Also Einheitsverwaltung statt Trennungsverwaltung und Fachbereichssystem statt Fakultätssystem. Humboldts Trennungsverwaltung bedeutete: Finanzen für die Forschung einerseits und die Lehre andererseits waren institutionell getrennt. Jeder Ordinarius war Institutsdirektor und erhielt Geld für seine Forschung direkt von der Wirtschaftsspitze der Universität, dem Kanzler, unabhängig von der Fakultät, in „Einsamkeit und Freiheit" (Helmut Schelsky). Daneben stand die akademische Verwaltung für die Lehre. Das war die Fakultät mit einem jährlich wechselnden Dekan, die gemeinsam entschied, welche Vorlesungen gehalten werden sollen. Forschung und Lehre waren eine Einheit nur in der Person des Ordinarius. Spitze dieser akademischen Verwaltung war der Rektor, eine mittlere Instanz der Senat, die Versammlung der Dekane. Das war die Ordinarienuniversität.

Nun kam die Gruppenuniversität. Untere Stufe waren jetzt Fachbereiche (Departments), oft kleiner als die Fakultäten, mit dem Fachbereichsrat aus den vier Gruppen Professoren, Assistenten, Studenten und andere Dienstkräfte, jeweils von ihren Gruppen gewählt, geleitet von einem Fachbereichsratsvorsitzenden, gewählt von den Gruppenvertretern. Dieser Fachbereich entscheidet über Forschung und Lehre und erhielt das Geld für beides von der Spitze der Universität, einem Präsidenten, zuständig für die gesamte Verwaltung. Auch der Senat war zusammengesetzt wie die Fachbereiche mit Vertretern aller Gruppen. Diese Zusammensetzung der Gremien sorgte dafür, dass die Lehre sehr viel stärker auf die Berufsausbildung ausgerichtet wird. Oft waren die Gremien so zusammengesetzt, dass die Professoren von den anderen Gruppenvertretern überstimmt werden konnten. Das ist 1973 vom Bundesverfassungsgericht für verfassungswidrig erklärt worden als Verstoß gegen die Freiheit der Wissenschaft des Art. 5 Abs. 3 GG, die in besonderem Maße eine Sache der Professoren sei. Das gab ihnen ein neues Bewusstsein gegen die Reform, die langsam ein wenig zurückgenommen wurde, ohne die Grundstrukturen zu verlieren. Trotzdem nennen sich Fachbereiche heute manchmal wieder Fakultäten und die am besten bezahlten Professoren wieder Ordinarien. Ein Etikettenschwindel, der ihnen gegönnt sei. Auch die Sache der Wissenschaft hat eben ihre Probleme.

Jedenfalls, ein Ergebnis der Hochschulreform ist geblieben: Die Lehre ist wichtiger geworden. Und die Verwaltung der Universität größer. Nachdem dann auch noch in der Zeit von Kanzler Gerhard Schröder seine Ministerin für Bildung und Forschung Edelgard Bulmahn die Stellung und Besoldung von Universitätsprofessoren erheblich verschlechtert hat, ist die Forschung an den Hochschulen erheblich zurückgegangen. Seitdem findet sie in der Bundesrepublik im wesentlichen an außeruniversitären Einrichtungen statt, von denen die Max-Planck-Gesellschaften die wichtigste ist. In der Rechtswissenschaft, für die Forschung weniger wichtig ist, hat sich deshalb kaum etwas verändert.

In ihr war die Entwicklung ähnlich wie in der Justiz. Im Grunde blieb alles beim Alten. Man gewöhnte sich an die Demokratie und wurde im Lauf der Zeit etwas liberaler. Fast alle Professoren kamen wieder zurück an die Juristenfakultäten, auch die im Dritten Reich schwer belasteten: Georg Dahm, Ernst Rudolf Huber, Herbert Krüger, Heinrich Lange, Karl Larenz, Theodor Maunz, Edmund Mezger, Friedrich Schaffstein, Ulrich Scheuner, Wolfgang Siebert, Werner Weber, mit großem Einfluss auf die Entwicklung des Rechts der Bundesrepublik und nicht immer mit gutem. Eine der wenigen Ausnahmen war Carl Schmitt. Er durfte nicht wieder an die Universität, zog sich zurück an seinen Geburtsort Plettenberg im Sauerland, der schnell zum Ziel von Pilgerzügen eines wichtigen Teils der deutschen Staatsrechtswissenschaft geworden ist. Es waren „Schmittianer" wie Ernst Forsthoff und Werner Weber, Ernst Wolfgang Böckenförde und Helmut Quaritsch. Sie setzten auf den Staat als neutrale Instanz getrennt von der Gesellschaft, ihr übergeordnet als entscheidungsfähige Macht, einen starken Staat, der sich durchsetzt gegen Wirtschaft, Verbände und deren Einfluss über die Parteien. Auf der anderen Seite standen die Anhänger von Rudolf Smend und seiner Integrationstheorie. Zur Smend-Schule gehören etwa Gerhard Leibholz und Ulrich Scheuner,

Konrad Hesse und Peter Haeberle. Sie modernisierten Smends Integrationslehre, sahen und sehen noch immer Staat und Gesellschaft in enger Verbindung, übernahmen aus der Politologie den Begriff des Pluralismus, einer pluralistischen Gesellschaft, die sich mit ihren unterschiedlichen Interessen auch in den Zielen der verschiedenen Parteien wiederfindet. Die Verfassung spielt für sie eine größere Rolle als der Staat. Eine Verfassung, die in Art. 21 Abs. 1 des Grundgesetzes ausdrücklich bestimmt, dass die Parteien bei der politischen Willensbildung des Volkes mitwirken.

Einzige Folge der nationalsozialistischen Rechtsverwüstung war eine kurze Verunsicherung, verbunden mit der Wiederbelebung naturrechtlicher Vorstellungen als Reaktion auf die Verabsolutierung des Staates vorher. Bald ging man wieder über zum Tagesgeschäft normaler juristischer Dogmatik, wie sie sich im 19. Jahrhundert entwickelt hatte. Allerdings kam in den sechziger Jahren auch für die Rechtswissenschaft eine kurze Zeit der Kritik. Zunächst war es der moralische Vorwurf gegen die „Braune Universität" im Dritten Reich und ihre personelle Kontinuität in der Bundesrepublik. Dann folgte eine Methodendiskussion, wie sie in der Zeit der Studentenrevolte allgemein üblich war. Sie wendete sich gegen die formalistische Ausblendung gesellschaftpolitischer Probleme in der juristischen Dogmatik. Ohne großen Erfolg. Einzige wirkliche Veränderung: Immer mehr Frauen wurden Professorinnen. Ob das die Wissenschaft verändert, wird sich erst noch zeigen.

Auch die **Anwaltschaft** machte nach dem Krieg zunächst weiter wie gewohnt. Die freie Advokatur wurde wiederhergestellt, selbständige Anwaltskammern mit einer Bundesrechtsanwaltskammer, und 1947 ist der Deutsche Anwaltverein neu gegründet worden. Allmählich stieg die Zahl der Anwältinnen. 1960 waren es 3 %, 1999 immerhin 25 %. In den achtziger Jahren beginnt ein dramatischer Umbruch, ähnlich wie in der freien Wirtschaft, der sich die Anwaltschaft immer mehr annähert, vor dem Hintergrund von Computerisierung, moderner Telekommunikation und Globalisierung. Ausgelöst wurde er durch eine Juristenschwemme und die Entscheidung des Bundesverfassungsgerichts von 1987 (BVerfGE 76,171), die die alten Standesrichtlinien beseitigte und die Bahn frei machte für eine atemraubende Entwicklung in den neunziger Jahren. Die Zahl der Anwälte verdoppelte sich von 1985 bis 2000 auf über 100.000, 2017 waren es fast 155.000. Die Zahl der Rechtsanwältinnen an der Gesamtzahl erhöhte sich ständig. 1970 waren es noch 4,5 %, 2017 schon 37,7 %. Die Anwaltsdichte stieg in dieser Zeit von 80 auf 120 Anwälte je 100.000 Einwohner, bis 2017 auf fast 200. Überörtliche Sozietäten entstanden, die vorher verboten waren und entwickelten sich zu Riesenkanzleien mit mehreren Hundert Anwälten, auch als GmbH oder Aktiengesellschaft. Die Spezialisierung nahm zu mit Fachanwälten, die

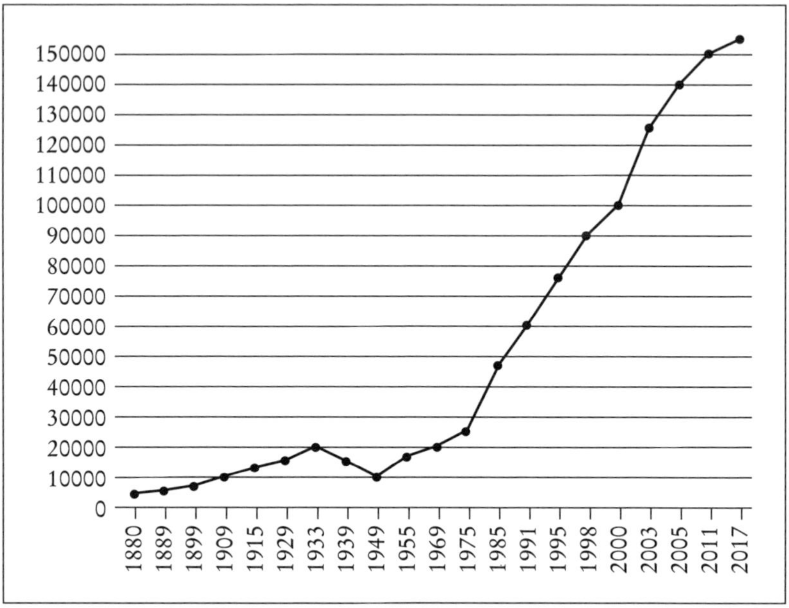

Abbildung 6: Zahl der Rechtsanwälte in Deutschland bis 2017

vorher – außer im Steuerrecht – nicht erlaubt waren. Werbung wurde zugelassen – bisher undenkbar – und neue Formen von „Dienstleistungen" entstanden wie Mediation – außergerichtliche Streitschlichtung – oder telefonische Beratung über so genannte Hotlines. Die Beschränkung auf den Ort der Zulassung entfiel in einem wichtigen Bereich. Seit dem 1. Januar 2000 können Anwälte vor allen Landgerichten der Bundesrepublik auftreten. Und es geht noch weiter. Mit der europäischen Einigung wurde auch das nationale Zulassungsrecht überschritten. Wer die Voraussetzungen für die Zulassung zur Anwaltschaft in einem Land der Europäischen Union erfüllt, kann sie auch in einem anderen beantragen.

66. Europarecht Die siebziger Jahre waren die Zeit eines neuen Umbruchs der EWG. Die Blockadepolitik de Gaulles während seiner Zeit als französischer Präsident 1959–1969 war beendet und so konnten Großbritannien und Irland beitreten, was er bisher verhindert hatte, ebenso Dänemark. Jetzt hatte die Gemeinschaft neun Mitglieder. 1974 wurde auf Vorschlag des neuen Präsidenten Frankreichs, Giscard d'Estaing, der Europäische Rat als Organ der EWG gegründet. Seitdem treffen sich die Staats- und Regierungschefs dreimal jährlich, gemeinsam mit den Außenministern und dem Präsidenten der Kommission. 1976 einigte man sich auf die Direktwahl des Europäischen Parlaments, dessen Abgeordnetenzahl bis 1999 von 198 auf 518 stieg, aber nicht seine Kompetenzen. Es blieb bis

zum Ende dieser Zeit auf beratende Funktionen beschränkt. Schließlich, eine Initiative Giscard d'Estadings und Helmut Schmidts, ist 1978 das Europäische Währungssystem, EWS, gegründet worden, am Anfang mit acht Mitgliedern, ohne Großbritannien. Eine für die Durchsetzung des Binnenmarktes der Gemeinschaft wichtige Entscheidung, die durch die Einführung fester, jedoch anpassungsfähiger Wechselkurse gleichzeitig die Stellung der EWG im internationalen Währungssystem verbesserte. Untereinander konnten jetzt die Mitgliedstaaten mit einer Europäischen Währungseinheit, ECU (*European Currency Unit*) umgehen. Die Verwaltung des EWS hatte der Europäische Fond für währungspolitische Zusammenarbeit, EFWZ, in Luxemburg, dem von den Zentralbanken der acht Länder 20 % ihrer Goldbestände und Dollarreserven übertragen wurde, damit der ECU gegen künstliche spekulative Einflüsse geschützt werden konnte. Es ist die Vorbereitung des Euro geworden.

1981 ist Griechenland der EWG beigetreten, 1986 Spanien und Portugal. Die sogenannte Süderweiterung. Deswegen und weil das Europaparlament direkt gewählt wurde, hat der Europäische Rat 1986 die Einheitliche Europäische Akte in Den Haag beschlossen, den ersten Reformvertrag, dem dann die Verträge von Maastricht bis Lissabon gefolgt sind (Rnr. 87). Nun sollte der Binnenmarkt schrittweise bis 1992 verwirklicht werden und der Aufgabenbereich der Gemeinschaft erweitert auf Forschung und Technologie, Umwelt und Sozialpolitik. Das Europäische Parlament erhielt zum ersten Mal in einzelnen Fällen Mitwirkungsrechte bei der Gesetzgebung und die Fälle der Mehrheitsentscheidungen im „Rat" (Ministerrat) sind vermehrt worden (bisher regelmäßig qualifizierte Mehrheiten mit mindestens sieben von zwölf Länderstimmen, Art. 148 EWG-Vertrag). Soviel zum primären Europarecht:

1973	Beitritt von Großbritannien, Irland und Dänemark
1974	Gründung des Europäischen Rats
1976	Direktwahl des Europäischen Parlaments
1978	Gründung des Europäischen Währungssystems
1981	Beitritt Griechenlands
1986	Beitritt Spaniens und Portugals
1986	Einheitliche Europäische Akte

Nun zum sekundären Europarecht (zu beiden Begriffen Rnr. 41). Hier sollen als Beispiele nur das Wettbewerbsrecht und die Steuerrechtsangleichung behandelt werden.

Zur selben Zeit, als in der Bundesrepublik die Vorbereitungen für das **Wettbewerbsrecht** des GWB (Rnr. 60) abgeschlossen wurden, fanden im belgischen Val Duchesse die Verhandlungen über den EWG-Vertrag statt. Das nutzte die deutsche Delegation für den Vorschlag, die wichtigsten

Vorschriften des GWB in den Vertrag aufzunehmen. Die anderen stimmten zu, obwohl in keinem ihrer Länder ein Wettbewerbsrecht existierte. Und so traten am 1. Januar 1958 hier wie dort die wichtigsten Vorschriften in Kraft, in der Bundesrepublik die §§ 1 und 22 GWB über das Kartellverbot und das Verbot des Missbrauchs einer marktbeherrschenden Stellung und die entsprechenden Art. 85 und 86 des EWG-Vertrags (heute Art. 101 und 102 AEUV).

Aus dieser Geschichte erklärt sich wohl auch, dass der rechtlich bindende Charakter der beiden EWG-Artikel umstritten war. Der wurde erst 1962 durch den Europäischen Gerichtshof klargestellt (EuGHE 1962,67, „de Geus ./. Bosch"). Wichtig wurde im selben Jahr die Verordnung Nr. 17 des Europäischen Rats als erste Durchführungsverordnung zu den Art. 85 und 86, eine Art Kommentar und Prozessordnung. Zuständig für die Durchsetzung der Vorschriften ist zum einen die Kommission mit ihrer Generaldirektion für Wettbewerb, und zwar für die wichtigeren Fälle mit dem Gerichtsschutz durch den EuGH in Luxemburg. Daneben wird dieses europäische Recht angewendet durch die nationalen Kartellbehörden und Gerichte der Mitgliedstaaten. Nur die Freistellungsentscheidungen nach Art. 85 Abs. 3, dazu bald, werden von der Kommission getroffen.

Wie im deutschen GWB unterscheidet auch das europäische Wettbewerbsrecht vier Arten der Störung des freien Wettbewerbs, nämlich horizontale und vertikale Absprachen (Art. 85), Missbrauch der machtbeherrschenden Stellung und ein solcher durch Unternehmenszusammenschlüsse (Art. 86). Vom nationalen Wettbewerbsrecht unterscheidet sich das europäische dadurch, indem es voraussetzt, dass der Wettbewerb zwischen den Mitgliedstaaten beeinflusst wird.

Nun im Einzelnen zu vier Absprachen. Horizontale Kartelle sind ausdrückliche oder stillschweigende Abreden auf derselben Ebene einer Tätigkeit, zum Beispiel Aufteilung von Absatzgebieten zwischen zwei Fabrikanten von beliebten Waschmitteln. Als vertikal werden Absprachen zwischen Unternehmen bezeichnet, die auf verschiedenen Ebenen tätig sind. Meist handelt es sich um solche zwischen Fabrikanten und Vertriebsunternehmen. Im europäischen Recht war umstritten, ob auch die unter das Verbot des Art. 85 fallen. Der EuGH hat das 1966 in seiner Grundig-Conston-Entscheidung geklärt. Die deutsche Firma Grundig (Radioapparate, Fernseh- und Diktiergeräte usw.) hatte die französische Firma Conston zu ihrem Alleinvertreter in allen Gebieten Frankreichs bestellt. Die ging gegen ein anderes Unternehmen vor, das Grundig-Waren zu niedrigeren Preisen an französische Einzelhändler verkaufte. Dazu der EuGH: „Der EWG-Vertrag, der nach seiner Präambel und seinem Inhalt darauf gerichtet ist, die Schranken zwischen den Staaten zu beseitigen und der Wiedererrichtung dieser Schranken mit einer Reihe strenger

Bestimmungen entgegentritt, kann nicht zulassen, dass die Unternehmer neue Hindernisse dieser Art Schaffen. Art. 85 verfolgt dieses Ziel, auch wenn es sich um Vereinbarungen zwischen Unternehmen verschiedener Wirtschaftsstufen handelt" (EuGH 1966,322 = GRUR Ausland 1966,580).

Wichtigster Faktor der marktbeherrschenden Stellung des Art. 86 ist wie nach § 26 a.F. GWB regelmäßig der Marktanteil. Wenn er aber zum Beispiel das Ergebnis einer höheren Effizienz des Unternehmens darstellt, entfällt Art. 86, denn mit ihm soll nicht gegen Leistungsfähigkeit vorgegangen werden. Für den Missbrauch kommen in Betracht Kampfpreisunterbietung, Treuerabatte und ähnliches. Verfahren nach Art. 86 sind wie im deutschen Recht selten.

Die Zusammenschlusskontrolle gibt es in Deutschland seit 1973 und wurde der wichtigste Teil des GWB. Seitdem hat das Berliner Bundeskartellamt etwas mehr als 60 Untersagungsverfügungen erlassen. Die Eingriffskriterien nach § 35 ff. GWB sind nämlich viel niedriger als die nach Art. 86. In ihm ist der Zusammenschluss ausdrücklich nicht genannt und man behandelt ihn als missbräuchliche Ausnutzung eines Zusammenschlusses, der zu einer marktbeherrschenden Stellung führt.

Steuern sind ein wichtiger Kostenfaktor, auch für den Wettbewerb innerhalb des gemeinsamen Markts. Trotzdem war das Steuerrecht im EWG-Vertrag stiefmütterlich behandelt, nicht verwunderlich, denn die Steuerhoheit gehört zum Kernbereich der Eigenstaatlichkeit. Wichtig war nur der kurze Abschnitt der Art. 95–99, heute 110–113 im Vertrag über die Arbeitsweise der EU, AEUV. Er behandelt lediglich die indirekten Steuern (z.B. die Umsatzsteuern). Über die direkten (z.B. Einkommen- und Körperschaftsteuer) ist nichts vereinbart worden. So bewegt sich das Steuerrecht der EWG im Wesentlichen um den Art. 95 mit dem Diskriminierungsverbot und das Harmonisierungsgebot des Art. 99. Art. 95 verbietet den Mitgliedstaaten, für gleichartige Waren aus den anderen Staaten höhere Abgaben zu erheben als für die eigenen. Während Art. 99 dem Rat, also Ministerrat, das Recht gibt, auf Vorschlag oder nach Anhörung der Kommission Verordnungen oder Richtlinien über gemeinsame inländische Abgaben zu erlassen. Zuständig für die Einhaltung dieses Steuerrechts sind in erster Linie die nationalen Gerichte, die aber nach Art. 177 die Sache dem EuGH für eine Vorabentscheidung vorlegen können. In Art. 95 hat der EuGH festgestellt, dass die Vorschrift nicht nur Reche der Mitgliedsländer untereinander begründet, sondern auch unmittelbare Wirkung hat für das Verhältnis der Bürger zu ihrem Staat. Schwieriger war es für das Gericht, den Begriff der Gleichartigkeit von Waren zu bestimmen. Eine Lösung fand es 1976 mit der Formel, dass es sich um Erzeugnisse handeln muss, die auf der gleichen Stufe in den Augen des Verbrauchers gleiche Eigenschaften haben und demselben Bedürfnis dienen. Dazu gehört auch, dass für eine Sache im Einfuhrland nicht noch einmal Umsatzsteuer erhoben werden darf, wenn sie schon im ausführenden Mitgliedstaat gezahlt worden ist (EuGH 5.5.1982, Sportboot).

Schließlich der Auffangtatbestand des Art. 95 Abs. 2, nach dem für eingeführte Waren auch keine inländischen Abgaben erhoben werden dürfen, die geeignet sind, die inländische Produktion anderer Waren zu schützen. Dazu EuGH 12.7.1983, Kommission gegen Großbritannien: Der Unterschied zwischen der Verbrauchsteuer für eingeführten Wein gegenüber der für englisches Bier ist zu groß und damit ein unzulässiger Schutz für das Bier. Man dürfe Verbrauchergewohnheiten in einem Mitgliedstaat nicht als unveränderlich ansehen. Mit komplizierten Parametern bei der Berechnung eines angemessenen Besteuerungsverhältnisses.

Für die Harmonisierung nach Art. 99 ergingen Richtlinien und Verordnungen des Ministerrats, die bis Ende der Achtziger Jahre einen beachtlichen Umfang erreicht hatten, für die Bundesrepublik war es etwa die Hälfte ihres gesamten Steueraufkommens. Auch hier spielte der EuGH eine wichtige Rolle, unter anderem mit seiner Auffassung, dass die europäischen Steuergesetze unmittelbar Rechte des Bürgers gegen ihren Staat begründen. Dazu das Beispiel der seit den siebziger Jahren beliebten „Butterfahrten".

Eine Flotte von ungefähr dreißig Seeschiffen verließ die Häfen von Lübeck bis Flensburg für einige Stunden zur Fahrt in die Ostsee außerhalb der deutschen Hoheitsgebiete. Dort verkaufen an Bord eingebaute Supermärkte Lebensmittel und Spirituosen zollfrei an die „Fahrgäste". Später fand das auch in der Nordsee statt. Der Fahrpreis spielte für die Reedereien keine Rolle. Sie verdienten mit dem Verkauf Millionensummen auf Kosten des inländischen Einzelhandels. Schließlich klagte die Großhandelsfirma REWE Nord gegen das Hauptzollamt Kiel vor dem Finanzgericht Hamburg, denn dieser Seehandel fand statt auf der Grundlage einer Richtlinie von 1969 über die Befreiung von Abgaben für Reisende aus Drittländern. Das Hamburger Gericht wendete sich mit einem Vorlagebeschluss nach Art. 177 an den EuGH. Der erklärte 1981 diese Praxis für rechtswidrig, denn die Fahrgäste seien nicht in einem Drittland gewesen (EuGH 7.7.1981 – Butterfahrten). Nach neuen Umgehungsaktionen der Reeder und weiteren Urteilen des EuGH endete das ganze 1999.

Literatur

Rnr. 42.: Von der Großen Koalition bis zum Mauerfall: *Manfred Görtemaker*, Geschichte der Bundesrepublik Deutschland, 1999, S. 437 ff. **Zum Radikalenerlass:** *Klaus Stern*, Zur Verfassungstreue der Beamten, 1974, einerseits, *3. Internationales Russell-Tribunal*, Zur Situation der Menschenrechte in der Bundesrepublik Deutschland, Bd. 1 und 2, 1978, andererseits.

Rnr. 43.: Hasso Hofmann, Die Entwicklung des Grundgesetzes, in: Josef Isensee/ Paul Kirchhof, Handbuch des deutschen Staatsrechts, 2. Aufl. 1995, S 259 ff. Zum Verfassungswandel: *Eberhard Schmidt-Aßmann*, Der Rechtstaat, in Isensee/ Kirchhof a.a.O. S. 1029 ff.
Rnr. 44.: Manfred Görtemaker (Rnr. 42) S. 453 ff.
Rnr. 45.: Kaus Ritgen, BVerfGE 36,1 – Grundlagenvertrag, in: Jörg Menzel/Ralf Müller-Terpitz (Hg.), Verfassungsrechtsprechung, 3. Aufl. 2011, S. 245 ff.
Rnr. 46.: Klaus Ritgen BVerfGE 84,214 – Parteienfinanzierung, in Jörg Menzel / Ralf Müller-Terpitz (Rnr. 45) S. 508. Bericht des Untersuchungsausschusses zur Flick-Affäre, Bundestags-Drucksache 10/5790; Bericht des Untersuchungsausschusses zur CDU-Spendenaffäre, Bundestags-Drucksache 14/9300, beide Berichte im Internet. Das Urteil des Verwaltungsgerichts Berlin: NJW 2001,1367, dazu *Johannes Masing*, Auslegung oder Auslegungsverweigerung? NJW 2001,2353 ff. Eine zusammenfassende Darstellung des neuen Systems der Parteienfinanzierung: *Hans H. Klein*, Parteienfinanzierung, in: *Maunz/Dürig*, Grundgesetz. Kommentar, Rnr. 405 ff., Lieferung 43, 2004 (mit Darstellung der Geschichte in Rnr. 436 ff.).
Rnr. 47.: Andreas Peilert, BVerfGE 65,1 – Volkszählung, in: Jörg Menzel/Ralf Müller-Terpitz (Hg.), Verfassungsrechtsprechung, 3. Aufl. 2017, S. 371 f., dort auch die Kritik am BVerfG wg. Grundrecht und weitere Literatur.
Rnr. 48.: Es gibt noch keine Geschichte des Verwaltungsrechts. Deshalb vorerst nur: *Uwe Wesel*, Geschichte des Rechts, 4. Aufl. 2014, Rnr. 331, S. 558 ff. Zur Sonderrechtstheorie und dem anderen *Hartmut Maurer*, Allgemeines Verwaltungsrecht, 12. Aufl. 1999, Rnr. 14 ff.
Rnr. 49.: Klaus Georg Wey, Umweltpolitik in Deutschland. Kurze Geschichte des Umweltschutzes in Deutschland seit 1900, 1982. Michael Kloepfer, Zur Geschichte des deutschen Umweltrechts, 1994, das Zitat S. 96. *Renate Mayntz/Eberhard Bohne* (Hg.) Vollzugsprobleme der Umweltpolitik, 1978. Das Zitat *Otto Mayers* bei *Wilhelm Henke*, Allgemeine Fragen des öffentlichen Verwaltungsrechts, in: JZ 1984, S. 441, das Zitat stimmt nur sinngemäß, in der Veröffentlichung Otto Meyers in der dort genannten Schrift von 1888 kommt es in der von Henke zitierten Prägnanz nicht vor.
Rnr. 50.: Otto Mayer, Deutsches Verwaltungsrecht, 1. Bd., 3. Aufl. 1924, S. 101 f. Marc Spitzkatz, BVerfGE 33,1 – Strafgefangene, in: Jörg Menzel/Ralf Müller-Terpitz (Hg.), Verfassungsrechtsprechung, 3. Aufl. 2017, S. 206 ff.
Rnr. 51.: Michael Stolleis, Geschichte des Sozialrechts in Deutschland, 2003, S. 249 ff.; *Manfred G. Schmidt*, Sozialpolitik in Deutschland. Historische Entwicklung und internationaler Vergleich, 3. Aufl. 2005, S. 88 ff., das Zitat von *Claus Offe* S. 102 Anm. 435. Im Übrigen sehr detailliert: *Bundesministerium für Arbeit und Soziales* in *Bundesarchiv* (Hg.), Geschichte der Sozialpolitik in Deutschland seit 1945, Bd. 5: 1966–1974, hg. v. H.G. Hockerts, 2006; Bd. 6: 1974–1982, hg. v. M.H. Geyer, 2008; Bd. 7: 1982–1989, hg. v. M.G. Schmidt, 2005; *Gunhild Gutschmidt*, Die Mütterfalle, Zeitschrift Emma, Jan./Feb. 1997.
Rnr. 52.: **Abgabenordnung**: *Andreas Musil*, Einführung (= Entstehungsgeschichte von RAO 1919 und AO 1968), in: Hübschmann/Hepp/Spitaler (Hg.), Kommentar zur Abgabenordnung, Finanzgerichtsordnung, Loseblatt, Stand 2015. **Einkommensteuer**: *Uwe Clausen*, Die Einkommensteuer in der Bundesrepublik, Rechtsentwicklung Dokument Anm. 180–321, in: Herrmann/Heuer/ Raupach (Hg.), Einkommensteuer- und Körperschaftsteuergesetz, Kommentar, Loseblatt, Stand 2017; EStG 1974; *Horst Behrens*, Schwerpunkte des Einkommensteuergesetzes, NJW 1974,2073 ff. **Verfassungsmäßigkeit**: *Klaus Vogel*, Zum

Fortfall der Kinderfreibeträge bei der Einkommensteuer, NJW 1974,2105 ff. **Körperschaftsteuer**: *Marc Desens*, Rechtsentwicklung der Körperschaftsteuer in der Bundesrepublik Deutschland, Dokument Anm. 12–17, in: Herrmann/Heuer/Raupach a.a.O. KStG 1976; *Ludwig Schmidt*, Die Körperschaftsteuerreform, NJW 1976,2233 ff. **Umsatzsteuer**: Zur Geschichte *Stadie*, Einführung zum Umsatzsteuergesetz Anm. 38–49 in: Rau/Dürrwächter (Hg.), Umsatzsteuergesetz, Kommentar, 172. Lieferung Mai 2017 und BVerfGE 21,12: NJW67,147 am Anfang.
Rnr. 53.: **Produzentenhaftung**: Dieter Medicus/Stephan Lorenz, Schuldrecht II. Besonderer Teil, 17. Aufl. 2017, § 86. **AGB-Gesetz**: *Karl Larenz*, Allgemeiner Teil des deutschen bürgerlichen Rechts, 7. Aufl. 1989, S. 550ff. **Verbraucherkreditgesetz**: *Medicus/Lorenz* a.a.O. Rnr. 220ff. **Leasing, Factoring, Franchising**: Medicus/Lorenz a.a.O. Rnr. 1087 ff.
Rnr. 54.: *Uwe Diederichsen*, Anmerkung zu BGHZ 51,91 in NJW 1969,269 ff., das Zitat am Anfang.
Rnr. 55.: Das Urteil auch in der NJW 1977,279 ff. Dazu ausführlich *Medicus/Petersen*, Bürgerliches Recht, 25. Aufl. 2015, Rnr. 650 b und weitere Entscheidungen des BGH zum weiterfressenden Mangel in Rnr. 650 c (Honda) und 650 i (Kondensator) sowie BGH 86,256 (Gaspedal).
Rnr. 56.: **Eherechtsreformgesetz 1977**: *Andreas Roth*, Vierzig Jahre Eherechtsreformgesetz in Deutschland, FamRZ 2017,1017 ff. Eheliche Lebensgemeinschaft: *Herbert Grziwotz*, Nichteheliche Lebensgemeinschaft, 5. Aufl. 2014.
Rnr. 57.: *Oliver Karow*, Die Sittenwidrigkeit von Verfügungen von Todes wegen in historischer Sicht. Die Entwicklung der Gesetzgebung und der höchstrichterlichen Rechtsprechung seit der Entstehung des BGB bis in die Gegenwart, 1997
Rnr. 58.: **Arbeitsrecht**: Die drei Entscheidungen des BAG: 1971, Aussperrungen nur suspendierend NJW 1971,1668; 1980, Beschränkung der Aussperrung NJW 1980,1651; 1984, kurze Warnstreiks NJW 1985,85. BetriebsverfassungsG 1972 und MitBestG 1976: *Reinhard Richardi*, Arbeitsrecht als Teil freiheitlicher Ordnung, 2002, S. 155 ff., 176 ff. BVerfG zum MitBestG: BVerfGE 50,290, dazu *Klaus Ritgen* in Jörg Menzel/Ralf Müller-Terpitz (Hg.), Verfassungsrechtsprechung, 3. Aufl. 2017, S: 327 ff. Neufassung des § 116 AFG: *Michael Kittner*, Arbeitskampf. Geschichte – Recht – Gegenwart, 2005, S. 445 ff. (Weimarer Republik), S. 703 ff. (Bundesrepublik). BVerfG zu § 116 AFG n.F. NJW 96, 185. **Soziales Mietrecht**: eigene Recherche.
Rnr. 59.: *Klaus Ritgen*, BVerfGE 50,290 – Mitbestimmung, in: Jörg Menzel/Ralf Müller-Terpitz (Hg.), Verfassungsrechtsprechung, 3. Aufl. 2017, S. 327 ff.
Rnr. 60.: **UWG**: Loschelder/Erdmann, Handbuch des Wettbewerbsrechts, 4. Aufl. 2001, 1. Teil § 1 Rnr. 10 -14. **GWB**: Volker Emmerich, Kartellrecht, 10. Aufl. 2006, 1. Teil § 2 Rnr. 9, 23, 24.
Rnr. 61.: Thomas Vormbaum , Einführung in die moderne Strafrechtsgeschichte, 3. Aufl. 2016, S. 233 ff.; *Hinrich Rüping/Günter Jerouschek*, Grundriss der Strafrechtsgeschichte, 6. Aufl., 2011, S. 112 ff. § 57a: LG Verden NJW 76,980, BVerfGE 45,187, dazu *Carl-Friedrich Stuckenberg* in Jörg Menzel/Ralf Müller-Terpitz (Hg.), Verfassungsrechtsprechung, 3. Aufl. 2017, S. 200 ff. **§ 57a als Verlängerung der Strafhaft**: *Wolfgang Bock/Christoph Mährlein*, Die lebenslange Freiheitsstrafe in verfassungsrechtlicher Sicht, Zeitschr. für Rechtspolitik 1997, S. 376 ff. (381). **Strafprozess**: *Rüping/Jerouschek*, a.a.O., S. 114 ff., das Zitat S. 115.
Rnr. 62.: **Geschichte**: *Robert Jütte* (Hg.), Geschichte der Abtreibung von der Antike bis zur Gegenwart, 1993; *Wolfgang P. Müller*, Die Abtreibung. Anfänge der Kriminalisierung 1140–1650, 200 (mit der Antike); *Günter Jerouschek*, Lebensschutz und Lebensbeginn. Die Geschichte der Abtreibung, 2. Aufl. 2002;

Christina Koch, Schwangerschaftsabbruch … Reformdiskussion und Gesetzgebung von 1870 bis 1945, 2004. **BVerfG**: *Hans-Georg Dederer* in: Menzel/Müller-Terpitz (Rnr. 61) S. 264 ff. BVerfGE 39,1 = NJW 1975,573
Rnr. 63.: Zum Problem Typenkorrektur und Rechtsfolgenlösung Wessels/Hettinger/Engländer, Strafrecht Besonderer Teil 1, 41. Aufl. 2017, S. 38 f., Rnr. 100 ff.
Rnr. 64.: **Allgemein**: *Adalbert Rückerl*, NS-Verbrechen vor Gericht, 2. Aufl. 1984; *Kerstin Freudiger*, Die juristische Aufarbeitung von NS-Verbrechen, 2002. **Verfahren gegen NS-Richter** nach 1945: *Bernhard Diestelkamp*, Die Justiz nach 1945 und ihr Umgang mit der eigenen Vergangenheit, Rechtshistorisches Journal 5, 1986, S. 158 ff. **Rehse-Urteil**: BGH NJW 69,1339, dazu *Wolfgang Steinlechner* NJW 68,1790; zum **Volksgerichtshof** sehr ausführlich: *Walter Wagner*, Der Volksgerichtshof im nationalsozialistischen Deutschland, 1974, dort auch zur Person Roland Freisler, die Struktur als Verurteilungsmaschine und die Zahl der Todesurteile. **Eduard Dreher** und die Panne: *Manfred Görtemaker/Christoph Safferling*, Die Akte Rosenburg, 2016, S. 330 ff., 399, dort S. 334. Der **Fall Leimberger**, Zitat *Dieter Simon*, siehe im Internet unter www.mops-block.de, Rekonvaleszenz 1, 10.7.2012, am Ende. Entscheidung **BGH 1969**: BGHSt 22,375. **Verhältnis §§ 211 und 212**: *Wessels/Hettinger/Engländer*, Strafrecht Besonderer Teil, 41. Aufl. 2017, Rnr. 84 S. 32 f.
Rnr. 65.: **Reinhard Strecker**: *Stephan Alexander Glienke*, Die Ausstellung ungesühnte Nazijustiz (1959–1962), 2008; *Gottfried Oy/Christoph Schneider*, Die Schärfe der Konkretion. Reinhard Strecker, 1968 und der Nationalsozialismus in der bundesdeutschen Historiographie, 2013. *Ralf Dahrendorf*, Die Juristen des Monopols, in: Der Monat, Nr. 166, 1962, S. 260 ff. **Justizreformen**: *Xaver Berra (= Theo Rasehorn)*, Im Paragraphenturm, 1966; *Rudolf Wassermann*, Richter, Gesellschaft, Reform. Zu einer zeitgemäßen Justizpolitik, in: Recht und Politik, 1966, S. 10 ff.; *Klaus Beer*, Sozial-liberale Justizreform – eine Bilanz, in Kritische Justiz 1983, 375 ff. Zur Justizkampagne des SDS ein typisches Beispiel: *Rainer Langhans/Fritz Teufel*, Klau mich, 1968. **Fritz Teufel** und die Wahrheitsfindung: *Marco Carini/Fritz Teufel* – Wenn's der Wahrheitsfindung dient, 2003. **Loccumer Modell** und Einphasenausbildung: Loccumer Arbeitskreis (Hg.), Neue Juristenausbildung. Materialien des Loccumer Arbeitskreises zur Reform der Juristenausbildung, 1970; *Wolfgang Voegeli*, Einphasige Juristenausbildung, 1979; *Rudolf Wassermann*, Der Gesetzesentwurf zur Wiedervereinheitlichung der Juristenausbildung, in: Juristische Schulung 1984, S. 316 ff. **Hochschulreform**: *U.W.*, Zur gegenwärtigen Situation der Hoschulreform, in Neue Rundschau 1972, S. 87 ff. Das Zitat: *Helmut Schelsky*, Einsamkeit und Freiheit. Die Idee und Gestalt der deutschen Universität, 1963, 2. Aufl. 1973. **Kritik der Rechtswissenschaft**: *Rudolf Wiethölter*, Rechtswissenschaft, 1968 (unter Studenten damals Bestseller). Im Übrigen z. Rechtswissenschaft: *U.W.*, Geschichte des Rechts, 4. Aufl. 2014, S. 546 f. **Rechtsanwaltschaft**: *Felix Busse*, Geschichte der deutschen Anwaltschaft 1945–2009, 2009.
Rnr. 66.: **Primäres Europarecht**: *Gabriele Clemens*, Geschichte der europäischen Integration, 2008, 180 ff.; *Jürgen Mittag*, Kleine Geschichte der Europäischen Union, 2008, 142 ff.; **Sekundäres Europarecht**: *Thomas Oppermann*, Europarecht, 1. Aufl. 1991, Rnr. 429 ff.; **Wettbewerbsrecht**: *Wernhard Möschel*, Deutsches und europäisches Recht der Wettbewerbsbeschränkungen, Juristische Arbeitsblätter 1986, S. 7 ff. **Steuerrecht**: *Kai Bahlmann*, Zum Einfluss des Europäischen Rechts auf das nationale Steuerrecht, Europarecht Jg. 1985, S. 43 ff.

4. Teil

VON DER WIEDERVEREINIGUNG 1990 bis heute

67. Geschichte und Wirtschaft

Am Beginn der Wiedervereinigung steht ein Volksaufstand in der DDR. Sein Anfang ist schwer zu bestimmen. Er fand statt im Umfeld einer allgemeinen Unruhe des Ostblocks. Die war entstanden durch Michail Gorbatschow, seit 1985 Parteichef der Sowjetunion, der seinen sozialistischen Staat durch Glasnost (Transparenz, Öffentlichkeit) und Perestroika (Umgestaltung der Institutionen) in eine neue Zeit retten wollte. Das hatte Liberalisierungen in Polen, der Tschechoslowakei und Ungarn zur Folge. Am 24. August 1989 war in Polen der katholische Antikommunist Tadeusz Mazowiecki vom Sejm zum Premierminister gewählt worden mit dem Auftrag, Reformen durchzuführen. Am 11. September 1989 erklärte die ungarische Staatsführung, dass Flüchtlinge (aus der DDR) nicht mehr in ihr Heimatland zurückgeführt würden, nachdem sie schon am 2. Mai begonnen hatten, die Grenzanlagen zu Österreich zurückzubauen. Das war die erste Öffnung des Eisernen Vorhangs nach dem Mauerbau am 13. August 1961. Tausende Bürger der DDR strömten nun über Österreich in die Bundesrepublik. Und am 30. September erreichte Bundesaußenminister Genscher nach Druck aus der Sowjetunion auf die DDR, dass 5.000 Flüchtlinge auf dem Gelände der bundesdeutschen Botschaft in Prag mit versiegelten Zügen durch die DDR nach Westdeutschland gebracht werden konnten. Das nämlich war eine Begleiterscheinung des Volksaufstands, eine Massenflucht von Ostdeutschland über Polen, die Tschechoslowakei und Ungarn in die Bundesrepublik.

Also ungefähr August/September 1989. Am 26. August wurde in der Berliner Golgathagemeinde der Aufruf zur Gründung einer neuen ostdeutschen Sozialdemokratischen Partei, SDP, verkündet, am 10. September das Neue Forum gegründet, am 12. September „Demokratie Jetzt“ und am 14. September der „Demokratische Aufbruch“, alle entstanden im Schoß der evangelischen Kirche. Sehr wichtig wurde dieses kirchliche Brodeln in Leipzig. Am 4. September fand nach einem Friedensgebet (gegen den Unfrieden im Land) in der Nikolaikirche die erste Montagsdemonstration statt. 1.200 Protestierende forderten Reise- und Versammlungsfreiheit. Ende des Monats waren es schon 5.000 und am 2. Oktober 20.000. Am 7. Oktober demonstrierte der Staat. Eine noch größere Zahl von Militär und Partei feierte seinen 40. Geburtstag. Auf der Tribüne neben Erich Honecker steht Michail Gorbatschow. Am Abend vorher soll er der ARD in die Richtung seiner Gastgeber gesagt haben, dass das Leben den bestraft, der zu spät kommt.

Am Montag, den 9. Oktober, sind es in Leipzig schon 70.000. Dahinter in Bereitschaft ein bewaffnetes Heerlager von 5.000 Polizisten, Soldaten und Betriebskampfgruppen. Aber die Macht kapituliert, auch vor dem Hintergrund mangelnden Rückhalts durch Moskau. Die Angst ging über von den Demonstranten auf die Staatsgewalt.

Am 17. Oktober wird Erich Honecker abgesetzt und Egon Krenz sein Nachfolger.

Am 4. November ist eine halbe Million zum Protest gegen die Partei auf den Berliner Alexanderplatz.

Am 9. November fällt die Mauer. Das drängende Problem der Massenflucht über Ungarn wollte die Regierung mit einem Reisegesetz lösen. Am Abend des 9. November gab Egon Krenz im Politbüro den Entwurf schnell dem zu einer Pressekonferenz aufbrechenden Günter Schabowski. Der zog das Papier am Ende der Veranstaltung aus der Tasche, las es vor und antwortete auf die Frage, ab wann das gelte: „Das trifft nach meiner Kenntnis ... ist das sofort, unverzüglich". Die Meldung ging über das Fernsehen. In Ostberlin gaben die Grenzposten dem Andrang der Bürger nach und öffneten die Übergänge zum Westen. In der späten Sitzung des Bonner Bundestags hören es die Abgeordneten und singen stehend das Deutschlandlied. Am nächsten Abend wird es noch einmal gesungen, wieder im Stehen, auf dem Balkon am Schöneberger Rathaus mit Bürgermeister Walther Momper, Willy Brandt, Helmut Kohl und Hans-Dietrich Genscher. Aus dem Volk unten kommen Pfiffe. Schon am Mittag hatte Willy Brandt in einem Rundfunkinterview vorausgesagt, was zu sagen war: „Jetzt wächst zusammen, was zusammen gehört", auch wenn er davor mehrfach das Streben nach Wiedervereinigung als „Lebenslüge" der Zweiten Republik bezeichnete. Genosse Oskar Lafontaine in Saarbrücken blieb dieser Meinung und warnte vor „nationaler Besoffenheit".

Am 13. November wird Hans Modrow Ministerpräsident und versucht zu retten, was nicht mehr zu retten ist. Das Politbüro mit Egon Krenz ist seit Dezember aufgelöst, ebenso das Ministerium für Staatssicherheit. Täglich verlassen 2.000 Bürger die DDR und es wird deutlich, die Mehrheit im Land will die Vereinigung mit der Bundesrepublik. Aus der Parole „Wir sind das Volk" wurde „Wir sind ein Volk". Das lenkt nun die Schritte Helmut Kohls, der weiß, dass Gorbatschow sich damit abgefunden hat. Die Wahl für eine neue Volkskammer wird angeordnet für den 18. März 1990 und der Wahlkampf beginnt früh. Gegen die Meinung der Bundesbank verspricht Helmut Kohl die Einführung der

D-Mark zum Kurs 1 zu 1 und organisiert kurz vor der Wahl die „Allianz für Deutschland“ aus Ost-CDU, dem Demokratischen Aufbruch und der kleinen rechtskonservativen Deutschen Sozialen Union. Am 18. März ist das Ergebnis: 48,1 % für die Allianz, SPD und PDS sind abgeschlagen und das Bündnis der Bürgerrechtler ist marginalisiert mit 2,9 %. Lothar de Maizière, Ost-CDU, wird zu seiner Überraschung der letzte Ministerpräsident der DDR.

Die Frage der Wiedervereinigung war nun entschieden und es begannen die Verhandlungen. International waren es die 2+4-Gespräche der Siegermächte des letzten Kriegs mit der Bundesrepublik und der DDR. Sie wurden in Moskau abgeschlossen am 12. September 1990. Eine Art Ersatzfriedensvertrag. Die Vorbehaltsrechte der Siegermächte erlöschen, die Bundesrepublik wird völlig souverän, bleibt in der NATO, erkennt die polnische Westgrenze an und zahlt der Sowjetunion Milliardensummen für den in den nächsten vier Jahren durchzuführenden Abzug ihrer Truppen aus Deutschland.

Zwischen der Bundesrepublik und der DDR waren es zwei Verträge. Zum einen der „Vertrag über die Schaffung einer Währungs-, Wirtschafts- und Sozialunion“ mit der Währungsumstellung 1 zu 1 mit kleinen Einschränkungen, die zum 1. Juli 1990 wirksam wurde. Zum anderen der Einigungsvertrag. Sein A und O: die staatliche Vereinigung findet nicht nach Art. 146 GG statt, sondern nach Art. 23, also nicht eine neue Verfassung, die vom ganzen deutschen Volk beschlossen wird, sondern eine schnelle einfache Beitrittserklärung. Die erklärte die Volkskammer für die zunächst neu gebildeten fünf Länder zum 3. Oktober 1990. Das schnellere Verfahren, weil man Angst hatte, dass Gorbatschow von der alten Garde gestürzt und dann alles wieder hinfällig würde. Die Angst war nicht unberechtigt. Einen Putsch im August 1991 überstand er noch, dann erwies sich Boris Jelzin im Zerfall der Sowjetunion als der gescheitere Spieler im Machtpoker. Am 25. Dezember trat Gorbatschow als Präsident der SU zurück.

Aber trotz Einführung der westdeutschen DM blieb Ostdeutschland wirtschaftlich unterentwickelt. Die Währungsunion 1990 hatte die nicht die Folge der Währungsreform 1948, wie Helmut Kohl und viele andere meinten. Trotz eines Netto-West-Osttransfers von 1,6 Billionen seit 1990 war die Arbeitslosenquote im Osten 2010 immer noch doppelt so hoch wie im Westen und statt der blühenden Landschaften, die Helmut Kohl im Wahlkampf versprochen hatte, begann dort erst einmal eine fast vollständige Deindustrialisierung. Nur das Rechtssystem der Bundesrepublik war mit dem 3. Oktober 1990 vollständig eingeführt worden und damit auch ihr System der sozialen Sicherung. 1991 beschloss der Bundestag immerhin, die Hauptstadt in den Osten zu verlegen. Berlin wurde Nachfolger von Bonn.

Der Vertrag von Maastricht folgte 1992, auch zur Beruhigung französischer Bedenken gegen die neue deutsche Größe. Die Europäische Union wurde gegründet. Deutschland verzichtete auf seine D-Mark zugunsten des Euro, der endgültig 2002 eingeführt wurde und bald kam die – viel zu große – Osterweiterung der EU (Rnr. 84).

Die nächsten Wahlen 1994 gewannen CDU/CSU und FDP mit hauchdünner Mehrheit. Die schwarz-gelbe Koalition Helmut Kohls war ein letztes Mal für vier Jahre gerettet. Die PDS, Partei des Demokratischen Sozialismus, Nachfolgerin der DDR-SED, kam mit 13 Abgeordneten in den Bundestag. 1998 erreichte die Arbeitslosigkeit ihren bisherigen Höchststand und Gerhard Schröder gewann mit der SPD die Wahlen. Mit Joschka Fischer als Außenminister bildete er die erste rotgrüne Koalition auf Bundesebene. Kurz vor der Wahl hatte das Kabinett Kohl in gemeinsamer Sitzung mit Schröder und Fischer den Einsatz der Bundeswehr im Krieg gegen Serbien und dem Kosovo beschlossen, den ersten Einsatz deutscher Soldaten in einem militärischen Konflikt in Europa seit dem zweiten Weltkrieg, gemeinsam mit der NATO.

Im nächsten Jahr, 1999, wurde der CDU-Spendenskandal bekannt. Am Anfang war es nur eine Millionenspende des Waffenhändlers Karlheinz Schreiber, wohl eine Schmiergeldzahlung für die Lieferung von Panzern an Saudi-Arabien. Dann gab Heiner Geißler zu, in der Ära Kohl seien „schwarze Konten" geführt worden. Helmut Kohl bestätigte das und gab an, er habe 2,1 Millionen DM illegale Parteispenden angenommen, vorbei an den Büchern der CDU. Die Spender könne er nicht nennen, weil er ihnen ein entsprechendes Ehrenwort gegeben habe. Auch Wolfgang Schäuble war an solchen Spenden beteiligt, erklärte seinen Rücktritt als Parteivorsitzender. Seine Nachfolgerin wurde Angela Merkel. Das Ermittlungsverfahren gegen Kohl wurde vom Landgericht Bonn am 3. März 2001 gegen eine Geldbuße von 300.000 DM eingestellt.

Nach den Terroranschlägen der al-Quaida in New York und Washington am 9. November 2001 erklärten die USA den Krieg gegen Afghanistan, weil dessen Taliban-Regierung die Terroristen unterstützt hatte. Die NATO erklärte den Bündnisfall und auch Deutschland als ihr Mitglied beteiligte sich. Als aber US-Präsident George W. Bush 2002 den Irak angriff als „Krieg gegen den Terror", ohne jeden vernünftigen Grund, verweigerte Kanzler Gerhard Schröder die Beteiligung und erhielt in der Bundesrepublik großen Beifall.

2003 verkündete er die „Agenda 2010", so genannt, weil bis zu diesem Jahr die Arbeitsmarktprobleme gelöst werden sollten. Was tatsächlich gelang. Der Bundestag beschloss „Hartz IV", benannt nach dem Urheber des Plans Peter Hartz, Arbeitsdirektor des VW-Konzerns in Wolfsburg. Es war die erste große Kürzung von Sozialleistungen seit Bismarcks

Reform, durchgeführt seit 2004 (Rnr. 72) mit viel Kritik im Land und in seiner Partei. Sie kostete Gerhard Schröder 2005 das Amt, was der bewusst in Kauf genommen hatte. Er stellte im Bundestag die Vertrauensfrage, verlor und wurde bei den folgenden Neuwahlen zum Bundestag abgewählt.

Seine Nachfolgerin war Angela Merkel, die mit der SPD unter Franz Müntefering bis 2009 eine Große Koalition bildete. Durch Hartz IV wuchs die deutsche Leistungsbilanz und auch die Arbeitslosigkeit ging deutlich zurück, trotz der weltweiten Bankenkrise, die ihren Ursprung in den USA hatte durch unsolide Immobilienkredite mit dem Höhepunkt bei der Firma Lehman Brothers 2008. Dann folgte 2009 bis 2013 eine schwarz-gelbe Koalition, Angela Merkel blieb weiter Kanzlerin, Außenminister wurde Guido Westerwelle, FDP. Nun entstand die Eurokrise, die ihre Ursache besonders in Griechenland hatte, das trotz großer Staatsverschuldung der Eurozone 2002 beigetreten war, was es verschwiegen hatte. Die Schulden waren inzwischen noch größer geworden und konnten nicht mehr übersehen werden. Eine wichtige Rolle im Krisenmanagement spielte nun die Bundesrepublik als finanzstärkstes Land mit Bundesfinanzminister Wolfgang Schäuble. Er favorisierte einen Ausstieg der Griechen aus dem Euro, konnte sich damit aber nicht durchsetzen. Die drei Institutionen Europäische Kommission, Europäische Zentralbank und Internationaler Währungsfond verhandelten mit der griechischen Regierung von der Linkspartei Syriza über Sparprogramme und Kredite und 2018/19 war es wohl gelungen, die griechische Wirtschaft halbwegs zu stabilisieren. Ähnliches geschah unter weniger dramatischen Umständen mit Spanien und Irland, Portugal und Italien, wobei die Probleme in Italien schon wieder wachsen.

Bei den Wahlen 2013 erreicht die FDP nicht die 5 %-Hürde. So kam es wieder zu einer Großen Koalition mit Kanzlerin Angela Merkel (CDU) und Außenminister Frank Walter Steinmeier (SPD). Wirtschaftlich ging es weiter bergauf. Aber nun kam nach Banken- und Eurokrise 2015 eine Flüchtlingskrise, die für die Europäische Union und Bundesrepublik politisch gefährlich wurde. Ohnehin hatte man in Europa nach ständig steigenden Zahlen wegen des Bürgerkriegs in Syrien für dieses Jahr insgesamt mit 800.000 gerechnet. Aber es wurden mehr, in Deutschland allein wohl eine Million. Ursache war ein Trick des ungarischen Ministerpräsidenten Viktor Orban, der am Abend des 4. September 2015 Kanzlerin Merkel veranlasste, ihm die Zusage zu geben, für sechs- bis siebentausend Flüchtlinge die deutsche Grenze zu öffnen, um zu verhindern, dass an der ungarisch-österreichischen Grenze Gewalttaten stattfinden würden. Eine schnelle Entscheidung – eine gute humanitäre Geste. Dasselbe hatte er mit Österreichs Kanzler Werner Faymann vereinbart. Dann schickte er aber noch alle anderen hinterher, die sich in seinem Land aufhielten. Die Schleusen waren geöffnet. Das sprach sich über Mobilfunk schnell überall herum, wo Fluchtbewegungen stattfanden oder Bereitschaft dazu vorhanden war. So kam es zu der riesigen Zahl allein in der Bundesrepublik. Zwar beruhigte sich in den nächsten beiden Jahren die Situation wieder, weil nach Schließung der mazedonischen Grenze die Balkanroute gesperrt war, und durch ein Abkommen der Europäischen Union mit der Türkei die Zahl der nach Griechenland Ankommenden stark reduziert worden ist. Nur die Zahl der aus Afrika über das Mittelmeer nach Italien kommenden Flüchtlinge blieb hoch ebenso wie die der Toten auf diesem Weg. Dadurch wurde die politische Solidarität der Europäischen Union erschüttert und durch den Schock der großen Zahl Ende 2015 die politische Situation in Deutschland verändert. Der 4. September wurde zu einem Wendepunkt der Geschichte der Europäischen Union und der Bundesrepublik.

In der Bundesrepublik brachte der Flüchtlingsschock vom September 2015 viel Wasser auf die Mühlen der schon seit langem mahlenden Fremdenfeindlichkeit. 2014 wurde in Dresden eine Organisation gegründet, die sich Pegida nennt, der Abkürzung von Patriotische Europäer gegen die Islamisierung des Abendlandes. Seitdem gibt es dort Montagsdemonstrationen im Bereich um die Semperoper an der Elbe, der Montag in Anlehnung an die Proteste gegen das sozialistische Regime der DDR in Leipzig. Die Organisatoren locken mit rechtspopulistischen Parolen und scheuen auch nicht Verstöße gegen das Strafgesetzbuch. Mit dem hat besonders der Gründer des Vereins schon vorher jahrelang unpolitisch Bekanntschaft gemacht. Das Mildeste, was da zu hören ist: „Lügenpresse" über die deutschen Medien und „Volksverräter" über die Politiker der Bundesrepublik. Ein wenig weniger rüpelhaft ist die ebenso populistische „Alternative für Deutschland", 2013 gegründet, ebenfalls nationalistisch und islamfeindlich, die gern bereit ist, sich von den inzwischen deutschlandweit verbreiteten Pegida-Anhängern in Parlamente wählen zu lassen. Das wichtigste, den Bundestag, haben sie im Herbst 2017 erreicht als drittstärkste Fraktion hinter CDU/CSU und SPD, die beide große Verluste hinnehmen musste. Dadurch war die deutsche Parteienlandschaft so sehr zerstückelt, dass die Regierungsbildung schwierig wurde. Verhandlungen zu einer Jamaika-Koalition (CDU/CSU, Grüne, FDP) scheiterten. Bundespräsident Frank Walter Steinmeier schaltete sich ein. Nach der Bundestagswahl am 24. September 2017 konnte erst am 14. März 2018 Angela Merkel wieder zur Kanzlerin gewählt werden, erneut getragen von einer großen Koalition mit ungewisser Stabilität. Vizekanzler und Finanzminister wurde Olaf Scholz, SPD. Das ganze verbunden mit Angriffen auf Unterkünfte von Flüchtlingen (2014: 199, 2015: 1031, 2016: 921) auf der einen Seite und auf der anderen mit Straftaten einiger jugendlicher männlicher Flüchtlinge, auch gegenüber Frauen, ergänzt durch Terrorakte im Namen des Islamischen Staats, kurz vor Weihnachten 2017 in Berlin. Als Folge der Flüchtlingskrise ergab sich eine etwas ungemütliche Atmosphäre, verbunden mit einer weiter erfolgreichen Wirtschaft, der geringsten Arbeitslosigkeit seit der Wiedervereinigung und schließlich, dank Steinmeier, einer neuen Großen Koalition, die im März 2018 ihre Arbeit aufgenommen hat. Im Oktober 2018 erklärte Frau Merkel ihren Rücktritt vom Amt der Parteivorsitzenden und dass sie bis zum Ende der Legislaturperiode 2021 Kanzlerin bleiben wolle und dann aus der Politik ausscheiden werde. Im Dezember 2018 wurde Annegret Kramp-Karrenbauer, „AKK", als ihre Nachfolgerin im Parteivorsitz gewählt, mit einer gewissen Aussicht, ihre Nachfolgerin auch im Bundeskanzleramt zu werden.

Die wichtigste Veränderung im Verfassungsrecht der Bundesrepublik war die Wiedervereinigung. Nun galt das Grundgesetz auch im Osten Deutschlands mit fünf neuen Bundesländern und der Hauptstadt. Aus der Bonner war die Berliner Republik geworden. 68. Verfassungsrecht

Der verfassungsrechtliche Weg ist schon beschrieben, nämlich über Art. 23 a.F. und nicht nach dem dafür primär vorgeschriebenen Art. 146 GG. Beide Vorschriften erhielten einen neuen Inhalt, Art. 23 einen europarechtlichen (Rnr. 83) und Art. 146 eine Neufassung für den Fall, dass das Grundgesetz doch nochmal durch eine neue Verfassung abgelöst werden sollte. An sich war es ja mal als Provisorium gedacht. Außerdem wurde ein neuer Artikel Art. 143 notwendig, weil das Recht der Bundesrepublik nicht sofort zu 100 % in den neuen Bundesländern gelten sollte, sondern nur zu 99,9 %. Wichtigster Fall der 0,1 % weitergeltenden DDR-Rechts war der Schwangerschaftsabbruch, der dort sehr liberal geregelt war. Diesen Verlust wollte man den Frauen der DDR nicht sofort zumuten. Stattdessen, so der Einigungsvertrag, sollte es dort noch bis zu einer Neuregelung für ganz Deutschland bis Ende 1992 weiter gelten. Diese Rücksicht Helmut Kohls auf die hinzukommenden Frauen hatte auch mit der nächsten Wahl zu tun, die im Dezember 1990 stattfand. Sie wurde für ihn und seine Koalition ein großer Erfolg: 45,7 % für die Union und 7,8 % für die FDP.

Als Ausgleich dafür, dass die Ostdeutschen an der Abfassung der ihnen übergestülpten Verfassung nicht beteiligt gewesen sind, war in Art. 5 des Einigungsvertrags eine Reform des Grundgesetzes vereinbart. Sie ist weitgehend gescheitert. Die Koalition Helmut Kohls wollte sie nicht mehr. Es wurde zwar eine Verfassungsreformkommission eingesetzt. Aber ihre Vorschläge von 1994 waren mager. Dazu gehörten zwei Staatsziele, die letztlich unverbindlich sind, nämlich die Förderung der

Gleichstellung der Frauen in Art. 3 Abs. 2 Satz 2 GG und der Umweltschutz als Staatsziel und nicht als Grundrecht in Art. 20 a. Dazu noch eine leichte Einschränkung der Zentralisierungstendenzen des Bundes bei der Gesetzgebung. Eine wirksame Reform kam erst durch die 2004 gebildete Große Koalition von Union und SPD. Dazu gleich.

Die 1968 mit den Notstandsgesetzen begonnene Einschränkung von Grundrechten wurde nun verstärkt fortgesetzt. Die Unverletzlichkeit der Wohnung schrumpfte 1998 mit dem großen Lauschangriff in Art. 13 Abs. 3 bis 7 GG. Bei Verfolgung schwerer Straftaten darf die Polizei mit Genehmigung eines Gerichts heimlich in Wohnungen einbrechen und Wanzen anbringen, allerdings eingeschränkt durch BVerfGE 109,279. Im selben Jahr wurde als Folge des Schengener Abkommens (Rnr. 81) die Schleierfahndung durch den Bundesgrenzschutz eingeführt. Ohne Anlass oder Verdacht darf jetzt jeder im Inland kontrolliert werden, auf Straßen, Bahnhöfen, Flughäfen, nicht nur durch Ausweiskontrolle, auch mitgeführte Sachen können durchsucht werden, damals nach § 23 Grenzschutzgesetz, heute nach den Polizeigesetzen der Länder.

Diese Tendenz auf dem Weg zum Überwachungs- und Sicherheitsstaat verstärkte sich nach den Terroranschlägen in New York und Washington am 11. September 2001. 2002 wurde ein umfangreiches Antiterrorismusgesetz erlassen. Geheimdienste können seitdem von Banken, Fluggesellschaften und Telekommunikationsunternehmen über jedermann fast alles erfahren, auch den jeweiligen Standort von Mobiltelefonen. Das Grundrecht auf Datenschutz weicht dem Interesse der Sicherheit. Deren Schutz mit höchstem Einsatz sollte 2005 das Luftsicherheitsgesetz garantieren, dessen § 14 Abs. 3 den Abschuss von Passagierflugzeugen durch die Bundeswehr erlaubte, wenn „sicher" wäre, dass sie für Terrorangriffe genutzt werden. Das erklärte das Bundesverfassungsgericht 2006 für verfassungswidrig (BVerfGE 115,118). 2007 wurden mit dem Gesetz zur Telekommunikationsüberwachung öffentliche Unternehmen der Telekommunikation für sechs Monate zur allgemeinen Vorratsdatenspeicherung verpflichtet. Sie sollte durch Nachrichtendienste zur Bekämpfung von Terrorismus und Kriminalität genutzt werden. Auch hier musste wieder das Bundesverfassungsgericht einschreiten. Es entschied 2010, das Gesetz verletze den Grundsatz der Verhältnismäßigkeit und sei verfassungswidrig (BVerfGE 125,260). Aber eine endgültige Lösung des Problems war das nicht, zumal das Gesetz auf Grund einer EU-Richtlinie erlassen worden war.

Die ständig zunehmende Zentralisierung der Gesetzgebung war sozusagen hinter dem Rücken des Grundgesetzes ohne Änderung seines Wortlauts geschehen. In Artt. 30, 70 und 83 ist angeordnet, dass das Schwergewicht staatlicher Tätigkeit bei den Ländern liegen soll, nicht bei den Zentralinstanzen in Bonn oder Berlin. Im Lauf der Zeit hat sich das Verhältnis umgekehrt. Die Bundesrepublik ist zwar nicht ein zentralistischer Einheitsstaat geworden wie die DDR. Aber unter dem Motto „Einheitlichkeit der Lebensverhältnisse" hat die Zentrale immer mehr Kompetenzen an sich gezogen, besonders bei der Gesetzgebung. Es gibt nur sehr wenig Landesgesetze, die für das Leben der Bürger entscheidende Bedeutung haben. Alles Wichtige wird vom Bundestag beschlossen. Da half es auch nicht, dass dies zum Teil durch Erweiterung der Zustimmungsbefugnisse des Bundesrats ausgeglichen wurde, auch durch die Rechtsprechung des Bundesverfassungsgerichts. Denn der Bundesrat ist zwar die Vertretung der Länder, aber doch auch nur eine Zentralinstanz. Gesetze, die für ihre Wirksamkeit die Zustimmung des Bundesrats brauchen, nennt man Zustimmungsgesetze. Gegensatz sind Einspruchsgesetze, bei denen der Bundestag den Einspruch mit Mehrheit zurückweisen kann.

Seit langem war dies diskutiert worden, ob man das Verhältnis von Bund und Ländern bei der Gesetzgebung nicht ändern sollte. Aber dafür war eine verfassungsändernde Mehrheit nötig. Erst seit der Großen Koalition von CDU/CSU und SPD, die 2004 mit Angela Merkel begann, wurde das wieder möglich. 2006 führten die Verhandlungen über eine Föderalismusreform zu einem Ergebnis. Sie ist mit einer Änderung der Artt. 70ff. GG beschlossen worden. Seitdem haben die Länder weitgehend allein Gesetzgebungskompetenz im Bereich der Bildung, also von Schulen und Universitäten, weitgehend für die Regelung von Angelegenheiten der Landesbeamten, auch ihrer Besoldung, und vollständig für den Strafvollzug. Der Anteil der Zustimmungsgesetze lag 2006 noch bei 53 %. Bis 2009 war er auf 31 % gesunken. Ein Anteil der ein gewisser Gradmesser für das Verhältnis von Bundes- und Landesgesetzen ist.

69. BVerfG NJW 94,2943 – Soldaten sind Mörder und BVerfGE 93,1 – Kruzifix. Die zweite große Krise des BVerfG

Die zweite Krise des Bundesverfassungsgerichts nach der von 1952 (Rnr. 20) begann 1994 mit „Soldaten sind Mörder" und erreichte ihren Höhepunkt 1995 mit dem Kruzifix-Beschluss. Es war noch die Zeit der konservativ-liberalen Koalition Helmut Kohls, der erst 1998 von Gerhard Schröder abgelöst wurde. Diese Krise war ganz anders als die von 1952. Damals waren es Vorentscheidungen in der Frage der Wiederbewaffnung, die sich gegen Adenauer und seinen Justizminister Dehler richteten. In dieser zweiten Krise sind die Reaktionen der Regierungskoalition viel heftiger gewesen als damals, aber nicht weil die Entscheidungen gegen die Regierung ergingen, sondern nur solche waren, die nicht in ihr politisches Weltbild passten.

Die Krise begann mit **„Soldaten sind Mörder"**. Eine Kammer des ersten Senats hatte die Bestrafung eines Kriegsdienstverweigerers für verfassungswidrig erklärt, der wegen Beleidigung verurteilt worden war, weil er an seinem Auto einen Aufkleber mit diesen drei Worten angebracht hatte, ein Zitat von Kurt Tucholsky. Diese Kammern, eine Gruppe von drei der insgesamt acht Richter eines Senats, hießen früher Dreierausschuss und hatten nur die Aufgabe, diejenigen Verfassungsbeschwerden abzulehnen, die von vornherein aussichtslos waren. Deshalb auch trio infernale genannt, die teuflischen Drei. Denn sie ließen über 90 Prozent sofort scheitern. Seit 1985 heißen sie Kammer, weil sie die zusätzliche Befugnis bekommen haben, über eine Verfassungsbeschwerde auch positiv zu entscheiden, ihr „stattgeben" zu können, wenn erstens alle drei Richter einig sind und die Verfassungsbeschwerde zweitens – wie es im Gesetz heißt „offensichtlich begründet ist, weil das Bundesverfassungsgericht die hierfür maßgebliche verfassungsrechtliche Frage bereits entschieden hat" (§ 93 b Abs. 2 des Bundesverfassungsgerichtsgesetzes). So sahen es die Richter hier. Aber nicht, was kommen würde.

Der Beschluss wurde drei Wochen vor der Bundestagswahl 1994 veröffentlicht. Und nun profilierten sich die Männer der Politik. Schon am nächsten Tag. Der verteidigungspolitische Sprecher der CDU: „Eine Schande für die deutsche Justiz." Der stellvertretende Vorsitzende der CSU: „Das skandalöseste Fehlurteil des Bundesverfassungsgerichts seit Bestehen der Bundesrepublik ... Das Bundesverfassungsgericht sollte sich schämen." Verteidigungsminister Rühe: „Politischer Skandal ... Ich kann nur davor warnen, dass jetzt einige vielleicht glauben, sie hätten einen Freibrief, unsere Soldaten zu beleidigen ... Wir werden unsere Soldaten zu schützen wissen." Außenminister Kinkel: „ Ein solcher Richterspruch ruiniert das Ansehen unserer Soldaten nach innen und nach außen." Ex-Außenminister Genscher: „Skandal-Urteil, das den Soldaten und ihren Familien den Schutz der Menschenwürde entzieht und sie moralisch für vogelfrei erklärt." Bundeskanzler Kohl: Millionen Deutsche sind „aufs Schwerste betroffen", auch er selbst als Vater zweier Söhne, die in der Bundeswehr ihren Dienst getan haben, seine Frau und Millionen anderer Eltern.

Dieses politische Trommelfeuer auf das Bundesverfassungsgericht ging selbst der Frankfurter Allgemeinen Zeitung zu weit. Unter der Überschrift „Allzu schrill" schrieb sie:

> „Die Aufregung von Koalitionspolitikern wegen des „Soldatenurteils" des Bundesverfassungsgerichts ist ungewöhnlich ... Der Beschluss der Kammer darf ebenso kritisiert werden wie Entscheidungen des Verfassungsgerichts insgesamt: das ist die Last, welche die letzte gerichtliche Instanz zu tragen hat. Aber der Respekt vor dem Gericht gibt bestimmte Formen auf. Scharfe Ablehnung und harte Kritik, die hier geboten sind, schon wegen der zu schützen-

> den Menschenwürde von Soldaten, sind in entschiedene, aber nicht schrille Worte zu kleiden."

Wichtigstes juristisches Problem der Strafbarkeit jener drei Worte war die Frage der so genannten Kollektivbeleidigung. Nicht nur Einzelpersonen seinen „beleidigungsfähig", auch Personengruppen, aber nur dann, wenn sie „abgrenzbar" sind. Abgrenzbar sind zum Beispiel „die deutschen Katholiken", aber nicht „die Katholiken". Als Kurt Tucholsky 1931 jenen Satz schrieb, ist der verantwortliche Chefredakteur Carl von Ossietzky freigesprochen worden. Das Berliner Kammergericht sah diese Worte auf Soldaten aller Zeiten und Völker gerichtet, nicht nur auf die deutschen. Also war die Personengruppe nicht abgrenzbar. So sahen es auch die Richter der dritten Kammer des ersten Senats. Der Aufkleber war zur Zeit des Golfkriegs gegen den Irak wegen des Überfalls auf Kuwait am Auto befestigt. Die Kammer begründete ihre Entscheidung damit, dass die Strafrichter bei der Anwendung des Beleidigungsparagraphen den Artikel 5 des Grundgesetzes nicht genügend beachtet haben, der die Meinungsfreiheit garantiert. Jener Abwägung, die schon zum Lüth-Urteil beschrieben worden ist. Erst aus dem Gesamtzusammenhang würde sich ergeben, ob der Aufkleber nur ganz allgemein – nicht abgrenzbar – eine Missbilligung des Tötens im Krieg bedeute oder als Ausdruck der Missachtung allein gegen die deutsche Bundeswehr gerichtet war. Zwar können in einzelnen Fällen besondere Umstände ergeben, dass eine Äußerung trotz ihrer allgemeinen Formulierung sich auf einen bestimmten – abgrenzbaren – Personenkreis bezieht. Solche Umstände hätten die Strafrichter in ihrer Urteilsbegründung aber nicht vorgetragen und deshalb das Grundrecht der Meinungsfreiheit desjenigen verletzt, der mit dem Aufkleber die aufregenden drei Worte gesagt hat. So viel zum juristischen Hintergrund des politischen Trommelfeuers im ersten Akt der Krise.

Ihren Höhepunkt erreichte sie mit dem **Kruzifix-Beschluss** des 1. Senats vom 16. Mai 1995. Das Drama hatte seinen Ursprung im Klassenzimmer der Volksschule eines kleinen Ortes in der bayerischen Oberpfalz. Bayern hat mit zwei Dritteln seiner Einwohner einen hohen Anteil von Katholiken. Nach § 13 der Ordnung für seine Volksschulen musste in jedem Klassenzimmer ein Kreuz angebracht werden. Ist dagegen etwas einzuwenden? Nun ja. Wenn das Kreuz nicht nur ein Kreuz ist, sondern ein Kruzifix mit der Gestalt des gekreuzigten Jesus Christus, 80 cm hoch, die Figur 60 cm und angebracht neben der Tafel? Und wenn dann ein Mädchen von sechs Jahren zur Einschulung in dieses Klassenzimmer kommt, erzogen von ihren Eltern im Sinn der Anthroposophie, einer Mischung von etwas undefiniertem Christentum mit ostasiatischer und antiker Philosophie? Und wenn die Eltern dann noch ein wenig sensibel sind? Dann wird man vielleicht verstehen, warum Sie nicht wollten, dass ihre Tochter immer einen ziemlich großen und fast unbekleideten toten Mann neben der Tafel ansehen musste. Ihr jahrelanger Kampf endete mit dem Erfolg einer Verfassungsbeschwerde. § 13 der bayerischen Volksschulordnung wurde als verfassungswidrig erklärt, als Verstoß gegen Art. 4 Abs. 1 GG, der nicht nur die positive Glaubensfreiheit schützt, sondern auch die negative, dass nämlich jeder auch das Recht hat, an etwas nicht zu glauben. Das Kreuz im Klassenzimmer ist ein Verstoß gegen Art. 14 Abs. 1, weil Schüler wegen der Schulpflicht sich dem auffordernden Charakter dieses „Glaubenssymbols schlechthin" nicht entziehen können.

Und nun ging's los. Ein Wutanfall von Unionspolitikern, katholischen Kirchenfürsten und natürlich von *BILD* im Wechselspiel mit echtem Volkszorn besonders in Bayern, dessen katholische Tradition stärker ist und bodenständiger als anderswo im Bundesgebiet. Ein bayerischer CSU-Landtagsabgeordneter drohte den Karlsruher Richtern sogar Prügel an, wenn sie in die Gegend kommen sollten. Theo Waigel, Vorsitzender der CSU, drohte mit der rhetorischen Frage, ob die Richter „mit dieser Entscheidung nicht auch Hand an die Wurzel ihres eigenen Gerichts gelegt haben". Helmut Kohl blieb ruhiger, sah aber „Werte der abendländischen Kultur in Gefahr", wenn die Kreuze aus den Klassenzimmern entfernt werden. Kardinal Lehmann, Vorsitzender der Deutschen Bischofskonferenz, protestiert. Das Gericht habe seine Kompetenz überschritten. Kardinal Meisner in Köln protestiert. Das Datum der Veröffentlichung des Kruzifix-Beschlusses sei „ein schwarzer Tag in der Geschichte unseres Volkes", und er vergleicht, wie sein Münchener Kollege Kardinal Wetter, die Karlsruher Richter mit der NS-Diktatur. Auch damals seien Kreuze aus den Klassenzimmern entfernt worden. Wetter fordert deshalb zum Widerstand auf wie gegen die Nazis. Die größte Mühe gab sich Edmund Stoiber, bayerischer Ministerpräsident. Erst mal eine kleine ironische Irreführung für das Landvolk, „... vielleicht melden sich demnächst auch Leute, die sich von Gotteshäusern beeinträchtigt fühlen – die müssen wir dann auch noch einebnen", so dass die bayerischen Bäuerlein nicht nur um ihre Zwiebeltürme fürchten mussten, auch um die Kreuze am Weg, ihre Brückenheiligen und die Gipfelkreuze. Dann die amtliche Bekanntmachung der Landesregierung, „Die Kreuze werden in den Klassenzimmern bleiben", die Karlsruher Entscheidung könne „keinen Bestand haben", denn Bayern werde „bis an die Grenze der rechtlichen Möglichkeiten gehen". Das tat Stoiber dann auch, überschritt sie sogar. Vorher hatte er noch einen triumphalen Auftritt mit Kardinal Wetter und der gesamten CSU-Prominenz bei einer vom Kardinal einberufenen Demonstration von 25.000 Christen gegen das Bundesverfassungsgericht auf dem Platz vor der Münchener Feldherrenhalle. „Wir respektieren das Karlsruher Urteil, aber wir werden es inhaltlich nicht akzeptieren". So umschrieb er sehr galant seine Absicht, eine Entscheidung des Bundesverfassungsgerichts zu unterlaufen. Ähnlich wie zuvor *BILD* tagelang mit der Parole „Der Herrgott bleibt" erschienen war und dafür ein eigenes Protesttelefon eingerichtete hatte, an dem die Volksseele ihre Empörung abgeben konnte. 256.000 Protestunterschriften erhielt das Gericht in Karlsruhe, die meisten auf Vordrucken katholischer Diözesen. In Reuting bei Amberg in der Oberpfalz gab es Polizeischutz für die Eltern, die den Kruzifix-Beschluss veranlasst hatten. Wegen Morddrohungen. Die Frankfurter Allgemeine blieb eher ruhig. Der Ansatz des Gerichts sei jedenfalls vertretbar. Kohl, Stoiber und andere hätten mit ihrer „Kritik" ja irgendwie Recht. Machte sich aber Sorgen. Denn es ging an die Substanz des Bundesverfassungsgerichts.

So sahen es auch die Richter in Karlsruhe. Die Stimmung war gedrückt. Darüber berichtete die *Süddeutsche Zeitung*. „In der Telefonzentrale, an der Pforte, am Faxgerät hatten sich hasserfüllte Christenmenschen mit Mord- und Bombendrohungen sowie Beschimpfungen der allerübelsten Art ausgetobt." Einige Richter meinten, sie könnten sich nun vorstellen, „wie das wohl im Dreißigjährigen Krieg zuging". Einer sagte: „In dieser Stärke und aus dieser Richtung hatten wir das nicht für möglich gehalten." Ein Dreivierteljahr später meinte Richter Ernst-Wolfgang Böckenförde bei seiner Verabschiedung: „Das Bundesverfassungsgericht ist heute nicht mehr das, was es bis zum 10. August war." Am 10. August 1955 ist der Kruzifix-Beschluss veröffentlicht worden. Das Gericht lebt von seinem guten Ruf. Es hat keine Zwangsmittel wie andere Gerichte, kann keinen Gerichtsvollzieher schicken, keinen Polizisten, keine Strafen aussprechen und auch nicht die Bundeswehr einsetzen. Es lebt von der Akzeptanz, also davon, dass seine Autorität anerkannt und seine Entscheidungen von staatlichen Stellen und Gerichten befolgt werden. Das war nun in Gefahr.

Denn als Richter Böckenförde verabschiedet wurde, hatte der bayerische Ministerpräsident die „Grenze der rechtlichen Möglichkeiten" gegen das Bundesverfassungsgericht schon überschritten. Seit dem 1. Januar 1996 war in Bayern ein Gesetz in Kraft, nach dem die Kreuze in den Klassenzimmern bleiben mussten. § 13 Abs. 1 Satz 3 der Volksschulordnung war für verfassungswidrig erklärt worden. Das wurde „respektiert", wie Stoiber sich vor der Feldherrenhalle ausgedrückt hatte, aber „inhaltlich nicht akzeptiert". Und so hatte der Landtag ein anderes Gesetz geändert, das Gesetz über das Erziehungs- und Unterrichtswesen. Eine längere komplizierte Umgehung des Kruzifix-Beschlusses. Und eine Frechheit. Sie überdauerte drei Jahre. Dann setzte sich der juristische Widerstand durch. Die erste Hürde beseitigte schon im nächsten Jahr der Bayerische

Verfassungsgerichtshof, die letzte 1999 das Bundesverwaltungsgericht mit der Formel „verfassungskonforme Auslegung“. Damit war aus der Änderung des Unterrichtsgesetzes der verfassungswidrige Schadstoff entfernt und der bayerische Ministerpräsident wieder weit hinter die „Grenzen der rechtlichen Möglichkeiten“ zurückgeworfen.

Nachwort. Ernst-Wolfgang Böckenförde hat bei seiner Verabschiedung mit der Bemerkung über das Bundesverfassungsgericht nach dem 10. August nicht Recht behalten. In der Tat waren die Umfragewerte für das Gericht im Kruzifix-Jahr zunächst erschreckend gesunken. Das Meinungsforschungsinstitut in Allensbach kam auf 39 Prozent, die noch eine gute Meinung hatten. Davor war die Zustimmung Jahr für Jahr höher, am besten 1983 nach dem Volkszählungsurteil mit 55 Prozent. Aber seit 1996 ging es langsam wieder bergauf. Im Jahr sieben nach Kruzifix – 2002 n.Chr. – ermittelte Allensbach eine gute Meinung bei 51 Prozent, in Westdeutschland sogar 55 Prozent wie in den besten Zeiten. Die Krise war überstanden und das Bundesverfassungsgericht wieder das, was es bis zum 10. August 1995 gewesen ist.

70. Datenschutz

Erst seit Mitte der achtziger Jahre wurde deutlich, welche fundamentale Bedeutung die digitale Revolution haben würde für die Zukunft von Gesellschaft, Kultur, Wissenschaft und Politik. Und für das Recht. In ihm entstand nun unter anderem der Datenschutz, ein Teil des Verwaltungsrechts, als Frage der digitalen Revolution mit ihren Computern.

Der erste erfolgreich arbeitende Computer war der von Alan Turing konzipierte „Colossus“ (Koloss) im englischen Spionagezentrum Bletchley Park nordwestlich von London. Mit ihm konnten die Alliierten seit 1943 alle chiffrierten militärischen Funksprüche der Deutschen entziffern, was den Krieg erheblich verkürzt und Millionen Menschen das Leben gerettet hat. Es war eine sehr große Anlage, die mit Elektronenröhren betrieben wurde.

Nach dem Krieg haben amerikanische Physiker den Transistor aus Silizium erfunden, der dem Elektronenstrom einen größeren Widerstand entgegensetze als die Elektronenröhren. Diese Computer der zweiten Generation waren immer noch große Anlagen, aber ohne die Hitzeentwicklung der Elektronenröhren. Das erleichterte die Arbeit erheblich. Auch sie dienten fast ausschließlich militärischen Zwecken. Mit einer großen Zahl solcher Rechner ist es den USA 1969 im Kalten Krieg mit der Sowjetunion gelungen, mit der Mondlandung zweier Astronauten den Rüstungswettlauf in der Raumfahrt zu gewinnen.

Zentrum der Weiterentwicklung wurde das Silicon Valley bei San Francisco, so genannt nach dem Silizium der Transistoren. Hier hat Robert Noyce den integrierten Schaltkreis erfunden, eine kleine vorprogrammierte Schaltung für bestimmte Zwecke, gebaut aus kleinsten Transistoren auf einem Chip von wenigen Quadratmillimetern. Das brachte den Durchbruch für die „Minicomputer" der 3. Generation. Die waren so groß wie eine Kommode, auch für nichtmilitärische Zwecke verwendbar.

1965 enthielt ein solcher Schaltkreis ungefähr 50 Transistoren. Dann fand im Valley eine unglaubliche Steigerung mikroelektronischer Präzisionsarbeit statt. 1970 waren es schon tausend auf einem Chip und bald danach gelang der Firma Intel der Bau eines Mikroprozessors von 2000 Transistoren. Das war ein vorprogrammierter Computer in einem Computer, die digitale „Revolution der Revolution". So konnten Steve Jobs und Steve Wozniak mit ihrer Firma Apple den ersten erfolgreichen Personal Computer der 4. Generation konstruieren den „Macintosh", benannt nach ihrer Apfellieblingssorte. Er hatte schon einen Bildschirm, auf dessen unterem Rand die heute noch übliche Leiste von Bildsymbolen erschien, über die der PC mit einer Maus gesteuert wurde, die schon 1964 erfunden war. Aber er konnte, wie alle bisherigen Rechner, nur von Benutzern gesteuert werden, die die Computerfachsprache beherrschten. Dann aber die 5. Generation, ebenfalls von Apple: 2002, der PC für jedermann, die Tastatur mit normalen Buchstaben und Zahlen, iMac genannt. Und schließlich von Steve Jobs 2007 der Computer der 6. Generation, das iPhone.

Im Übrigen entstand seit 1962 das Internet als Netz des US-Pentagon zwischen den Riesencomputern der militärischen Forschung. Auch hier war der „Krieg der Vater aller Dinge" (Heraklit). 1991 wurde es von Tim Burners-Lee für jedermann lesbar gemacht. Die Geschichte der E-Mail beginnt 1971 mit Raymond Tomlinson bei der Erweiterung des militärischen Forschungsnetzes, schon mit dem Zeichen @, englisch „at", deutsch „bei". Und nun wurden die Suchmaschinen im Silicon Valley gegründet, Yahoo 1994 und Google 1998.

Der Erste, der in der deutschen Öffentlichkeit als Nutzer eines Computers bekannt wurde, war der oberste Polizist der Bundesrepublik, Horst Herold, von 1971 bis 1981 Präsident des Bundeskriminalamts. Es war ein Computer der 3. Generation („Kommode"). Mit mehreren von Ihnen begann er sofort die Verfolgung der 1969 gegründeten „Roten Armee Fraktion", RAF, um Andreas Baader, Gudrun Ensslin und Ulrike Meinhof, die sich aus der studentischen Protestbewegung der sechziger Jahre entwickelt hatte. Er hat Daten der RAF abgeglichen mit Tausenden aus der Bevölkerung, aber so, dass aus der Masse der gesellschaftlichen Daten einzelne Bürger nicht identifiziert wurden. Auf diese Weise hat er mit einem Computer der 3. Generation die 1. und 2. Generation der RAF hinter Schloss und Riegel gebracht. Ein Datenschutz war dafür nicht erforderlich.

Trotzdem wurde 1977 nach amerikanischem Vorbild ein erstes Datenschutzgesetz erlassen, das Bundesdatenschutzgesetz, BDSG.

Die mit Computern der 3. Generation für 1983 geplante Volkszählung und ihr Scheitern mit dem Volkszählungsurteil des Bundesverfassungsgerichts ist schon beschrieben (Rnr. 47).

Mit dem Volkszählungsurteil und seinem Grundrecht auf informationelle Selbstbestimmung wurde deutlich, dass das Bundesdatenschutzgesetz von 1977 dieser verfassungsrechtlichen Grundlage nicht mehr entsprach. Deshalb ist das Gesetz 1990 dieser Grundlage angepasst worden.

In den neunziger Jahren ist es allerdings teilweise von einer neuen Entwicklung überholt worden, nämlich durch verschärfte Regeln der Richtlinie 95/46 EG der Europäischen Union von 1995. Nun brauchte der Datenschutz eine neue Grundlage für die Gesetzgebungsbefugnis nach dem Grundgesetz. Das bisherige BDSG erging nämlich nur als Regelung des Verwaltungsverfahrens, für das der Bund nach Art. 84 Abs. 1 Satz 5 und Art. 85 Abs. 2 GG zuständig sein kann. Die Richtlinie 95/46 ging aber über bloße Verfahrensregeln weit hinaus, betraf auch die gesamte Organisation von Behörden. Deshalb waren nach Art. 85 Abs. 1 GG die Länder zuständig und es wurden Datenschutzgesetze der Länder erlassen. Für private Unternehmer wartete man erst einmal ab. Für sie galt weiter das BSDG, bis 2016 von der Europäischen Union die Datenschutzgrundverordnung erlassen, wohlgemerkt: eine Verordnung, nicht eine Richtlinie. Sie ist 2018 in Kraft getreten. Also zunächst zu den Ländergesetzen.

Alle Landesbehörden, auch die Gemeinden und Landkreise, haben nun ausführliche Vorschriften über die Datenverarbeitung erhalten, zu der „das Erheben, Speichern, Verändern, Übermitteln, Sperren, Löschen sowie das Nutzen personengebundener Daten“ gehört, nicht nur von digitalen, sondern auch von Tonbändern, Filmaufnahmen, Fotos oder Akten aus Papier. Selbst die Wartung der Datenträger, besonders der IT-Hardware, ist mit genauen Vorschriften für die Sicherheit der Daten geregelt. Sie sei so durchzuführen, dass personenbezogene Daten nicht berührt werden, oder allenfalls nur diejenigen, die bei der Wartung unbedingt berührt werden müssen.

Allgemein gilt: Persönliche Daten dürfen nur mit Zustimmung des Betroffenen erhoben und verarbeitet werden oder nach Vorschriften der Ländergesetze oder anderen rechtlichen Regelungen, zum Beispiel der Strafverfolgung oder der jeweiligen – vom Bundesverfassungsgericht korrigierten – Geheimdienstgesetze. Besondere Sicherungen erfordern „personenbezogene Daten über die rassische oder ethnische Herkunft, politische Meinungen, religiöse oder weltanschauliche Überzeugungen, die Gewerkschaftszugehörigkeit, die Gesundheit und das Sexualleben“, in alle Ländergesetze übernommen nach dem Wortlaut des Art. 8 Abs. 1 der

Richtlinie 95/46 EG. Das geht etwa so weit wie die Sicherung der Intimsphäre im Kernbereich des individuellen Lebens nach der Rechtsprechung des Bundesverfassungsgerichts (S. 196).

Jede Behörde muss einen Datenschutzbeauftragten bestellen, der nicht weisungsgebunden ist, die Mitarbeiter mit den Vorschriften vertraut machen soll, deren Einhaltung bewirken und ein Verfahrensverzeichnis für die automatisierte Verarbeitung führen soll. Jedes Land hat einen vom Parlament auf Zeit gewählten Landesbeauftragten für Datenschutz zu ernennen (die „Kontrollstelle" in Art. 28 der Richtlinie). Er ist in der Regel eine oberste Landesbehörde und soll meistens die „Befähigung zum Richteramt" haben (Assessorexamen). Er hat ebenfalls die Aufgabe, für die Einhaltung der Vorschriften zu sorgen, und jeder kann sich an ihn wenden, der meint, sein Recht auf Datenschutz oder Einsicht in seine Daten sei verletzt. Schlussvorschriften regeln die Datenübermittlung an Drittstaaten außerhalb der EU. Auch die Videoüberwachung in öffentlich zugänglichen Gebäuden von Behörden ist geregelt.

Als diese Gesetze der Bundesländer in den neunziger Jahren erlassen waren, geschah das Unglaubliche am 11. September 2001. Terroristen der al Quaida kaperten Passagierflugzeuge und steuerten sie in New York auf das World Trade Center und das Pentagon in Washington. Es starben ungefähr 3000 Menschen. USA und NATO reagierten mit dem Krieg gegen Afghanistan und auch in Europa begann eine verstärkte Sicherheitsgesetzgebung. Sicherheit ist immer ein Feind von Datenschutz. In der Bundesrepublik war es das unter Federführung von Otto Schily am 9.1.2002 erlassene Terrorismusbekämpfungsgesetz. 22 Artikel und jeder mit zum Teil sehr langen Änderungen eines oder mehrerer Gesetze. Das Recht auf informationelle Selbstbestimmung erlitt große Einbrüche zu Gunsten des Bundesnachrichtendienstes BND, des militärischen Abschirmdienstes MAD und des Bundesamts für Verfassungsschutz. Der BND zum Beispiel darf nun noch mehr abhören und kann ohne richterliche Genehmigung zugreifen auf Post-, Bank- und Flugdaten und sie gegen das verfassungsrechtliche Trennungsprinzip von Geheimdienst und Polizei direkt den Strafverfolgungsbehörden zuliefern. Sicherheitsüberprüfungen des Personals in „Einrichtungen, die für das Funktionieren des Gemeinwesens unverzichtbar sind" wie Energie, Verkehr oder Versorgung wurden ausgeweitet und mancher wird sich gewundert haben, warum er nicht eingestellt oder plötzlich entlassen wurde. Das Ausländerrecht ist verschärft worden und für Personalausweise wurde die Einführung biometrischer Daten vorbereitet, umgesetzt 2010 und keiner weiß, was von ihm im kleinen Plastikkästchen gespeichert ist (obwohl man ein Auskunftsrecht hat). Schließlich ein letztes Beispiel: IMSI, die Feststellung des Standorts eines Mobiltelefons wurde geregelt. Und der Datenschutz?

Nous avons, vous avez, wo's er nu? Nu'sser weg. Oder wie Heribert Prantl von der Süddeutschen Zeitung gewohnt blumig formulierte, er wurde zur „Pflicht jedes Bürgers, informationelle Fremdbestimmung zu erdulden." Das Bundesverfassungsgericht wurde nicht angerufen, wohl wegen der verwirrenden Fülle von Einzelregelungen. Aber es hat für die Zukunft manches andere verhindert. Dazu nun die vier wichtigsten Urteile.

BVErfGE 109,279 – großer Lauschangriff, 2004. Im letzten Jahr der Regierung Kohl wurde 1998 das am meisten umstrittene Gesetz der 90-er Jahre erlassen, der große Lauschangriff, wie ihn seine Gegner nannten, offiziell: akustische Wohnraumüberwachung, angeblich dringend geboten wegen Gefahren der organisierten Kriminalität. Der einfache Satz des Art. 13 GG wurde ergänzt durch fünf lange Absätze, die den Angriff ziemlich genau regelten, damit er nicht so einfach wieder beseitigt werden kann. Der Rest kam in die StPO. Die Maßnahme musste beschlossen werden von drei Richtern einer Strafkammer am Landgericht. Zuständig für die Durchführung war die Polizei.

Es ist ein sehr aufwendiges und teures Unternehmen. Der heimliche Einbruch in eine Wohnung muss vorbereitet werden durch Erkundung der Lebensgewohnheiten des Bewohners und der Nachbarn, muss spurenlos bleiben, „Wanzen" sind einzubauen, offiziell „technische Hilfsmittel", also versteckte Mikrofone mit Sendern, und später wieder auszubauen. Außerdem braucht man in der Nähe noch einen Empfänger. Dafür sind 50 bis 60 Beamte erforderlich. Deshalb wurde es von 1998 bis 2002 auch nur in 119 Fällen angeordnet, nicht einmal in der Hälfte der Fälle ein Erfolg. Stattdessen hörten und notierten die Beamten zum Beispiel im Juni 2002 Folgendes über Rauschgifthandel in einer Frankfurter Wohnung: „Liebesgeflüster ... sie denkt nur an ihn". „Dann Sexlaute ... N. Wird zum Liebhaber", nachts drei Minuten nach zwei: „Man hört das Wasser rauschen und laufen. Sex." Oder an einem anderen Tag: „Ab ein Uhr hört man nur noch Stöhnen..."

2004 hat der erste Senat des Gerichts sein Urteil erlassen. Die Richter haben den großen Lauschangriff weitgehend für verfassungswidrig erklärt. Er sei ein Verstoß gegen die Würde des Menschen in Art. 1 GG. Siehe oben, nachts drei Minuten nach zwei. Außerdem war die Wohnung der Kerngedanke des Urteils. Ist mit ihm die Ergänzung des Art. 13 GG zu vereinbaren? Ja, aber nur, wenn man sie verfassungskonform auslegt. „Bei Beobachtungen ist ein unantastbarer Kernbereich privater Lebensgestaltung zu wahren" und „Die Überwachung muss in Situationen von vornherein unterbleiben, in denen Anhaltspunkte bestehen, dass die Menschenwürde durch die Maßnahme verletzt wird." Also Abbruch und löschen. Zum Kernbereich gehören Gespräche mit Familienangehörigen und engsten Vertrauten, persönlichen Freunden, der Freundin, Anwalt, Priester, Arzt. Außerdem reduzierten die Richter die Straftatbestände des § 100c Abs. 1 Nr. 3 StPO erheblich. Alles wurde gestrichen, was nicht mit „organisierter Kriminalität" und Staatssicherheit zu tun hat.

Mit diesem Urteil ist der große Lauschangriff noch teurer geworden. Die Dauerüberwachung mit tagelang laufenden Tonband ist vorbei. Beim Empfangsgerät muss ständig ein Beamter mithören, der sofort abzubrechen hat, wenn der Kernbereich betroffen ist, nicht nur wenn ab ein Uhr nur noch Stöhnen kommt. Und der große Lauschangriff ist auch sehr klein geworden. Von den jährlich über zwanzig Aktionen bleiben vielleicht drei oder vier. „Die Entwanzung des Rechts" war die Überschrift des Kommentars von Heribert Prantl in der Süddeutschen Zeitung.

BVerfGE 120,274 – Computergrundrecht, 2008. Mit Verfassungsbeschwerden angegriffene Vorschrift war § 5 Abs. 2 Nr. 11 des Verfassungsschutzgesetzes Nordrhein-Westfalens von 2006, die erste derartige Vorschrift der Bundesrepublik über Online-Durchsuchung mit so genannten Trojanern (im Urteil wiedergegeben unter Nr. 33). Die Richter erklärten sie in vollem Umfang für verfassungswidrig. Sie verstößt in unverhältnismäßiger Weise gegen ein hier verkündetes Computergrundrecht, genauer: gegen das sich aus Art. 2 Abs. 1 mit Art. 1 Abs. 1 GG ergebende „Grundrecht auf Gewährleistung der Vertraulichkeit und Integrität informationstechnischer Systeme". Es tritt neben das Grundrecht auf informationelle Selbstbestimmung, das zum Schutz von Internet und PCs nicht ausreiche, weil hier Umfang und Art der Informationen völlig neuartig sind.

§ 5 VSG NRW verstoße deshalb gegen das Grundrecht, weil hierfür nur die normalen Voraussetzungen für Maßnahmen des Verfassungsschutzes notwendig sind, die für ein Vorgehen in totaler Heimlichkeit nicht ausreichen, nämlich der bloße Verdacht einer Gefährdung von Rechtsgütern. Der Grundsatz der Verhältnismäßigkeit für Eingriffe in das Computergrundrecht verlange, dass konkrete Tatsachen für die Annahme einer Gefährdung von überragend wichtigen Rechtsgütern vorliegen. Dazu würden gehören Leib, Leben und Freiheit einer Person, der Bestand des Staats, die Grundlage der Existenz von Menschen und die Funktionsfähigkeit wesentlicher Teile existenzsichernder öffentlicher Einrichtungen. Auch müsse der Eingriff von Richtern angeordnet und Sorge dafür getragen werden, dass er nicht in den Kernbereich privater Lebensgestaltung eindringt (siehe großer Lauschangriff). Wenn das Eindringen in diesen Kernbereich unumgänglich ist, wie wohl bei jedem Eingriff in einen PC, dann muss wenigstens in der Auswertungsphase für seinen ausreichenden Schutz gesorgt werden, durch unverzügliche Löschung und Ausschluss der Verwertung.

BVerfGE 125,260 – Vorratsdatenspeicherung, 2010. Im Rahmen einer Richtlinie der Europäischen Union, 06/24 EG, hatte die erste Große Koalition der Regierung Merkel 2007 die anlasslose Vorratsdatenspeicherung beschlossen. Durch die neuen §§ 113a und 113b Telekommunikationsgesetz, TKG, in Verbindung mit § 100g StPO wurden Unternehmen der digitalen Kommunikation verpflichtet, sechs Monate lang alle der von ihnen vermittelten Gespräche zu speichern (§ 113a), nicht den Inhalt, aber die Telefonnummern der Beteiligten, ihre Namen, Datum, Uhrzeit und Länge der Gespräche. Zur Verfolgung von „Straftaten" und zur Abwehr „erheblicher Gefahren für die öffentliche Sicherheit" (§ 116b) konnten sie in Verbindung mit § 110g StPO von Sicherheitsbehörden abgerufen werden.

In Berlin gingen 2007 15.000 zum Protest auf die Straße, 2008 noch mehr. Auch der juristische Widerstand war erstaunlich. Fast 33.000 Verfassungsbeschwerden wurden in großen Kartons beim Gericht in Karlsruhe eingereicht, die „größte Verfassungsbeschwerde" in der Geschichte der Bundesrepublik.

Mit ihrem Urteil 2010 haben die Verfassungsrichter die drei Vorschriften für verfassungswidrig erklärt. Auch hier entschieden sie nach der „lex specialis" des Grundrechts aus Art. 10 Abs. 1 GG, nicht nach dem Grundrecht auf informationelle Selbstbestimmung. Die drei Vorschriften würden gegen den Grundsatz der Verhältnismäßigkeit verstoßen. Denn auch aus den nur äußeren Daten der Gespräche würde sich wegen ihrer Überfülle und bei einer umfassenden und automatisierten Auswertung persönliche Profile von Betroffenen bis in ihre Intimsphäre ergeben. Speicherung und Weitergabe der Daten seinen deshalb ein schwerer Eingriff in das Grundrecht aus Art. 10 Abs. 1 GG. Für die nach § 113a TKG von privaten Unternehmen gespeicherten Daten müsse ein höherer Sicherheitsstandard erfüllt werden und außerdem fehle hier eine Regelung der Transparenz, die mindestens später eine Benachrichtigung von Betroffenen erfordere. In § 113b seien Maßstab der Erforderlichkeit zu niedrig angesetzt. Nur ein fundierter Verdacht einer schweren Straftat könne einen Datenabruf rechtfertigen, nämlich nur bei absoluter Gefahr für „Leib, Leben und Freiheit einer Person, die Sicherheit des Bundes oder eines Landes oder zur Abwehr einer allgemeinen Gefahr". Insofern waren die 33.000 Verfassungsbeschwerden ein voller Erfolg, aber das Kapitel Vorratsdatenspeicherung noch nicht abgeschlossen.

2015 wurden mit der Novellierung des TKG die Bedingungen des Urteils von 2010 weitgehend erfüllt. Aber inzwischen hatte der Europäische Gerichtshof die Richtlinie 06/24 EG, die Grundlage des ganzen, für ungültig erklärt, weil sie der Grundrechtscharta der EU widerspricht, die in Art. 8 den Schutz personenbezogener Daten garantiert (EuGH Urteil vom 21.12.2016, AZ C-203/15). Und 2017 erging ein Beschluss des OVG Münster, nach dem das deutsche Recht der Vorratsdatenspeicherung gegen das Recht der Europäischen Union verstößt, also gegen höherrangiges Recht, und damit unwirksam ist (22.6.2017, AZ 13 B 238/17). Vorratsdatenspeicherung und kein Ende.

BVerfGE 141,220 – BKA-Gesetz, 2016. Das Bundeskriminalamtsgesetz war 2008 ergänzt worden durch zusätzliche Befugnisse des Bundesamts zur Bekämpfung des internationalen Terrorismus in vier Bereichen, nämlich dem Einsatz von V-Leuten (§ 20g), dem großen Lauschangriff (§ 20h), der Rasterfahndung durch Erhebung von Daten bei öffentlichen und privaten Stellen (§ 20j) und der Online-Durchsuchung (§ 20k). Das im Gesetz vorgeschriebene Niveau des Datenschutzes bewegte sich aber nur auf dem Niveau des Urteils zum Volkszählungsgesetz von 1983. Das aber war inzwischen durch die hier eben beschriebenen drei Urteile ergänzt worden und wurde vom Gericht in einem sehr langen Urteil von 159 Seiten entsprechend beanstandet und für verfassungswidrig erklärt. Nur die Rasterfahndung des § 20j blieb bestehen. Das BKA-Gesetz ist 2017 vom Gesetzgeber nach diesen Vorgaben geändert worden. Soweit der kürzeste Bericht zum längsten dieser vier Urteile.

Die Ländergesetze der neunziger Jahre und die eben beschriebene Rechtsprechung des Bundesverfassungsgerichts richteten sich nur gegen öffentliche Stellen, Behörden und Geheimdienste, und deren Datensammeln. Für private Unternehmen gab es nur die vorsichtigen „Verfahrensregeln" im Bundesdatenschutzgesetz. Die Bundesrepublik wollte die Konkurrenzfähigkeit ihrer Wirtschaft nicht gefährden. Das änderte sich 2016 mit Verordnung (EU) 2016/679 mit der Kurzbezeichnung der **Datenschutz-Grundverordnung** (DS-GVO), die 2018 in Kraft getreten ist. Inzwischen waren nämlich über das Internet milliardenschwere US-Unternehmen auch in Europa aktiv geworden, Amazon, Facebook, Google usw., die Milliarden persönlicher Daten europäischer Bürger sammelten, mit denen in das Recht auf Datenschutz eingegriffen wurde. Diese Vorschrift der EU war eine Verordnung, keine Richtlinie. Das heißt, sie wurde ohne weitere Umsetzung durch nationale Gesetzgeber unmittelbar geltendes Recht in jedem Mitgliedstaat. Seit 2018 gilt also auch in der Bundesrepublik gegenüber Behörden, privaten Unternehmen und nicht hoheitlich arbeitenden öffentlich-rechtlichen Firmen dieser Datenschutz, auf den sich jeder Bürger mit gerichtlichen Schutz berufen kann.

Das ist der „Beginn einer neuen Zeitrechnung im Datenschutz" (Peter Schantz). Zum Beispiel mit dem „Marktortprinzip" des Art. 3 Abs. 2 Buchst. a DS-GVO. Nun sind auch Anbieter ohne Niederlassung in der Union dem europäischer Datenschutz unterworfen, und sogar auch dann, wenn sie „nur das Verhalten von Personen beobachten“, Art. 3 Abs. 2 Buchst. b, zum Beispiel deren Surfverhalten im Internet. Betroffen sind in erster Linie amerikanische Firmen wie Google, Amazon, Facebook oder ebay. Außerdem braucht jetzt jeder einzelne Datenverarbeitungsschritt die Einwilligung des Betroffenen oder einen Vertrag mit ihm (Art. 6 Abs. 1). Werden danach andere Zwecke verfolgt, muss das wiederholt werden, Art. 5 Abs. 1 Buchst. b, so dass jetzt jede Form von „Webtracking“, zum Beispiel durch so genannte „cookies“, als Weiterverarbeitung unter den Datenschutz fällt und ohne Einwilligung der Betroffenen rechtswidrig ist. Selbst wenn anonymisierte Daten der Internetnutzer von Firmen gesammelt und verkauft werden für die Auswertung als Massendaten, „Big Data“, braucht auch das die Einwilligung von Betroffenen, denn die Big Data können wieder entschlüsselt und individualisiert werden. Bestätigt wird dieser Zweckhinderungsgrundsatz durch die Pflicht des Verarbeiters, den Betroffenen schon über die Veränderung des Verarbeitungszwecks zu informieren, §§ 13 Abs. 3, 14 Abs. 4. Auch die Rechtsverfolgung ist umfassend möglich. Zuständig für Beschwerden ist die Hauptniederlassung eines internationalen Unternehmens in der EU, Art. 4 Nr. 16. Betroffene können sich aber auch an die für sie örtlich zuständige Datenschutzaufsichtsbehörde wenden, die sie weiterleitet, Art. 77 Abs. 1. Im Übrigen ist zum ersten mal auf europäischer Ebene die Pflicht vorgesehen, einen betrieblichen Datenschutzbeauftragten zu bestellen, aber nur in Sonderfällen, Art. 37. Dieses „aber“ ist das Ergebnis von Protesten der Wirtschaft, die darin eine bürokratische Last sah.

71. Verwaltungsrecht

Unter dem Eindruck der digitalen Revolution und ihrer Informationstechnik mit einer bisher unbekannten Datenflut sind die neunziger Jahre des 20. Jahrhunderts die große Zeit des **Datenschutzes** geworden, genauer: des Schutzes von Bürgern vor Missbrauch ihrer Daten. Eine große Zeit dieses Gebiets, nicht nur in der Rechtsprechung des Bundesverfassungsgerichts. Auch das Verwaltungsrecht erhielt jetzt verschärfte Regeln, und zwar in Ländergesetzen, weil die Verwaltung nach Art. 83 GG grundsätzlich Aufgabe der Länder ist. Einen großen Einfluss auf diese Gesetze hatte das Europarecht, besonders die Richtlinie 95/46 EG von 1995, aber auch die Charta der Grundrechte der Europäischen Union von 2000/2009 mit dem Grundrecht auf Datenschutz in Art. 8. Die Datenschutz-Grundverordnung der EU von 2016 (VO 2016/679) und die „Ausfüllung“ ihrer „Öffnungsklauseln“ durch das nicht ganz unproblematische „Datenschutz-Anpasungs- und Umsetzungsgesetz EU“ von 2017 regeln die Tätigkeit staatlicher Behörden und von wirtschaftlichen „Unternehmen“ (Rnr. 70).

Jedoch, Datenschutz ist nur ein sehr kleiner Teil des Verwaltungsrechts. Auf den weiten Bereich des allgemeinen und besonderen Verwaltungsrechts einzugehen, würde den Rahmen dieser Darstellung sprengen. So sollen nur anhand einiger Beispiele gewisse Trends beleuchtet werden.

Bei der **Verwaltungsgerichtsordnung** hat es tiefgreifendere Eingriffe 1990 mit dem „Vierten" und 1996 mit dem „Sechsten Gesetz zur Änderung der Verwaltungsgerichtsordnung" gegeben. Es ging um Beschleunigung, Vereinfachung und damit um die Entlastung der Gerichte, die trotz dieser Maßnahmen später mit Zuspitzung der Flüchtlingskrise 2015 an die Grenzen ihrer Belastbarkeit kamen. Da half nur noch massive Personalaufstockung.

Im **Ausländer- und Asylrecht** wird schon lange ein zusammenfassendes Gesetz vermisst, das dem Umstand Rechnung trägt, dass Deutschland schon seit Jahren ein Einwanderungsland ist. Stattdessen erlebt man hier oft nur hektische Gesetzgebung im Stil der Flickschusterei an der Vielzahl bestehender Regelungen, manches ist nur symbolisch und dient der Beruhigung besorgter Kreise. Die emotionale Aufheizung läßt eine rationale Debatte in den Medien und im Parlament kaum noch zu, man ereifert sich über Obergrenze, sichere Herkunftsstaaten, Anstieg der Kriminalität, sexuelle Übergriffe, Kirchenasyl, Abschiebung etc.

Das Asylverfahrensbeschleunigungsgesetz vom 20.10.2015 – es war erst am 29.9.2015 im Bundestag eingebracht – erweiterte die maximale Frist für den Aufenthalt in Aufnahmeeinrichtungen auf sechs Monate und führte die BüMA ein, die Bescheinigung über die Meldung als Asylsuchender. Durch das Datenaustauschverbesserungsgesetz vom 2.2.2016 wurde die BüMA schon wieder gestrichen und durch einen Ankunftsnachweis ersetzt. Es folgte das Gesetz zur erleichterten Ausweisung von straffälligen Ausländern und zum erweiterten Ausschluss der Flüchtlingsanerkennung bei straffälligen Asylbewerbern vom 11.3.2016. Das Gesetz zur Einführung beschleunigter Asylverfahren, auch Asylpaket II genannt, vom 11.3.2016 machte in diesem Stil weiter.

Im **Polizei- und Ordnungsrecht** legte die Innenministerkonferenz 1977 einen „Musterentwurf für ein einheitliches Polizeigesetz des Bundes und der Länder" (MEPolG) vor. Diskussionsthemen waren schon damals Fragen der Bewaffnung der Polizei, die Befugnisse zur Identitätsfeststellung an gefährlichen Orten, zum Abhören von Telefongesprächen und zum „finalen Rettungsschuss", zum Einsatz des Bundesgrenzschutzes und der Bundeswehr im Innern. Die Aufgaben des ehemaligen Bundesgrenzschutzes waren im Jahr 1972 als polizeiliche festgelegt worden, 2005 wurde er zu einer Bundespolizei. Nach dem Mauerfall diente der MEPolG als Pate für das von der Volkskammer der DDR verabschiedete und zum 1. 10. 1990 in Kraft getretene Polizeiaufgabengesetz der DDR.

Zu den verfassungsrechtlichen Problemen ist ja schon berichtet worden: die Tendenz zum Überwachungs- und Sicherheitsstaat angesichts rechts-, links- und islamistischen Terrors (Rnr. 68) sowie die datenschutzrechtlichen Dimensionen (Rnr. 70). Die Arbeit der Polizei ist dadurch nicht erleichtert worden, sie war es auch vorher schon nicht mit der Aufsplitterung des Polizeirechts auf die Bundesländer mit ihren schlecht oder überhaupt nicht verbundenen Computern, die ja auch noch mit den Sicherheitsbehörden des Bundes und der EU in Verbindung treten müssen. Zwanzig unterschiedliche Polizeiorganisationen und 19 Nachrichtendienste sind in Deutschland tätig. Allein der Abstimmungsaufwand unter ihnen nimmt eine beträchtliche Personalkapazität in Anspruch.

Das **Gewerberecht** ist schon 1869 für den Norddeutschen Bund in vorbildlicher Weise durch die Gewerbeordnung geregelt worden, die im Kern bis heute gilt. Allerdings ist sie seit Jahrzehnten zu einem Steinbruch geworden: Wichtige Bereiche wurden ausgegliedert und eigens kodifiziert. Beispiele: Immissionsschutz (zum Umweltrecht gleich ausführlicher, Rnr. 72), Gaststätten-, Handwerks-, Arbeitszeit- und Arbeitsschutzrecht sowie viele berufsrechtliche Spezialregelungen. Obwohl es damit nur noch ein Torso ist, bleibt es doch als gewerberechtliche Grundnorm von Belang.

Im Bereich Kultus (Schule und Hochschule) und **Kultur** (Kunst, Theater, Film, Literatur etc.) sind primär die Länder verantwortlich. Seit der Wiedervereinigung hat sich der Bund mit immer größerer Kostenbeteiligung zunehmenden Einfluß erkauft. Ob es um Hochschulbau, Computerbeschaffung für den Schulunterricht oder Kunstförderung geht, immer ist es das gleiche Bild. Die Länder lassen sich nach langen Verhandlungen für viel Geld ihre Hauptkompetenz in diesen Bereichen einschränken. Sicher oft mit guten Gründen – aber nicht immer. Auch in anderen Verwaltungsbereichen gibt es ähnliche Entwicklungen, die zu einer anhaltenden Diskussion geführt haben, ob unser System des Föderalismus neu zu definieren sei. Dabei spielt auch die Europäische Union mit ihren Integrationsbestrebungen eine wichtige Rolle.

Dass es über die Ländergrenzen hinaus gesamtstaatliche Kulturbelange gibt, ist einzusehen. 1998 gipfelten diese Bestrebungen in dem neu geschaffenen Amts eines Staatsministers für kulturelle Angelegenheiten, das direkt dem Bundeskanzler zugeordnet ist. Derzeitige Amtsinhaberin: Monika Grütters. Mit ihrem Etat kümmert sie sich z.B. um die Deutsche Welle, den Bundesanteil an der Stiftung Preußischer Kulturbesitz, das Deutsche Historische Museum und viele andere Museen, das Bundesarchiv und die Stasi-Unterlagenbehörde, das Deutsche Literaturarchiv Marbach und fördert besonders Berlin als Hauptstadt.

72. Umweltrecht

Das waren noch Zeiten, in denen die Bundesrepublik mit ihrem Umweltschutz der siebziger Jahre durch die sozialliberale Koalition Brandt/Genscher in Europa führend gewesen ist und das Umweltrecht der Europäischen Wirtschaftsgemeinschaft geprägt hat. In deren römischen Gründungsverträgen von 1956 taucht der Begriff Umweltschutz noch nicht auf, der erst um 1970 entstanden ist. Inzwischen hat ihn die Europäische Union ins Zentrum ihrer Politik gestellt, weil sie erkannt hat, dass er ein wesentlicher Faktor der ökonomischen Entwicklung ist. Man denke nur an die e-Mobilität oder Solarenergie. Das wird beim europäischen Primärrecht behandelt (Rnr. 84) und hier nur noch kurz ergänzt, dass Umweltschutz zwar auch Schutz der Umwelt bedeutet, religiös gesprochen: der Schöpfung, aber in erster Linie dem Schutz des Menschen dient, nämlich seiner Gesundheit, und vor Verunstaltung seiner Umwelt. Deshalb hat der Europäische Gerichtshof jedem Bürger eine Klagebefugnis gegen Behörden auf Vornahme entsprechender Maßnahmen gegeben, wie beim Bericht über die Luftreinhaltung gezeigt wird.

Durch die neue Politik der EU ist das deutsche Umweltrecht überwiegend europäisches Sekundärrecht geworden, wie in anderen Mitgliedsstaaten auch, und zwar ungefähr zu 80 %. Das ist jene Zahl, von der man zu Unrecht meint, dass wir vom Europarecht überflutet werden. Im Umweltschutz stimmt sie.

Das hat dazu geführt, dass die Bundesrepublik sich heute zu einem guten Teil im unteren Bereich derjenigen Länder befindet, die nicht oder nicht rechtzeitig europäische Umweltrichtlinien in nationales Recht umsetzen. Deswegen ist sie schon oft vom Europäischen Gerichtshof verurteilt worden. Einer der Gründe dafür ist zum Beispiel unsere föderalistische Struktur, die den zentralistischen Tendenzen in Brüssel im Wege steht. Dazu gleich bei der Darstellung des Wasserrechts. Trotzdem. Die Beschreibung des deutschen Umweltschutzes muss in erster Linie eine des europäischen sei. Und das ist ein beeindruckend großer Haufen. Dafür braucht man bloß seine knappe Zusammenfassung im Buch von Bernd Becker durchzublättern („Das neue Umweltrecht 2010"). Deswegen werden hier auch nur drei seiner wichtigsten Teile beschrieben, nämlich das Wasserrecht, das der Luftreinhaltung und das Abfallrecht. Sie geben wohl einen ausreichenden Eindruck.

Für den **Gewässerschutz** ist das sekundäre Europarecht bisher ein „Flickenteppich aus unterschiedlichen, teilweise inkonsistenten oder sogar widersprüchlichen Teilregelungen" (Rüdiger Breuer). In Bernd Beckers knappem Überblick sind es allein acht Richtlinien aus den Jahren 1980 bis 2008. Diese Vielfalt soll durch die Wasserrahmenrichtlinie aus dem Jahr 2000 (Richtlinie 200/60/EG) in einem großen Rahmen eine sinnvolle Einheitlichkeit erhalten. Vorgesehen ist ein System von Flussgebietseinheiten nach zentralistischem englischem oder französischem Vorbild. Es stößt im deutschen Recht auf einigen Widerstand. Denn unser Wasserrecht ist föderalistisch aufgebaut, das Wasserhaushaltsgesetz nur ein Rahmgengesetz, das durch Ländervorschriften ausgefüllt wird. Trotzdem kann das europäische System wohl in das deutsche Recht eingebaut werden. Es sollen zehn Flussgebiete sein, von der Donau über den Rhein bis zur Weser, Elbe und Oder. Aber hier, wie so oft, wird das länger dauern als die in der Richtlinie vorgesehenen neun Jahre. Für die Qualität der deutschen Flüsse, Seen und Küstengewässer ohne Zweifel eine Verbesserung, obwohl hier das Wasserhaushaltsgesetz und die Ländergesetze schon große Fortschritte gebracht haben.

Willy Brandts „blauer Himmel über der Ruhr" (Rnr. 49) wurde durch das Bundes-Immissionsschutzgesetz von 1974, Neufassungen und Verordnungen zu einem guten Teil Wirklichkeit, im Ruhrgebiet auch durch die Deindustrialisierung. Aber es blieben Probleme. Im Europarecht gibt es für die **Luftreinhaltung** eine grundlegende Richtlinie von 1996 (96/62/EG). Danach hat die Kommission Vorschläge zur Festlegung von Grenzwerten für Schadstoffe zu machen, über die der Ministerrat beschließt. Die Mitgliedsstaaten müssen Listen von Ballungsräumen (mehr als 250.000 Einwohner) und anderen Gebieten anlegen, für die verschiedene Werte gelten. Die 13 Schadstoffe sind im Anhang der Richtlinie genannt, z.B. Schwefeldioxid, Stickoxid, „Schwebstaub" (Feinstaub) und Kohlenmonoxid. Außerdem müssen ausreichende Messungen stattfinden und Pläne für den Fall der Überschreitung von Grenzwerten aufgestellt werden, in denen die Öffentlichkeit zu informieren ist und notfalls der Verkehr von Kraftfahrzeugen eingeschränkt werden muss. Diese Situation entstand 2017/18 in mehreren Städten der Bundesrepublik. Nach der Rechtsprechung des Europäischen Gerichtshofs haben in solchen Fällen auch einzelne Bürger wegen der Gefährdung ihrer Gesundheit ein Klagerecht von den Verwaltungsgerichten gegen die zuständigen nationalen Behörden auf Durchführung geeigneter Maßnahmen einschließlich des Fahrverbots.

Als mit den anderen Umweltschutzgesetzen 1972 auch eine erste Regelung für den **Abfall** erlassen wurde, hieß sie noch Abfallbeseitigungsgesetz. In § 2 war der Grundsatz genannt: Abfälle seien so zu beseitigen, dass die Gesundheit der Menschen nicht gefährdet wird, auch nicht die Tierwelt, das Grundwasser, der Boden und Nutzpflanzen. Nach § 3 war derjenige, der Abfall verursacht, verpflichtet, ihn derjenigen öffentlich-rechtlichen Stelle zu überlassen, die verpflichtet ist, ihn zu beseitigen, also auf eine Deponie zu bringen. Der Rest waren Ordnungsvorschriften. Es ist ein Deponierecht gewesen.

Erst allmählich wurde deutlich, dass Abfall neben dem Klima das größte umweltrechtliche Problem unserer Zeit ist, und außerdem, dass man ihn auch ökonomisch verwerten kann und – noch wichtiger – am besten vermeiden soll. Aus seiner Verwertung ist er sogar zu einer begehrten Ware geworden und man spricht von seiner Entsorgung. Erst am Ende seiner Laufbahn steht heute für den Rest, der noch übrig bleibt, die Beseitigung, die Deponie. So wurde aus dem Abfallbeseitigungsgesetz von 1972 ein Abfallgesetz von 1986, das 1994 abgelöst wurde durch ein Kreislaufwirtschafts- und Abfallgesetz. Und daraus entstand schließlich 2012 das heutige Kreislaufwirtschaftsgesetz, KrWG.

In § 6 KrWG heißt es unter der Überschrift „Abfallhierarchie“: „Maßnahmen der Vermeidung und Abfallwirtschaft stehen in folgender Rangfolge:

1. Vermeidung,
2. Vorbereitung zu Wiederverwendung,
3. Recycling,
4. sonstige Verwertung, insbesondere energetische Verwertung und Verfüllung,
5. Beseitigung.“

Vermeidung steht also an erster Stelle, z.B. durch Herstellung von Produkten, die länger gebrauchsfähig sind. Vorbereitung der Wiederverwendung ist z.B. der Aufbau von Reparaturwerkstätten für die Wiederaufarbeitung. Recycling bedeutet Stoffumwandlung, z.B. von Altpapier in neues. Und energetische Verwertung ist Verbrennung von Abfall zur Stromerzeugung. Mit der Verfüllung wird der Abfall verwendet zum Auffüllen von offenen Tagebaugruben oder ehemaligen Bergwerken. Und erst wenn das alles nicht mehr möglich ist, kommt die Beseitigung, die Ablagerung auf der Mülldeponie. Der Abstand zum Abfallbeseitigungsgesetz von 1972 könnte nicht größer sein.

Die fünffache Hierarchie wurde notwendig durch die europäische Richtlinie 2008/98/EG. Sie hat die vierfache aus dem Gesetz von 1974 übernommen und durch eine Nr. 2 ergänzt. Nur die Terminologie wurde geändert, im Übrigen das deutsche Gesetz in die Richtlinie übernommen. Die EU hatte nun die Bedeutung der Abfallwirtschaft erkannt und die Vorreiterrolle Deutschlands auf diesem Gebiet anerkannt. Nun sollen auch die anderen Mitgliedstaaten allmählich solche Maßstäbe erreichen. Bei uns musste nur die Terminologie geändert werden.

Wichtigste Neuerung im deutschen Gesetz von 1994 war die Einführung der „Produzentenverantwortlichkeit“, heute Teil 3 mit §§ 23 bis 27 KrWG. Danach müssen Hersteller „von Erzeugnissen, die mehrfach verwendbar und technisch langlebig sind“ ihre Produkte für die Abfallverwertung zurücknehmen, und zwar auf eigene Kosten (die sie vorher an die Kunden weitergegeben haben, indem sie die Preise erhöhten, auch eine Kreislaufwirtschaft). Dazu gehören nicht nur Pfandflaschen, sondern nach besonderen Vorschriften, zum Beispiel nach dem Elektrogesetz

Haushaltsgeräte, die über kommunale Sammelstellen an die Hersteller zur Verwertung zurückgegeben werden. Im Übrigen gilt nach § 15 KrWG der alte Grundsatz, dass „Erzeuger und Besitzer von Abfällen" verpflichtet sind, die selbst zu beseitigen. Dazu gehören kleine und große Gewerbebetriebe, auch Handwerker. Sie können jedoch einen zuverlässigen Entsorger beauftragen. Während „Erzeuger oder Besitzer von Abfällen aus privaten Haushaltungen" sie nach § 17 KrWG dem „öffentlich-rechtlichen Entsorgungsträger" überlassen müssen. Das gilt auch für andere, z.B. Gaststätten oder Hotels. Damit schließt sich der Kreis zum Abfallgesetz 1972, um sich weiter nach oben zu drehen.

Das **Klima** spielt auf drei Ebenen eine Rolle. Erstens bei der Luftreinhaltung in den Städten, wie beschrieben. Dann im Hinblick auf die Schädigung der Erdatmosphäre mit Folgen für die Ökosysteme der Kontinente und Ozeane, besonders durch den Ausstoß von CO_2 (Kohlendioxid) bei der Verbrennung von Kohle, Erdöl und Erdgas. Das ist ein politisches Problem, und zwar zweitens auf der Ebene einzelner Staaten, bei uns der Bundesrepublik, schließlich drittens der Weltgemeinschaft. Die Bundesrepublik hat 2019 einen Kohlekompromiss beschlossen, nach dem das letzte Kohlekraftwerk 2038 abgeschaltet werden soll. Die Weltgemeinschft der Vereinten Nationen hat 2015 mit dem Abkommen von Paris reagiert. Danach soll der Anstieg der globalen Temperatur möglichst auf 1,5° Celsius begrezt werden. Ob das reicht und erreicht wird, ist fraglich. Jedenfalls können weitere Schädigungen der Erdatmosphäre existenzielle politische, wirtschaftliche und gesellschaftliche Folgen haben, auch das Ende des Kapitalismus.

Die Politik ist trotz vieler Anläufe eher zögerlich gewesen. Vielleicht hilft da der neue Jugendprotest von Schülern und Studenten, der 2018 begann mit der jungen Schwedin Greta Thunberg, „Fridays for Future".

73. Sozialrecht

Mit dem Beitritt von fünf Ländern der **DDR** zur Bundesrepublik war verbunden die Überleitung des Sozialrechts, wichtigstes Problem das der Altersrenten. Dazu gab es Vereinbarungen zwischen beiden Staaten: im Vertrag über die Währungs-, Wirtschafts- und Sozialunion vom 18. Mai 1990, Artikel 18, und im Einigungsvertrag, Art. 30 Abs. 2 bis 5. Ebenfalls schon vor dem Beitritt hat die Volkskammer am 29. Juni 1990 ein Aufhebungsgesetz erlassen(nämlich von Renten der Mitarbeiter des Ministeriums der Staatssicherheit wegen des allgemeinen Volkszorns) und am 1. Juli 1990 ein Rentenangleichungsgesetz. Nach der staatlichen Vereinigung ergingen 1990/91 Rentenanpassungsverordnungen und am 25. Juli 1991 das Rentenüberleitungsgesetz. 1993 wurde es novelliert und 1996 ein neues Gesetz erlassen. Verfassungsbeschwerden führten zu mehreren Entscheidungen des Bundesverfassungsgerichts, diese zu neuen Gesetzen und schließlich erging 2017 ein Überleitungsschlussgesetz. Das große Wirrwarr.

Noch weniger durchsichtig waren die Vorschriften zur Alterssicherung in der DDR. Für alle Beschäftigten gab es durch die „Sozialversicherung" eine Grundversorgung, daneben, auch für jeden, eine beitragspflichtige Zusatzrentenversicherung, außerdem nur für bestimmte Personengruppen mehr als 60 beitragsfreie Zusatzrenten. Am meisten verbreitet war wohl die für die „Intelligenz", aber auch wieder weit und unterschiedlich gestreut für verschiedene Berufe mit unterschiedlichen Voraussetzungen. Hochschullehrer gehörten dazu, andere Wissenschaftler, Techniker, Ärzte, Apotheker, Lehrer usw., und für einige sehr Auserwählte mit besonders verdienstvollen Leistungen eine Spitzenversorgung von monatlich bis zu 12.000 Mark. Dann der Staatsapparat: Parteien, Verwaltung, Militär, Ministerien, auch wieder mit unterschiedlichen Stufen. Ein noch größeres Wirrwarr. Und was gibt die Bearbeitung eines Wirrwarrs durch ein anderes? Ein Chaos und ein Stelldichein von Fragen und Fragezeichen nach Gerechtigkeit und Verfassungsmäßigkeit.

Nun zur **Pflegeversicherung**. Seit Beginn der Bundesrepublik ist die Lebenserwartung ständig gestiegen. Lag sie 1960 bei 68 Jahren, war sie Mitte der achtziger Jahre schon bei einem Alter von 75 angekommen und stieg in den westlichen Bundesländern bis 2015 auf 81 Lebensjahre. Das hieß auch: Immer mehr und immer ältere Menschen mussten gepflegt werden. Um die Kosten einer ständigen Pflege bezahlen zu können, mussten immer mehr Betroffene Sozialhilfe beantragen. Das bedeutete ständig steigende staatliche Kosten. Dann hatte der Staat eine Idee. Sein Sprachrohr hieß Norbert Blüm und war Helmut Kohls Minister für Arbeit und Soziales. 1994 hat er ein Gesetz zur Pflegeversicherung veranlasst, die sowohl über gesetzliche wie private Krankenversicherung durch Beiträge im Umlaufverfahren finanziert wird. „Weg vom Staat und hin zur privaten Verantwortung" war das Motto der Christlichen Union. Es wurde eine Pflichtversicherung mit fünf „Pflegegraden" je nach der notwendigen Intensität, aber nur eine „Teilkaskoversicherung" (Erika Schulz). Sie trägt nicht alle Kosten. Der Rest muss aus eigenen Mitteln geleistet werden, z.B. einer Rente. Im Vergleich mit anderen Ländern der EU liegt Deutschland ziemlich gut im Mittelfeld.

Nachdem mit Rentenreformgesetzen 1992 und 2000 das Niveau der Versorgung wegen zunehmender Alterung der Gesellschaft gesenkt werden musste, wurde 2001 mit der **Riester-Rente** eine freiwillig durch private Beiträge finanzierte und staatlich geförderte zusätzliche Altersversicherung eingeführt, so genannt nach Walter Riester, Bundesminister für Arbeit und Sozialordnung im Kabinett Gerhard Schröder. Der Mindestbetrag der Versicherten stieg von 2002 bis 2008 auf ein bis vier Prozent des Einkommens. Die Rente wurde kein großer Erfolg, Für einige sogar zu einem Verlustgeschäft.

Hartz I–IV. 2002/04 war nach Bismarcks Sozialgesetzen 1883/89 und Adenauers Rentenreform 1957 die dritte große deutsche Sozialgesetzgebung. Hier kam zweierlei zusammen. Zum einen war die Zahl der Arbeitslosen von vier Millionen 2002 auf fast viereinhalb Millionen 2003/2004 gestiegen, der höchste Stand seit der Wiedervereinigung. Es musste etwas getan werden. Zum anderen hatte der Bundesrechnungshof festgestellt, dass die Bundesanstalt für Arbeit in Nürnberg wegen der hohen Zahlen jahrelang die Statistik manipuliert hatte. Ihr Präsident Bernhard Jagoda soll das gewusst haben. Deshalb ist er am 21. Februar 2002 zurückgetreten. Und am nächsten Tag hat die Regierung Gerhard Schröder mit ihrem energischen Bundesminister für Wirtschaft und Arbeit Hans Clement eine Kommission eingesetzt, die vorschlagen sollte, was nun zu tun sei. Ihr Vorsitzender war Peter Hartz, Arbeitsdirektor und Vorstandsmitglied der Volkswagen AG. Sie hat am 16. August 2002 ihren Bericht abgeliefert.

Die Regierung wartete noch etwas. Dann fand im September die Wahl zum Bundestag statt, die Gerhard Schröder gegen Edmund Stoiber (CSU) hoch gewonnen hat. Das gab ihm und Clement den Rückhalt, die Vorschläge der Kommission gegen viel Kritik aus eigenen Reihen durchzusetzen. Es wurden vier Gesetze. Die ersten drei, Hartz I, II und III wurden noch am Ende des Jahres erlassen. Dann verkündete Schröder mit einer Regierungserklärung im März 2003 seine „Agenda 2010“, die er so nannte nach einem Beschluss des Europäischen Rats in Lissabon vom Jahr 2000 über die „Strategie 2010“, nach der die EU in zehn Jahren zum größten und wichtigsten Wirtschaftsraum der Welt werden sollte. Schröder erklärte in seiner Agenda, nun müssten die Sozialleistungen gekürzt werden. Damit wollte er neue Arbeitsplätze schaffen und die Arbeitslosigkeit abbauen. Das geschah mit dem vierten Gesetz von Heiligabend 2004, Hartz IV, ab 1. Januar 2005. Also:

22. Februar 2002	Einsetzung der Kommission mit Peter Hartz
16. August 2002	Ablieferung des Berichts
23. Dezember 2002	Hartz I, II und III
14. März 2003	Agenda 2010 zur Reform des Sozialsystems und des Arbeitsmarkts
24. Dezember 2004	Hartz IV beschlossen, in Kraft seit 1. Januar 2005

Die beiden wichtigsten waren Hartz I und Hartz IV, offiziell: „Erstes“ bzw. „Viertes Gesetz für moderne Dienstleistungen am Arbeitsmarkt“. In Hartz II ging es um Erleichterungen für Minijobs, z.B. über damals 400 € im Monat, Hartz III regelte die Umwandlung des Bundesamts für Arbeit in eine Bundesagentur für Arbeit in Nürnberg. Sie war die Vorbereitung für die nie klar geregelte Einrichtung von kommenden „Jobcentern", die sowohl Aufgaben der staatlichen Arbeitsvermittlung erhielten wie auch der kommunalen Sozialversorgung („fordern und fördern"), an sich ein Unding im föderalistischen Aufbau der Bundesrepublik, mit ziemlichen Anfangsschwierigkeiten, auch über das Bundesverfassungsgericht. Aber dann ist es doch irgendwie kraft Gewohnheit möglich geworden.

Nun zu Hartz I und Hartz IV. Die Hartz-Kommission, Schröder und Clement setzten auf Leiharbeit, auch beschönigend Zeitarbeit genannt. Wohl weil sie die Verteilung von Beschäftigten auf mehrere Betriebe möglich machte? Hier jedenfalls wurden die bisherigen Schleusen geöffnet. Nicht zum Vorteil der Leiharbeiter. Und Hartz IV brachte die Zusammenlegung von Arbeitsvermittlung, Arbeitslosenhilfe und Sozialhilfe, genauer: mit den arbeitsfähigen Empfängern von Sozialhilfe. Die nicht mehr arbeitsfähigen blieben da, wo sie waren, bei der Sozialhilfe. Aber auch hier wie dort wurde gekürzt. Die Arbeitsfähigen erhalten jetzt die Segnungen einer Vermittlung in den Arbeitsprozess, die aber mit Sanktionen der Kürzung von „Hartz IV" verbunden sind, also des Arbeitslosengelds II, wenn sie Beschäftigungsvorschläge nicht annehmen. Wie die anderen Bezieher von Arbeitslosengeld II auch, die vorher ein Jahr lang das Arbeitslosengeld I erhalten haben, wo es das nicht gibt. Also : Arbeitslosengeld I blieb, aber gekürzt um ein halbes Jahr auf eins, und die bisherige Arbeitslosenhilfe wurde Arbeitslosengeld II, ALG II, auch „Hartz IV" genannt, das die arbeitsfähigen Sozialhilfeempfänger ebenfalls erhielten. Und für alle sind seitdem die Sozialgerichte zuständig, die schnell mit einer Überflutung von Klagen gegen Leistungsbescheide zu kämpfen hatten und heute noch haben. Denn es wird nicht nur gekürzt, sondern auch zugemutet, wie schon angedeutet. Die Zumutung besteht darin, dass Empfänger von ALG II auch Angebote von Arbeit übernehmen müssen, die unterhalb ihrer Qualifikation liegt. Es gibt nicht mehr den Facharbeiter, dessen Status und Lebensgestaltung die Bismarck'sche Reform gesichert hat. Mit anderen Worten: Verlierer der Agenda ist der Mittelstand. Soviel zu den Einzelheiten, deren Fülle nun auf wenigen Seiten am Anfang eines guten Buchs lesen kann, das in den Literaturangaben genannt wird.

Und das Ergebnis der Reform? Dazu gibt es sehr viele, sehr sachkundige und sehr unterschiedliche Stimmen, jenseits der Kompetenz des Autors. Aber er wagt trotzdem einiges zu sagen, indem er den Autoren des genannten Buchs folgt. Die Reform hat keine neue Armut geschaffen, wie oft gesagt wird, aber auch keine alte beseitigt. Die Langzeitarbeitslosigkeit wurde nicht beseitigt, aber verringert. Und es gab einen erstaunlichen Abbau der Arbeitslosigkeit, der nicht nur der allgemein verbesserten Wirtschaftskonjunktur geschuldet ist. 2017 waren es weniger als 2,4 Millionen, und wenn man bedenkt, dass dazu jetzt auch die nicht vermittelten arbeitsfähigen ehemaligen Sozialhilfeempfänger zählen und neu hinzugekommene Flüchtlinge, ist der Abstand zu den Zahlen von 2003 noch größer. Jedoch: Es gibt auch Ungerechtigkeiten, besonders im Bereich der von Hartz IV erleichterten Leiharbeit, die durch die von der Zweiten Großen Koalition eingeführten Mindestlöhne nur teilweise gemildert sind.

74. Steuerrecht

Die **Einkommensteuer**, die dem Staat das meiste Geld bringt, wurde seit 1990 erstaunlicherweise kontinuierlich gesenkt. 1990 ist der „Mittelstandsbauch" durch lineares steigen der Tarife beseitigt. Mit einer Kurve vom Eingangstarif 22 % bis zum Höchsttarif 56 % hatte er die mittleren Einkommen stärker belastet und seitdem sind Eingangs- und Höchsttarif von 22 % und 56 % auf 14 % und 45 % gesenkt worden. Zusätzlich hat der Gesetzgeber aufgrund einer Entscheidung des Bundesverfassungsgerichts von 1992 (BVerfG 58,183) seit 1996 den Grundfreibetrag für alle Steuerzahler von 5.616 DM auf 12.095 DM erhöht. Das Gericht hatte nach Vorlagebeschlüssen von Finanzgerichten beschlossen, das Grundrecht auf freie Entfaltung der Persönlichkeit würde fordern, dass der Staat von einem Steuerzahler nicht Abgaben verlangen dürfe, die sein Existenzminimum übersteigen, und angedeutet, als Minimum könne derjenige Betrag angesehen werden, der einem Sozialhilfeempfänger jährlich gezahlt wird. Das hat die Regierung übernommen. So kam es zu dieser Erhöhung, die seitdem jährlich angeglichen wird.

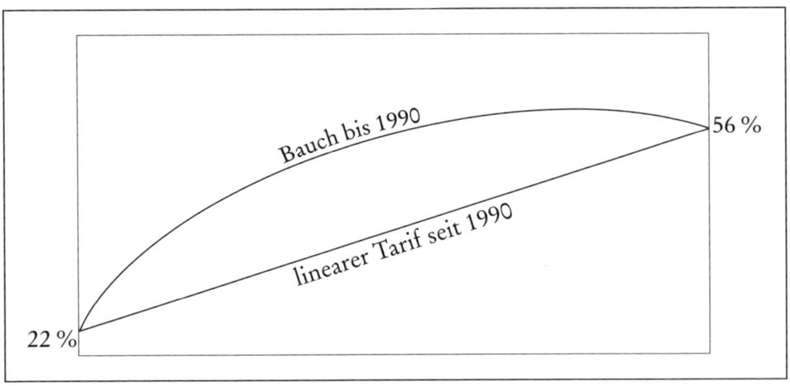

Abbildung 7: Mittelstandsbauch bei der Einkommensteuer

Freilich ergibt sich ein schiefes Bild, nur von Steuersenkungen zu sprechen. Der Bund bedient sich vor allem beim Klein- und Mittelstandsbürger klammheimlich Jahr für Jahr steigend durch die kalte Progression. Außerdem wurde erstmals 1991 ein „Solidarzuschlag" von 7,5 % auf die Einkommen- und Körperschaftsteuer erhoben, damals begründet mit dem Golfkrieg, den Folgen des Zusammenbruchs der Sowjetunion und der deutschen Einheit. Seit 1995 wird er unbefristet in Höhe von 5,5 % verlangt. Mit einem „Gesetz über Maßnahmen zur Bewältigung der finanziellen Erblasten im Zusammenhang mit der Herstellung der Einheit Deutschlands ..." vom 23.6.1993 eingeführt, hat er eine eindeutige Begründung. Ist er damit zu beenden, wenn die Einheit hergestellt ist? Wann wäre die hergestellt? Begrenzt eingeführte Abgaben haben meist ein unheimlich zähes Leben.

Die **Körperschaftsteuer** ist für Kapitalgesellschaften, Genossenschaften, Vereine, Anstalten, Stiftungen etc. die der Einkommensteuer für natürliche Personen entsprechende Abgabe. Sie beträgt heute 15 % des zu versteuernden Einkommens. Für Unternehmen sind daneben Gewerbesteuer zu zahlen und unternehmerische Einkünfte auch noch der Einkommensteuer zu unterwerfen.

Bei Kapitalgesellschaften ist die Körperschaftsteuer eine Gewinnsteuer für in der Bilanz einbehaltenen Gewinne und solche, die an die Kapitaleigner ausgeschüttet wurden. Die für die einbehaltenen ist höher gewesen, weil für sie von der Gesellschaft keine Einkommensteuer gezahlt werden muss, wohl aber für ausgeschüttete. Seit 1958 war der Steuersatz für einbehaltene Gewinne 51 %, für ausgeschüttete 15 %. Seit 1977 war für den ausgeschütteten Gewinn das Anrechnungsverfahren eingeführt worden, um eine Doppelbesteuerung zu vermeiden. Der ausgeschüttete Gewinn konnte von der Einkommensteuer abgezogen werden. Dieses Verfahren war aber mit Schwierigkeiten verbunden, wenn die Gesellschaft Auslandsbeziehungen hatte. Deshalb ist seit 2001 das Halbeinkünfteverfahren eingeführt worden. Danach konnte die Körperschaftsteuer nur für die Hälfte der Ausschüttung verlang werden. Dann lag der Steuersatz einheitlich bei 25 % für einbehaltene und ausgeschüttete Gewinne. Mit der Unternehmensteuerreform 2008 wurde der Steuersatz auf 15 % gesenkt, um im internationalen Standortwettbewerb nicht zurück zu fallen.

Drittwichtigste ist die **Umsatzsteuer**. Wie im 3. Teil beschrieben, wurde sie 1968 zu einer Mehrwertsteuer mit Vorsteuerabzug umgewandelt (Rnr. 51). Seitdem ist sie von 10 % allmählich auf 19 % erhöht worden, die ermäßigte, (für Lebensmittel, Bücher o.ä.) von 5 % auf 7 %.

Nun noch zur **Vermögensteuer**. 1995 erging für sie ein wichtiger Beschluss des Bundesverfassungsgerichts (BVerfGE 93,121). Grundlage war eine Richtervorlage des Finanzgerichts Neustadt an der Weinstraße nach Art. 100 GG. Es zweifelte an der Verfassungsmäßigkeit des Vermögensteuergesetzes, VStG. Der 2. Senat entschied, § 10 Abs. 1 VStG sei verfassungswidrig, weil er einen einheitlichen Steuersatz (von damals 0,5 % jährlich) für Grund- und anderes Vermögen anordnet, die in unterschiedlicher Weise bewertet werden. Für beide Arten ergibt sich die

Bemessungsrundlage nach § 4 VStG aus dem Bewertungsgesetz, BewG. Nach dessen § 9 richtet sich die Steuer regelmäßig nach dem normalen Wert des Vorjahres, so z.B. für Wertpapiere und Geldvermögen nach §§ 11 und 12 BewG der volle Kurs- oder Geldwert.

Bei Grundstücken sieht es ganz anders aus. Nach § 79 ff. BewG ist nicht der jeweilige Grundstückswert entscheidend, sondern ein Einheitswert, der sich nach dem Ertragswert richtet, bei einem Mietshaus z.B. den Jahresmieteinnahmen. Nach dem Bewertungsgesetz von 1965 (Art. 1 Nr. 8, Art. 2 Abs. 1) sollte er in Zeitabständen von jeweils 6 Jahren festgestellt werden, erstmalig für das Jahr 1964, „die nächste Feststellung" dann „auf den Beginn des Jahres 1971". Dann aber kam 1970 ein „Gesetz zur Änderung und Ergänzung bewertungsrechtlicher Vorschriften". In Art. 2 hat es die Regelung für „die nächste Feststellung geändert und angeordnet, die Feststellung der Einheitswerte, die der von 1964 folgen, dürfe nicht durch das normale Verfahren stattfinden, sondern müsse durch ein besonderes Gesetz erfolgen. Dieses Gesetz ist jedoch nicht erlassen worden. So blieb die Bewertung von Grundstücken auf dem Stand von 1964. Ergebnis? § 10 Abs. 1 VStG ordnet denselben Steuersatz von 0,5 % an sowohl für Grundstücke mit dem Einheitswert von 1964 wie für anderes Vermögen mit dem jeweiligen Wert des Vorjahres. Also werden Grundstückseigentümer erheblich besser gestellt als Eigentümer eines anderen Vermögens. Das verstößt gegen den Gleichheitssatz des Art. 3 Abs. 1 GG. Also ist § 10 Abs. 1 VStG verfassungswidrig. Das ist in der Wissenschaft vom Steuerrecht und der Praxis der Finanzämter allgemein anerkannt. Seit 1995 ist das Vermögenssteuergesetz nicht mehr angewandt worden.

Viel Kritik gab es an einem zweiten Teil des Beschlusses von 1994, einem sogenannten *obiter dictum*, also einem Nebenher-Gesagten ohne gesetzliche Wirkung. Es war, sagen wir mal: ein Steckenpferd des Richters Paul Kirchhof, der als Berichterstatter den Beschluss für den 2. Senat vorbereitet hat. Ein Fachmann für Steuerrecht, auch als Hochschullehrer an der Universität Heidelberg. Dagegen hatte in einem Sondervotum ein anderer Richter des 2. Senats schon eindrucksvoll eine Attacke geritten, Ernst-Wolfgang Böckenförde, Fachmann für Verfassungsrecht, auch als Hochschullehrer an der Universität Freiburg im Breisgau. Dieses *obiter dictum* war ein Exkurs zum Halbteilungsgrundsatz. Sieben Richter hatten ihm zugestimmt. Einer nicht. Die sieben waren ja auch nicht Professoren für Verfassungsrecht wie Ernst-Wolfgang Böckenförde.

Der Halbteilungsgrundsatz geht von der Beobachtung aus, dass der Staat mit Steuern auf drei Wegen in das Eigentum eingreift, das von Art. 14 GG als Grundrecht geschützt wird, nämlich beim Erwerb, beim Gebrauch und bei der Verwendung. Beim Erwerb durch Erbschaft oder eigene Arbeit muss Erbschaftssteuer gezahlt werden oder Einkommensteuer. Beim Gebrauch ist Vermögensteuer zu zahlen. Bei der Verwendung z.B. Umsatzsteuer oder Gewerbesteuer. Das Eigentum ist von Steuern umzingelt. Deshalb soll ihm wenigstens beim Gebrauch geholfen werden, denn dafür gibt es eine Vorschrift. Art. 14 Abs. 2 GG:

> „Eigentum verpflichtet. Sein Gebrauch soll zugleich dem Wohle der Allgemeinheit dienen."

Wenn es dem Wohl der Allgemeinheit dient, müsse die Allgemeinheit auch auf die Hälfte der Vermögensteuer verzichten. Das ergibt sich aus dem Wort „zugleich". Dazu hat schon Richter Böckenförde gesagt, man könne nach Art. 14 GG nicht drei verschiedene Stufen unterscheiden. Dafür gibt es weder nach dem Sinn nach dem Wortlaut dieses Grundrechts einen Anhaltspunkt. Außerdem könne das Wort „zugleich" nicht arithmetisch verstanden werden, „zu je 50% privat und für das Allgemeinwohl", sondern einfach nur als gleichzeitig. Gleichzeitig soll es dem Allgemeinwohl dienen (und oft dient es bei vielen Eigentümern eben auch nicht, U.W.). Also muss es nach dem Vermögensteuergesetz voll versteuert werden und nicht nur zur Hälfte, wenn es mit der Einkommensteuer oder anderen Abgaben gemeinsam belastet wird. Das Sondervotum wurde in diesem Sinn – auch mit Humor – begleitet von einem großen Chor, außerhalb des zweiten Senats, der sich schließlich dem Chor anschloss mit einem zweiten Beschluss zum Halbteilungsgrundsatz von 2006 (BVerfGE 115,97). Paul Kirchhof hatte das Gericht 1999 verlassen, Ernst-Wolfgang Böckenförde schon 1996.

Ein Ehepaar wehrte sich gegen die Steuerbescheide wegen Einkommen- und Gewerbesteuer von zusammen 373.432 Euro für 1994 und klagte dagegen vor dem Finanzgericht Düsseldorf auf Herabsetzung ihrer Einkommensteuer, weil diese Summe deutlich über der Hälfte seiner Gesamteinkünfte lag und verwiesen auf das Urteil des 2. Senats von 1995. Das Finanzgericht hat ihre Klage zurückgewiesen und der Bundesfinanzhof ihre Revision. Dagegen hatten sie Verfassungsbeschwerde erhoben, die vom 2. Senat ebenfalls zurückgewiesen worden ist. Offensichtlich hat der Anwalt, der sie vertrat, schon die Entscheidung von 1995 missverstanden, denn sie betraf nur die Halbteilung der Vermögensteuer, nicht der Einkommensteuer. Allerdings waren die Ausführungen dazu im *obiter dictum* sehr kompliziert formuliert. Jedenfalls erklärte das Bundesverfassungsgericht nun unmissverständlich, aus der Sozialpflichtigkeit des Eigentums in Art. 14 Abs. 2 ergäbe sich kein Gebot einer Halbteilung. Das Wort zugleich habe auch keine rechnerische Bedeutung, sei lediglich „final" zu verstehen, gerichtet auf das Ziel (*finis*) eines Gebrauch für das Wohl der Allgemeinheit. Und so war auch das geklärt.

75. Allgemeines Privatrecht

Es ging ums Eigentum, 1990, dann um seine Nutzung, 1995. Noch vor der staatlichen Vereinigung hat die frei gewählte, aber nicht mehr ganz frei handelnde Volkskammer der DDR ein Gesetz erlassen, durch das Millionen Bürger der DDR bedroht wurden, ihr Eigenheim zu verlieren. Denn das „Gesetz zur **Regelung offener Vermögensfragen**" vom 23. September 1990 mit dem Prinzip „Rückgabe statt Entschädigung", auch Vermögensgesetz genannt, VermG, war auf Druck der Regierung Kohl (West) gegen den Widerstand der Regierung de Maizière (Ost) erlassen worden, um die Bundesrepublik vor hohen Entschädigungszahlungen zu bewahren. Es ging nicht nur um Milliardenforderungen der *Jewish Claims Conference* für Enteignungen von Juden in der NS-Zeit auf dem Gebiet der DDR, sondern auch und in erster Linie um Eigentumsverluste, die Deutsche erlitten hatten, weil sie aus der DDR geflohen waren. Die sollten nun durch Rückgabe wiedergutgemacht werden. So bestimmte es § 3 VermG.

Ausgenommen war Erwerb „in redlicher Weise", das heißt, wenn Eigentum oder ein „dingliches Nutzungsrecht" nach den in der DDR „geltenden allgemeinen Rechtsvorschriften" entstanden war. Besonders das letzte ist oft der Fall gewesen. Ein (dingliches) Nutzungsrecht entstand auf volkseigenem Grund, wenn einem Bürger von der zuständigen Behörde eine Urkunde darüber ausgehändigt wurde. Das geschah in der Regel, damit der sich dann auf diesem Grundstück mit eigenen Mitteln – oft in jahrelanger Arbeit – ein Wohnhaus baute, das dann sein Eigentum wurde (§§ 286ff. Zivilgesetzbuch). Also Eigentum am Grundstück und dem Haus waren nun getrennt. Der Boden blieb Volkseigentum, das Gebäude wurde „persönliches Eigentum", vererbbar und veräußerbar. Es musste nur, wie gesagt, nach den „geltenden allgemeinen Rechtsvorschriften" entstanden sein. Nur dann war der Erwerb „redlich", § 4 Abs. 3 VermG.

Die – ungewollte – Tücke dieser Regel war, dass die Behörden der DDR bei der Erteilung von Nutzungsrechten sehr unordentlich waren. In dem „Unrechtsstaat" gab es auch Unordnung. Oft wurde einem Bürger zum Beispiel nur gesagt, er dürfe dort bauen, ohne dass er eine Urkunde erhielt. Das störte niemanden, denn Privateigentum an Grundstücken spielte in der DDR keine große Rolle. Auch die Grundbücher waren heillos in Unordnung. Jetzt, nach der Wiedervereinigung, spielten die „allgemein geltenden Rechtsvorschriften" aber eine Rolle. Jetzt kam es darauf an. Wenn also ein Flüchtlingsgrundstück in Volkseigentum umgewandelt worden war, hatte derjenige Glück, der eine Urkunde besaß. Er konnte sein Haus behalten. Der alte Eigentümer wurde entschädigt. Ein anderer ohne Urkunde hatte Pech. Der Westdeutsche bekam sein Grundstück mit Haus zurück. Für das „persönliche Eigentum" gab es keine Vorschrift, die eine Entschädigung des Erbauers vorsah. Das war das Schicksal für Tausende Betroffene. 2,2 Millionen Anträge wurden gestellt und bedrohten mindestens 8,8 Millionen Einwohner, wenn man nur vier Personen in einem Haus oder Gebäude rechnet. Die Hälfte der Bevölkerung der DDR. Am Ende, Stand 2009, sind es 419.820 Grundstücke gewesen, die zurückgegeben werden mussten mit ungefähr 1,6 Millionen Bewohnern.

Ganz anders sah es nach dem Gesetz von 1994 aus, dem „Gesetz zur Sachenrechtsbereinigung im Beitrittsgebiet". Inzwischen hatte man gelernt, wie unordentlich es im Beitrittsgebiet zugegangen war. 1992 war deshalb schon etwas am Vermögensgesetz geändert worden. Ab 1995 wurden alle Fälle der Trennung von Eigentum an Haus und Grundstück dem BGB angeglichen, das diese Unterscheidung nicht kennt, sondern nur Nießbrauch, der bedeutet, dass jemand durch Vertrag mit dem Eigentümer das Recht erhält, eine Sache zu nutzen, § 1030. Ist die Sache ein Grundstück, muss er ins Grundbuch eingetragen werden, § 873, und außerdem erlischt jeder Nießbrauch mit dem Tod des Nießbrauchers, § 1061. Nach dem Sachenrechtsbereinigungsgesetz erhielt nun jeder DDR-Nutzer das Recht, vom Eigentümer entweder ein Nießbrauch zu erwerben, § 32, oder das Grundstück zu kaufen, § 61, unabhängig von der Art der Nutzung, ob mit Urkunde oder nicht usw., § 9 SachenRBerG. Nun trat der Bestandsschutz für DDR-Nutzer in den Vordergrund, nicht der Grundsatz der Rückgabe von Eigentum.

Soviel zum Eigentum und Nutzungsrecht im Übergang der Wiedervereinigung. Jetzt zur vereinigten Republik, nämlich zur umfangreichsten Änderung des BGB seit 1900 durch das „Gesetz zur **Schuldrechtsmodernisierung**" 2002. Es war jahrelang vorbereitet worden, aber unmittelbarer Anlass ist die EU-Richtlinie 1994/44 über den Verbrauchsgüterkauf gewesen. Schwerpunkt der Änderung waren Kauf und Verjährung. Aber das Recht der Leistungsstörungen wurde grundlegend geändert und die Verbraucherschutzgesetze der siebziger und achtziger Jahre (Rnr. 52) sind in das BGB eingebaut worden. Das Wichtigste:

Die regelmäßige Verjährung von 30 Jahren in § 195 wurde verkürzt auf drei Jahre und die Wirkung der Hemmung derjenigen der Unterbrechung gleichgestellt. Die Verjährung beginnt nun mit dem Schluss des Jahres, in dem der Anspruch entstanden ist. Im Kaufrecht ist die Unterscheidung von Vertragserfüllung und Gewährleistung ersetzt worden durch ein einheitliches System der Vertragsmäßigkeit der Leistung. Es beginnt mit § 433 Abs. 1, nach dem der Verkäufer nicht nur wie bisher die Sache zu übergeben und das Eigentum zu verschaffen hat, sondern sie auch frei von Sach- und Rechtsmängeln leisten muss. Nun gut. §§ 434 und 435 präzisieren, was Sach- und Rechtsmängel sind. Die Folgen von Mängeln sind in § 437 geregelt, nämlich Nachbesserung, Rücktritt oder Minderung und Schadensersatz für vergebliche Aufwendungen, die Regeln dafür in §§ 439–445. Die Verjährung für diese Ansprüche beträgt nach § 438 bei Grundstücken 30 oder fünf Jahre, bei beweglichen Sachen zwei Jahre statt bisher ein halbes Jahr. Die wichtigste Änderung nach der Richtlinie. Die Fachleute wollten die Regelverjährung von 3 Jahren. Aber der Widerstand der Wirtschaft war stärker. Der Eigentumsvorbehalt ist nun gesetzlich geregelt, § 449. Keine Änderung. Die besonderen Regeln für Gattungs- und Viehkauf sind gestrichen und der Tausch folgt den Vorschriften für den Kauf, § 480.

Die bisherigen Fälle der Leistungsstörung, Nichtleistung, Unmöglichkeit und Verzug, werden unter dem einheitlichen Begriff der Pflichtverletzung zusammengefasst, § 280 Abs. 1. Neben dem Schadensersatz gibt es aber noch besondere Regeln, § 280 Abs. 3 in Verbindung mit §§ 281 bis 283. Die Unmöglichkeit der Leistung als Grund für die Befreiung von der Verbindlichkeit bleibt, § 275 Abs. 1 und wird ergänzt in Abs. 2 durch ein Leistungsverweigerungsrecht des Schuldners nach Treu und Glauben, wenn seine Leistung in einem groben Missverhältnis zum Interesse des Gläubigers daran steht. Das ist neu. In beiden Fällen des § 275 bleibt ein Vertrag nach § 311a wirksam und verpflichtet den Schuldner zum Schadensersatz oder Ersatz der Aufwendungen des Gläubigers, wenn er die Unmöglichkeit oder das Missverhältnis beim Vertragsschluss kannte oder kennen musste. Außerdem wird jetzt bei gegenseitigen Verträgen das Recht, wegen Pflichtverletzung Schadensersatz zu verlangen, durch den Rücktritt nicht ausgeschlossen, § 325. Schließlich ist das Rechtsinstitut der Geschäftsgrundlage zum ersten Mal in § 313 gesetzlich geregelt und für Dauerschuldverhältnisse gibt es aus wichtigem Grund nach § 314 ein Kündigungsrecht. Gesamtergebnis? Viel vereinfachendes Gedöns, im Sachlichen wenig wesentliche Änderungen, nur dass die Verjährung von Mängeln beim Kauf verlängert ist von sechs Monaten auf zwei Jahre. Soviel zur EU-Richtlinie.

76. BVerfGE 89,214 – Die Bürgschaft der Tochter

Seit langem hatte eine größere Zahl von Instanzgerichten Urteile gesprochen, mit denen Bürgen geholfen werden sollte, die für eng mit ihnen verbundene Hauptschuldner finanziell krass überfordert waren. Aber immer wieder sind sie vom Bundesgerichtshof aufgehoben worden, der meinte, *pacta sund servanda*, Vertrag ist Vertrag. Bis endlich das Bundesverfassungsgericht 1993 in einem besonders schlimmen Fall eingegriffen hat.

Es war eine junge Frau von 21 Jahren, ohne Ausbildung, oft arbeitslos, die damals 1982 in einer Fischfabrik für monatlich 1.150 DM netto arbeitete. Ihr Vater war Immobilienmakler und beantragte bei der Sparkasse in Celle die Erhöhung seiner Kreditgrenze von 50.000 auf 100.000 DM. Die Sparkasse verlangte die Bürgschaft seiner Tochter. Als sie deshalb dort bei einem Mitarbeiter erschien, sagte der ihr: „Hier bitte, unterschreiben Sie mal. Sie gehen damit keine große Verpflichtung ein. Ich brauche das nur für meine Akten." Das ergab eine Beweisaufnahme. Sie hat unterschrieben. Dann kündigte die Sparkasse sämtliche Darlehen ihres Vaters und verlangte von ihr Zahlung von 100.000 DM nebst Zinsen.

Das Landgericht hat sie verurteilt, das Oberlandesgericht dieses Urteil aufgehoben und die Klage abgewiesen. Die Sparkasse sei wegen Verschuldens bei den Vertragsverhandlungen verpflichtet gewesen, die Tochter aus der Bürgschaft zu entlassen. Der Bundesgerichtshof hat 1989 das Urteil des OLG aufgehoben und das landgerichtliche wiederhergestellt. Die Bürgschaft sei ein einseitiges Rechtsgeschäft, bei dem der Gläubiger regelmäßig keine Aufklärungspflicht habe. Die Tochter sei volljährig gewesen und hätte auch ohne besondere Geschäftserfahrung gewusst, dass eine Bürgschaft Haftungsrisiken begründe. Zur Zeit ihrer Erklärung sei die Bonität ihres Vaters gut gewesen, also die Auskunft des Sparkassenangestellten zutreffend. Auf die Verfassungsbeschwerde gegen dieses Urteil hat es das Bundesverfassungsgericht 1993 aufgehoben.

Denn seit dem Lüth-Urteil (Rnr. 24) sei nämlich anerkannt, dass die Grundrechte auch Ausstrahlungswirkung auf die Auslegung von zivilrechtlichen Vorschriften haben, besonders von Generalklauseln wie § 138 und 242 BGB. Darauf müssten Zivilgerichte Rücksicht nehmen und jeweils prüfen, ob bei der Beurteilung eines Sachverhalts Grundrechte beachtet werden müssen. Der BGH habe aber keine Veranlassung zur Prüfung gesehen, ob beim Zustandekommen der Bürgschaft 1982 zum Beispiel gegen die Generalklausel des § 138 BGB verstoßen worden sei. Denn die Vertragsfreiheit, auf die der BGH sich letztlich beruft, sei „nur im Fall eines annähernd ausgewogenen Kräfteverhältnisses der Partner" taugliche für einen angemessenen Ausgleich der Interessen. Das zeige besonders § 138 Abs. 2 BGB. Aber auch § 138 Abs. 1 führe zur Nichtigkeit eines Vertrags, wenn der überlegene Vertragsteil die Verhandlungsunterlegenheit des anderen ausnutzt, um seine Interessen in auffälliger Weise einseitig durchzusetzen. „Ist also der Inhalt eines Vertrags für eine Seite ungewöhnlich belastend, so dürfen sich die Gerichte nicht mit der Feststellung begnügen „Vertrag ist Vertrag". Sie müssen vielmehr klären, ob die Regelung eine Folge strukturell ungleicher Verhandlungsstärke ist und korrigierend eingreifen." Es sei ein „Verstoß gegen die von Art. 2 Abs. 1 GG garantierte Privatautonomie, wenn das Problem gar nicht gesehen oder seine Lösung mit untauglichen Mitteln versucht wird." Zum BGH konkret: „Alle Argumente, mit denen die Beschwerdeführerin ihre Verhandlungsschwäche belegen wollte, wurden mit dem Hinweis zurückgewiesen, sie sei volljährig gewesen und habe sich über die entstehenden Risiken selbst vergewissern müssen. Das reicht nicht aus." Deshalb sei sein Urteil ein Verstoß gegen ihr Grundrecht aus Art. 2 Abs. 1 und wurde aufgehoben.

Der BGH musste neu entscheiden und hat dementsprechend entschieden, bis heute in ständiger Rechtsprechung. Das BVerfG ist auf diesem Weg weitergegangen, schon 1994 (Neue Juristische Wochenschrift 1994,2949, eine Kammerentscheidung): Sohn, geb. 1960, und Tochter, geb. 1962, haben sich 1983 verbürgt für eine Schuld ihres Vaters von 200.000 DM, ohne Irreführung der Bank. Aber ihr Einkommen (Tochter, Packerin, monatlich 1.100 DM netto, Bruder ähnlich, damals Wehrdienst) reicht nicht einmal aus, um nur die Zinsen zu zahlen. Deshalb ist heute herrschende Meinung, hM: Bürgschaften von Personen, die mit dem Hauptschuldner emotional verbunden sind, verstoßen gegen § 138 Abs. 1 BGB und sind unwirksam, wenn sie erkennbar Ausdruck einer strukturellen Unterlegenheit des Bürgen sind und für ihn eine nicht hinnehmbare, mit seinen Einkommens- und Vermögensverhältnissen unvereinbare Belastung begründen.

77. Familienrecht

In dem Vierteljahrhundert von der staatlichen Vereinigung bis zum Ende der Großen Koalition 2017 wurde die Entwicklung der Familie des BGB von 1900 zu etwas völlig Neuem vollendet. Diese Familie war noch geprägt vom patriarchalischen Charakter der ständischen Ordnung vor der industriellen Revolution als Konsum- und Produktionseinheit mit öffentlicher Funktion und objektivem Rollenzwang und geprägt durch Religion und öffentliche Moral. Gerichtlich durchsetzbare Rechte einzelner Familienmitglieder gab es kaum angesichts der alles beherrschenden Stellung des männlichen Familienoberhaupts.

Das alles wurde am Beginn der Bundesrepublik schon erheblich gelockert durch Art. 3 Abs. 2 und Art. 6 GG, die die Gleichberechtigung der Frau vorschrieben und Gleichheit der „unehelichen" mit den ehelichen Kindern forderten. Beides wurde schließlich in einem langen Prozess von einem halben Jahrhundert erreicht. Erste moderate Anfänge für die Frauen gab es noch in der Zeit von Adenauer und Erhard, danach für die nichtehelichen Kinder, wie sie seit 1970 genannt wurden. Ende der siebziger Jahre begann die Auflösung der Institution Familie durch die nichteheliche Lebensgemeinschaft, die sich jetzt bilden konnte, weil in der Strafrechtsreform der Kuppeleiparagraph des § 180 StGB gestrichen worden war und Hauseigentümer und Hoteliers Wohnungen und Übernachtungen ohne Gefahr einer Gefängnisstrafe an nicht verheiratete Paare überlassen konnten. Diese Entwicklung verstärkte sich seit 1990 außerordentlich.

1990 wurde das Gesetz zur Reform der Vormundschaft erlassen, das die Entmündigung Erwachsener abschaffte und durch die liberalere Betreuung ersetzte, die Geschäfts-, Delikts-, Ehe- und Testierfähigkeit der Betreuten weniger beeinträchtigte. Da sie nicht mehr als Entmündigung galt, neigen allerdings Betreuungsgericht eher öfter dazu, eine Betreuung zu bestellen.

1993 ist das Gesetz zur Neuordnung des Namenswesens erlassen worden als Ende einer langen Entwicklung, die 1957 mit dem Gleichberechtigungsgesetz begann. Danach erhielt eine Ehefrau das Recht, bei der Trauung vor dem Standesbeamten den Antrag zu stellen, dem Namen ihres Mannes ihren „Mädchennamen" hinzuzufügen, mit einem Bindestrich. Durch das 1976 erlassene Gesetz zur Eherechtsreform (Rnr. 56) wurde nicht nur die Scheidung erleichtert und die Stellung von Frauen nach der Scheidung durch Unterhalt, Zugewinn- und Versorgungsausgleich verbessert. Beide Eheleute konnten bei der Trauung den Namen des Mannes oder der Frau als Familiennamen wählen. Wenn das nicht geschah, wurde es der des Mannes. Diese Regelung des § 1355 erklärte das Bundesverfassungsgericht als Verstoß gegen Art. 3 Abs. 2 GG für verfassungswidrig (BVerfGE 84,1) und gab auch gleich die Lösung bekannt, dass nämlich beide ihren bisherigen Familiennamen weiterführen könnten. Das wurde durch das Gesetz von 1993 bestätigt und in Einzelheiten ergänzt, z.B. für den Namen der Kinder, § 1355 n.F. und §§ 1616ff. n.F.

1997/98 wurde mit dem Gesetz zur Reform des Kindschaftsrechts und dem Erbschaftsgleichstellungsgesetz endlich die Gleichstellung von nichtehelichen mit ehelichen Kindern erreicht. Ob Ehe oder nicht, das war jetzt völlig gleichgültig durch Vorschriften „für das Kind und seiner nicht miteinander verheirateten Eltern." Seit 1969 hatten sie immerhin gegen den Vater einen Erbersatzanspruch in Höhe des gesetzlichen für eheliche Kinder, gehörten aber nicht zur Erbengemeinschaft, hießen außerdem seit 1979 nach dem Recht zur Regelung der elterlichen Sorge (Rnr. 56) „nichtehelich" in allen Gesetzen statt „unehelich", nur nicht in Art. 6 Abs. 5 GG, weil die Regierung Schmidt/Genscher keine verfassungsändernde Mehrheit hatte. Seit 1998 wurden nun auch die Nichtehelichen Mitglieder der Erbengemeinschaft des Vaters. Seit 1997 erhielt eine nichteheliche Mutter für sich gegen den Vater Anspruch auf Unterhalt für sechs Wochen vor der Geburt des Kindes und acht Wochen danach, außerdem das volle Sorgerecht für das Kind, das seit 1970 für die Vaterschaftsfeststellung und anders noch vom Jugendamt vertreten wurde. Jetzt konnten Mutter und Vater das gemeinsame Sorgerecht beantragen, auch wenn sie nicht miteinander verheiratet waren.

2001 ist mit dem Gesetz zu Beendigung der Diskriminierung gleichgeschlechtlicher Gemeinschaften die eingetragene Lebenspartnerschaft entstanden, LPartG, deren Rechtsstellung der Ehe weitgehend angeglichen wurde. Als lebenslange Gemeinschaft wird sie grundsätzlich vor dem Standesbeamten erklärt und in ein Register eingetragen. Nur im Steuerrecht fehlte noch die Gleichstellung, z.B. mit dem Ehegattensplitting, bis das Bundesverfassungsgericht 2013 die Verweigerung dieser Gleichstellung für verfassungswidrig erklärte (Rnr. 78). Das war die Vorbereitung der Ehe für alle. Dazu gleich.

Ebenfalls 2001 erging das Gewaltschutzgesetz. Im Sinne von Art. 14 EMRK war es ein Gesetz gegen die natürliche Ungleichheit der Körperkraft von Männern und Frauen. Die Unterlegenen können sich jetzt wehren gegen die Gewalt des anderen, zum Beispiel mit einem „Platzverweis" aus der Ehewohnung und deren Überlassung an sich bei einer Trennung. Auch gegen „Stalking" wird geholfen.

2008 kam das „Gesetz über das Verfahren in Familiensachen und in den Angelegenheiten der freiwilligen Gerichtsbarkeit (FamFG)". Schon 1976 war mit dem Familienrechtsreformgesetz durch den neuen § 623 ZPO ein prozessualer Verbund der Scheidung mit ihren Folgen wie Sorge- oder Umgangsrecht der Kinder, Unterhalt, Versorgungs- und Zugewinnausgleich angeordnet, in der Zwischenzeit aber anderes dazugekommen und außerdem blieb die Unübersichtlichkeit der dazugehörigen Vorschriften der ZPO und des FGG. Beides wurde jetzt behoben und der Reformprozess des Gesetzes deutliche in § 111 FamFG:

„Familiensachen sind
1. Ehesachen
2. Kindschaftssachen
3. Abstammungssachen
4. Adoptionssachen
5. Ehewohnungs- und Haushaltssachen
6. Gewaltschutzsachen
7. Versorgungsausgleichssachen
8. Unterhaltssachen
9. Güterrechtssachen
10. sonstige Familiensachen
11. Lebenspartnerschaftssachen."

So wurde das Familiengericht zum „großen Familiengericht", groß nicht wegen seiner personellen Zusammensetzung, sondern wegen seiner umfassenden Kompetenzen.

Ebenfalls 2008 änderte der Bundesgerichtshof seine Rechtsprechung für Zuwendungen von erheblicher wirtschaftlicher Bedeutung innerhalb einer nichtehelichen Lebensgemeinschaft. Sie erfolgt jetzt nicht mehr in Analogie zum Gesellschaftsrecht, sondern nach den Regeln einer Ehe mit Gütertrennung. Damit rückte die neL als Rechtsinstitut ebenfalls in die Nähe zur Ehe.

Und schließlich 2017. Die Ehe für alle. Kurz vor dem Ende der Großen Koalition Merkel/Gabriel wurde das Gesetz zur Einführung des Rechts auf Eheschließung für Personen gleichen Geschlechts erlassen. § 1353 Abs. 1 S. 1 BGB lautete jetzt nicht mehr „Die Ehe wird auf Lebenszeit geschlossen“, sondern

> „Die Ehe wird von zwei Personen verschiedenen oder gleichen Geschlechts auf Lebenszeit geschlossen.“

Kanzlerin Merkel hatte sich öffentlich eher nebenbei zu einer solchen Lösung geäußert, ohne das Wort Gesetz zu nennen. Das konnte aber so als ernst gemeint verstanden werden und war für die SPD der Anlass, innerhalb der Großen Koalition ein solches Gesetz zu fordern. Und CDU/CSU widersprachen nicht. Im Bundestag stimmten große Teile der Union zu, auch der Bundesrat. So wurde es Gesetz. Was auch logische Folge des Partnerschaftsgesetzes und der dazugehörigen Entscheidung des Bundesverfassungsgerichts von 2013 war und gesetzlich ebenso schon (2016) geregelt ist in 10 von 27 Mitgliedstaaten der EU und außerhalb der EU in weiteren elf.

Es bedeutet das Ende der bürgerlichen Familie des BGB. Der Name Ehe und Familie sind erhalten geblieben. Aber an ihre Stelle ist etwas Neues getreten, in Einzelheiten schon seit längerer Zeit stärker verrechtlicht und mit größerem Einfluss des Staates über das „große Familiengericht“, nicht so stabil wie bürgerliche Ehe und Familie vorher. Es bleibt zwar noch die Bremse einer Scheidung durch gerichtliches Urteil. Aber die ist zur Formalität geworden. Denn es war – durch gesellschaftlichen Wandel – ein emotionales Element zur Grundsubstanz geworden. Die Zuneigung, die Liebe. Das Problem. „Die Lieb’ ist wie ein Wiegenlied: / Es lullt dich lieblich ein; / Doch schläfst du kaum, so schweigt das Lied, / Und du erwachst allein“ (Theodor Storm). Das ist heute noch so. Trotzdem. Das Rechtsinstitut wird überleben. Es steht immer noch unter dem Schutz von Art. 6 Abs. 1 des Grundgesetzes.

78. BVerfGE 105,313 – Lebenspartnerschaftsgesetz

Die rot-grüne Koalition unter Gerhard Schröder und Joschka Fischer hatte große Empörung zu überstehen, als sie ein Lieblingsprojekt der Grünen durchsetzte, das Lebenspartnerschaftsgesetz von 2001 für Lesben und Schwule. Unionspolitiker und katholische Kirche sahen die christliche Ehe in Gefahr. Übrigens zu Recht. Aber sie hatten den gesellschaftlichen Wandel gegen sich, den Zeitgeist – und das Bundesverfassungsgericht. Ehe und Familie sind ohnehin nicht mehr gewesen, was sie nach dem BGB von 1900 einmal waren (Rnr. 77). Großer Widerstand kam von den Christdemokraten im Bundesrat. Der musste also umgangen werden. Was zur Folge hatte, dass Vorschriften über die Durchführung des Gesetzes fehlten. Schließlich stellten unionsgeführte Länder beim

Bundesverfassungsgericht Anträge auf Normenkontrolle, weil das Gesetz gegen Art. 6 Abs. 1 des Grundgesetzes verstoße, der den besonderen Schutz des Staats für Ehe und Familie garantiert. So kam es zu diesem Urteil von 2002.

Das Gericht stellte fest, dass die vom Gesetz weitgehend nach Regeln des BGB für Ehe und Familie geschaffene lebenslange Partnerschaft für gleichgeschlechtliche Paare nicht gegen Art. 6 Abs. 1 verstoße. Denn der dadurch garantierte besondere Schutz für Ehe und Familie werde nicht betroffen, und bleibe auch dann weiter bestehen, wenn für schwule und lesbische Paare eine der Ehe sehr ähnliche Lebensform geschaffen wird. Auch nach Einführung der Lebenspartnerschaft steht jeder ehefähigen Person der Weg in die Ehe offen. Die habe weiter den besonderen Schutz des Art. 6 Abs. 1, im Gegensatz zu der anderen Partnerschaft. Diese neue Lebensform würde auch ehefähige Paare nicht davon abhalten, die Ehe zu begründen, weil ihnen die gleichgeschlechtliche Partnerschaft verschlossen bleibt. Die Ehe als Institut ist in ihrer verfassungsrechtlichen Struktur durch das Lebenspartnerschaftsgesetz nicht betroffen. Ihr rechtliches Fundament hat keine Änderung erfahren. Außerdem gäbe es auch keinen verfassungsrechtlichen Grundsatz, der es verbietet, den Bundesrat als Gremium für Zustimmungsgesetze dadurch zu umgehen, dass der Gesetzgeber es unterlässt, seine Vorschriften mit Bestimmungen über die Durchführung von Gesetzen zu ergänzen. Das bliebe dann eben den Ländern überlassen (und ist in sehr unterschiedlicher Weise inzwischen geschehen, U.W.)

Die rotgrüne Koalition hat 2004 noch ein Ergänzungsgesetz erlassen, mit dem für die Lebenspartnerschaft unter anderem die Übernahme des ehelichen Güterrechts angeordnet wurde, die weitgehende Angleichung des Unterhaltsrechts und die Einführung des Versorgungsausgleichs. Dann hat sie bei den Wahlen 2005 ihre Mehrheit im Bundestag verloren. Ihre Nachfolgerin wurde die Große Koalition Merkel/Steinmeier, von der Ergänzungen nicht mehr zu erwarten waren. Diese Rolle hat dann sozusagen das Bundesverfassungsgericht übernommen mit fünf Entscheidungen von BVerfGE 124,199 2009 bis 2013 BVerfGE 133,377. Eine „Gleichstellungskaskade" (Klaus Ferdinand Gärditz). Sie war verursacht durch Verfassungsbeschwerden von Partnern der Lebensgemeinschaft zum Beamten- und Steuerrecht. Das führte zum Beispiel dazu, dass der steuerliche Vorteil des Ehegattensplittings auch ihnen zu Gute kommt. Das Gericht folgte dabei dem Grundsatz, dass es mit dem Gleichheitssatz des Art. 3 Abs. 1 GG nicht vereinbar ist, wenn einer Lebensform, die nach Inhalt und Ziel mit der Ehe vergleichbar ist, die Privilegierung der Ehe vorbehalten wird. Der bloße Hinweis auf das Schutzgesetz für die Ehe in Art. 6 Abs. 1 würde dafür nicht ausreichen.

79. Arbeitsrecht und soziales Mietrecht

Die beiden arbeitsrechtlichen Institute, die um die Wende vom 20. zum 21. Jahrhundert bedenklich wurden, gehen historisch zurück auf die siebziger und achtziger Jahre, in denen sie sinnvoll gewesen sind: Leiharbeit, auch Zeitarbeit genannt, heute offiziell Arbeitnehmerüberlassung einerseits und andererseits befristete Arbeitsverhältnisse.

Leiharbeit ist eine US-amerikanische Erfindung. Es waren zwei Anwälte, die für kurze Zeit eine kompetente Sekretärin suchten, die ihnen einen juristischen Schriftsatz anfertigen sollte. Aber für so kurze Zeit fanden sie keine Bewerberin. So kamen sie auf die Idee, eine Firma zu gründen, die Zeitarbeit vermittelt. Das war 1948. Bald breitete sich das auch in der Bundesrepublik aus, hier wie dort in einem dreiseitigen Verhältnis:

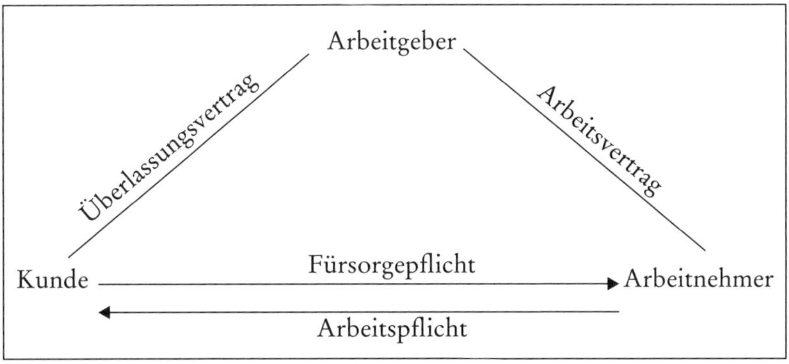

Abbildung 8: Arbeitnehmerüberlassungsvertrag

Mit dem Überlassungsvertrag zahlt der Kunde an den Arbeitgeber natürlich mehr als den Stundenlohn für den Arbeitnehmer, nämlich auch noch die Sozialabgaben des Arbeitgebers, dessen Kosten für das Büro und einen Gewinn. 1972 erging das Arbeitnehmerüberlassungsgesetz (AÜG). Danach durfte die Dauer der Überlassung drei Monate nicht übersteigen, um Missbrauch zu vermeiden. 1985 wurde die Frist auf sechs Monate verlängert, bis 2002 auf zwei Jahre. Aber 2003 hob die rot-grüne Koalition für ihre Agenda 2010 (Rnr. 73) diese Höchstüberlassungsfrist auf und spätestens jetzt begannen die Kunden, die Überlassung von Arbeitnehmern nicht für die Ausfüllung zeitlicher Lücken zu nutzen, sondern auch, um eigenes tarifgebundenes Personal zu entlassen oder neues nicht mehr einzustellen und durch Leiharbeiter mit Billiglöhnen zu ersetzen. Deren Zahl hat sich in den nächsten zehn Jahren ungefähr verdreifacht. Es war eindeutig: der massenhafte Missbrauch eines Rechtsinstituts. 2008 erging die Richtlinie 2008/104/EG über Leiharbeit, die in gewissen Grenzen eine Gleichstellung der Leiharbeiter mit dem Personal des Entleihers

(Kunden) forderte, und schließlich hat der deutsche Gesetzgeber 2017 eine Neufassung des Arbeitnehmerüberlassungsgesetzes, beschlossen. In ihm ist nun wieder eine Höchstdauer festgesetzt, von 18 Monaten, § 1 Abs. 1b. Und für die Leiharbeiter gilt nach § 8 der Grundsatz der Gleichstellung. Der Verleiher, der Arbeitgeber, ist verpflichtet, ihnen für die Zeit der Überlassung im Betrieb des Entleihers dieselben Arbeitsbedingungen zu gewähren wie den anderen Arbeitnehmern dort, einschließlich des Arbeitsentgelts. Letztlich zahlt natürlich alles der Entleiher. Damit dürfte der Missbrauch beendet sein.

Nicht so bei befristeten Arbeitsverträgen. 1985 wurde auf starken Druck der Wirtschaft ein „Beschäftigungsförderungsgesetz" erlassen. Bei Neueinstellungen waren befristete Verträge ohne sachlichen Grund zulässig. Nach mehreren Änderungen bis 2001 vom „Gesetz über Teilzeitarbeit und befristete Arbeitsverträge" TzBfG, abgelöst. Seitdem wird unterschieden zwischen befristeten Neueinstellungen ohne und mit sachlichem Grund. Nach § 14 Abs. 2 TzBfG sind Befristungen ohne sachlichen Grund nur für höchstens zwei Jahre zulässig. Innerhalb dieser Zeit darf ein Arbeitsvertrag höchstens dreimal verlängert werden. Die sachgrundlos befristeten Arbeitsverträge werden von Gewerkschaften und SPD heftig kritisiert. Nicht dagegen die mit einem sachlichen Grund, also zum Beispiel „bei vorübergehendem Arbeitsbedarf, zur Vertretung, zur Erprobung oder ... auf Grund eines gerichtlichen Vergleichs", wie es in § 14 Abs. 1 TzBfG heißt. Dann kann die Befristung auch wiederholt weitergehen als zwei Jahre.

Hier kämpft man an der falschen Front. Ohne sachlichen Grund sind es immerhin nur zwei Jahre. Mit sachlichem Grund drohen jedoch jahrelang Kettenverträge, die zu einem ständigen Missbrauch führen, wie zum Beispiel im Fall der *Bianca Kücük*. Von 1996 bis 2007 war sie über elf Jahre lang mit insgesamt 13 befristeten Arbeitsverträgen durchgängig als Justizangestellte beim Amtsgericht Köln beschäftigt, bis sie nicht mehr verlängert und schließlich vom EuGH unterstützt wurde (Fall C586/9).

Lange Zeit war das Arbeitsrecht in der Europäischen Union ein „Reservat der Mitgliedsstaaten" (Michael Wollenschläger). Seit den neunziger Jahren wird es aber zunehmend durch Europäisches Gemeinschaftsrecht und die Rechtsprechung des Europäischen Gerichtshofs bestimmt, das nun eine größere Zahl von Bereichen des deutschen Arbeitsrechts überlagert. Vorlagebeschlüsse durch deutsche Arbeitsgerichte zum EuGH haben stark zugenommen.

Berühmtester Fall wurde die Putzfrau *Christel Schmidt* aus Wacken, einer Gemeinde zwischen Itzehoe und dem Nord-Ostsee-Kanal im südlichen Schleswig-Holstein. Die dortige Sparkasse hat ihr Gebäude 1992 umbauen lassen. Vor dem Umbau hatte Christel Schmidt die Räume geputzt. Wegen des Umbaus kündigte die Sparkasse ihr und übertrug die Reinigung einer Firma, die schon die meisten Gebäude der Sparkasse in anderen Orten reinigte. Das Angebot der Firma, die Filiale in Wacken für monatlich mehr Geld als bisher zu putzen, lehnte Christel Schmidt ab, weil sich dadurch ihr Stundenlohn wegen Vergrößerung der Fläche verringert hatte, und sie erhob die Kündigungsschutzklage. Als Grundlage dafür kam nur der 1972 eingeführte § 613a BGB in Betracht: Geht ein Betrieb durch Rechtsgeschäft auf einen anderen Inhaber über, tritt dann der Übernehmer in die bestehenden Arbeitsverhältnisse ein und Abs. 4 verbietet die Kündigung wegen der Betriebsübernahme. Aber – nach herrschender Meinung der Wissenschaft und der Rechtsprechung des Bundesarbeitsgerichts war der „Betrieb" ein sachbezogener Begriff, der Inbegriff der äußeren Existenz eines Unternehmens, also alle sachlichen und immateriellen Betriebsmittel. Das bißchen Putzmittel (Besen, Lappen) gehörte nicht dazu, war vielleicht sogar Eigentum von Frau Schmidt. Die Arbeitnehmer gehörten jedenfalls nicht dazu. Ihr Übergang war Rechtsfolge des Betriebsübergangs, gehörte nicht zu dessen Tatbestand. Deshalb hätte Christel Schmidts Kündigungsklage abgewiesen werden müssen. So genau können deutsche Juristen arbeiten.

Die des Landesarbeitsgerichts Schleswig-Holstein gehörten nicht dazu. Für sie war das eine ungerechte Übertreibung von Begriffsjurisprudenz, übermäßige Pingelei. Sie haben den Fall mit einem Vorlagebeschluss zum EUGH gebracht und der hat 1994 in ihrem Sinn und im Interesse Christel Schmidts entschieden: Für einen Betriebsübergang im Sinne der Richtlinie 77/187 EWG, auf deren Grundlage der § 613a BGB erlassen worden war, würde es genügen, wenn ein Unternehmer – die Reinigungsfirma – von einem anderen – der Sparkasse – die Verantwortung für eine Dienstleistung – das Reinigen – übernimmt, auch wenn die Arbeit nur von einer einzigen Arbeitnehmerin – Christel Schmidt – geleistet wird. Die deutsche Wissenschaft war empört. Das sei systemwidrig. Hier wird einfach ein Betriebsübergang angenommen, ohne Betriebsmittel. Aber Europarecht geht vor Landesrecht, auch wenn es nur pingelig ist. Das Bundesarbeitsgericht hat später dem EuGH Recht gegeben. In Branchen, in denen es wesentlich auf menschliche Arbeitskraft ankommt, könne die Gesamtheit der Arbeitnehmer allein eine wirtschaftliche Einheit darstellen und als Betriebsübernahme auch die Übernahme der Hauptbelegschaft angesehen werden (BAG NZA 1992,1050). Also hat die wirtschaftliche Einheit und Hauptbelegschaft Christel Schmidt ihren Kündigungsschutzprozess vor dem Landesarbeitsgericht gewonnen und ihre Tätigkeit zu ihren Bedingungen bei der neuen Firma fortsetzen können.

Besondere Beachtung fand das *SIMAP-Urteil* des EuGH vom 3. Oktober 2000, weil es Bedeutung hatte für eine große Zahl von Medizinern in europäischen Krankenhäusern. Die spanische Gewerkschaft SIMAP der Medizinalassistenten hatte wegen der unbezahlten Bereitschaftsdienste in Kliniken geklagt gegen das Ministerium für Gesundheit und Verbraucherschutz der autonomen Provinz Valencia an der spanischen Ostküste. Sie müssten als bezahlte Arbeitszeit im Sinne von Art. 2 der Richtlinie 93/104/EG angesehen werden. Das Oberlandesgericht Valencia hat dem EuGH die Frage vorgelegt. Der entschied nach dem Wortlaut des Art. 2:

> Arbeitszeit ist jede Zeitspanne, während der ein Arbeitnehmer ... dem Arbeitgeber zur Verfügung steht und seine Tätigkeit ausübt oder Aufgaben (hier: des Abwartens) wahrnimmt."

Deshalb stellten die Richter in Luxemburg fest, dass die bloße Anwesenheit im Bereitschaftsdienst eines Krankenhauses unter dieser Vorschrift fällt und deshalb als Arbeitszeit anzusehen ist, die vergütet werden muss. Der deutsche Gesetzgeber hat bei der Novellierung des Arbeitszeitgesetzes 2003 das in das deutsche Arbeitsrecht übernommen und damit auch auf andere Berufe mit ähnlichen Wartezeiten ausgedehnt (§ 7, besonders Abs. 1 Buchst. a).

Obwohl mit dem Lissabon-Vertrag 2007 der Vertrag über die Arbeitsweise der Europäischen Union, AEUV, in seinen Artikeln 153 bis 156 das Arbeitsrecht als primäres Europarecht zur Aufgabe der EU gemacht hat, hat die Union diese Aufgabe bisher nur fragmentarisch wahrgenommen und nur „punktuell und pointilistisch" (Abbo Junker) auf das innerstaatliche Recht eingewirkt.

So sind Lohnkosten ein wichtiger Faktor des Wettbewerbs auf einem einheitlichen Markt, aber selbst die Mindestlöhne sind nicht geregelt. Für die Bundesrepublik erging dazu 2014 ein Gesetz. Der allgemeine Mindestlohn nach § 1 betrug ab 1. Januar 2015 brutto 8,50 Euro pro Stunde. Eine Kommission beschließt alle zwei Jahre über Anpassungen an die veränderte Entwicklung. Für 2017 wurde er auf 8,85 Euro erhöht, für 2019 auf 9,19 Euro. Damit lag die Bundesrepublik in der EU auf dem 6. Platz hinter Luxemburg, Frankreich, den Niederlanden, Belgien und Irland.

Als Korrektur des **Mietrechts** der Ära Kohl ist das Mietrechtsreformgesetz der rotgrünen Koalition von 2001 schon kurz genannt worden (Rnr. 58). Hier nun die wichtigsten Einzelheiten:

1. Zeitmietverträge wie damals gibt es nicht mehr, nur noch in der qualifizierten Form des § 575 BGB, wenn z.B. der Vermieter die Räume nach Ablauf der Zeit für sich selbst nutzen will, was schriftlich erklärt werden muss.
2. Staffelmietverträge sind nach § 557a nicht mehr zusätzlich durch die normalen Mieterhöhungen veränderbar, so dass Mieter wie Vermieter in gleicher Weiser ein Risiko von Veränderungen tragen müssen.

3. Mieterhöhungen nach § 558 dürfen innerhalb von 3 Jahren nicht mehr als 20 % der bisherigen Miete betragen, statt 30 %.
4. Beim Erwerb einer vermieteten Eigentumswohnung, kann der Erwerber erst drei Jahre nach dem Kauf wegen Eigenbedarfs kündigen, in Gebieten mit Wohnungsknappheit nach Verordnung der Landesregierungen erst nach 10 Jahren, § 577a, so z.B. in Berlin und Hamburg, aber auch in anderen Städten. Soviel zum Gesetz von 2001.

Schließlich brachte das Mietrechtsänderungsgesetz der schwarzgelben Koalition Merkel/Westerwelle für Gebiete mit Wohnungsknappheit 2013 sogar eine Herabsetzung der Mieterhöhung nach § 585 von 20 % auf 15 % der Miete bis zur ortsüblichen Vergleichsmiete innerhalb von 3 Jahren, im übrigen auch Einschnitte zu Lasten der Mieter (bei der Wärmedämmung von Fassaden) und eine Vorschrift für härteres Vorgehen gegen Mietnomaden.

Die in der Bundesrepublik ständig verbesserten Vorschriften zum Schutz von übermäßigen Mieterhöhungen haben aber immer nur denjenigen geholfen, die schon in einer Wohnung als Mieter mit einem Vertrag lebten. Draußen wehte die kalte Luft des Markts. Wer eine Wohnung suchte, dem wurde nicht geholfen. Hier herrschte die Vertragsfreiheit. Die Freiheit eines freien Fuchses in einem freien Hühnerstall. Vermieter konnten jeden Preis fordern, den sie für richtig halten. Da hat auch der erste Versuch nicht geholfen, hier eine Mietbremse einzubauen. Den im Prinzip richtigen und guten Anlauf nahm die Große Koalition Merkel/Steinmeier 2015 mit einem „Gesetz zur Dämpfung des Mietanstiegs auf angespannten Märkten“. Es ergänzte das BGB mit den neuen §§ 556d bis § 556g. Nun können Landesregierungen solche Teile ihres Landes, in denen die Versorgung der Bevölkerung mit Wohnraum besonders gefährdet ist, zu „Gebieten mit einem angespannten Wohnungsmarkt“ erklären, für die Dauer von 5 Jahren, § 556d Abs. 2. In ihnen darf die Miete bei Abschluss des Vertrags nicht höher liegen als 10 % über den örtlichen Vergleichsmieten des Mietspiegels, § 556d Abs. 1. Trotzdem. Nach wohl sorgfältigen Untersuchungen scheint die Wirkung des Gesetzes nicht sehr groß gewesen zu sein. Die Mieten sind wieder stark gestiegen, auch für neue Verträge. Deshalb hat die nächste große Koalition 2018 beschlossen, das Gesetz zu verbessern.

Heute sieht man es deutlich. Das deutsche **Wettbewerbsrecht** hat 1958 dem europäischen auf den Weg geholfen (Rnr. 60). Aber inzwischen hat das europäische das deutsche an Intensität und Geschwindigkeit überholt und erfolgreich überlagert, so dass in den Lehrbüchern regelmäßig erst das europäische behandelt wird und danach das deutsche. Trotzdem, das Gesetz gegen Wettbewerbsbeschränkungen, GWB, ist immer noch 80. Wirtschaftsrecht lebendig. 1989 hat seine 5. Novelle unabhängig vom europäischen Sekundärrecht Einkaufsgemeinschaften für kleine und mittlere Unternehmen ermöglicht. 1998 wurde dann aber mit der 6. eine Angleichung an das Europarecht beschlossen und die Bildung eines Kartells oder der Missbrauch einer marktbeherrschenden Stellung auch dann verboten, wenn sie nicht das Ziel von Maßnahmen auf dem Markt waren, sondern nur deren Folge. 2005 wurde das GWB den Art. 81 und 82 EG-Vertrag (Nizza) fast vollständig angeglichen und die Novelle von 2017 setzte im Wesentlichen die Kartellschadensersatzrichtlinie 2014/104 EU in deutsches Recht um, so dass nun unabhängig von staatlichen Sanktionen jeder, der durch Verstöße gegen das Kartellrecht geschädigt wird, vollen privaten Schadensersatz verlangen kann, auch der Endverbraucher.

Über das Europarecht kam 1998 schließlich sogar ein neues Gebiet in das deutsche Wettbewerbsrecht. Das **Vergaberecht**. Es sind Vorschriften für Behörden oder staatliche Stellen bei der Vergabe von Aufträgen über die Beschaffung von Sach- oder persönlichen Leistungen. Bisher sah man das in Deutschland „haushaltsrechtlich". Es gab zwar schon 1926 eine VOB, Verdingungsordnung für Bauleistungen, und in der Bundesrepublik kamen noch andere dazu. Aber, so die Meinung, da die Verwaltung hier nicht öffentlich-rechtlich handelte, sondern privatrechtlich, konnten sie wie eine Privatperson handeln, auf Deutsch: frei. Auch wenn es sich um Riesensummen handelte, konnte sie Aufträge an denjenigen erteilen, den sie für den besten hielt. Konkurrenten, die tatsächlich viel bessere Angebote gemacht hatten, konnten dagegen nicht rechtlich vorgehen, außer vielleicht eine Dienstaufsichtsbeschwerde einlegen, die bekanntlich form-, frist-, und fruchtlos ist. Bis die EU 1994 in Marrakesch (westliches Marokko) im Rahmen der Welthandelsorganisation, WTO, mit 18 anderen Staaten, darunter Japan, Kanada, USA, für ihre 28 Mitglieder einen völkerrechtlichen Vertrag abschloss, das Übereinkommen über das öffentliche Beschaffungswesen. Mit ihm verpflichtete sie ihre 28 Mitglieder, bei der Vergabe von Aufträgen über einem gewissen Schwellenwert ausländische Mitbewerber nicht zu diskriminieren, alle gleich zu behandeln. Die Bundesrepublik reagierte darauf zunächst wie gewohnt „haushaltsrechtlich". Aber der EuGH entschied, dass dies gegen europäisches Recht verstößt, so dass der deutsche Gesetzgeber endlich „kartellrechtlich" das GWB durch einen 4. Teil mit den §§ 97 bis 184 ergänzte. Nun können in- und ausländische Mitbewerber nach einem Vorverfahren bei Vergabekammern schließlich vor den ordentlichen Gerichten klagen. Vgl. Rnr. 84.

81. Strafrecht Mit der Wiedervereinigung entstand das Problem des Unterschieds in der strafrechtlichen Behandlung des **Schwangerschaftsabbruch**s in der Bundesrepublik und der DDR. Zwar war er hier wie dort möglich inner-

halb einer Frist von 12 Wochen seit dem Beginn der Schwangerschaft. Aber in der DDR gab es eine einfache Fristenlösung ohne Beratungspflicht. Die Frauen waren völlig frei und konnten allein entscheiden. In der Bundesrepublik stand dagegen eine Indikationslösung mit der wichtigsten sozialen Indikation, über die zwei Ärzte zu entscheiden hatten (siehe dazu Rnr. 62). Das wäre für die Frauen der DDR eine erhebliche Verschlechterung gewesen. Was Helmut Kohl vermeiden wollte. Schließlich gab es auch noch freie Wahlen. Und in der kurzen Zeit der Vereinbarung des Einigungsvertrages war ein Kompromiss unmöglich zu erreichen. Deshalb wurde im Vertrag vereinbart, dass auf dem Gebiet der neuen Bundesländer die einfache Fristenlösung noch zwei Jahre weiter gelten und in der Zwischenzeit eine „bessere" gemeinsame Lösung gefunden werden sollte. Aber was um Himmels Willen sollte „eine bessere" sein? Doch wohl nicht eine einfache Fristenlösung mit der Frist von 13 Wochen? Nach langem Hin und Her wurde es eine Fristenlösung mit Beratungspflicht, 1992. Die katholische Kirche war Sturm gelaufen und während der Abstimmung im Bundestag ließ der Fuldaer Erzbischof zur Warnung die Glocken aller Kirchen läuten. Das half nicht. Wohl aber das Bundesverfassungsgericht 1993. Mit derselben Begründung wie 1975 (Rnr. 62). Der Staat habe seine Pflicht zum Schutz des werdenden Lebens nicht ausreichend erfüllt. Juristisch: Die Abwägung zwischen dem Recht der Frau nach Art. 2 Abs. 1 GG und des Embryos aus Art. 2 Abs. 2 Satz 1 sei nicht angemessen. Also war das verfassungswidrig. Wieder musste der Bundestag neu entscheiden. Deshalb 1995 ein Gesetz, wie das Gericht es befahl: Es gibt noch heute den Frauen eine Frist von zwölf Wochen, aber mit einer Pflicht zur Beratung durch anerkannte Stellen mit dem Ziel, „die Frau zur Fortsetzung der Schwangerschaft zu ermutigen und ihr Perspektiven für ein Leben mit dem Kind zu eröffnen." Dann kann sie frei entscheiden. § 219 StGB. Amen.

Ebenfalls durch die Wiedervereinigung war eine andere Änderung im Strafgesetzbuch veranlasst, sogar eine Liberalisierung, nämlich der **Strafbarkeit homosexueller Handlungen**. In der DDR war die Strafbarkeit von älteren Männern im Umgang mit Jugendlichen unter 18 Jahren aufgehoben worden, § 151 StGB DDR, in der Bundesrepublik seit der Strafrechtsreform mit dem neuen § 175 StGB geblieben. Im Einigungsvertrag war deshalb vereinbart, dass die Aufhebung von § 151 StGB in den neuen Bundesländern bestehen bleibt und die Strafbarkeit in den alten Ländern beseitigt wird. Das geschah 1994. § 175 StGB West wurde ersetzt durch den Missbrauch in § 182.

2017 gab es noch ein positives Signal zum Strafrecht der Bundesrepublik. Die Rehabilitierung der seit dem Ende des zweiten Weltkriegs bei uns verurteilten homosexuellen Männer. 1949 war der von den Nationalsozialisten verschärfte § 175 StGB übernommen worden, der homosexuelle Handlungen mit Gefängnis bedrohte. Ungefähr 50.000 sind verurteilt worden, bis die Strafbarkeit 1969 aufgehoben wurde. Das Gesetz zur strafrechtlichen Rehabilitierung hat die Urteile aufgehoben und den noch Lebenden eine Entschädigung in Geld zugesprochen, 3000 Euro je aufgehobenes Urteil und 1500 Euro je angefangenes Jahr erlittener Freiheitsentziehung.

Von 1998 bis 2008 fand im nun auch strafrechtlich vereinigten Deutschland ein Dauerlauf zur verschärften Anwendung der **Sicherungsverwahrung** (SV) statt. Die war von den Nationalsozialisten 1933 mit dem Gewohnheitsverbrechergesetz in das StGB gebracht und 1941 zur Todesstrafe ausgeweitet worden. Auf Grund dieser Erfahrung sah man sie in der Bundesrepublik lange als Auslaufmodell an, bis es zu diesem Dauerlauf kam, von der Regierung Kohl über die rot-grüne Koalition (Gerhard Schröder: „Wegschließen – und zwar für immer" für Sexualverbrechen an Kindern) bis zur Großen Koalition Merkel/Steinmeier:

1998	Höchstdauer von 10 Jahren wird gestrichen
2002	im Urteil vorbehaltene Sicherungsverwahrung möglich
2003	Erweiterung des Anwendungsbereichs
2004	nach einfachem Urteil nachträgliche Sicherungsverwahrung möglich
2008	nachträche SV auch im Jugendstrafrecht möglich

Diese Hektik wurde vom Bundesverfassungsgericht als zulässig bestätigt, aber vom Europäischen Gerichtshof für Menschenrechte in Straßburg, EGMR, mit einem Urteil 2009 gestoppt. Ein Paukenschlag. Die SV in Deutschland verstoße gegen Art. 5 Abs. 1 Buchst. a und c und Art. 7 Abs. 1 der Europäischen Menschenrechtskonvention von 1950, EMRK. Art. 5 Abs. 1 Buchst. a sei verletzt, weil sie keine rechtmäßige Freiheitsentziehung nach Verurteilung durch ein zuständiges Gericht ist, denn eine Verurteilung setze Schuld voraus, die Sicherungsverwahrung aber nicht. Die SV sei auch nicht durch Art. 5 Abs. 1 Buchst. b gerechtfertigt, in dem die Begehung *einer* konkreten Straftat vorausgesetzt werde. Die SV schütze nur allgemein vor Gefahren durch Straftaten. Schließlich der Verstoß gegen Art. 7. Mit einer ausführlichen Argumentation hat der EGMR dargelegt, dass die Verurteilung zur SV eine zusätzliche Strafe ist. Denn sie ist schlimmer, bisweilen sogar eine Verschärfung um das Dreifache. Eine SV würde außerdem voraussetzen, dass die Betroffenen einen Plan für umfangreiche Therapiemaßnahmen erhalten, die ihnen ermöglichen, bald wieder in die Freiheit entlassen zu werden. 90 % der Insassen säßen aber ohne Therapie in ihren Räumen und würden die Zeit totschlagen mit Fernsehen oder Videospielen. Das für die Therapie zuständige Personal sei völlig unterbesetzt und wisse auch gar nicht, wie man für die Erlangung von Freiheit therapiert und sei nur an der Sicherheit vor Gefährdungen interessiert. Dass es sich um eine zusätzliche Strafe handelt, würde sich auch daraus ergeben, dass über die Fortsetzung der Sicherungsverwahrung von normalen Strafvollstreckungskammern entschieden wird. Eine zusätzliche Strafe für ein und dieselbe Straftat verstoße aber gegen Art. 7 EMRK. Und so erhielt nicht nur der Beschwerdeführer für eine nachträglich angeordnete SV als Entschädigung 50.000 Euro aus der deutschen Staatskasse, sondern auch das Bundesverfassungsgericht fünf neue Verfassungsbeschwerden, die nun erfolgreich waren.

2011 entschied das Karlsruher Gericht gegen seine bisherige Rechtsprechung, dass fast alle Vorschriften zur Sicherungsverwahrung verfassungswidrig sein, und zwar unter ausdrücklichem Hinweis auf das Urteil des EGMR. Die EMRK habe zwar nur einfachen Gesetzesrang (das Ratifizierungsgesetzes durch den Bundestag), sei aber in der verbindlichen Interpretation durch den EGMR wegen der völkerrechtsfreundlichen Haltung des Grundgesetzes (vgl. Art. 25 GG, U. W.) für die Anwendung der deutschen Grundrechte maßgebend. Deshalb seien die Vorschriften des StGB zur SV als Verstoß gegen Art. 2 Abs. 1 und 104 Abs. 1 verfassungswidrig, könnten aber bis zu einer Neuregelung weiter gelten, die spätestens bis zum 31. März 2013 erfolgen müsse. In dieser Neuregelung müsse auch das vom EGMR angesprochene „Abstandsgebot" für die Sicherungsverwahrung zur Strafhaft eingehalten werden, also durch bessere räumliche Unterbringung und umfangreiche qualifizierte therapeutische Betreuung, denn die SV sei ein unverschuldetes Sonderopfer für die Gesellschaft und müsse sich wesentlich von der Strafhaft unterscheiden.

Der Bundesgesetzgeber hat mit dem „Gesetz zur bundesrechtlichen Umsetzung des Abstandsgebotes im Recht der Sicherungsverwahrung" vom 5.12.2012 einen neuen § 66c StGB erlassen. Konsequent, denn die Länder sind seit der Föderalismusreform nur zuständig für den „Straf"-vollzug (Rnr. 68). Aber sonst ist wenig geschehen. Die Vorschriften der §§ 66, 66a und 66b sind weder aufgehoben noch neugefasst worden. Im amtlichen Text wird nur darauf hingewiesen, dass sie nach dem Urteil des Bundesverfassungsgerichts von 2011 verfassungswidrig sind. Und nun? Im Ergebnis dürfte es bedeuten, dass Gerichte ohne Gesetz im äußersten Notfall eine zeitlich sehr begrenzte SV anordnen dürfen.

Den gesetzgeberischen Übertreibungen zur Sicherungsverwahrung entsprach ungefähr zur selben Zeit eine zum Teil aufgeregte Diskussion in der Strafrechtswissenschaft über sogenanntes **Feindstrafrecht**. Erfinder dieses Begriffs war der Bonner Strafrechtsprofessor Günther Jacobs. Er unterscheidet Bürgerstrafrecht und Feindstrafrecht. Bürgerstrafrecht ist das des normalen Straftäters, der mit seiner Tat zwar bewusst gegen das

Gesetz verstößt, aber die Rechtsordnung als solche anerkennt. Auf der anderen Seite steht das Feindstrafrecht dessen, der sich mit seiner Straftat gegen diese Rechtsordnung als solche wendet wie der Terrorist, der sie vernichten will und deshalb von ihr als Feind betrachtete wird und deshalb nach einem Sonderstrafrecht härter bestraft wird, zum Beispiel durch Vorverlagerung der Bestrafung von Vorbereitungshandlungen durch den § 129a StGB wegen Bildung einer terroristischen Vereinigung im Gegensatz zum Bürgerstrafrecht, das mit der Strafbarkeit des Versuchs in § 22 beim Bürger abwartet, bis er unmittelbar mit der Verwirklichung einer Straftat ansetzt. Auch die Sicherungsverwahrung rechnet Günther Jacobs zum Feindstrafrecht, weil der Betreffende schon mit seiner Existenz wie ein Terrorist die Gesellschaft in Gefahr bringt. Diese beiden Fälle, Sicherungsverwahrung und Terrorismus, unter einen Begriff zu stellen, ist theoretisch natürlich möglich, aber schon deshalb problematisch, weil jemand, der wegen seines „Hangs" zu gefährlichen (regelmäßig Sexual-) Straftaten in Sicherungsverwahrung genommen wird, die Rechtsordnung als solche ja nicht unbedingt negieren will. Wie auch immer. Mit seinem Oberbegriff des Feindstrafrechts hat sich Günther Jacobs jedenfalls in die Tendenz jener Hektik gestellt, die der Gesetzgeber mit seinem Dauerlauf zur SV gezeigt hat. Nur dass wissenschaftliche Begriffsbildung auch im Exzess Gott sei Dank nicht vom Bundesverfassungsgericht für verfassungswidrig erklärt werden kann. Die Diskussion über Feindstrafrecht scheint sich im Übrigen allmählich beruhigt zu haben.

Ähnlich wie eine andere im Umfeld des Strafrechts, die nicht so harmlos gewesen ist, nämlich die zur **„Folter im Rechtssaat"**. 1996 hat ein Professor aus Heidelberg einen Aufsatz geschrieben, Winfried Brugger, ein liberaler Mann, zuständig für Staats- Verwaltungsrecht: „Darf der Staat ausnahmsweise foltern?" Anlass war ein Vortrag, den der Rechtssoziologe Niklas Luhmann dort gehalten hat, unter anderem mit einem kunstvoll konstruierten Fall: Ein Terrorist wird festgenommen, kurz vor dem Einsatz von Massenvernichtungsmitteln, die er mit anderen in einer großen Stadt versteckt hat. Darf die Polizei ihn foltern? Winfried Brugger antwortete mit einem Ja und setzte in einem zweiten Aufsatz noch einen drauf. Der Staat dürfe nicht nur, er müsse es in diesem Fall sogar. Seine „Schutznormlehre". Das war im Jahr 2000. Dann kam es Schlag auf Schlag. 2001 der 11. September, Terror der al-Qaida in den USA, die in ihrem kubanischen Guantanamo foltern lassen. 2002 Folterandrohung des Frankfurter Polizeivizepräsidenten Wolfgang Daschner gegen den Entführer eines kleinen Jungen, um das Leben des Kinds zu retten. 2002 eine kleine Katastrophe im renovierten Grundgesetzkommentar Maunz/Dürig. Matthias Herdegen, ein Bonner Kollege Winfried Bruggers, nicht so liberal wie der, hat die Kommentierung des Art. 1 Abs. 1 GG übernommen, der bisher nach herrschender Meinung die Folter verbietet. Matthias Herdegen zertrümmert die Verfassungsfundamentalnorm der Würde des Menschen mit der Unterscheidung „modal/final". Die Würde war weg, die Folter da. 2004 die Verurteilung Wolfgang Daschners wegen Folterandrohung durch das Landgericht Frankfurt Main, aber nur eine Verwarnung. 2005 verstärkt Matthias Herdegen sein Kunststück in einer Neubearbeitung des Kommentars. Die meisten Verfassungsrechtler der Bundesrepublik sind empört, einer nennt Herdegen einen „Haudegen". Aber sie sind nicht aufgestanden wie ein Mann. Einige haben widersprochen. Einige sind ihm und Brugger sogar gefolgt. Allerdings erklärte Matthias Herdegen 2009 in der nächsten Kommentierung des Art. 1 GG in Rnr. 1, jede körperliche Misshandlung eines Beschuldigten sei „rein modal", ein Verstoß gegen die Würde, auch die „Rettungsfolter". Dieses Verbot sei kategorisch. Trotzdem. Das Ganze bleibt gefährlich. Wenn bei uns eine terroristische Megakatastrophe passieren sollte wie am 11. September 2001, würde es wohl kaum ein Halten geben. Schlimmstenfalls müsste das Bundesverfassungsgericht dafür sorgen, dass die Dämme nicht brechen.

Eine gute Nachricht über unser Strafrecht: die Gefangenenziffer, immer ein Maßstab für Liberalität oder Härte, berechnet als die Zahl der Strafgefangenen je 100.000 Einwohner. Diese Zahl ist seit dem Jahr 2000 zurückgegangen von 85 auf 77. Zum Vergleich. 2017 waren es in England 143, in Spanien 126 und Frankreich 102. Nur in den Niederlanden und den skandinavischen Ländern waren es innerhalb Europas weniger, am wenigsten in Schweden und Finnland je 57. An der Spitze der Welt stehen nach wie vor die USA mit unglaublichen 666.

Schließlich ist die Bundesrepublik im Strafrecht auch über ihre Grenzen hinaus tätig geworden und hat 2002 ein **Völkerstrafgesetzbuch** erlassen. Nun können die Tatbestände des großen Nürnberger Tribunals gegen die deutschen Hauptkriegsverbrecher (Rnr. 8) – Kriegsverbrechen, Verbrechen gegen die Menschlichkeit, Völkermord, Angriffskrieg – auch vor deutschen Gerichten verhandelt werden, sofern nicht der 2002 von der UNO gegründete Internationale Strafgerichtshof in Den Haag zuständig ist oder ein anders ausländisches Gericht.

82. Verfolgung von DDR-Unrecht

Die Verfolgung von NS-Verbrechen begann bald nach dem Krieg und endete vierzig Jahre später. Am Anfang urteilten nur alliierte Gerichte, dann zunehmend deutsche. Von den deutschen sind ungefähr 6.500 Gewalttäter verurteilt worden, vor Inkrafttreten des GG mit zwölf Todesurteilen. 160 erhielten lebenslange Freiheitsstrafen, die meisten Täter zeitlich begrenzte Strafen, von denen nur sehr wenige zur Bewährung ausgesetzt wurden. Die Hauptkriegsverbrecher im Nürnberger Prozess wurden gehängt (Rnr. 8–13, 40, 64).

Ganz anders die „strafrechtliche Aufarbeitung von DDR-Unrecht" (Klaus Marxen, Gerhard Werle). Immerhin hier „Unrecht", dort „Verbrechen". Sie begann schon 1990 durch eigene Gerichte vor dem Ende der DDR und wurde fortgesetzt von Gerichten der Bundesrepublik und waren beendet nach zehn Jahren. Zwar liefen Tausende Ermittlungsverfahren. Aber nur jedes hundertste führte zu einer Anklage und nur ungefähr 650 Angeklagte sind verurteilt worden. Die höchste Freiheitsstrafe war eine von zehn Jahren für einen Grenzsoldaten, der einen schon festgenommenen Flüchtling an der Mauer erschossen hatte. Viele Freiheitsstrafen wurden zur Bewährung ausgesetzt, besonders die für die meist sehr jungen Mauerschützen. Die oberste Staatsspitze, Verteidigungsrat, Politbüro, erhielt Freiheitsstrafen von fünf bis siebeneinhalb Jahren.

Man sieht es schon an diesen Zahlen. Das waren zwei Welten. Trotzdem wird für den NS-Staat und die DDR oft dieselbe Bezeichnung gebraucht – Unrechtsstaat. Das sollte man ändern. Denn der NS-Staat endete in einer Orgie von Gewalt und Tod, zuletzt in der Hauptstadt. In der DDR fiel am Ende kein einziger Schuss, auch nicht in Berlin. Die DDR war kein Rechtsstaat, beileibe nicht. Sie war eine Diktatur. In ihr spielten Recht und Menschenrechte letztlich keine Rolle, waren überlagert von der Politik. Auch die Gefängnisse des Ministeriums für Staatssicherheit kann man nicht gleichsetzen mit NS-Konzentrations- und Vernichtungslagern und ihrem millionenfachen Mord, ebensowenig die tausendfache Krake dieses MfS, die sich mit Horch und Guck über das ganze Land legte, mit den Gestapo-Verbrechern, die von vornherein auch noch bewaffnet waren. Es gab Gemeinsamkeiten, kein Zweifel, die Einheit von Partei (SED) und Staat, nämlich von Politbüro und Staatsrat, nicht nur an der Spitze, den Zentralismus ohne Bundesländer, staatlich gelenkte Wirtschaft, uniformierte Staatsjugend und weder dort noch hier Freiheit. Aber das täuscht. Denn es gab wesentliche Unterschiede.

Die Verfolgung der Verbrechen der einen Diktatur und des Unrechts der anderen hatten allerdings auch wieder eines gemeinsam. Die schon (Rnr. 40) beschriebene Unzulänglichkeit eines normalen Strafrechts im Hinblick auf Taten, die im Rahmen und Interesse eines diktatorischen Staats begangen worden sind und von ihm „natürlich" nie bestraft worden wären. Eine Unzulänglichkeit in die Richtung der beiden Seiten, zu Angeklagten und Richtern. Die Angeklagten NS-Täter reagierten mit dem Vorwurf, „Was damals Recht war, kann heute nicht Unrecht sein", die der DDR sprachen von „Siegerjustiz" und beide hatten Unrecht. Und die Richter? Behalfen sich in NS-Prozessen damit, Täter mit Blut an den Händen als Gehilfen zu bestrafen. Und bewegten sich in Verfahren gegen DDR-Angeklagte ständig an der Grenze zur Rechtsbeugung, die nicht selten sogar überschritten wurde. Ein Dilemma, das für die Verfolgung von DDR-Unrecht schon mit dem Einigungsvertrag festgelegt war.

Es wurde ein Verfahren nach § 2 StGB West vereinbart, der die „zeitliche Geltung“ regelt und bestimmt, dass das Gesetz der Tatzeit gilt, also StGB DDR, und wenn es „später geändert wird“, StGB West, dass dann die Höhe der Strafe sich nach dem milderen Gesetz richtet. Die Taten mussten also nach DDR Recht strafbar gewesen sein und nach dem der Bundesrepublik. Ein Verfahren, das ganz geschickt aussieht, aber nur den Fehler hat, dass alle Taten nach dem StGB DDR niemals wirklich bestraft worden wären, in keinem einzigen Fall der 650 Verurteilungen. So hing im Grunde alles in der Luft. Aber es kam in vielen Fällen noch anderes hinzu.

Zum Beispiel bei den Mauerschützen, also den Grenzsoldaten, die Flüchtlinge an der Berliner Mauer erschossen hatten. Ihnen gab in den meisten Fällen § 27 des Grenzgesetzes einen Rechtfertigungsgrund. Tödliche Schüsse waren nicht strafbar. Das wurde ihnen vorher erklärt. Was macht das Westberliner Landgericht? Es erklärt den § 27 als „gesetzliches Unrecht“ für unwirksam nach der „Radbruch'schen Formel“.

Gustav Radbruch (1878–1949), Professor des Strafrechts in Heidelberg und als Verfolgter des NS-Regimes das moralische Gewissen der bundesdeutschen Rechtswissenschaft nach dem Krieg, hat diese Formel 1946 entwickelt, um diejenigen Gesetze der NS-Zeit als gesetzliches Unrecht für unwirksam zu erklären, die in einem „unerträglichen Maß“ der Gerechtigkeit widersprechen wie z.B. die Nürnberger Judengesetze von 1935. So im ersten Mauerschützenprozess 1992. Damit entstand aber ein zweites Problem. Wenn man jemanden bestraft nach einem Gesetz, also Totschlag § 212 StGB West, nachdem man einen Rechtfertigungsgrund gestrichen hat, dann ist das eine Anwendung des Gesetzes mit Rückwirkung und verfassungswidrig als Verstoß gegen das Rückwirkungsverbot des Art. 108 Abs. 2 GG. Das Landgericht und der Bundesgerichtshof haben mit einer langen und windelweichen Argumentation versucht, das zu rechtfertigen. Kurz und knapp: sonst würde die Radbruch'sche Formel ausmanövriert. Später ist man zu anderen Konstruktionen übergegangen, die nicht viel besser waren, ohne die Radbruch'sche Formel. Jedenfalls wichtig: Dieses erste Urteil, 1993 rechtskräftig, hatte nicht nur eine symbolische Bedeutung, sondern auch eine praktische.

Die symbolische: Es war das erste Urteil dieser Art über den letzten Fall dieser Art, nämlich zur Erschießung des letzten 1984 an der Mauer getöteten Flüchtlings, *Chris Gueffroy*, 20 Jahre alt, durch zwei Grenzsoldaten der DDR, 20 und 23 Jahre alt. Die Täter wurden 1984 belobigt, erhielten Sonderurlaub und eine Prämie von 150 Mark, und wurden 1992/93 verurteilt wegen Totschlags, und zwar der eine nach § 213 StGB zu einer Jugendstrafe von einem Jahr und sechs Monaten und der andere nach § 212 StGB zu einer Freiheitsstrafe von einem Jahr und neun Monaten, beide Strafen zur Bewährung ausgesetzt. Ein Verbotsirrtum, der zur Straffreiheit geführt hätte, wurde nicht anerkannt, salopp gesagt, sie hätten die Radbruch'sche Formel kennen müssen. Tatsächlich mussten sie damals ein mulmiges Gefühl gehabt haben, denn die Erschießung wurde verschwiegen und durfte noch nicht einmal bei ihnen zu Hause bekannt werden. Das ging alles schon über die symbolische Bedeutung hinaus. Nun zur praktischen.

Die Berliner Justiz hatte nämlich die Mauerschützen als erste Phase des Verfahrens wegen der Toten an der Mauer und der Grenze zur Bundesrepublik vorgezogen, um danach die Prozesse gegen die Staatsspitze leichter durchführen zu können. Denn die Rechtswidrigkeit der Tötungen an der Mauer stand dann über die Radbruch'sche Formel schon fest. Für die durch Minen an der Grenze Getöteten genügte der Beweis der Verantwortlichkeit für die Installierung dieser grausamen Sprengsätze.

Die Zeitplanung der Justiz war gut. Am 3. November 1992 erging das Urteil des Bundesgerichtshofs, das die erste Entscheidung zu den Mauerschützen bestätigte. Neun Tage später, am 12 November, begann der Honecker-Prozess gegen sechs Mitglieder des Nationalen Verteidigungsrats, an der Spitze Erich Honecker. Der Verteidigungsrat war ein Unterorgan des Staatsrats, der höchsten staatlichen Instanz. Der hatte den Oberbefehl über die Truppen. „Er organisiert die Landesverteidigung mit Hilfe des Nationalen Verteidigungsrats", Art. 73 der Verfassung. War also auch zuständig für die Sicherung der Grenzen. Was in der DDR grotesker Weise nicht nur die Sicherung nach außen bedeutete, sondern auch gegen die eigenen Bürger, die das Land verlassen wollten. Nach Berechnungen von 2017 kostete das 327 von ihnen das Leben. So viele ließen sich identifizieren. Die Dunkelziffer ist sicher sehr viel höher. Aber es gibt nur unsichere Schätzungen.

Neben *Erich Honecker* (geb. 1912), Vorsitzender des Staatsrats und des Nationalen Verteidigungsrats, waren angeklagt fünf weitere Mitglieder, nämlich Willi Stroph (geb. 1914), Ministerpräsident, Erich Mielke (geb. 1914), Minister für Staatssicherheit, Heinz Keßler (geb. 1920), Verteidigungsminister, Fritz Streletz (geb. 1926), Chef des Hauptstabs der nationalen Volksarmee (eine Art Generalstabschef, U.W.), und Hans Albrecht (geb. 1919), Chef der SED-Bezirksleitung Suhl (Thüringen). Sie waren angeklagt wegen Totschlags in zwölf Fällen, und zwar je vier durch Mauerschützen, darunter Chris Gueffroy, vier durch Minen im Grenzstreifen Getötete und vier durch Splitterminen, SM70, das sind Splitterminen Jahrgang 1970, direkt am Grenzzaun angebracht, ausgelöst durch Berührung von Drähten am Zaun mit grauenvoller Wirkung.

Zu Beginn des Prozesses schieden Erich Mielke und Willi Stroph aus, Mielke weil unsinnigerweise ein anderer Prozess gegen ihn schon begonnen hatte wegen der Erschießung zweier Polizisten in der Weimarer Republik. Mielke war 84 Jahre alt, nur beschränkt verhandlungsfähig, die Belastung mit zwei Verfahren zu groß. Also vorläufige Einstellung. Ebenso für Willi Stroph. Er war krank und verhandlungsunfähig, amtsärztlich festgestellt.

Außerdem war das Verfahren belastet durch die schwere Krankheit Erich Honeckers. Sein fortgeschrittener Leberkrebs erlaubt nur zwei Verhandlungen in der Woche, jeweils zwei Stunden. Ende Dezember wurde die ärztlichen Gutachten eindeutig. Es sei nicht mehr zu schaffen. Er wird das Ende des Prozesses nicht mehr erleben. Landgericht und Kammergericht drückten sich um eine Entscheidung. Die Verteidigung geht mit einer Verfassungsbeschwerde vor den Verfassungsgerichtshof des Landes Berlin. Der entscheidet am 12. Januar 1993. Das Verfahren ist einzustellen und Erich Honecker aus der Haft zu entlassen. Wieder Hin und Her im Hintergrund. Aber am 13. Januar fliegt er über Frankfurt nach Santiago de Chile, wird Empfangen von seiner „Frau und tapferen Genossin", Tochter, Schwiegersohn, Enkel und der chilenischen KP. Dort stirbt er am 19. Mai 1994.

Da war das Verfahren gegen die drei anderen, Keßler, Streletz und Albrecht, schon seit dem 16. September 1993 mit dem Urteil beendet. Heinz Keßler wurde zu siebeneinhalb Jahren Freiheitsstrafe verurteilt, Fritz Streletz zu fünfeinhalb, Hans Albrecht zu viereinhalb, vom Bundesgerichtshof in der Revision wegen einer anderen Strafe erhöht auf fünf Jahre. Das schriftliche Urteil kam zwei Monate später, 261 Seiten. Eine sehr faire Darstellung des Geschehens an den Grenzen der DDR seit Kriegsende und der Staatsgründung. Die Erschießungen an der Berliner Mauer mit dem unzulänglich gelösten Problem des § 27 Grenzgesetz. Aber die Tötungen durch Minen an der Grenze mit überzeugender Begründung. Alle drei wurden nach Verbüßung von zwei Dritteln der Strafe auf Bewährung entlassen und waren schon vorher im offenen Vollzug mit Freigang am Tag. Und der Verfassungsgerichtshof von Berlin hatte Rechtsgeschichte geschrieben. Das Problem von Angeklagten, die das Ende eines Strafverfahrens wegen tödlicher Krankheit nicht mehr erleben würden, war in der Literatur schon öfter behandelt, auch die Lösung mit Art. 1 GG schon vorgeschlagen. Die Berliner Verfassungsrichter haben in einem prominenten Fall zum ersten Mal mit einer in die Zukunft weisenden Lösung entschieden. Das war mutig. Und richtig, denn wenn das Verfahren mit den Verzögerungen durch die Krankheit Honeckers fortgeführt worden wäre, würde es erst sehr viel später als am 29. Mai 1994, seinem Todestag, beendet worden sein. Er hätte nicht mehr verurteilt werden können.

1997 lief vor dem Landgericht Berlin der Politbüro-Prozess gegen sieben Angeklagte. Vier sind bald ausgeschieden, drei wegen Krankheit, einer ist gestorben. Es blieben *Egon Krenz*, der Nachfolger Honeckers als Staatschef, Günther Kleiber, Minister für Maschinenbau, und Günter Schabowski, Erster Sekretär des SED-Bezirks Berlin. Sie waren angeklagt wegen Totschlags, in mittelbarer Täterschaft an drei – Krenz an vier – Flüchtlingen durch zwei Beschlüsse von 1985 und 1986. Am 8. August wurden sie verurteilt. Egon Krenz erhielt sechseinhalb Jahre Freiheisstrafe, Günther Kleiber und Günter Schabowski je drei Jahre.

Es war wohl das am schlechtesten begründete Urteil zum DDR-Unrecht. Denn das Politbüro hatte zum letzten Mal 1971 über Tötungen an der Grenze beschlossen. Da gehörten die drei noch nicht dazu. So musste man suchen und fand zwei „Nebenbei-Beschlüsse", einen von 1985 und einen von 1986. In dem von 1985 nahm das Politbüro zustimmend einen Bericht zur Kenntnis, den die Politische Hauptverwaltung der Nationalen Volksarmee geschrieben hatte „über die politisch-ideologische Arbeit zur Verwirklichung des vom 10. Parteitag der SED übertragenen Klassenauftrags". 25 Seiten und zwei nichtssagende Sätze über die Grenztruppen, „die auch in Zukunft den Klassenauftrag erfüllen werden." Noch grotesker als Grundlage für eine Verurteilung wegen Totschlags ist der zweite Beschluss von 1986. Mit ihm hat das Politbüro wieder ein Papier zustimmend zur Kenntnis genommen, man weiß doch wie schnell so etwas in Gremien geschieht, also 164 Seiten, den Entwurf einer Rede Honeckers zum 11. Parteitag der SED. In zwei Sätzen werden die Grenztruppen erwähnt. Sie erfüllen ihren Klassenauftrag und gewährleisten die Unverletzlichkeit der Grenzen. Das war alles. Und die juristische Frage ist ganz einfach: Würden die drei Flüchtlinge noch leben, wenn das Politbüro diese beiden Papiere nicht zur Kenntnis genommen hätte? Nur dann würden die beiden Beschlüsse eine Ursache ihres Todes sein, nur dann könnte bestraft werden. Die Antwort ist ganz einfach: nein. Auch ohne diese gebetsmühlenartigen Beschlüsse würden sie erschossen worden sein. Juristisch: Es fehlt die Kausalität. Mindestens für die Bestrafung von Kleiber und Schabowski. Egon Krenz war noch an einem Beschluss des Nationalen Verteidigungsrats beteiligt, dem die Tötung des vierten Flüchtlings auch kausal zugerechnet werden konnte.

Nachdem dieses empörend schlechte Urteil Ende 1999 vom Bundesgerichtshof bestätigt worden war, haben die drei ihre Strafe angetreten. Günther Kleiber und Günter Schabowski wurden aber schon nach neun Monaten im September 2000 vom Berliner Regierenden Bürgermeister Eberhard Diepgen (CDU) begnadigt und aus der Haft entlassen. Vielleicht hatte er, ein Rechtsanwalt, das Urteil gelesen und was gemerkt. Bei Egon Krenz kam, wie gesagt, noch der Verteidigungsrat dazu. Ende 2003 ist er aus der Haft zur Bewährung entlassen worden. Im Übrigen ist das Politbüro-Urteil wie das im Honecker-Prozess 2001 vom Europäischen Gerichtshof für Menschenrechte bestätigt worden.

Schließlich noch einige Bemerkungen zum Urteil wegen *Rechtsbeugung* gegen Richter der DDR. Bekanntlich ist in der Bundesrepublik kein einziger Richter der NS-Zeit verurteilt worden (Rnr. 63). Nach der Wiedervereinigung war das gegenüber ihren „Kollegen" aus der DDR keine Schwierigkeit mehr. Eine Entscheidung des Bundesgerichthofs von 1993 gab die Richtung an. Danach konnten DDR-Richter bestraft werden, wenn „die Rechtswidrigkeit ihrer Entscheidung so offensichtlich ist und insbesondere die Rechte anderer, hauptsächlich ihre Menschenrechte, derart schwerwiegend verletzt worden sind, dass sich die Entscheidung als Willkürakt darstellt." Es sind ziemlich viele verurteilt worden. Genaue Zahlen gibt es nicht. In den meisten Fällen führte das wohl zu mäßigen Freiheitsstrafen, die zur Bewährung ausgesetzt wurden. Es gab aber auch höhere, bei denen das nicht mehr möglich war. Nach dieser Formel des BGH hätten früher Hunderte Richter der NS-Zeit zu höchsten Strafen verurteilt werden können. Ging aber nicht. Nun war es auf einmal möglich. Auch das gehört zum Rechtsstaat Bundesrepublik. Man kann ja sagen, er habe inzwischen was gelernt. Aber so plötzlich?

Werner Großmann (geb. 1929) war nach einer langen ruhigen Karriere im Geheimdienst der DDR seit 1986 als Generaloberst Leiter der Hauptverwaltung Aufklärung im Ministerium für Staatssicherheit der DDR, hauptsächlich beschäftigt mit Spionage in der Bundesrepublik. Deshalb hat der Generalbundesanwalt 1991 vor dem Berliner Kammergericht gegen ihn Anklage erhoben nach § 99 StGB West, geheimdienstliche Tätigkeit, und Haftbefehl beantragt. Aber das Kammergericht hat die Eröffnung des Hauptverfahrens und den Erlass des Haftbefehls abgelehnt und stattdessen eine Richtervorlage nach Art. 100 GG zum Bundesverfassungsgericht beschlossen. Es sah einen Verstoß gegen den Gleichheitssatz nach Art. 3 Abs. 1 GG darin, dass einerseits nach dem neuen, im Einigungsvertrag beschlossenen Art. 315 Abs. 4 EGStGB Bürger der DDR, die dort für einen Geheimdienst der Bundesrepublik gearbeitet haben, straffrei bleiben, während andererseits andere, die von dort aus die Spionage hier betrieben hatten, bestraft werden sollen. Das Bundesverfassungsgericht hat 1995 entschieden.

83. BVerfGE 92,277 – Werner Großmann, Markus Wolf

Dieser Beschluss war gleichzeitig von entscheidender Bedeutung für ein Strafverfahren gegen den Vorgänger Großmanns, der bis 1986 die Hauptverwaltung Aufklärung geleitet hat, *Markus, genannt Mischa, Wolf* (1923–2006). Der hatte ein sehr viel unruhigeres Leben als Werner Großmann. Er war der Sohn des Arztes Friedrich Wolf (1888–1953), eines jüdischen Schriftstellers und Kommunisten, der 1933 mit seiner Familie ins Exil nach Moskau ging, wo Markus Wolf aufgewachsen ist. 1937 floh der Vater vor Stalins Säuberungen nach Spanien, um dort mit den Kommunisten gegen die Falange zu kämpfen, wurde danach 1939 in Frankreich verhaftet, mit sowjetischer Hilfe befreit und wieder zu seiner Familie nach Moskau gebracht. Von dort ging er mit ihr gleich nach Kriegsende wieder nach Berlin. Nur der andere Sohn, Konrad, Mischas Bruder, war schneller dort, nämlich als sowjetischer Soldat mit der Roten Armee im Kampf um die Stadt eingedrungen. Beide Söhne waren sowjetische Staatsbürger. Markus Wolf lebte in Ostberlin zuerst als Journalist, wurde 1949 Botschaftsrat der DDR in Moskau und seit 1951 Mitarbeiter beim Aufbau des Geheimdiensts in Berlin, dessen Leiter er 1959 geworden ist. 1956 war der Dienst als Hauptverwaltung Aufklärung in das Ministerium für Staatssicherheit eingegliedert worden, mit Tausenden offiziellen und inoffiziellen Mitarbeitern und 1.500 Spionen in der Bundesrepublik. Wolfs größter Erfolg: die Einschleusung von Günter Guillaume nach Frankfurt. Das war 1956. Der diente sich hoch in der SPD und wurde 1972 persönlicher Referent von Willy Brandt im Bundeskanzleramt bis zu seiner Enttarnung 1974, die zum Sturz Willy Brandts führte. Einziges Problem für Markus Wolf in diesen erfolgreichen Jahren wurde sein Privatleben. Genauer: Minister Erich Mielke, dem das nicht gefiel. Eine erste Scheidung und Heirat einer zweiten Frau 1976 konnte er noch überstehen. Aber daneben immer noch andere Geschichten, die zweite Scheidung und Heirat einer dritten Frau 1986. Das ging zu weit. Der Generaloberst wurde entlassen. 1990, kurz vor der staatlichen Vereinigung ist er vor strafrechtlicher Verfolgung nach Moskau geflohen, mit seiner dritten Frau, war dort aber seit Gorbatschows Sturz nicht mehr gern gesehen, wich aus nach Österreich, wo er vergeblich politisches Asyl beantragte. Also wieder zurück nach Deutschland. Schon an der Grenze wurde er 1991 verhaftet. 1993 ist er vom Oberlandesgericht Düsseldorf wegen Spionage zu sechs Jahren Freiheitsstrafe verurteilt, im selben fensterlosen Kellersaal, der für die Verurteilung von Guillaume (18 Jahre vorher zu 13 Jahren Freiheitsstrafe) gebaut worden war, damit keine Staatsgeheimnisse nach außen dringen konnten. Jetzt war der große internationale Presseandrang dem Gericht sehr willkommen. In Düsseldorf war die Erinnerung an Guillaume wohl noch lebendig. Vielleicht war man hier deshalb nicht so sensibel wie das Berliner Kammergericht. Aber nun ist Markus Wolf siebzig Jahre alt gewesen. Man wusste, in Karlsruhe läuft das Verfahren vor dem Verfassungsgericht wegen Großmann. So brauchte er die Strafe erstmal nicht mehr anzutreten. Das Bundesverfassungsgericht entschied 1995.

Es würde nicht, wie das Kammergericht meint, gegen Art. 3 Abs. 1 GG verstoßen, wenn die Spionage im Dienst der ehemaligen DDR weiterhin strafbar ist, während die Strafvorschriften der DDR gegen Spionage im eigenen Land durch Geheimdienste der Bundesrepublik im Einigungsvertrag aufgehoben wurde. Der Gleichheitssatz des Grundgesetzes erlaube es dem Gesetzgeber, Personen ungleich zu behandeln, wenn zwischen ihnen Unterschiede bestehen, die eine Ungleichbehandlung rechtfertigen. So sei es hier. Der Schutz der Bundesrepublik erfordere, Spionage für einen fremden Staat zu bestrafen.

Aber aus einem anderen Grund ergeben sich Bedenken gegen die Verfassungsmäßigkeit der Bestrafung von Spionage aus der DDR gegen die Bundesrepublik, und zwar aus dem besonderen rechtlichen Charakter der Spionage in Verbindung mit der „durch die Wiedervereinigung entstandenen einzigartigen staatsrechtlichen Situationen, die ohne Vorbild ist und sich so nicht wiederholen kann." Das Besondere der Spionage sei, dass Völkerrecht sie nicht verbietet, aber ihre Bestrafung selbst dann zulässt, wenn der Spion sich nur außerhalb des ausgespähten Staats aufhält. Spionagehandlungen seien rechtlich ambivalent. Dem spionierenden Staat nützen sie und sind deshalb in ihm eine erlaubte Tätigkeit, dem ausgespähten Staat schaden sie. Für ihn sind sie deshalb strafbares Unrecht. Dieser Wertungskonflikt verwandelt sich im Fall der Vereinigung von ausspähendem und ausgespähtem Staat für die Täter des ausspähenden Staats zu einem Wertungswiderspruch in sich selbst, wenn sie durch die Vereinigung zu Bürgern desjenigen Staats werden, den sie ausspioniert haben. „Dieser Staat, der nunmehr auch ihr eigener ist, handelt für sie weiter „als fremde Macht", wenn er seine eigenen Spionagestraftatbestände auf die von ihnen vor der Vereinigung verwirklichten Handlungen nun anwendet ... Das verleiht der Strafverfolgung diese Täterkreises eine besondere Schärfe." Die verstößt deshalb gegen den sich aus dem Rechtsstaatsgebot ergebenden Verhältnismäßigkeitsgrundsatz, wenn diese Täter ihre Spionagetätigkeit zugunsten der DDR allein von deren Boden aus betrieben haben, im Zeitpunkt des Wirksamwerdens der Einheit Deutschlands ihren Lebensmittelpunkt in der DDR hatten und diesen Schutzbereich nicht verlassen haben. Dann ergibt sich daraus „unmittelbar von Verfassungswegen ein Verfolgungshindernis. Es kommt allen Angehörigen dieser Gruppe zugute." Also war die Verfassungsbeschwerde Werner Großmanns erfolgreich. Das Verfahren gegen ihn wurde eingestellt. Er war ein freier Mann. Ebenso Markus Wolf. Das Strafurteil gegen ihn ist aufgehoben worden.

Während der achtziger Jahre lag die europäische Integration in den guten Händen von Helmuth Kohl und François Mitterand. Der deutsche Kanzler und der französische Präsident verstanden sich. Und beide waren überzeugte Europäer. Aber die Sache Europa kam nicht voran. Die Einheitliche Europäische Akte von 1986, hart umkämpft in Luxemburger Verhandlungen (Rnr. 66), änderte nichts, die Römischen Verträge blie- 84. Europarecht ben unverändert. Die seit 1976 mit dem Europäischen Währungssystem (Rnr. 41 und 66) angestrebte Währungsunion kam keinen Schritt weiter, D-Mark blieb D-Mark, Bundesbank blieb Bundesbank. Daran änderte auch nichts die für den 1. Juni 1990 beschlossene Freigabe des Kapitalverkehrs zwischen den Mitgliedstaaten. Helmut Kohl blieb hart wie die D-Mark.

Das änderte sich schlagartig nach der deutschen Wiedervereinigung im Oktober 1990, besser: durch sie. Nun wurde die Währungsunion beschlossen, das Ende der D-Mark, der Beginn des Euro (der erst 1995 seinen Namen bekam) und die Europäische Zentralbank. Das entscheidende Datum: der **Vertrag von Maastricht** 1992. Die wichtigste Änderung seit Beginn der Europäischen Integration, „Der Schritt über den Rubikon" (Hans Tietmeyer). Sie veränderte den Rechtscharakter der Europäischen Union vom Staatenbund zu mehr Bundesstaatlichkeit, weil die Währungshoheit bisher immer als Inbegriff von Staatlichkeit verstanden wurde. Im Urteil zum Vertrag von Maastricht hat das Bundesverfassungsgericht dafür den Begriff „Staatenverbund" gebraucht (Rnr. 85).

Gleichzeitig war der Vertrag von Maastricht ein Beweis dafür, dass das Verhältnis von Frankreich und der Bundesrepublik Motor der Europäischen Integration gewesen ist. Jeder Machtzuwachs in Westdeutschland hatte positive Folgen für die Integration als Ausgleich für französische Sorgen über deutsche Dominanz (vgl. Rnr. 41), und zwar jeweils zwei Jahre später. Solange brauchten die Verhandlungen. Die sechs Daten:

1949	Gründung der Bundesrepublik
1951	Montanunion
1955	Souveränität der Bundesrepublik
1957	Römische Verträge, EWG und Euratom
1990	Wiedervereinigung
1992	Vertrag von Maastricht

Der Verzicht auf die D-Mark, der Euro, war der Preis, den Helmut Kohl an François Mitterand zahlte, damit er der staatlichen Vereinigung zustimmte. Die neue Währungsunion ist das Zentrum dieses Vertrags von 1992 gewesen, geplant in drei Stufen von 1990 bis 1996, allerspätestens bis 1999. 1990 deshalb, weil schon hier der Europäische Rat die Freigabe des Kapitalverkehrs unter den Mitgliedstaaten beschlossen hatte, erste Stufe. Die zweite begann vertragsgemäß 1994 (Art. 109 e). Das Europäische Währungsinstitut, EWI, wurde gegründet mit der Hauptaufgabe, darauf hinzuwirken, dass die „Konvergenzkriterien" bis zur dritten Stufe von den Mitgliedstaaten erfüllt werden. Diese Kriterien waren die Grundlage, die eine gemeinsame Währung brauchte, um nicht zu sagen ihre Mindestgrundlage. Also Preisstabilität und angemessene öffentliche Schulden.

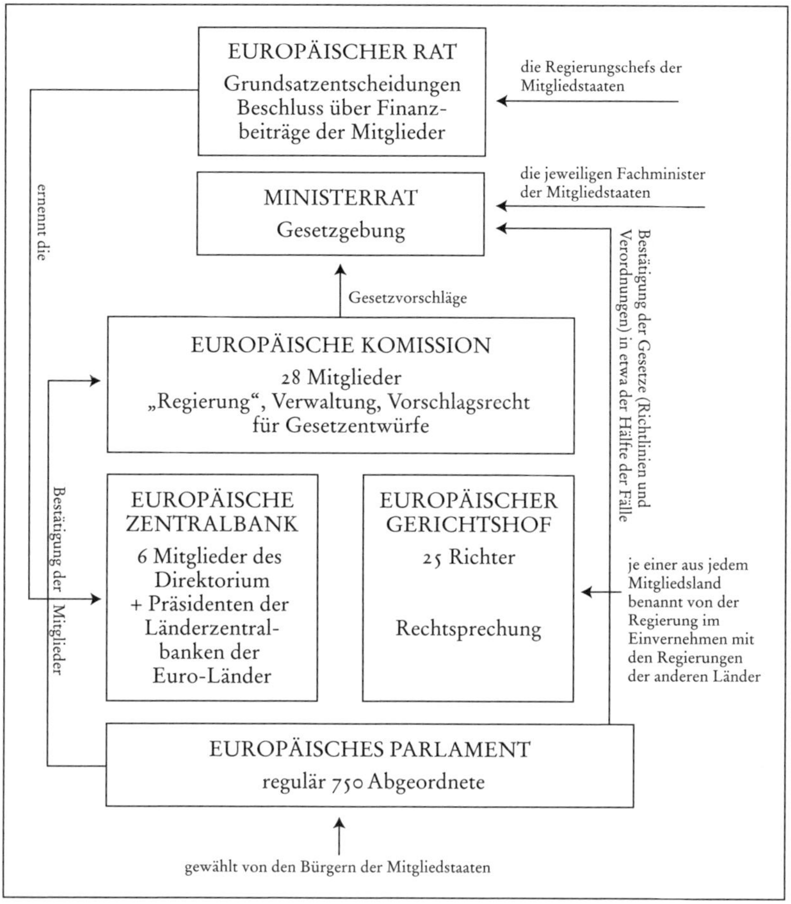

Abbildung 9: Die wichtigsten Organe der Europäischen Union und ihre wichtigsten Kompetenzen

Die Preisstabilität sollte eingehalten werden mit höchstens 1,5 % über der Inflationsrate der drei Staaten mit der niedrigsten. Die Haushaltsstabilität, so der Gipfel von Dublin 1996, durch jährliche Neuverschuldung von höchstens 3 % und Gesamtschuldenstand von maximal 60 % des Bruttoinlandprodukts. Die dritte Stufe sollte spätestens Ende 1996 beginnen (Art. 109 j Abs. 3), indem der Ministerrat entscheidet, dass mehr als die Hälfte der Mitgliedstaaten die Konvergenzkriterien erfüllt, allerspätestens am 1. Januar 1999 (Art. 109 j Abs. 4) Es wurde allerspätestens.

Der Ministerrat entschied auf der Grundlage von Berichten des EWI, dass elf von 15 Mitgliedstaaten die Bedingungen erfüllten. Das bedeutete das Ende der Währungshoheit dieser elf und den Beginn der neuen Währung für sie, die den vom Europäischen Rat 1995 beschlossenen Namen Euro erhielt, erstmal als Buchgeld. 1998 war dafür schon die im Vertrag vorgesehene Europäische Zentralbank gegründet worden, mit Sitz in Frankfurt am Main und einem Präsidenten Wim Duisenberg aus den Niederlanden. Zum 1. Januar 2002 hat er die Geldausgabe des Euro organisiert. Nachdem 2001 noch Griechenland dazukam, waren es zwölf Staaten:

Belgien, Niederlande, Luxemburg, Frankreich, Deutschland, Italien, Irland, Griechenland, Portugal, Spanien, Finnland und Österreich (in der Reihenfolge der Mitgliedschaft zur EWG)

Neben dem Euro brachte der Vertrag von Maastricht noch eine andere Neuheit – die Ergänzung der wirtschaftlichen Gemeinschaften durch einen ersten Ansatz einer politischen Organisation unter dem Namen *Europäische Union*. Montanunion, EWG und Euratom wurden zusammengefasst unter der Bezeichnung Europäische Gemeinschaften, wobei die EWG wegen der Einverleibung des Euro terminologisch verwirrend umbenannt worden ist in Europäische Gemeinschaft. Nun gab es im Rahmen der Europäischen Gemeinschaften eine, die hieß die Europäische Gemeinschaft.

Während die Europäischen Gemeinschaften in erster Linie wirtschaftliche Organisationen waren, ist die Europäische Union als erste Stufe der politischen Einheit Europas gegründet worden, als politisches Dach für die europäischen Gemeinschaften mit zwei neuen politischen Einheiten, die eine für eine gemeinsame Außen- und Sicherheitspolitik (GASP), die andere für die Zusammenarbeit in den Bereichen Justiz und Inneres (ZBJI). Das Ganze wurde meistens dargestellt als „Tempelmodell" oder „Drei Säulen-Modell".

Im Gegensatz zu den Europäischen Gemeinschaften sind die beiden anderen keine eigenständigen Völkerrechtssubjekte mit Rechtsfähigkeit gewesen, sondern nur so genannte „Politik", wie es im EU-Vertrag heißt, also Vereinbarungen mit dem Ziel einer gemeinsamen Außen-, Verteidigungs-, Justiz- und Innenpolitik. Die dafür notwendige Ausstattung geben die Organe der Europäischen Gemeinschaften in Brüssel, Ministerrat und Kommission.

Auslöser für die GASP war der 1989 beginnende Zerfall Jugoslawiens und der Beginn des Bürgerkriegs 1991. Es wurde deutlich, dass selbst innerhalb Europas die militärische und politische Macht der Vereinigten Staaten gegenüber den Europäern unverhältnismäßig groß geblieben war. Das sollte durch GASP allmählich ausgeglichen werden. Auslöser für ZBJI sind die beiden **Schengener Abkommen** gewesen, von 1985 und 1990, über den Wegfall von Grenzkontrollen innerhalb der EWG. Sie sind seit 1995 in mehreren EU-Staaten in Kraft getreten und ein wichtiger Teil von ZBJI geworden, nachdem mit dem Wegfall der Binnenkontrollen

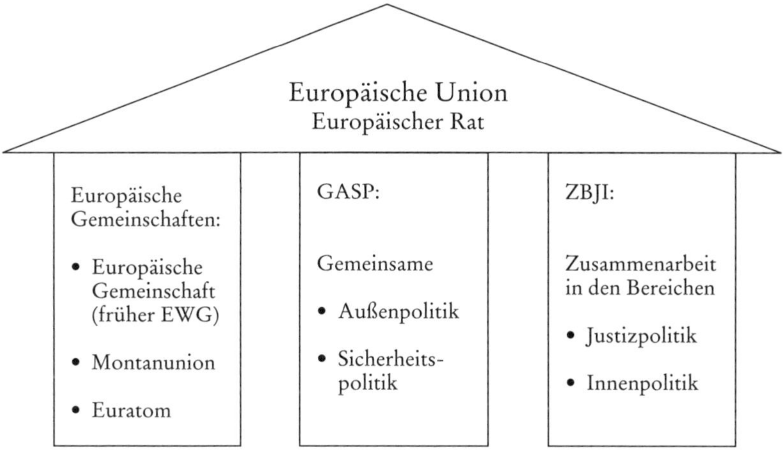

Abbildung 10: Die Europäische Union und ihre drei Säulen nach dem Vertrag von Maastricht

die Sicherung der Außengrenzen und die Verfolgung von Kriminalität als völlig neue Probleme einer gemeinsamen Rechts- und Innenpolitik entstanden.

Außerdem hat der Vertrag von Maastricht dem Europäischen Parlament in bestimmten Fällen ein Mitentscheidungsrecht bei der Gesetzgebung gegeben, bei dem es mit dem Ministerrat gleichberechtigt wurde. Schließlich begründete der Vertrag die Unionsbürgerschaft, unter anderem mit dem aktiven und passiven Wahlrecht bei den Kommunalwahlen am jeweiligen Wohnort außerhalb des eigenen Staats und in Drittstaaten mit dem konsularischen und diplomatischen Schutz von Bürgern eines jeden Mitgliedstaats.

1985 hatten die fünf Länder Benelux, Frankreich und Deutschland im *Vertrag von Schengen* ohne die EWG die Öffnung der Grenzen durch Abschaffung der Personen- und Zollkontrollen beschlossen. Diese Vereinbarung wurde 1997 im **Vertrag von Amsterdam** für die Europäische Union übernommen, zum Teil für die erst Säule, zum Teil für die dritte, um allmählich einen „Raum der Freiheit, der Sicherheit und des Rechts" zu schaffen. Eine für die europäische Integration wichtige und gute Entscheidung, die ihren Bürgern wohl am deutlichsten das Gefühl für die Zusammengehörigkeit gab, aber auch negative Folgen hatte. Denn sie führte zu einer verstärkten Sicherung der Außengrenzen, um illegale Einwanderung zu verhindern, mit manchen Todesopfern an der deutschen Ostgrenze (bis zum Beitritt Polens) und an der Südgrenze im Mittelmeer.

Nachdem im Jahr 2000 mit dem **Vertrag von Nizza** im Hinblick auf die kommende Osterweiterung nur eine sehr schlechte Regelung getroffen war für die Mehrheitsentscheidungen im Ministerrat, konnte diese Erweiterung um zehn (!) neue Mitglieder zu bisher vierzehn 2004 nicht mehr verhindert werden, nämlich von

Estland, Lettland, Litauen, Polen, Tschechien, Slowakei, Ungarn, Slowenien, Malta und dem griechischen Zypern.

Nicht unbedingt eine gute Lösung. 2007 kamen noch Rumänien und Bulgarien dazu. Putins Russland durfte sich umzingelt fühlen und etwas mehr Zurückhaltung würde wohl besser gewesen sein. Wenigstens gelang schließlich mit dem **Vertrag von Lissabon** für die Abstimmungen im Ministerrat eine brauchbare Lösung. Er ist 2009 in Kraft getreten. Außerdem brachte er eine neue Ordnung für die Konstruktion der EU.

Stimmenanzahl der Staaten bei Mehrheitsentscheidungen im Ministerrat nach dem Vertrag von Nizza

	Bevölkerung	Stimmen
Deutschland	83,12	29
Großbritannien	59,27	29
Frankreich	59,18	29
Italien	57,46	29
Spanien	39,55	27
Polen	38,62	27
Niederlande	15,87	13
Griechenland	10,64	12
Ungarn	10,38	12
Tschechien	10,30	12
Belgien	10,25	12
Portugal	9,99	12
Schweden	8,93	10
Österreich	8,14	10
Dänemark	5,32	7
Slowakei	5,27	7
Finnland	5,18	7
Litauen	3,68	7
Irland	3,63	7
Lettland	2,67	4
Slowenien	1,97	4
Estland	1,57	4
Zypern	0,60	4
Luxemburg	0,44	4
Malta	0,38	3

Bevölkerungszahl in Millionen im Jahr des Vertrages (2000).

In der neuen Ordnung dieses Vertrags wurde das *Dreisäulenmodell* aufgegeben. Die bisher erste Säule der Gemeinschaften ist aufgelöst und die beiden anderen bleiben in ihrer bisherigen Form als Teile der Europäischen Union bestehen. Die älteste Gemeinschaft der ersten Säule, Montanunion, verlor ihre Selbständigkeit schon 2002, wurde in die Wirtschaft der Europäischen Gemeinschaft übernommen. Und Euratom, die Gemeinschaft für die friedliche Nutzung der Kernenergie ist als selbständiges Subjekt des Völkerrechts von der EU getrennt worden, bleibt aber mit ihr eng verbunden. Die nun allein noch vorhandene – wirtschaftliche – Europäische Gemeinschaft ist nun mit der – politischen Europäischen Union zu einer Einheit verbunden. Mit anderen Worten, die EU ist nun selbst das Völkerrechtssubjekt und hat nicht nur wie bisher ein einziges Organ im alten Gipfel, den Europäischen Rat der Staats- und Regierungschefs, sondern auch alle anderen gehören nun zu ihr, also Ministerrat, Europäische Kommission, Europaparlament und so weiter. Die Kompetenzen des Parlaments wurden erweitert. Bei der Gesetzgebung – durch Richtlinien und Verordnungen – ist es jetzt mit dem Ministerrat fast gleichberechtigt, muss fast immer zustimmen.

Die Abstimmungen im Ministerrat finden nun statt nach dem „Prinzip der doppelten Mehrheit". Für einen zustimmenden Beschluss über eine Richtlinie oder Verordnung sind die Stimmen von 55 % aller Mitgliedstaaten und 65 % der EU-Bevölkerung notwendig. Die Verhinderung eines Antrags mit einer Sperrminorität braucht mindestens die Stimmen von vier der 28 Mitglieder des Rats. Damit soll verhindert werden, dass drei große Staaten, auch wenn sie 35 % der Bevölkerung haben, allein einen Beschluss abwenden können.

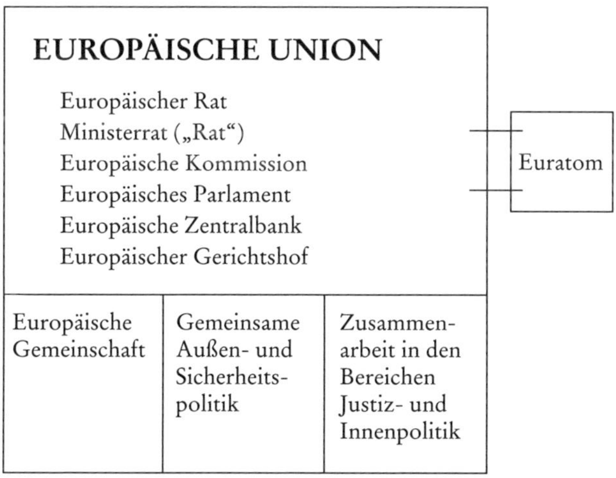

Abbildung 11: Die Europäische Union nach dem Vertrag von Lissabon

Außerdem, sehr wichtig, wird der halbjährliche Wechsel im Vorsitz des Europäischen Rats – der Staats- und Regierungschefs – ersetzt durch einen für zweieinhalb Jahre gewählten hauptamtlichen Präsidenten. Der erste war von 2009 bis 2014 der Belgier Herman van Rompuy. Von 2014 bis 2019 ist es der Pole Donald Tusk.

Als das nun alles geschafft war, begannen die **Krisen und Probleme**, die die EU seitdem beschäftigen, 2009 die griechische Eurokrise, 2015 die Flüchtlingskrise und seitdem Probleme mit ostmitteleuropäischen Ländern wegen Verweigerung der Aufnahme von Flüchtlingen, also mit Polen, Tschechien und Ungarn, und mit Polen wegen rechtsstaatswidrigen Vorgehens gegen die Unabhängigkeit seiner Justiz. 2016 beschlossen die Engländer dann auch noch mit einem Referendum den Brexit, den Austritt Großbritanniens aus der Union. Und 2017 reagierte die EU mit juristischen Verfahren gegen die drei ostmitteleuropäischen Staaten. Und er sprach zur Tochter Isis, wir sind in einer Krisis (Ramses, der Ägypterkönig).

Bei den Wahlen in *Griechenland* wurde Georgios Papandreou von der sozialdemokratischen Partei PASOK Ministerpräsident und stellte fest, dass sein Land das nach dem Vertrag über den Euro zulässige jährliche Haushaltsdefizit von 3 % des Bruttoinlandsprodukts weit überschritten hatte. Er bat den Internationalen Währungsfonds, IWF, um Hilfe. Der lehnte ab. Nun merkte man auch noch, dass die Staatsverschuldung mit mehr als 300 Milliarden Euro weit über der zulässigen Grenze lag. Nach schwierigen Verhandlungen erklärten sich drei hilfsbereite Partner, die EU-Kommission für die Länder der Euro-Zone, die Europäische Zentralbank und der IWF, die „Troika", an Griechenland ein Rettungsprogramm von 110 Milliarden Euro in Raten zu zahlen, und stellten dafür harte Bedingungen, um die Ursachen dieser Misere zu beheben. Papandreou musste einwilligen. Dazu gehörten die Reduzierung der Zahl von Beschäftigten im völlig aufgeblasenen Regierungs- und Verwaltungsapparat, Kürzung ihrer Gehälter, Kürzung der Renten, Herabsetzung des Mindestlohns, Kürzung der Verteidigungskosten, Privatisierung von Staatsunternehmen, Bekämpfung von Korruption sowie von Steuerflucht und Steuerbetrug. Das führte zu einer landesweiten sozialen Krise. Die Arbeitslosigkeit stieg von 7,8 % 2008 auf 25 % 2015, die Gehälter sanken bis 2016 um 22 %, die Renten von monatlich durchschnittlich 1200 auf 833 Euro. Bis 2018 waren an das Land Kredite von 256 Milliarden Euro gezahlt. Und seit 2015 steuerte Ministerpräsident Alexis Tsipras von der Linkspartei Syriza die Griechen durch schwierige und chaotische Zeiten. Die Krise erschütterte europaweit den Glauben an die Stabilität von Euro und EU. Für Griechenland zeigen sich inzwischen Lichtblicke.

Über den Beginn der *Flüchtlingskrise* 2015 ist schon berichtet (Rnr. 67). In Deutschland war es ungefähr eine Million, die aufgenommen wurde, gegen die Dubliner EU-Verordnung von 2014, wonach derjenige Staat für das Asylverfahren und die Aufnahme zuständig ist, in den Flüchtlinge zuerst eingereist sind. Von den anderen EU-Ländern war es nur noch Schweden, das mit 190.000 übermäßig viele aufgenommen hat. Am schlimmsten litten Griechenland und Italien, wo die meisten über das Mittelmeer ankamen und weiterzogen. Nicht wenige starben in den kleinen Booten der illegalen Schleuser, die in der unruhigen See scheiterten. 2017 waren es in Griechenland noch 62.000, die sich dort ständig aufhielten, in Italien noch ungefähr 120.000.

Im September 2015 hatte der Rat der Innenminister beschlossen, dass 120.000 Asylsuchende aus beiden Ländern anteilmäßig von den 26 anderen Mitgliedstaaten aufgenommen werden sollten. Der Beschluss erging gegen die Stimmen von Rumänien, der Slowakei, von Tschechien und Ungarn. Als Mehrheitsbeschluss nach Art. 238 AEUV war er jedoch wirksam. Aber Polen, Ungarn und Tschechien verweigerten die Erfüllung ihrer Pflicht, weil sie ihre staatliche Souveränität und die Sicherheit ihrer Bürger nicht gefährden wollten. Die Slowakei und Ungarn klagten deshalb vor dem Europäischen Gerichtshof und wurden am 6. September 2017 abgewiesen. Der Beschluss des Ministerrats sei in vollem Umfang rechtmäßig. Da die beiden Länder und Polen sich weiter weigerten, erhob die EU-Kommission im Dezember Klage gegen die drei, um die Erfüllung zu erzwingen. Eine Verurteilung würde die Zahlung von Zwangsgeldern zur Folge haben.

Daneben brodelt ein anderes Problem, das die Einheit der EU bedroht. Polen und Ungarn gefährden mit unterschiedlichen Maßnahmen ihre *Rechtsstaatlichkeit*, Polen durch Einschränkung der Unabhängigkeit seiner Justiz, Ungarn durch Beseitigung der Pressefreiheit. Deshalb hat die Kommission ebenfalls im Dezember 2017 gegen beide Länder das 2014 zum Schutz der Rechtsstaatlichkeit eingeführte Verfahren nach Art. 7 EU-Vertrag eingeleitet.

Im Übrigen war 2016 für Flüchtlinge der Weg von Griechenland nach Norden durch zwei Maßnahmen gestoppt worden. Zum einen dadurch, dass Mazedonien (seit Februar 2019: „Nordmazedonien") seine Grenzen zu Griechenland schloss. Damit war die Balkanroute verbaut. Das Land hatte befürchtet, durch Sperrung der Grenzen im Norden in einen Stau von Flüchtlingen zu kommen. Zum anderen hatte die EU im selben Jahr ein Abkommen mit der Türkei getroffen. Dort hielten sich ungefähr zwei Millionen Flüchtlinge in Lagern auf, eine Folge des syrischen Bürgerkriegs. Für deren Betreuung versprach die EU die Zahlung von drei Milliarden Euro, außerdem die Aufhebung der Visumspflicht für Türken im Schengen-Gebiet sowie die Fortführung der Beitrittsverhandlungen des Landes mit der EU. Das Geld wurde gezahlt. Dafür versprach die

Türkei, sie würde für jeden illegal nach Griechenland geflüchteten und zurückgebrachten Syrer einen aus ihren Lagern in die EU entlassen, in der sich mehrere Länder zur Aufnahme bereit erklärt hatten. Der sogenannte „Merkel-Plan“. Er funktionierte. Im Januar 2018 waren es nur noch 1.200 Flüchtlinge, die mit Schleusern in Griechenland ankamen. Die Türkei hat ihre Grenzen besser geschützt und war wirksam gegen die Schleuser vorgegangen. Eine Notlösung auf Zeit. Für den Druck von möglichen Zigtausend aus Afrika über das Mittelmeer nach Italien war noch nicht einmal der Ansatz für einen vorläufigen Ausweg gefunden. Und die Europäische Union versinkt weiter in ihren Problemen. Vielleicht findet die neue deutsche Regierung gemeinsam mit Frankreichs Präsident Emmanuel Macron doch noch eine Lösung.

Daten zur europäischen Integration

1951	Montanunion: Benelux, Frankreich, Bundesrepublik, Italien
1957	Verträge von Rom: EWG und Euratom
1965	Fusionsvertrag der 3 Gemeinschaften: gemeinsamer Ministerrat und gemeinsame Kommission in Brüssel
1973	Beitritt Dänemarks, Großbritanniens und Irlands
1979	Direktwahl des Europäischen Parlaments
1981	Beitritt Griechenlands
1985	Abkommen von Schengen: Benelux, Frankreich, Bundesrepublik
1986	Beitritt Portugals und Spaniens
1992	Vertrag von Maastricht: Wirtschafts- und Währungsunion, Europäische Union
1995	Beitritt Finnlands, Österreichs und Schwedens, jetzt 15 Mitglieder Inkrafttreten von Schengen in Benelux, Frankreich, Deutschland, Portugal, Spanien
1997	Vertrag von Amsterdam: EU übernimmt Schengen-Abkommen
2000	Vertrag von Nizza: völlig mangelhafte Regelung für Mehrheitsentscheidungen im Ministerrat als Vorbereitung für die Osterweiterung
2002	Einführung des Euro als gesetzliches Zahlungsmittel in 12 EU-Staaten
2004	Beitritt von 10 Staaten: Estland, Lettland, Litauen, Polen, Tschechien, Slowakei, Ungarn, Slowenien (Osterweiterung), Malta, griechisches Zypern

2007	Beitritt von Rumänien und Bulgarien
2009	Vertrag von Lissabon in Kraft: Umbau der EU, sinnvolle Regelung der Abstimmung im Ministerrat und Europa-Parlament, mit ihm fast gleichberechtigt bei der Gesetzgebung, Eurokrise
2013	Beitritt von Kroatien, jetzt 28 EU-Staaten
2015	Euro inzwischen in 19 Staaten Flüchtlingskrise
2016	Mazedonien schließt Grenze zu Griechenland, Ende der Balkanroute Flüchtlingsabkommen mit der Türkei Engländer erklären Brexit

Und dazu noch die großen Daten. Die EU hat inzwischen 511 Millionen Einwohner, die Eurozone 337 Millionen und das Gebiet von Schengen 419 Millionen (mit Norwegen und der Schweiz, beide nicht Mitglieder der EU). Zum Vergleich: Die USA haben 293 Millionen Einwohner, Russland hat 144 Millionen und China 1,3 Milliarden.

85. BVerGE 89,155 – Maastricht und BVerfGE 123,266 – Lissabon

Wohl kein anders Land der Gemeinschaft hat auf die verfassungsrechtliche Diskussion und Gestaltung der europäischen Integration so viel Einfluss genommen wie die Bundesrepublik mit ihrem Verfassungsgericht, besonders durch die beiden Urteile zum **Vertrag von Maastricht** und dem von Lissabon. Zuerst das zum 1992 vereinbaren Vertrag von Maastricht. Es erging 1993.

Schon am Anfang werden die Weichen gestellt. Von mehreren Verfassungsbeschwerden wird nur eine einzige als zulässig anerkannt, nämlich diejenige, die sich nicht auf die Verletzung von Grundrechten beruft, sondern auf Verletzung eines demokratischen Rechts, das sich aus dem neuen Art. 23 GG ergibt. Mit anderen Worten, das Bundesverfassungsgericht geht dem Konflikt mit dem Europäischen Gerichtshof im Hinblick auf die Rechtsprechung zu den Grundrechten aus dem Weg, nachdem es 1986 noch entschieden hatte, dass es seine Gerichtsbarkeit zum Europarecht über den Grundrechtsschutz nicht ausüben werde, „solange" ein ausreichender Schutz durch den EuGH gewährleistet ist (BVerfGE 73,339, „Solange II"). Stattdessen eröffnete es hier eine neue Front, nämlich den wichtigeren Konflikt im Hinblick auf die Frage, wessen Hoheitlichkeit den höheren Rang hat, die der Staatlichkeit der Mitgliedstaaten oder eine „Staatlichkeit" der Gemeinschaft, eine neue eigenständige Hoheit, die sie nach Meinung ihrer Organträger durch ständige Ausweitung ihrer Befugnisse, jetzt auch noch der Währungshoheit, urwüchsig entwickelt hat und vom EuGH in seiner Rechtsprechung bestätigt wurde. Dieser Luxemburgisch-Brüsseler

Zentralismus ist ja auch verständlich, weil im Konfliktfall sekundäres Europarecht gegenüber einfachem staatlichem Recht grundsätzlich den Vorrang haben muss. Ohne dass damit die Frage des verfassungsrechtlichen Vorrangs der EU entschieden ist. Zu deren Beantwortung waren die Karlsruher Richter in beiden Urteilen angetreten, und zwar im Sinn des Vorrangs der nationalen Staatlichkeit der Mitgliedstaaten, im Lissabonner Urteil noch entschiedener als in dem zu Maastricht. Aber auch dieses ist im Grunde genommen nichts anders als die Begründung des Vorrangs der Staatlichkeit des Mitgliedstaats Bundesrepublik Deutschland. Das Ganze steht in diesem Urteil unter dem Stichwort *Demokratie*.

Aus dem neuen Art. 23 ergibt sich nämlich ein Recht der Bürger der Bundesrepublik über ihr Parlament Bundestag auf demokratische Teilhabe an diesem Staat. Und dieses Teilhaberecht ist die Grundlage einer neuen Verfassungsbeschwerde, einer „Popularverfassungsbeschwerde" (Thomas Oppermann). Ihr Parlament, der Bundestag, hat mit seinem Gesetz über die Ratifikation des Maastrichter Vertrags die demokratische Legitimation geschaffen für die Entstehung neuen Gemeinschaftsrechts, gemeinsam mit den Ratifikationsgesetzen der anderen Mitgliedstaaten. Die Entstehung neuen Gemeinschaftsrechts ist aber nur soweit legitimiert, dass den Mitgliedstaaten Aufgaben und Befugnisse für demokratische Entscheidungen bleiben, die „von substantiellem Gewicht" sind. Sie setzt weiter voraus die Achtung der nationalen Identität ihrer Mitgliedstaaten, auch dadurch, dass die Gemeinschaft nach dem Grundsatz der vertraglich begründeten und begrenzten Kompetenzen ausgestattet ist und außerdem das Subsidiaritätsprinzip als verpflichtend eingehalten wird, dass also öffentliche Probleme möglichst vor Ort, in den Mitgliedstaaten, zu lösen sind und die Union erst eingreift, wenn das nicht möglich ist. Nur auf diese Weise ist die Bundesrepublik für die anderen Mitgliedstaaten Teil eines – vom Bundesverfassungsgericht hier neu eingeführten Begriffs – „*Staatenverbunds*", in der Mitte zwischen Bundesstaat und Staatenbund. In ihm bleiben die Mitgliedstaaten „Herren der Verträge", zwar mit dem Willen zu langfristiger Bindung, aber auch mit der Möglichkeit, sie wieder aufheben zu können. Der dafür notwendige Einfluss des Bundestags wird dadurch sichergestellt, dass er über Vertragsänderungen jeweils neu abstimmen muss und über Art. 23 Abs. 2 und 3 GG an der Wahrnehmung der deutschen Mitgliedschaftsrechte in den Organen der Gemeinschaft über die Bundesregierung beteiligt ist.

Das ist im Urteil im Einzelnen beschrieben mit dem Ergebnis, dass die Beschwerde nach Art. 23 zwar zulässig ist, aber unbegründet ist, weil alle Voraussetzungen des im Artikel geforderten Demokratieprinzips erfüllt sind. Der Vertrag von Maastricht war genehmigt.

Übrigens trotz einer Ausnahme vom Demokratieprinzip, die aber einen Sonderfall betrifft, nämlich die Einsetzung einer von demokratischen Einflüssen unabhängigen Europäischen Zentralbank. Das sei sinnvoll, weil sich gezeigt habe, dass eine unabhängige Zentralbank notwendig sei, um das Währungssystem dem Zugriff von Interessengruppen und der an einer Wiederwahl interessierten politischen Mandatsträger zu entziehen. Jedenfalls, alles in allem, der letzte Satz des Urteils: „Entscheidend ist somit aus vertraglicher und verfassungsrechtlicher Sicht, dass die demokratischen Grundlagen der Union schritthaltend mit der Integration ausgebaut werden und im Fortgang der Integration in den Mitgliedstaaten eine lebendige Demokratie erhalten bleibt."

Die Empörung war groß unter den Professoren des Europarechts und der Administration in Brüssel über die Tempelschändung im Urteil an den europäischen Heiligtümern, die hoheitlich autonom über den unter ihnen liegenden Mitgliedstaaten schweben sollen. Das hinderte die Karlsruher Richter jedoch nicht, beim nächsten Mal noch deutlicher zu werden, nämlich in ihrer Entscheidung von 2009 zum 2007 vereinbarten **Vertrag von Lissabon**. Der brachte Verbesserungen im strukturellen Aufbau der EU, für die Mehrheitsentscheidungen im Ministerrat und die Kompetenzen des Europäischen Parlaments. Das ist alles schon beschrieben worden (Rnr. 84) und wurde vom Bundesverfassungsgericht auch im Wesentlichen akzeptiert. Aber.

Die Urteilsbegründung beginnt wieder mit dem *Demokratieprinzip* des Art. 23 GG, dem Prüfungsmaßstab. Das Wahlrecht zum Bundestag sei das wichtigste vom Grundgesetz garantierte subjektive Recht der Bürger auf demokratische Teilhabe. Ihr Recht, in Freiheit und Gleichheit in Wahlen und Abstimmungen die öffentliche Gewalt zu bestimmen, ist in der Würde des Menschen verankert, Art. 1 Abs. 1 GG, und gehört mit der Staatsfundamentalnorm des Art. 20 Abs. 1 und 2 in Verbindung mit Art. 79 Abs. 3 zu den unabdingbaren Grundsätzen des deutschen Verfassungsrechts. Mit ihm setzt das Grundgesetz die souveräne Staatlichkeit Deutschlands nicht nur voraus, sondern garantiert sie auch.

Dabei ist es offen für das Ziel, Deutschland in eine internationale und europäische Friedensordnung einzugliedern. Nach Art. 23 Abs. 1 gilt dafür der Grundsatz der Völkerrechts- und Europarechtsfreundlichkeit, aber nur bis zur Grenze der unverfügbaren Verfassungsidentität des Art. 79 Abs. 3 GG. Und nun, noch deutlicher als im Maastricht-Urteil:

> „Das Grundgesetz ermächtigt die für Deutschland handelnden Organe nicht, durch einen Eintritt in einen Bundesstaat das Selbstbestimmungsrecht des Deutschen Volkes in Gestalt der völkerrechtlichen Souveränität Deutschlands aufzugeben" (Rnr. 228 des Urteils).

Dieser Schritt würde nach Art. 146 GG die Aufhebung des Grundgesetzes erfordern und eine Beschluss des deutschen Volkes über eine neue Verfassung. Das Grundgesetz habe einen anderen Weg vorgesehen, nämlich zur Beteiligung an einen *Staatenverbund* nach Art. 23, „in dem die Mitliedstaaten die Subjekte der demokratischen Legitimation bleiben und der durch Art. 79 Abs. 3 geschützte Mindeststandart nicht unterschritten werden darf. Deshalb kann es für die Europäische Union keine aus eigenem Recht entstandene und eigenständige höhere Gewalt geben, die über der Staatlichkeit der Mitgliedstaaten steht (Rnr. 232 des Urteils).

Deshalb haben die deutschen Verfassungsorgane eine dauerhafte Integrationsverantwortung. Das neue Stichwort neben Demokratieprinzip und Staatenverbund. Mit ihr sind sie verpflichtet, dafür zu sorgen, dass sowohl in Deutschland als auch in der EU demokratische Grundsätze eingehalten werden und der Deutsche Bundestag eigene Aufgaben und Befugnisse von substantiellem Gewicht behält. Deshalb muss die Bundesrepublik maßgeblichen Einfluss auf europäische Entscheidungsverfahren ausüben können. Das wird nun für die einzelnen Sachgebiete geprüft und vom Gericht als ausreichend angenommen.

Im Zusammenhang mit dem Vertrag von Lissabon hatte der deutsche Gesetzgeber dreierlei beschlossen: 1. ein Zustimmungsgesetz (Ratifikation des Vertrags), 2. ein Gesetz zur Änderung des Grundgesetzes und 3. ein Gesetz über die Ausweitung und Stärkung der Rechte des Bundestags und Bundesrats in Angelegenheiten der Europäischen Union.

Zu 1. Für die Verfassungsmäßigkeit des *Zustimmungsgesetzes* lag ein Problem in den Regeln des Vertrags über seine Änderungen. Die können erleichtert werden durch sogenannte Brückenklauseln, eine allgemeine in Art. 49 Abs. 7 EU-Vertrag (EUV) und mehrere spezielle (zu ihnen Rnr. 315 des Urteils). Nach Art. 49 Abs. 7 sind solche erleichterten Änderungen möglich für die Bereiche in Titel V des Vertrags (auswärtiges Handeln der EU und Gemeinsame Außen- und Sicherheitspolitik) sowie bei den Vorschriften des Vertrags über die Arbeitsweise der Union (AEUV). Die Vorschriften über erleichterte Vertragsänderungen werden Brückenklauseln genannt, weil sie eine Brücke bauen von dem Gremium, das an sich allein das Recht hat, Verträge des Primärrechts zu ändern, nämlich vom Europäischen Rat der Staats- und Regierungschefs zum Ministerrat („Rat“), der dann meistens das Recht erhält, eine Änderung mit jener qualifizierten Mehrheit zu beschließen, die der Lissabonner Vertrag eingeführt hat („ Prinzip der doppelten Mehrheit“, Rnr. 84).

Die allgemeine Brückenklausel des Art. 48 Abs. 7 EUV regelt die Erleichterung in doppelter Weise, nämlich einmal so, wie eben beschrieben, vom Europäischen Rat zum Ministerrat, der dann mit qualifizierter Mehrheit entscheiden kann, und zum anderen in der Weise, dass der

Europäische Rat dem Ministerrat das Recht gibt, beim Erlass von Verordnungen oder Richtlinien, die in bestimmten Fällen in einem besonderen Gesetzgebungsverfahren erlassen werden müssen, stattdessen im ordentlichen Verfahren zu entscheiden. Beide Verfahren sind in Art. 288 AEUV geregelt. Die Erleichterung bedeutet auch hier für den Ministerrat den Übergang von der Einstimmigkeit zur qualifizierten Mehrheit. Der Europäische Rat muss bei solchen Entscheidungen einstimmig beschließen und das Europäische Parlament mit einfacher Mehrheit zustimmen. Außerdem haben die Mitgliedstaaten das innerhalb eines halben Jahres zu genehmigen. Erst dann wird die Erleichterung wirksam.

Das verfassungsrechtliche Problem für das Bundesverfassungsgericht lag nun darin, dass zum einen durch den Übergang von der Einstimmigkeit zur qualifizierten Mehrheit das Gewicht des deutschen Vertreters im Ministerrat erheblich geschwächt wird. Und zum anderen, dass das nachträgliche Ablehnungsrecht „kein ausreichendes Äquivalent ist" für den normalen Ablauf von Vorberatungen für Vertragsänderungen, die sehr sorgfältig ablaufen (vgl. Art. 48 Abs. 1 bis 5 EUV). Auf diese Weise können deutsche Organe ihre Pflicht aus der Integrationsverantwortung nicht ausreichend erfüllen und über die Frage entscheiden, ob das eigene „demokratische Legitimationsniveau jeweils ausreichend ist, um eine Mehrheitsentscheidung im Ministerrat zu akzeptieren." Dasselbe galt für die meisten der speziellen Brückenklauseln. Und die Lösung des Problems? War die verfassungskonforme Auslegung des Lissabonner Vertrags in der Weise, dass der deutsche Vertreter im Europäischen Rat einen solchen Beschluss nur zustimmen darf, wenn vorher der deutsche Gesetzgeber ein Gesetz nach Art. 23 Abs. 1 GG erlassen hat. Damit war das Zustimmungsgesetz gerettet.

2. Das zweite Gesetz, das zur *Änderung des Grundgesetzes* (Art. 23 Abs. 1 a, 45 Satz 3 und 93 Abs. 1 Nr. 4 a) „stößt weder auf formelle noch auf materielle Bedenken und ist deshalb verfassungsgemäß" (Rnr. 401 des Urteils), auch das Recht zur Erhebung einer Subsidiaritätsklage in Art. 23 Abs. 1a Satz 2 GG, mit dem ein Viertel der Mitglieder des Bundestags dessen Rechte der EU wahrnehmen kann, wenn die Mehrheit es nicht will. Eine Verstärkung der Integrationsverantwortung.

3. Nur das dritte Gesetz war unheilbar verfassungswidrig, das *Gesetz über die Ausweitung und Stärkung der Rechte des Bundestages und des Bundesrates in Angelegenheiten der Europäischen Union*, AuswG. Es regelt in Ausübung ihrer Rechte im Hinblick auf den Grundsatz der Subsidiarität in Gesetzentwürfen der EU, §§ 2 und 3 AuswG, ohne Beanstandung durch das Gericht, und über ihre Zuständigkeit für die Ablehnung einer Initiative des Europäischen Rats zu erleichterter Vertragsveränderung im Rahmen der allgemeinen Brückenklausel des Art. 48

Abs. 7 EUV. Dazu bestimmt § 4 Abs. 3 Ziff. 1 und 2 AuswG, dass der Bundestag oder der Bundesrat für die Ablehnung zuständig ist, wenn im Schwerpunkt der Initiative ausschließlich Gesetzgebungsbefugnisse des Bundes oder der Länder betroffen sind. So weit so gut.

Aber in allen anderen Fällen heißt es für die Zuständigkeit des Bundestags (und danach entsprechen des Bundesrats) wörtlich in § 4 Abs. 3 Ziff. 3 AuswG:

> „Eine Initiative wird auch dann nicht abgelehnt, wenn ein Organ den Beschluss eines anderen Organs ... zurückweist, sofern es der Auffassung ist, dass ein Fall der Nummer 1 oder der Nummer 2 nicht vorliegt. Hat der Bundestag den Beschluss über die Ablehnung der Initiative mit einer Mehrheit von zwei Dritteln gefasst, so bedarf die Zurückweisung durch den Bundesrat einer Mehrheit von zwei Dritteln seiner Stimmen."

Mit anderen Worten: Der Bundestag kann seine Ablehnung allein nur erklären, wenn der Bundesrat schweigt. Widerspricht der Bundesrat, ist die Ablehnung durch den Bundestag unwirksam. Diese Regelung, so das Bundesverfassungsgericht, widerspricht der allgemeinen Integrationsverantwortung des Bundestags. Denn, so darf man ergänzen, der vertritt das *Demokratieprinzip* in stärkerem Maß, weil er im Gegensatz zum Bundesrat von allen deutschen Bürgern direkt gewählt ist." Es ist daher von Verfassungs wegen erforderlich, dem Bundestag die Entscheidungskompetenz in diesen Fällen unabhängig von einer Entscheidung des Bundesrats einzuräumen" (Rnr. 415 des Urteils).

Im Anschluß an das Urteil wurde das Ausweitungsgesetz aufgehoben und durch das „Gesetz über die Wahrnehmung der Integrationsverantwortung des Bundestages und des Bundesrates in Angelegenheiten der Europäischen Union (Integrationsverantwortungsgesetz – IntVG)" vom 22.9.2009 (BGBl. I S. 3022) ersetzt. Von deutscher Seite stand dem Lissabonner Vertrag damit nichts mehr im Weg. Die Kritik der Wissenschaft war hier noch heftiger als nach dem Maastricht-Urteil. Inzwischen ist es ruhiger geworden. Auch in Brüssel.

86. Die Bundesrepublik und ihr juristisches Fundament

Vergleicht man die Bundesrepublik mit der von Weimar gibt es durchaus eine Parallele – beide sind Ergebnis eines verlorenen Kriegs und wurden danach eine Demokratie. Damit ist der Vorrat an Gemeinsamkeit aber auch schon fast erschöpft. Nicht einmal die beiden Kriege sind sich ähnlich, auch wenn sie in einem engen Zusammenhang stehen und deshalb von Vielen als Zweiter Dreißigjähriger Krieg zusammengefasst werden. In den Ersten Weltkrieg ist das Deutsche Reich wie die anderen fahrlässig hineingeschliddert, Christopher Clark nennt sie Schlafwandler. Den Zweiten hat Deutschland vorsätzlich geplant. In beiden wurden

Kriegsverbrechen begangen. Aber den Völkermord an Millionen Juden und anderen haben die Deutschen erst im Zweiten begangen. Die Weimarer Republik war eine Gründung von innen, das Ergebnis einer Revolution unmittelbar nach Kriegsende 1918. Die Bundesrepublik ist von außen gegründet worden, organisiert durch Amerikaner und Engländer und geduldet von den Franzosen, drei Jahre nach dem Krieg, 1948/49, als Front gegen Stalins Drang nach Expansion.

Das Deutsche Reich hat durch den Ersten große Gebietsverluste erlitten, im Westen Elsaß und Lothringen an Frankreich, am meisten im Osten: große Gebiete Westpreußens und Oberschlesiens gingen an Polen. Ostpreußen wurde vom Reich abgetrennt. Das entscheidende: damals gab es keine Massenvertreibungen. Nach dem Zweiten, der ja eine Ursache darin hatte, den „polnischen Korridor" wieder zurückzuholen, verblieb es bei diesen Verlusten und es kamen noch riesige weitere dazu: ganz Ostpreußen, Pommern, das östliche Brandenburg, Schlesien und – fast – das Saarland an Frankreich. Dadurch war das Gebiet der Bundesrepublik überflutet von Millionen Vertriebenen zu denen auch noch die Volksdeutschen aus der Tschechoslowakei und anderen Staaten sowie eine Million Flüchtlinge aus der sowjetischen Zone kamen. Die mussten untergebracht werden, obwohl in den Städten noch Millionen Menschen Ruinengrundstücke, Kellerräume oder Baracken bewohnten. Unentwegt strömten neue nach. Insgesamt wurden es zwölf Millionen. Mit dem schwarzen Markt während der Lebensmittelknappheit ähnelte das Ganze „anarchischen Zuständen einer Zusammenbruchsgesellschaft" (Hans-Ulrich Wehler).

In dieser Situation kam, verbunden mit der Währungsreform vom 18. Juni 1948, der Befehl der amerikanischen und englischen Bestatzungsmacht zum Aufbau eines neuen Staats. Nach einem knappen Jahr waren die Beratungen des Parlamentarischen Rats in Bonn beendet. Erfahrene Politiker der Weimarer Republik hatten eine sehr gute Verfassung beschlossen. Mit dem Inkrafttreten des Grundgesetzes am 23. Mai 1949 schlug die Geburtsstunde der Bundesrepublik. Nach den Wahlen zum Bundestag folgte die Bildung der ersten Regierung Adenauer. Diese zweite deutsche Republik stand im Gegensatz zu Weimar deshalb unter einem guten Stern, weil der militärisch-adlige Komplex von damals zerschlagen war, diese mächtige Gruppe von altem Militär und adeliger Großlandwirtschaft, die bis zum Ende der Weimarer Zeit Widerstand leistete. Außerdem vermieden die Westalliierten den größten Fehler von damals. Es gab keinen Versailler Vertrag. Im Gegenteil, Deutschland und anderen europäischen Ländern half der Marshall-Plan. Widerstand war allenfalls von Millionen unbelehrbaren Nationalsozialisten zu erwarten. Dazu gleich.

Schon im nächsten Jahr, 1950, begann das Wirtschaftswunder, beflügelt vom Koreakrieg zwischen kommunistischem Norden und dem westlich orientierten Süden des Landes. In ihm standen Truppen der UNO unter Führung der USA gegen gegen das mit Nordkorea verbundene China. Dieser Krieg wurde erst 1953 mit einem Waffenstillstand beendet und forderte nicht nur die Rüstungsindustrie der USA. In dieser Lücke erhielt nun die Bundesrepublik ihren ungeahnten Aufschwung, weil sie zum einen ihre noch weitgehend erhaltenen Anlagen nutzen konnte und zum anderen die zusätzliche Arbeitskraft von Millionen Vertriebenen und Flüchtlingen. Dazu kam die Integrationspolitik Adenauers gegenüber bisherigen Nationalsozialisten, für die nun der Begriff Demokratie kein Schimpfwort mehr war. Das „Wirtschaftswunder" trug das „Demokratiewunder" ganz allgemein (Hans-Ulrich Wehler). Also: Demokratie und Marktwirtschaft, eine vorzügliche Verfassung, eine überzeugende Troika von drei vertrauenerweckenden alten Männern, Konrad Adenauer, Wirtschaftsminister Ludwig Erhard und Bundespräsident Theodor Heuss, das Wirtschaftswunder und das Bundesverfassungsgericht. Das war's. Auf diesem Fundament entstand der Rechtsstaat Bundesrepublik in einer Form, die Liberale im 19. Jahrhundert vielleicht erträumt haben und die in Weimar nicht zu erreichen war. Alles eindrucksvoll vorgeschrieben in Art. 20 Abs. 3 GG: „Die Gesetzgebung ist an die verfassungsmäßige Ordnung, die vollziehende Gewalt und die Rechtsprechung sind an Gesetz und Recht gebunden." Eine solch klare Vorschrift hatte die Weimarer Verfassung nicht, und schon gar nicht die Sicherungen in Art. 1 Abs. 3 über die Grundrechte als unmittelbar geltendes Recht und durch das Justizgrundrecht in Art. 19 Abs. 4. Und dazu noch die Einsetzung eines Bundesverfassungsgerichts, das bis heute im Vergleich mit den entsprechenden Gerichten aller anderen Ländern auf dem Globus die umfassendsten Kompetenzen erhalten und sie genutzt hat zum Aufbau der „freiheitlichen demokratischen Grundordnung" (Art. 21 Abs. 2 GG).

Auf der anderen Seite hatte Adenauers Politik der Integration statt Ausgrenzung der alten Nationalsozialisten nicht nur in der Justiz auch fatale Folgen. Unverantwortliche Milde gegenüber NS-Verbrechen und blinde Verfolgungswut gegen Kommunisten, dazu NS-Kumpanei in der Ministerialbürokratie, besonders im Auswärtigen Amt und im Bundesjustizministerium (Fall Eduard Dreher). Insgesamt waren die fünfziger Jahre der Adenauer-Zeit geprägt von einer restaurativen und autoritären Tendenz.

Schließlich liberalisierte sich das Land in den sechzigern, in der Justiz durch die Reformer um Theo Rasehorn und Rudolf Wassermann, durch die Justizkampagne des SDS und mit Fritz Teufel, zum größten Teil wohl einfach durch den wachsenden Wohlstand und Wechsel der Generationen. Auch die Atmosphäre in der Verwaltung ist heute ziemlich weit entfernt von der autoritären Haltung der fünfziger Jahre. Erfreulichstes Kapitel in der Rechtsgeschichte der Bundesrepublik wurde die Entwicklung des Verwaltungsrechts zur Subjektivierung im Verhältnis von Bürger und Staat (Otto Bachof). Der Rechtsstaat Bundesrepublik ist im Großen und Ganzen die Geschichte eines Erfolgs.

Im Großen und Ganzen. Denn manchmal beruft man sich auf den Rechtsstaat, wenn es direkt gegen ihn geht. Zum Beispiel zuletzt die politische Justiz bei der Verfolgung von DDR-Unrecht. Da bewegt man sich oft am Rand der Rechtsbeugung, hat ihn bisweilen sogar überschritten. Daneben verstärkt sich im Hinblick auf den internationalen Terrorismus die Tendenz zum Überwachungsstaat, nicht nur in der Gesetzgebung. Und schließlich ist durch das rasante Fortschreiten der Digitalisierung das Recht der informationellen Selbstbestimmung des Urteils von 1983 schon fast Makulatur geworden. Aber vielleicht hilft doch noch die europäische Datenschutzgrundverordnung, die im Mai 2018 in Kraft getreten ist, auch wenn sie Züge eines Bürokratiemonsters zeigt.

Im Übrigen wird der Rechtsstaat Bundesrepublik siebzig Jahre nach seiner Gründung von Problemen umzingelt, die irgendwann auch sein Fundament beschädigen können. Die Flüchtlingskrise brodelt weiter. Die Klimakrise spitzt sich zu. Die Euro-Schwierigkeiten sind nur vorübergehend gelöst. Der Zusammenhalt der Europäischen Union ist gefährdet durch den Brexit und rechtsstaatsfeindliche und antidemokratische Tendenzen in Polen und Ungarn. Selbst in Österreich zeigt die Regierung Tendenzen gegen die Pressefreiheit. In der Bundesrepublik verstärken sich antisemitische und fremdenfeindliche Tendenzen und eine auf dieser Welle reitende Partei ist 2017 in den Bundestag eingezogen, die Alternative für Deutschland (AfD).

CDU/CSU und SPD verloren Stimmen. Daher wurde eine Regierungsbildung erst 2018 durch eine Nothilfe des Bundespräsidenten möglich. Im Westen sah man das als Ergebnis einer Misere im Osten, übersah, dass die AfD auch im Westen stark geworden war und es im Osten wie im Westen jenseits der AfD eine Mehrheit gab für Demokratie, Marktwirtschaft und Toleranz. Dieser schiefe Blick von „Wessis" auf „Ossis" verdeckt oft den Glücksfall der Wiedervereinigung 1990, die durch den Aufstand der Bürger im Osten möglich geworden war, durch Michael Gorbatschow, Helmut Kohl und all die anderen. Wie man auch oft im Westen übersieht, dass die Transferzahlungen von Milliarden für den Aufbau des Ostens letztlich ein gerechter Ausgleich dafür sind, dass nach dem Krieg nur im Osten die Menschen ihrer Freiheit beraubt waren und zudem Milliardensummen an Reparationen an die Sowjetunion aufbringen mußten. Dieser schiefe Blick verstärkt noch immer die nicht ganz ungefährliche emotionale Teilung des Landes dreißig Jahre danach.

Zuletzt geriet die Stabilität der staatlichen Ordnung 2018 in Schwierigkeiten durch einen von der bayerischen CSU ausgelösten Streit über Flüchtlingsfragen innerhalb der Christenunion und innerhalb dieser gerade doch noch gebildeten Regierung, Innenminister Seehofer gegen Kanzlerin Merkel. Darf man trotzdem hoffen? Ja. Man muss eben optimistisch sein und außerdem gibt es noch das Bundesverfassungsgericht.

Literatur

Rnr. 67.: Manfred Görtemaker, Geschichte der Bundesrepublik Deutschland, 1999; *ders.*, Die Berliner Republik. Wiedervereinigung und Neuorientierung, 2009; *Manfred Schuller*, Die deutsche Revolution 1989, 2009; *Werner Abelshauser*, Deutsche Wirtschaftsgeschichte. Von 1945 bis zur Gegenwart, 2. Aufl. 2011 (bis zur Eurokrise); **Eurokrise**: *Ulf-Dieter Klemm/Wolfgang Schultheiß* (Hg.), Die Krise in Griechenland. Ursprünge, Verlauf, Folgen, 2015. **Die Flüchtlingskrise**: *Stefan Luft*, Die Flüchtlingskrise, 2. Aufl. 2017; zu den Vorgängen am 4. September 2015 sehr genau: *Georg Blume* u.a., Was geschah wirklich? www.zeit.de/2016/35/grenzoeffnung-fluechtlinge-september-2015-wochenende-angela-merkel-ungarn-oesterreich. Außerdem noch: *Robin Alexander*, Die Getriebenen. Merkel und die Flüchtlingskrise. Report aus dem Inneren der Macht, 2017 (sehr kritisch zu Frau Merkel).
Rnr. 68.: U.W., Geschichte des Rechts, 4. Aufl. 2014, Rnr. 328 und Zeitungsnotizen sowie das Internet.
Rnr. 69.: U.W., Der Gang nach Karlsruhe, S. 308 ff. (Lit. S. 401 ff.); *Beate Schulte zu Sodingen*, BVerfGE 93,1 – Kruzifix, in Jörg Menzel/Ralf Müller-Terpitz (Hg.), Verfassungsrechtsprechung, 3. Aufl. 2017, S. 582 ff.; *Tade Matthias Spranger*, BVerfGE 93,266 – Soldaten sind Mörder, in: Menzel/Müller-Terpitz a.a.O., S. 590 ff. (BVerfGE 93,266 war eine Art Wiederholung von BVerfG NJW 94,2943).
Rnr. 70.: **Digitale Revolution**: eigene Recherche in US-Literatur. Erste Anfänge Bundesrepublik: **Horst Herold**: *Dieter Schenk*, Der Chef. Horst Herold und das BKA, 2000. **Geschichte des Datenschutzes**: *Spiros Simitis*, Geschichte – Ziele-Prinzipien, in: Spiros Simitis (Hg.), Bundesdatenschutzgesetz, 8. Aufl. 2014, S. 82 ff. Volkszählungsgesetz und Volkszählungsurteil: BVerfGE 65,1, dazu *Andreas Peilert*, BVerfGE 65,1 – Volkszählung, in: Jörg Menzel/Ralf Müller-Terpitz (Hg.), Verfassungsrechtsprechung, 3. Aufl. 2017, S. 371 ff. **Die wichtigsten Urteile des BVerfG**: BVerfGE 109,279: *Andreas Peilert*, BVerfGE 109,279 – Großer Lauschangriff, in: Menzel/Müller-Terpitz, S. 717 ff. BVerfGE 120,274: *Andreas Peilert*, BVerfGE 120,274 – Online Durchsuchung, in Menzel/Müller-Terpitz S. 83 ff. BVerfGE 125,260: *Dirk Heckmann*, BVerfGE 125,220: *Klaus Ferdinand Gärditz*, BVerfG v. 20.4.2016 – BKA-Gesetz, in Menzel/Müller-Terpitz, S. 988 ff. **Datenschutz-Grundverordnung**: *Peter Schantz*, Die Datenschutz-Grundverordnung – Beginn einer neuen Zeitrechnung im Datenschutzrecht, NJW 2016,1841 ff.; *Peter Gola*, Datenschutz-Grundverordnung, Kommentar, 2017
Rnr. 71.: Schrifftum zum Datenschutz siehe Rnr. 70. *Schoch/Schneider/Bier*, Verwaltungsgerichtsordnung, Loseblatt-Kommentar, Stand September 2018, Einleitung Rnr. 93 ff. (bearbeitet von *Schmidt-Aßmann/Schenk*). *Göbel-Zimmermann/Eichhorn/Beichel-Benedetti*, Asyl- und Flüchtlingsrecht, 2017, Einleitung Rnr. 12 ff. *Frank Ebert*, Entwicklungen und Tendenzen im Recht der Gefahrenabwehr, LKV 2017,10. Landmann/Rohmer, Gewerbeordnung, Loseblatt-Kommentar, Stand Juni 2018, Einleitung von *Eisenmenger* Rnr. 79 ff. *Die Beauftragte*

der Bundesregierung für Kultur und Medien, Im Bund mit der Kultur – Kultur und Medienpolitik der Bundesregierung, www.kulturstaatsministerin.de kultur 2016–09–01-neue-kulturbroschuere-data.pdf.
Rnr. 72.: **Die Zahl 80 %**: *Thomas Oppermann/Claus Dieter Classen/Martin Nettesheim*, Europarecht, 5. Aufl. 2011, S. 538. Für das **Verhältnis von deutschem und europäischem Umweltrecht**: *Michael Kloepfer*, Die europäische Herausforderung – Spannungslage zwischen deutschem und europäischem Umweltrecht, Neue Zeitschrift für Verwaltungsrecht 2002,645 ff. **Gewässerschutz**: *Rüdiger Breuer*, Die Fortentwicklung des Wasserrechts auf europäischer und deutscher Ebene, Deutsches Verwaltungsblatt 1997,1211 ff., das Zitat am Anfang. **Die 8 Richtlinien**: *Bernd Becker*, Das neue Umweltrecht 2010, 2010, S. 214. *Johannes Caspar*, **Die EU-Wasserrahmenrichtlinie**: Neue Herausforderungen an einen europäischen Gewässerschutz, Die Öffentliche Verwaltung 2001, 529 ff. **Luftreinhaltung**: *Oppermann/Classen/Nettesheim*, a.a.O., S. 546 (§ 33 Rnr. 34 f.). **Individuelles Klagerecht Betroffener**: EuGH 25.7.2008 (C-237/07), Dieter Janececk ./. Freistaat Bayern. **Abfallrecht**: *Gerhard Friedrich*, EU erzwingt neues Kreislaufwirtschaftgesetz, Zeitschrift für Rechtspolitik 2011,108 ff. *Hans D. Jarass/Frank Petersen*, Kreislaufwirtschaftsgesetz, Kommentar, 1. Aufl. 2014. Zur Abfallvermeidung ausführlich: *Arnd Urban/Gerhard Hahn*, Abfallvermeidung, 2014 (Tagungsbericht).
Rnr. 73.: **Allgemein**: *Jörg W. Althammer/Heinz Lampert*, Lehrbuch der Sozialpolitik, 9. Aufl. 2014. **DDR-Renten-Überleitung**: Kai Alexander Heine, Die Versorgungsüberleitung, 2003. **Pflegeversicherung**: Erika Schulz, Das deutsche Pflegesystem im EU-Vergleich unterdurchschnittlich finanziert, im Internet: Heinrich-Böll Stiftung, 3. März 2014. **Hartz I-IV**: *Anke Hassel/Christoph Schiller*, Der Fall Hartz IV, 2010. Vgl. noch (Kurzfassung): *Jörn Ipsen*, Der Staat der Mitte. Verfassungsgeschichte der Bundesrepublik, 2009, S. 231, zur Problematik der Arbeitsagenturen („Arbeitsgemeinschaften“) S. 237 f.
Rnr. 74.: Wichtige Hinweise verdanke ich meinem Kollegen Andreas Musil von der Universität Potsdam. Zu BVerfGE 93,121 und BVerfGE 115,97: *Rainer Westermann*, BVerfGE 115,97 – Halbteilungsgrundsatz, in Menzel/Müller-Terpitz (vgl. Lit. zu Rnr. 70) S. 759 ff.
Rnr. 75.: **Vermögensgesetz**: *Daniela Dahn*, Wir bleiben hier oder wem gehört der Osten, 1994, die Zahlen bei *Daniela Dahm*, Wehe dem Sieger, 2. Aufl. 2011, S. 86 ff. **Sachenrechtsbereinigung**: *Rolf Stürner*, Sachenrechtsbereinigung zwischen Restitution, Bestandsschutz und Rechtssicherheit, JZ 1993,1074; *Uwe Wesel*, Nutzer, Nutzung, und Nutzungsänderung nach dem Sachenrechtsbereinigungsgesetz, Deutsch-Deutsche Rechts-Zeitschrift 1995,70. **Schuldrechtsmodernisierung**: Thomas Pfeiffer, Neues Schuldrecht – Gesetzsynopse mit Kurzerläuterung, 2002; *Jürgen Schmidt-Räntsch*, Zehn Jahre Schuldrechtsreform, Zeitschrift für das Juristische Studium, www.zjs-online.com, 2012,301.
Rnr. 76.: *Thomas Ackermann*, BVerfGE 89,241 – Bürgschaft, in: Menzel/Müller-Terpitz, a.a.O. (Lit. zu Rnr. 70) S. 544 ff. „hM“: Palandt/*Ellenberger*, 77. Aufl. 2017, § 138 BGB Rnr. 37.
Rnr. 77.: Zu den Wandlungen der Familie seit dem 18. Jahrhundert, den historischen Daten des Familienrechts seit dem BGB von 1900 und dem institutionellen Wandel: *Karlheinz Muscheler*, Familienrecht, 4. Aufl. 2017, § 5 S. 29 ff. **Änderung der Rspr.** des BGH zuletzt 2008: *Herbert Grziwotz*, Nichteheliche Lebensgemeinschaft, 5. Aufl. 2014, § 5 Rnr. 48 ff. S. 26 f. mit BGH NJW 2008,3277 und NJW 2008,3285. Der „Vierzeiler“ von **Theodor Storm** in: *Karl Ernst Laage* (Hg.), Theodor Storm: Sämtliche Werke in vier Bänden, Bd. 1 Gedichte/Novellen 1848–1867, 1987, S. 123.

Rnr. 78.: Klaus Ferdinand Gärditz, Verfassungsgebot Gleichstellung, in: Arnd Uhle (Hg.), Zur Disposition gestellt?, 2014, S. 85 ff., das Zitat S. 89 Fn. 18. *Hannes Beyerbach*, BVerfGE 105,313 – Lebenspartnerschaftsgesetz, in: Menzel/Müller-Terpitz a.a.O. (Lit. zu Rnr. 70) S. 648 ff., dort S. 707 Fn. 34–38 die 5 Entscheidungen des BVerfG zu Art. 3 Abs. 1.

Rnr. 79.: **Arbeitsrecht:** *Michael Wollenschläger*, Arbeitsrecht, 3. Aufl. 2010, 1. Kap. Rnr. 20 ff., S. 7 ff., das Zitat Rnr. 20, zum SIMAP-Urteil Rnr. 21; *Thomas Oppermann/Claus Dieter Classen/Martin Nettesheim*, Europarecht, 6. Aufl. 2014, § 29 Rnr. 11 ff., S. 486 ff.; *Dagmar Kaiser*, Entzweiung von europäischem und deutschem Arbeitsrecht, in: Neue Zeitschrift für Arbeitsrecht 2000.1144 ff. **Fall Bianca Kücük**: EuGH Neue Zeitschrift für Arbeitsrecht 2012,135 und *Abbo Junker*, Europarechtliche und verfassungsrechtliche Fragen des deutschen Befristungsrechts, in: Europäische Zeitschrift für Arbeitsrecht 2013,3 ff. Allgemein zur **Wirkung des Europarechts auf das innerstaatliche Arbeitsrecht** *Abbo Junker* (mit den Zitaten) in: Neue Zeitschrift für Arbeitsrecht 1992,2 ff. und Neue Juristische Wochenschrift 1994,2527. **Soziales Mietrecht**: eigene Recherche.

Rnr. 80.: **Datenschutz**: *Peter Schantz*, Die Datenschutz-Grundverordnung – Beginn einer neuen Zeitrechnung im Datenschutzrecht, NJW 2016,1841 ff. Zur Dechiffrierung von Big-Data vgl. die umfangreiche Literatur jeweils mit dem Titel Big Data. **Zweckbindungsgrundsatz**: *Benedikt Buchner/Thomas Vetri*, Art. 5 Rnr. 20 ff. in: Jürgen Kühling/Benedikt Buchner (Hg.), Datenschutz-Grundverordnung, Kommentar, 2017. **Wettbewerbsrecht**: Michael Kling/Stefan Thomas, Kartellrecht, 2. Aufl. 2016, S. 514 ff. („Die Entwicklung des deutschen Kartellrechts").

Rnr. 81.: Thomas Vormbaum, Einführung in die moderne Strafrechtsgeschichte, 3. Aufl. 2016, S. 259 ff. Im einzelnen noch: **Schwangerschaftsabbruch**: *Uwe Wesel*, Der Gang nach Karlsruhe, 2004, S. 247 ff. **Sicherungsverwahrung**: EGMR Urteil vom 13.1.2011 Internet, BVerfGE 128,326. **Feindstrafrecht:** zuletzt *Günther Jakobs*, Bürgerstrafrecht und Feindstrafrecht, in: Onlinezeitschrift für Höchstrichterliche Rechtsprechung zum Strafrecht, HRRS, Heft 3, 2004, S. 288 ff. (https://www.hrr-strafrecht.de/hrr/archiv/04–03/index.php3?seite=6), und derselbe, Feindstrafrecht? – eine Untersuchung zu den Bedingungen von Rechtlichkeit, in: HRRS Heft 8/9, 2006, S. 288 ff. https://www.hrr-strafrecht.de/hrr/archiv/06–08/index.php?sz=7); weitere Literatur dazu bei *Vormbaum*, S. 262. **Gefangenenzahlen**: Internet. **Völkerstrafgesetzbuch**: *Gerhard Werle*, Völkerstrafrecht und deutsches Strafgesetzbuch, in: Juristenzeitung 2012, S. 373 ff.; *derselbe*, Völkerstrafrecht, 3. Aufl. 2012.

Rnr. 82.: Zahlen der Verurteilung von NS-Verbrechen: *Adalbert Rückerl*, NS-Verbrechen vor Gericht, 2. Aufl. 1984, S. 30. Allgemein zur Rnr. 82: *Klaus Marxen/Gerhard Werle*, Die strafrechtliche Aufarbeitung von DDR-Unrecht. Eine Bilanz, 1999, der Titel ist das Zitat, die Zahlen der Verfahren: S. 143 ff. **Vereinbarung zu § 2 StGB West**: Einigungsvertrag Anlage I Kapitel III C II Anlage I Kapitel III Sachgebiet C- Strafrecht und Ordnungswidrigkeitenrecht (so im Internet https://www.gesetze-im-internet.de/einigvtr/BJNR208890990BJNE008201377.html), danach erhält Art. 315 EGStGB eine Neufassung mit Hinweis auf § 2 StGB. Rechtslage der DDR für **Schüsse an der Grenze**: § 27 Abs. 2 Grenzgesetz (Internet) i.V.m. § 213 StGB DDR. **Radbruch'sche Formel**: Gustav Radbruch, Gesetzliches Unrecht und übergesetzliches Recht, Süddeutsche Juristen-Zeitung Nr. 5, August 1946, wieder abgedruckt in: *derselbe*, Rechtsphilosophie, 5. Aufl. 1956, S. 347 ff. **1. Mauerschützenurteil**: BGHSt 39,1. **Honecker-Prozess**: *Uwe Wesel*, Der Honecker-Prozess. Ein Staat vor Gericht, Urteil des KG Berlin bestä-

tigt durch BGHSt 40,218, der wiederum bestätigt auch im Hinblick auf Art. 103 Abs. 2 GG durch BVerfGE 95,96 und alles wiederum bestätigt durch EGMR NJW 2001,3035, vgl. aber zu Art. 103 Abs. 2 GG *Eberhard Schmidt-Aßmann*, Maunz/Dürig, GG, Art. 103 Abs. 2 Rnr. 254 ff.; besonders 255. Berliner Verfassungsgerichtshof Beschluss 12.1.93: NJW 1993,515. **Politbüro-Prozess**, eigene Anwesenheit. Zahl der Todesfälle an innerdeutscher Grenze: Zeit-online 8.6.2017 https://www.zeit.de/wissen/geschichte/2017-06/ddr-mauertote-studie-deutschland. Europäischer Menschenrechtsgerichtshof zu Honecker- und Politbüroprozess: NJW 2001,3055. Strafbarkeit von Rechtsbeugung in der DDR: BGHSt. 40,30
Rnr. 83.: **Werner Großmann**: *Jens Giesecke/ Werner Großmann* in Helmut Müller-Enbergs u.a. (Hg.), Wer war wer in der DDR?, Bd. 1, 5. Aufl. 2010, S. 439. **Markus Wolf**: *Alexander Reichenbach*, Chef der Spione. Die Markus-Wolf-Story, 1992
Rnr. 84.: *Gabriele Clemens/Alexander Reinfeld/Gerhard Wille*, Geschichte der europäischen Integration. Ein Lehrbuch, 2008; *Thomas Oppermann/Claus Dieter Classen/Martin Nettesheim*, Europarecht, Ein Studienbuch, 6. Aufl. 2014, 1. Teil §§ 2, 3, S. 5 ff. Zur Euro- und Flüchtlingskrise vgl. Lit. zu Rnr. 67.
Rnr. 85.: *Matthias Cornils*, BVerfGE 89,155 – Maastricht, und BVerfGE 123,267 – Lissabon, in: Jörg Menzel/Ralf Müller-Terpitz (Hg.), Verfassungsrechtsprechung, 3. Aufl. 2017, S. 535 ff., 852 ff., zur Kritik am Lissabon-Urteil ausführlich S. 857 ff.
Rnr. 86.: Vgl. die vorhergehenden Nachweise. Außerdem: *Hans-Ulrich Wehler*, Deutsche Gesellschaftsgeschichte, 5. Bd., Bundesrepublik und DDR 1949–1990, 2008, die Zitate S. 954 und S. 15.

Allgemeine Literatur

Forsthoff, Ernst, Der Staat der Industriegesellschaft – Dargestellt am Beispiel der Bundesrepublik Deutschland, München, 2. Aufl. 1971

Friedrich, Jörg, Freispruch für die Nazijustiz. Die Urteile gegen NS-Richter seit 1948. Eine Dokumentation, Reinbeck bei Hamburg, 1983

Friedrich, Jörg (Vorwort), Das Urteil von Nürnberg. dtv-Dokumente, München, 6. Aufl. 2005

Frotscher, Werner/Pieroth, Bodo, Verfassungsgeschichte, München, 11. Aufl. 2012 (10. Kapitel: Demokratischer Neubeginn)

Godau-Schüttke, Klaus-Dieter, Der Bundesgerichtshof. Justiz in Deutschland – eine kritische Situationsanalyse, Berlin, 2005

Görtemaker, Manfred/Safferling, Christoph, Die Rosenburg. Das Bundesministerium der Justiz und die NS-Zeit, München, 2016

Herdecker, Joe J./Leeb, Johannes, Der Nürnberger Prozeß, Köln, 1985

Hofmann, Hasso, Die Entwicklung des Grundgesetzes nach 1949, in: Josef Isensee/Paul Kirchhof (Hg.), Handbuch des Staatsrechts, 1. Band, Heidelberg, 2. Aufl. 1995, S. 295 ff.

Kimminich, Otto, Deutsche Verfassungsgeschichte, Baden-Baden, 2. Aufl. 1987 (10. Kapitel: Deutschland nach dem Zweiten Weltkrieg)

Kittner, Michael, Arbeitskampf. Geschichte – Recht – Gegenwart, München, 2005 (2. Teil, Abschnitt 8: Bundesrepublik Deutschland)

Kritische Justiz (Redaktion als Hg.), Die juristische Aufarbeitung des (NS-, U.W.) Unrechtsstaates, Baden-Baden, 1988

Kroeschell, Karl, Rechtsgeschichte Deutschlands im 20. Jahrhundert, Göttingen, 1992 (4. Teil: Zusammenbruch und Neubeginn 1945–1949, und 6. Teil: Die Bundesrepublik Deutschland)

Langbein, Hermann, Der Auschwitz-Prozeß, 2 Teile, Hamburg, 1965

Marxen, Klaus/Werle, Gerhard, Die strafrechtliche Aufarbeitung von DDR-Unrecht, Berlin 1999

von Münch, Ingo, Dokumente des geteilten Deutschland, Stuttgart, 1968

Richardi, Reinhard, Arbeitsrecht als Teil freiheitlicher Ordnung. Von der Zwangsordnung im Arbeitsrecht zur Arbeitsverfassung der Bundesrepublik Deutschland, Baden-Baden, 2002

Rückerl, Adalbert, NS-Verbrechen vor Gericht. Versuch einer Vergangenheitsbewältigung, Heidelberg, 2. Aufl. 1984

Rüping, Heinrich/Jerouschek, Günter, Grundriss der Strafrechtsgeschichte, München, 6. Aufl. 2011 (Teil 6: Die Entwicklung seit 1945)

Simon, Dieter, Rechtswissenschaft in der Bonner Republik, Frankfurt am Main, 1994

Stolleis, Michael, Besatzungszeit und Wiederaufbau deutscher Staatlichkeit 1945–1949, in: Josef Isensee/Paul Kirchhof (Hg.), Handbuch des Staatsrechts, 1. Band, Heidelberg, 2. Aufl. 1995, S. 175 ff.

Stolleis, Michael, Geschichte des Sozialrechts in Deutschland. Ein Grundriß, Stuttgart 2003 (VII.: Nachkriegszeit, Bundesrepublik und Deutsche Demokratische Republik)

Stolleis, Michael (Hg.), Herzkammern der Republik. Die Deutschen und das Bundesverfassungsgericht, München, 2011

Stolleis, Michael, Geschichte des öffentlichen Rechts in Deutschland, 4. Band, Staats- und Verwaltungsrechtswissenschaft in Ost und West 1945–1990, München, 2012

Vollnhals, Clemens (Hg.), Entnazifizierung. Politische Säuberung und Rehabilitation in den vier Besatzungszonen 1945–1949, München, 1991

Vormbaum, Thomas, Einführung in die moderne Strafrechtsgeschichte, Berlin, Heidelberg, 3. Aufl. 2016 (VI. Besatzungszeit, Bundesrepublik Deutschland)

Wandres, Thomas/Werle, Gerhard, Auschwitz vor Gericht. Völkermord und bundesdeutsche Strafjustiz. Mit einer Dokumentation des Auschwitz-Urteils, München, 1995

Wesel, Uwe, Der Gang nach Karlsruhe. Das Bundesverfassungsgericht in der Geschichte der Bundesrepublik, München, 2004

Willoweit, Dietmar, Deutsche Verfassungsgeschichte. Vom Frankenreich bis zur Wiedervereinigung Deutschlands, München, 7. Aufl. 2013 (3. Kapitel: Die Teilung Deutschlands und die Entstehung der Nachfolgestaaten 1945–1949, 4. Kapitel: Die Bundesrepublik Deutschland und die Deutsche Demokratische Republik)

Abkürzungsverzeichnis

a.a.O.	am angegebenen Ort
Abb.	Abbildung
Abs.	Absatz
AEUV	Vertrag über die Arbeitsweise der Europäischen Union
a.F.	alter Fassung
Aufl.	Auflage
BAG	Bundesarbeitsgericht
Bd.	Band
BGB	Bürgerliches Gesetzbuch
BGBl. I	Bundesgesetzblatt Teil I
BGH	Bundesgerichtshof
BGHZ	Entscheidungen des Bundesgerichtshofes (sogenannte amtliche Sammlung)
BVerfG	Bundesverfassungsgericht
BVerfGE	Entscheidungen des Bundesverfassungsgerichts (sogenannte amtliche Sammlung)
BVerfGG	Gesetz über das Bundesverfassungsgericht, Bundesverfassungsgerichtsgesetz
ders.	derselbe
DS-DVO	Datenschutz-Grundverordnung
EG	Europäische Gemeinschaft (früher auch: Europäische Gemeinschaften)
EGKS	Europäische Gemeinschaft für Kohle und Stahl (Montanunion)
EGMR	Europäischer Gerichtshof für Menschenrechte
EMRK	Europäische Menschenrechtskonvention
EStG	Einkommensteuergesetz
EU	Europäische Union
EuGH	Gerichtshof der Europäischen Union
EUV	Vertrag über die Europäische Union
EVG	Europäische Verteidigungsgemeinschaft
EWG	Europäische Wirtschaftsgemeinschaft
G 131	Gesetz zur Regelung der Rechtsverhältnisse der unter Artikel 131 des Grundgesetzes fallenden Personen
GASP	Gemeinsame Außen- und Sicherheitspolitik (der EU)
GG	Grundgesetz für die Bundesrepublik Deutschland
GWB	Gesetz gegen Wettbewerbsbeschränkungen
GZS	Großer Zivilsenat (des BGH)
Hg.	Herausgeber (hg. herausgegeben)
h.M.	herrschende Meinung
IWF	Internationaler Währungsfonds
KStG	Körperschaftsteuergesetz
LG	Landgericht
LKV	Landes- und Kommunalverwaltung (Zeitschrift)

MfS	Ministerium für Staatssicherheit (DDR)
MitbestG	Gesetz über die Mitbestimmung der Arbeitnehmer, Mitbestimmungsgesetz
neL	nichteheliche Lebensgemeinschaft
n.F.	neuer Fassung
OGH	Oberster Gerichtshof
OLG	Oberlandesgericht
Rnr.	Randnummer
S.	Satz, Seite
SMAD	Sowjetische Militäradministration
StGB	Strafgesetzbuch
StPO	Strafprozessordnung
SV	Sicherungsverwahrung
WRV	Weimarer Reichsverfassung
ZBJI	Zusammenarbeit in den Bereichen Justiz und Inneres (der EU)
ZPO	Zivilprozessordnung
ZStW	Zeitschrift für die gesamte Strafrechtswissenschaft
ZUBJI	Zusammenarbeit in den Bereichen Justiz und Inneres (der EU)

Personen- und Sachverzeichnis

Die Zahlen verweisen auf die Seiten